Das Wesen der Repräsentation und der Gestaltwandel der Demokratie im 20. Jahrhundert

von

Gerhard Leibholz

Dr. jur., Dr. phil.
o. ö. Professor an der Universität Göttingen
Richter am Bundesverfassungsgericht

Dritte, erweiterte Auflage

Berlin 1966

Walter de Gruyter & Co.

vormals G. J. Göschen'sche Verlagshandlung — J. Guttentag, Verlagsbuchhandlung
Georg Reimer — Karl J. Trübner — Veit & Comp.

Archiv-Nr. 27 25 661
Satz und Druck: Walter de Gruyter & Co., Berlin 30

Heinrich Triepel

in dankbarer Erinnerung

Aus dem Vorwort zur 1. Auflage

Die Fruchtbarkeit einer Staats- und Verfassungslehre zeigt sich zugleich an den Konsequenzen, die aus ihr für die Staatsrechtslehre entwickelt werden können. Dies bestätigt eine Analyse des Wesens der Repräsentation, dessen Erschließung nicht nur für die Erkenntnis der Wesensstruktur des Staates überhaupt, sondern darüber hinaus auch für die Entscheidung von Fragen des positiven Verfassungsrechtes von Wichtigkeit ist. Ein Teil dieser Fragen konnte, ohne das geplante Maß der von vornherein nicht als erschöpfend gedachten Arbeit zu überschreiten, im Rahmen der nachfolgenden Untersuchung jedenfalls angedeutet werden.

Die Problematik der Repräsentation selbst ist der Verfassungstheorie überwiegend erst mit der Einführung des sog. Repräsentativsystems bewußt geworden. Hierdurch erklärt sich das immer erneute Zurückgehen der Abhandlung gerade auf die liberalistisch staatstheoretische Publizistik selbst auf die Gefahr hin, schon früher Vorgetragenes noch einmal zu wiederholen. Immerhin hoffe ich, daß durch den besonderen systematischen Zusammenhang, in den der Fragenkomplex jeweils hineingestellt worden ist, auch diese Bezugnahmen in gewisser Hinsicht in neuer Beleuchtung erscheinen.

Die verfassungstheoretische wie -rechtliche Bedeutung des Repräsentationsproblems erstreckt sich aber weit über den Geltungsbereich des Repräsentativsystems hinaus. Diese Richtung der Repräsentation ist allerdings überwiegend bisher nicht in den Bereich der publizistischen Diskusion gezogen worden, vor allem deshalb, weil über die methodischen Grundlagen der Staatsrechtswissenschaft ebensowenig Einigkeit wie Klarheit besteht. Dies gilt vor allem, soweit man von einigen literarischen Erscheinungen der jüngsten Zeit absieht, auch von der deutschen Staatsrechtslehre, die das Repräsentationsproblem wenn überhaupt, so ganz überwiegend von einer positivistisch eklektizistischen Grundeinstellung aus behandelt hat. Sie steht hiermit im Gegensatz nicht nur zu der deutschen vorkonstitutionellen Literatur, sondern auch der Verfassungslehre des Auslandes, vor allem der romanischen Staaten, die noch heute die »représentation« oder das «gouvernement représentatif« in verfassungsrechtlichen Systemen, zum Teil auch in Monographien ausführlich erörtern.

Die vorliegende Arbeit, die in ihrer Tendenz wesensanalytisch gehalten ist, und in der grundsätzlich auf historische Ausführungen verzichtet worden ist[1]), war bereits Ende Januar 1928 abgeschlossen.

Aus dem Vorwort zur 2. Auflage

Die erste Auflage des vorliegenden, seit einer Reihe von Jahren vergriffenen Buches war im Jahre 1929 erschienen. Die in ihm erörterten Fragen, die in den angelsächsischen und romanischen Staaten schon seit langem eine gewichtige Rolle spielen, sind bei uns, besonders in den letzten Jahren, in ihrer grundsätzlichen Bedeutung von Historikern, Soziologen, Juristen und Vertretern der Wissenschaft von der Politik erneut behandelt worden. Eine Reihe von Tagungen hat sich angesichts der wichtigen politischen und rechtlichen Konsequenzen, die sich aus einer zutreffenden verfassungstheoretischen Analyse der politischen Gegenwartssituation ergeben, jüngst mit der dem Begriff der Repräsentation immanenten Problematik, dem Phänomen der repräsentativen und plebiszitären Demokratie und ihren verschiedenen Erscheinungsformen sowie darüber hinaus mit dem Verhältnis von Verfassungsrecht und Verfassungswirklichkeit befaßt. Es sei etwa an die vom Politischen Seminar des Alfred-Weber-Instituts für Sozial- und Staatswissenschaften an der Universität Heidelberg im September 1956 veranstaltete internationale Konferenz über Probleme der Repräsentation[2]), an die im Mai 1958 in Tutzing abgehaltene Jahrestagung der Vereinigung für die Wissenschaft von der Politik[3]), an die Tagung der Vereinigung der Deutschen Staatsrechtslehrer in Wien

---

[1]) Zur Geschichte des Repräsentativsystems sei in der deutschen Literatur vor allem auf die grundlegenden Arbeiten von Gierke sowie die Untersuchungen von Gneist, Redlich, Redslob und Loewenstein hingewiesen.

[2]) Das Protokoll dieser Konferenz soll demnächst in Buchform der Öffentlichkeit zugänglich gemacht werden.

[3]) Hier hat E. Fränkel über die repräsentative und plebiszitäre Komponente im deutschen Verfassungsstaat berichtet und strukturanalytisch das repräsentative Regierungssystem mit dem plebiszitären Regierungssystem konfrontiert; vgl. hierzu die im Verlag Mohr 1958 veröffentlichte, gleichnamige Schrift des Verfassers.

im Oktober 1958[4]) und an den zur gleichen Zeit und am gleichen Ort abgehaltenen Kongreß der Internationalen Vereinigung für Rechts- und Sozialphilosophie über das Verhältnis von Rechtsnorm und Sozialstruktur erinnert. Vom Bundesminister des Innern eingesetzte besondere Kommissionen haben sich unter verschiedenen Aspekten mit dem Repräsentationsproblem befaßt und die Ergebnisse ihrer Untersuchungen in besonderen Berichten über die »Grundlagen eines deutschen Wahlrechts« (1955) und die »Rechtliche Ordnung des Parteiwesens» (1957) zusammengefaßt. Auch haben schließlich diese Fragen in der Rechtsprechung der Verfassungsgerichte, insbesondere des Bundesverfassungsgerichts, eine nicht unerhebliche Rolle gespielt, so etwa bei dem Verbot der Sozialistischen Reichspartei und der Kommunistischen Partei sowie bei den verschiedenen Verfahren, die die Bundesregierung wegen der Verfassungsmäßigkeit der Volksbefragungen in einzelnen Ländern bei dem Bundesverfassungsgericht anhängig gemacht hatte[5]).

Dabei haben im einzelnen die Beobachtungen, Feststellungen und Ergebnisse, zu denen der Verfasser im vorliegenden Buche gelangen zu müssen geglaubt hat, Zustimmung, zum Teil aber auch Kritik und Ablehnung gefunden[6]). Jedenfalls zeigt der Stand der heu-

---

[4]) Sie befaßte sich u. a. mit »Die Verfassungsrechtliche Stellung der politischen Parteien im modernen Staat«; vgl. dazu Heft 17 der Veröffentlichungen der Vereinigung der Deutschen Staatsrechtslehrer 1959.

[5]) Vgl. hierzu BVerfGE Bd. 2 S. 1ff., 72ff.; Bd. 5 S. 85—392; das Urteil des Bremischen Staatsgerichtshofes vom 5. Januar 1957 und den Vorlagebeschluß des Niedersächsischen Staatsgerichtshofes vom 28. März 1958, veröffentlicht im Niedersächsischen Ministerialblatt 1958 Nr. 16 Rechtsprechungsbeilage 6 S. 25ff.; M. Chartier, La Jurisprudence du Bundesverfassungsgericht sur les Partis Politiques in Essais sur les Droits de l'Homme en Europe, 1959, S. 99ff und Castberg, Freedom of Speech in the West, 1960, p. 384f. Vgl. ferner BVerfGE. Bd. 8, S. 104ff., 122ff.

[6]) Aus der umfangreichen Literatur vgl. etwa v. d. Heydte, Die Freiheit der Parteien, in »Die Grundrechte«, herausgegeben von Neumann, Nipperdey, Scheuner Bd. 2 (1954) S. 471f.; Draht, Die Entwicklung der Volksrepräsentation, Veröffentlichungen der Hochschulwochen für staatswissenschaftliche Fortbildung 1954, Sep.-Abdruck; W. Weber, Spannungen und Kräfte im westdeutschen Verfassungssystem, 1955; H. Unkelbach, Grundlagen der Wahlsystematik, 1956 Abschnitt VII S. 153ff.; D. Sternberger, Lebende Verfassung, 1956; J. Kaiser, Die Repräsentation organisierter Interessen, 1956; K. Kremer, Der Abgeordnete 1953, 2. Aufl.; W. Hennis, Meinungsforschung und repräsentative Demokratie, 1957; H. Pfeifer, Die Gewissensfreiheit des Abgeordneten und der Parteienstaat, Jur. Blätter 1958, Bd. 80 S. 373ff., 436ff., 462f.; G. Peiser, L'institutionalisation des Partis politiques dans La Republique Fédérale Allemande in Revue du Droit public et de la Science politique, Bd. LXXV, (1959) S. 639ff. Vgl. ferner O. Stammer, Politische Soziologie, in Gehlen-Schelsky, Soziologie, 1955 S. 281ff.; G. Eisermann, Soziologie der Politik, in: Die Lehre

tigen Diskussion, daß diese noch im Fluß ist und die in dem vorliegenden Buch erörterten Fragen ihre aktuelle Bedeutung in keiner Weise eingebüßt haben. Angesichts der Überzeugung des Verfassers, daß im grundsätzlichen die diesem Buche zugrunde liegende Konzeption der Gegenwartsanalyse einer Revision nicht bedarf, hat er geglaubt, die Erstauflage unverändert der wissenschaftlichen Öffentlichkeit unterbreiten zu dürfen. Er hat sich lediglich darauf beschränkt, um das Buch näher mit der Problematik der unmittelbaren Gegenwart zu verknüpfen, demselben einen auf dem Internationalen Kongreß »Europa — Erbe und Aufgabe« in Mainz am 18. März 1955 gehaltenen Vortrag über den Gestaltwandel der modernen Demokratie hinzuzufügen[7]). Dieser Vortrag ist inhaltlich nicht verändert, aber nach mancherlei Richtung erweitert.

---

von der Gesellschaft, 1958 S. 300ff.; ferner vgl. die Hinweise auf Schieder, Contze, L. Bergsträsser, Th. Nipperdey in meinen »Strukturprobleme der modernen Demokratie« S. 78ff.

Aus der Literatur zur Weimarer Verfassung vgl. die Beiträge von G. Radbruch und R. Thoma zum Handbuch des Deutschen Staatsrechts Bd. 1, 1929 und vor allem das Buch von H. J. Wolff, Organschaft und juristische Person, 2. Band 1934; ferner auch A. Köttgen, Archiv d. öff. Rechts Bd. 58 (1930) S. 290ff.

Aus der Schweizer Literatur vgl. W. E. Meyer, Die staatsrechtliche Stellung der Volksvertretung im parlamentarischen Staate und in der reinen Demokratie, 1933; J. Cellier, Das Verhältnis des Parlaments zum Volke, 1933; H. E. Tütsch, Die Repräsentation in der Demokratie, 1944; F. Lachenal, Le Parti politique, 1944; H. H. Schälchlin, Die Auswirkungen des Proportionalwahlenverfahrens auf Wählerschaft und Parlament, 1946; P. F. Müller, Das Wahlsystem, 1959.

Ferner etwa A. D. Lindsay, The modern democratic State, 1951, 5th ed.; J. F. S. Ross, Parliamentary Representation, 2nd edition 1948 (dazu meine Besprechung der ersten Auflage in Chicago Lav Review Bd. 12 (1945) S. 429ff.); M. Duverger, Les Partis Politiques, 1951; G. E. Lavaux, Partis politiques et réalités sociales, 1953 und die umfassende Bibliographie bei H. A. Schwarz-Liebermann von Wahlendorf, Struktur und Funktion der sogenannten zweiten Kammer, 1958 S. 183ff. Für das italienische Verfassungrecht E. Crosa, Diritto Costituzionale, 3. Auflage 1951 S. 244ff. mit weiteren literarischen Nachweisen S. 340/341; V. Zangara, La rappresentanza istituzionale 2. Aufl. 1952 und etwa Virga, Diritto Costituzionale, 1952, S. 134. Vgl. auch G. E. Langemeyer, Représentatie en selectie, Nederlands Juristenblad, 1950, No. 24.

Aus dem Bereich der Ostblockstaaten etwa Steiniger, Das Blocksystem, Beitrag zu einer demokratischen Verfassungslehre, 1949 und vor allem M. Sobolewski, Das Prinzip der Repräsentation in dem modernen Staat der bürgerlichen Demokratie, 1960 (in polnischer Sprache).

[7]) Dieser Vortrag ist in Mainz unter dem Titel »Demokratisches Denken als gestaltendes Prinzip im europäischen Völkerleben« gehalten und in den Veröffentlichungen des Instituts für Europäische Geschichte, Mainz Bd. 13; Abteilung Universalgeschichte, unter dem Titel »Europa — Erbe und Aufgabe, Internationaler Gelehrtenkongreß, Mainz 1955« veröffentlicht worden.

Vorwort zur 3. Auflage

Die gleichen Gründe, die den Verfasser veranlaßt haben, die 2. Auflage des vorliegenden Buches im Jahre 1960 inhaltlich unverändert und — lediglich durch einen Vortrag erweitert — herauszubringen, veranlassen den Verfasser auch heute, nachdem die 2. Auflage des Buches seit einigen Jahren vergriffen ist, die 3. Auflage des Buches im wesentlichen in derselben Gestalt zu veröffentlichen.

Die in dem Vorwort zur 2. Auflage angedeutete lebhafte Diskussion über die in diesem Buche 1928 angeschnittenen Fragen und Probleme hat in den letzten Jahren unverändert angehalten. Es sei hier nur etwa auf die in den letzten Jahren erschienenen Veröffentlichungen z. B. von K. D. Bracher[1]), E. Fraenkel[2]), J. H. Kaiser[3]), Herbert Krüger[4]), S. Landshut[5]), U. Scheuner[6]), und die dem Verfasser 1960 noch nicht bekannt gewesene Schrift von G. Sartori[7]) hingewiesen. Diese Abhandlungen befassen sich ebenso wie das im Vorwort zur 2. Auflage erwähnte Schrifttum vor allem mit den strukturellen Wandlungen, die die parlamentarische Demokratie in diesem Jahrhundert erfahren hat. Sie bilden das Zentralthema dieses Buches. Von ihrer zutreffenden Analyse hängt in der Tat die zutreffende Beurteilung der künftigen Entwicklung unserer Demokratie ab.

Es genügt heute nicht, auf pragmatischer Grundlage einfach empirisch bestimmte Erscheinungen von Gewicht im Detail zu be-

---

[1]) Z. B. in »Die Demokratie im Wandel der Gesellschaft«, 1963, S. 113ff. und in »Deutschland zwischen Demokratie und Diktatur«, 1964, S. 382ff. Vgl. auch Werner Weber, »Wandlungen und Formen des Staates« in Weltgeschichte der Gegenwart, Bd. 2, S. 374ff.

[2]) Strukturdefekte der Demokratie und deren Überwindung«, z. B. in Österreichische Zeitschrift für Öffentl. Recht, NF., Bd. 14, S. 105—124.

[3]) Die Dialektik der Repräsentation in Festgabe für C. Schmitt, 1959, S. 71—80. Vgl. noch W. Hamel, Die Repräsentation des Volkes« in Festschrift für H. Herrfahrdt, 1961, S. 103ff.

[4]) Allgemeine Staatslehre, 1964, II. Kap., S. 232—340. Vgl. auch C. J. Friedrich, Man and his Government, 1963, Chapter 17, p. 301ff. und A. H. Birch, Representative und Responsible Government, 1964.

[5]) Der politische Begriff der Repräsentation in Hamburger Jahrbuch für Wirtschafts- und Gesellschaftspolitik, IX, 1964, S. 175—186 u. »Wandlungen der parlamentarischen Demokratie« in Festgabe für E. Heimann, 1959, S. 151—162. Ferner, W. Henke, Das Recht der politischen Parteien, 1964, insbes. § 10f.

[6]) Vor allem Das repräsentative Prinzip in der modernen Demokratie« in Festschrift für Hans Huber, 1961, S. 222—246.

[7]) La Rappresentanza politica«, Estratto da »Studi politici«, Bd. 4, 1957, S. 524—613.

schreiben und etwa festzustellen, welche Mächte im einzelnen auf die Lenkung, Leitung, Führung und Kontrolle des Staates Einfluß nehmen, um sodann die festgestellten Fakten entweder hinzunehmen oder kritisch abzuwerten. Alle Versuche, die strukturellen Defekte unserer heutigen Demokratie zu beseitigen, setzen vielmehr, wenn sie nicht von vornherein dazu verurteilt sein sollen, Stückwerk zu bleiben, eine umfassende politisch-verfassungstheoretische Konzeption der modernen Demokratie voraus, aus der sich dann bestimmte verfassungsrechtliche und politische Konsequenzen ergeben, die im übrigen auch für die Fragen der innerparteilichen Demokratie[8]) von Gewicht sind. Auch eine fruchtbare Tätigkeit des Bundesverfassungsgerichts hängt davon ab, daß es dieser Forderung gerecht zu werden vermag.

Zu dieser Grundkonzeption einen Beitrag zu leisten, ist das Ziel des vorliegenden Buches und der demnächst ebenfalls in 3. Auflage erscheinenden »Strukturprobleme der modernen Demokratie«. Wenn man gegenüber der hier versuchten Analyse neuerdings in der Literatur darauf hingewiesen hat, daß das Problem der Willensbildung innerhalb einer politischen Gemeinschaft nicht thematisch den Gegenstand der Wissenschaft von der Politik erschöpft, so vermag dieser Hinweis nichts an der Tatsache zu ändern, daß die Frage, wie sich der politische Wille (vor allem in der Demokratie) bildet, jedenfalls eines der Zentralprobleme, wenn nicht gar, wie die Geschichte der Staatstheorien seit Jahrhunderten gezeigt hat, das Zentralproblem der Politischen Wissenschaft ist. Repräsentation, Herrschaft, Führung und die sog. Begriffe der realen Politik die sich an das Empirisch-Faßbare halten, verlieren ohne diesen inneren Bezug zum Prozeß der politischen Willensbildung ihren eigentlichen Sinn.

Um die Grundkonzeption des Buches — allerdings fast mehr in Thesenform — noch einmal deutlich zu machen, ist dieser Auflage ein Vortrag beigefügt, den der Verfasser am 22. Januar 1965 anläßlich des vierzigjährigen Bestehens der Max-Planck-Gesellschaft für Ausländisches Öffentliches Recht und Völkerrecht in Heidelberg gehalten hat. Der Verfasser ist der Max-Planck-Gesellschaft dafür verpflichtet, daß sie freundlicherweise den Abdruck dieses Vortrages im Rahmen dieses Buches gestattet hat.

Göttingen — Karlsruhe, im Januar 1966 G. Leibholz

---

[8]) **Dazu näher jetzt Ulrich Lohmar, »Innerparteiliche Demokratie«, 1963.**

Inhaltsverzeichnis.

Seite

Der Gestaltwandel der Demokratie im 20. Jahrhundert

Verfassungsrecht und politische Wirklichkeit

Methodische Grundlagen.

Die revolutionäre Umschichtung der Rechtsordnung hat zugleich die geistige Krise deutlich gemacht, in der sich die wichtigsten Werte der Staatslehre und Politik in der Gegenwart befinden. Wenn die nachfolgende Untersuchung ein Spezialproblem wie das der Repräsentation, das die Verfassungstheorie in gleicher Weise wie das Staats- und Völkerrecht angeht, erneut zur Diskussion stellt, so setzt dies zugleich eine Besinnung auf die methodischen Grundlagen voraus, auf denen die Staatsrechtswissenschaft aufbaut. Es bedarf somit einer Klarstellung, wodurch sich die vorliegende Arbeit methodisch von den vorhandenen Betrachtungsweisen unterscheidet, und was sie umgekehrt mit diesen verbindet.

Die Rechtswissenschaft des zu Ende gehenden 19. Jahrhunderts bis hinein in die Gegenwart hat die Frage nach der Methode der Gewinnung staatstheoretischer Erkenntnisse nur selten aufgeworfen und aufzuwerfen brauchen. Denn man sprach fast allgemein den publizistischen Begriffen wie den politischen Institutionen des Verfassungsrechts den eignen geistigen Sinngehalt ab oder bezeichnete ihn doch als »metajuristisch«, um so die Indifferenz rechtfertigen zu können, aus der heraus man diese Probleme ignorieren zu können glaubte. So wurde etwa die Staatsformenlehre ebenso im Dunkeln gehalten wie das Souveränitätsproblem. Und die geistesgeschichtlichen Grundlagen des Parlamentarismus wurden nicht mehr und nicht weniger erörtert als das Wesen der Repräsentation. Gewiß kann die Notwendigkeit, das spezifisch geistige Substrat dieser nur zufällig herausgegriffenen Begriffe und Institutionen aufzudecken, logisch nicht erwiesen werden. Denn die Grundpositionen, von denen aus die Problematik des politisch staatlichen Lebens betrachtet wird, sind infolge ihrer irrationalen Struktur stets nur diskutierbar, nicht aber beweisbar. Nur wird man zugeben müssen, daß der Betrachter, der die spezifisch geistige Sphäre, in der die politischen Institutionen, Ideen und Begriffe eingebettet sind, in Abrede stellt, damit auch eine geisteswissenschaftliche Diskussion über ihren substantiellen Bedeutungsgehalt ausschließt und sich selbst außerhalb des Bereichs der Möglichkeit stellt, an der geistigen Erschließung der zentralsten Probleme der Staats- und Verfassungslehre teilzunehmen. In dem Zusammenhang, in dem die Dinge hier gesehen werden, handelt es sich somit um das Problem, wie eine solche geistige Sinndeutung einer politischen Institution, eine Analyse der wichtigsten staatstheoretischen Begriffe möglich ist, und wie eine solche Konzeption zustande kommt.

Das induktive Verfahren, das wie bei der naturwissenschaftlichen Begriffsbildung — orientiert an einem mathematischen Wissenschaftsideal — aus einem möglichst reichhaltigen, empirischen Material im Wege der vergleichenden Analyse die publizistischen Begriffe (wie z. B. Staat, Demokratie) zu erarbeiten sucht, vermag jedenfalls nicht zum Ziel zu führen [1]). Denn hier werden die Ergebnisse schon bei dem auf die Gewinnung staatstheoretischer Einsichten und Begriffe gerichteten Verfahren vorausgesetzt. Wird z. B. die Frage aufgeworfen, ob eine Herrschaftsform als staatlich, eine Verfassung als demokratisch, ein Regierungssystem als parlamentarisch bezeichnet werden kann, so impliziert die Antwort stets schon die Kenntnis des Wesens vom Staate, der Demokratie oder des Parlamentarismus. Der induktiven Begriffsfindung kann daher, wenn überhaupt, nur eine sekundäre Bedeutung zukommen. Sie hat ihre Berechtigung, sofern sie sich beschränkt, die jeweiligen Erscheinungsformen der substantiell eindeutigen Sinngehalte zu ordnen und zu systematisieren. Ihre Impotenz zeigt sich nur bei dem Unterfangen, staatstheoretische Wesenserkenntnisse explizieren zu wollen.

Ebenso unzulänglich wie das naturwissenschaftlich induktive Verfahren ist der innerlich mit diesem zusammenhängende, logistische Rechtspositivismus, der glaubt, den jeweiligen Gehalt des als statisch gedachten Rechtssystems mit dem vorhandenen, formallogischen Normenmaterial messen und analysieren zu können. Die in dem Rechte wirkenden, werthaft-substantiellen Elemente werden durch

[1]) Über naturwissenschaftlich generalisierendes Verfahren und die dementsprechende Begriffsbildung näher Rickert, Kulturwissenschaft und Naturwissenschaft 1921 aaO. insbes. S. 42 ff. und Die Grenzen der naturwissenschaftlichen Begriffsbildung 1921 aaO. insbes. S. 35 ff. Kritisch zu dieser mathematisch-naturwissenschaftlichen Begriffsbildung jetzt etwa die eindrückliche Darstellung bei Heller, Bemerkungen zur staats- und rechtstheoretischen Problematik der Gegenwart i. Archiv d. öff. Rechts N. F. Bd. 16 S. 321 ff.

ein solches Verfahren eliminiert, die juristischen Begriffe selbst ihres spezifisch geistigen Gehaltes entkleidet und zu technischen Begriffen denaturiert [1]). So wird schließlich jede soziologische oder politisch ethische Problemstellung als eine über den Bereich des Rechts hinausführende, mit einer streng »objektiven«, normlogischen Rechtsbetrachtung unvereinbare, juristische Entgleisung hingestellt [2]).

Diese Art der Begriffsbildung hängt mit der mit dem Einheitsbestreben des 19. Jahrhunderts verbundenen »Entpersönlichung des gesamten Weltbildes« [3]), seiner zunehmenden Versachlichung zusammen, der nur noch das Objekt und nicht das Subjekt, nur noch die Sache und nicht die Person, nur noch das Allgemeine und nicht das Besondere problematisch erscheint. In Wirklichkeit sind die so durch eine formallogische Analyse und Synthese unter Ausscheidung alles Individuellen gewonnenen Begriffe nicht minder willkürlich als die von dieser Art Rechtspositivismus bekämpfte, rein konstruktive Begriffsjurisprudenz. Auch hier sind die in concreto herausgestellten Begriffe, wenn auch vielleicht unbewußt, an politischen Zielsetzungen orientiert und von einer bestimmten, nicht intellektualistisch zu rechtfertigenden Wertung bestimmter Interessenkonflikte getragen [4]). Besonders deutlich wird dieses in der die bisherigen Einzeluntersuchungen zu einem »System« zusammenfassenden »Allgemeinen Staatslehre« Kelsen's. Dort, wo diese inhaltlich zu bestimmten Ergebnissen gelangt, hebt sie die rechtslogische Methode auf, indem sie in immanentem Widerspruch zu den eigenen Voraussetzungen des Systems politisch-soziologische, somit wertakzentuierte Elemente einführt und dadurch die Wertindifferenz preisgibt, mit der sie ein einheitlich lückenloses Rechtssystem entwickeln zu können glaubte [5]). Jedenfalls kann erst mit dem Heraustreten aus dieser rechtslogischen Methode eine Grundlage für die Gewinnung staatstheoretischer Er-

---

[1]) Dazu vor allem E. Kaufmann, Kritik der neukantischen Rechtsphilosophie 1921 S. 75 ff. und Heller aaO. in dem eben erwähnten Aufsatz.

[2]) Vgl. auch v. Hippel, Über Objektivität im öff. Recht im Archiv d. öff. Recht, Neue Folge Bd. 12 S. 397ff.; Leibholz, Gleichheit vor dem Gesetz, Nachwort ebenda S. 1 f.

[3]) So Heller, Bemerkungen aaO.; ferner zur geistesgeschichtlichen Lage der Gegenwart Joël, Die Überwindung des 19. Jahrhunderts im Denken der Gegenwart i. Kant-Studien Bd. 32 S. 475 ff.

[4]) Näher Triepel, Staatsrecht und Politik, 1927 S. 32 f.; ferner v. v. Hippel aaO. S. 402 f.

[5]) Zur Kritik der Staatslehre Kelsen's die Nachweise unten S. 151 An.

kenntnisse geschaffen werden, weil jede dieser Einsichten mit einer Fülle soziologischer, historischer und anderer, jedenfalls nicht formallogischer Erwägungen durchsetzt ist [1]).

Auch auf die Methode der teleologischen Rechtsbetrachtung kann man in diesem Zusammenhang nicht rekurrieren. Denn diese ist nur dort praktikabel verwertbar, »wo die Mehrheit möglicher Rechtszwecke mehrere Lösungen gestattet« [2]), also etwa z. B. bei der Interpretation von Rechtssätzen, der Entscheidung von Kontroversen, der Konstituierung rein zweckbestimmter Begriffe. Sie muß dort versagen, wo für Zweckmäßigkeitserwägungen kein Raum ist, vor allem also bei der theoretischen Erkenntnis des Wesens bestimmter publizistischer Begriffe oder ideenbezogener Institutionen [3]). Die Zweckbegriffe sind somit von den staatstheoretischen Wesensbegriffen zu unterscheiden [4]).

Daher darf auch die Umschreibung des Wesens bestimmter Begriffe und Institutionen nicht mit ihrer ideologischen Rechtfertigung verwechselt werden. Eine Rechtfertigung staatstheoretisch wie verfassungsrechtlich relevanter Gebilde ist in der Regel unter den verschiedensten Gesichtspunkten möglich. Insoweit sind auch »Zweckmetamorphosen und Strukturwandlungen« [5]) nicht ausgeschlossen. Dies bedeutet, da Rechtfertigung und Zweck zueinander in einem

---

[1]) Dazu näher Triepel, Staatsrecht und Politik aaO.

[2]) So v. Hippel, Untersuchungen zum Problem des fehlerhalten Staatsaktes. Beitrag zur Methode einer teleologischen Rechtsauslegung 1924 S. 63.

[3]) v. Hippel, Archiv d. öffentlichen Rechts N. F. Bd. 12. S. 404 f. bezeichnet als Methode der Rechtsauslegung »die Teleologie, die Sinndeutung und Sinngebung«. Ähnlich auch Walz, Vom Wesen des öffentlichen Rechtes 1928 S. 45, der methodisch eine »teleologisch-sinndeutende Synthese« des Rechtes fordert. Sinndeutung und Sinngebung ist aber gerade, wenn sie unter teleologischen Gesichtspunkten erfolgt, bei den zentralen Wesensbegriffen der Staatslehre auch außerhalb ihrer eigentlichen Wesenssphäre möglich.

[4]) Die Wesensbegriffe haben im Gegensatz zu den Zweckbegriffen einen rein objektiven Erkenntniswert. Man kann daher nicht, wie von philosophischer Seite vielfach geschieht (z. B. Ledig, Der Begriff als Instrument der Rechtspflege i. d. Kant-Studien Bd. 32 S. 325, 329), allgemein von den juristischen Begriffen sagen, daß sie »willkürlich gesetzte« und »gewissermaßen diktierte Begriffe« sind. Gegen die teleologische Orientierung in der Rechts- und Staatstheorie jetzt mit Nachdruck auch Smend, Verfassung und Verfassungsrecht 1928 S. 10.

[5]) So Thoma, Zur Ideologie des Parlamentarismus u. d. Diktatur i. Arch. f. Sozialwissenschaft u. Sozialpolitik Bd. 53 S. 214; gegen Thoma C. Schmitt, Der Gegensatz von Parlamentarismus und moderner Massendemokratie i. Hochland Bd. 23 S. 257 f. Zu dieser Kontroverse jetzt noch Smend, Verfassung aaO. S. 36 f.

Korrelatverhältnis stehen, daß je nach der Zwecksetzung auch die Rechtfertigung einer Institution eine verschiedene sein kann. Wird z. B. das staatliche Zusammenleben von Menschen naturalistisch mit dem Hinweis auf den sonst unvermeidlichen Kampf aller gegen alle gerechtfertigt, so muß der Staatszweck in der Sicherung der Koexistenz der zur Staatsgemeinschaft gehörigen Individuen erblickt werden. Soll umgekehrt der Staatszweck darin bestehen, das Volk zu einer ideellen nationalen Kulturgemeinschaft zusammenzuschließen, so wird der Staat negativ durch die Impotenz des Individuums, an der Bildung kultureller Gemeinschaftswerte teilzunehmen, gerechtfertigt. Es ist daher innerlich nicht berechtigt, wenn die klassische Staatslehre des 19. Jahrhunderts entgegen dieser Einsicht eine gesonderte, in sich nicht zusammenhängende Lehre von der Rechtfertigung und dem Zwecke des Staates zu entwickeln sucht [1]).

Eine Verknüpfung der mit der Zeit fast zwangsläufig Wandlungen unterworfenen Rechtfertigung einer Institution und der Erkenntnis ihres spezifischen Wesens besteht nur in den Fällen, in denen die Institution aus ihrem Wesen selbst heraus gerechtfertigt wird. Beruht z. B. das Sinnprinzip des Parlamentarismus auf dem rational unterbauten Glauben an das Schöpferische einer öffentlichen Diskussion, so kann und muß man von einer Krisis des Parlamentarismus sprechen, wenn diese Sinnbestimmung zutreffend ist und deren reale Grundlagen tatsächlich in Fortfall geraten sind [2]). Denn die inhaltliche Umschreibung des geistigen Gehalts einer bestimmten, politischen Institution wie etwa des Parlamentarismus muß der Idee nach eindeutig sein und die Möglichkeit einer anderen Bestimmung ausschließen. Daß man über die inhaltliche Richtigkeit der konkreten Umschreibung streiten kann, ist dabei nicht von Belang. Ist doch die uneigengestandene, weil selbstverständliche Voraussetzung

---

[1]) Vgl. z. B. Rehm, Allgemeine Staatslehre 1899 S. 199; G. Jellinek, Allgemeine Staatslehre 3 1922, der in den über Rechtfertigung und Zweck des Staates handelnden Kapiteln (aaO. 220 f., 250 f.) nur dadurch zu jeweils inhaltlich verschiedenen Ergebnissen gelangt, daß er die in dem einen Abschnitt angeführten Rechtfertigungsgründe und Zweckbestimmungen in dem jeweils anderen unerwähnt läßt.

[2]) Thoma bestreitet z. B. den Fortfall der von C. Schmitt herausgestellten Prinzipien des Parlamentarismus »Öffentlichkeit und Diskussion«, die — nur in abgewandelter Form — auch heute noch wirksam sein sollen (aaO. 214; vgl. auch Reform des Reichstages 1925 S. 3). Gegen diesen mehr im Technischen und nicht im Substantiellen liegenden Einwand schon C. Schmitt, Hochland Bd. 23 S. 258 f. und Smend, Verfassung aaO. 38.

einer solchen Diskussion, daß die substantiellen Wesenheiten des politischen Lebens (hier also des Parlamentarismus) eine auch einer inhaltlichen Präzision zugängliche, eigene geistige Struktur besitzen.

Empirismus und Rationalismus können hiernach ebensowenig wie durch teleologische oder andere ideologische Erwägungen bestimmte Rechtfertigungen zur Erschließung des Sinngehaltes staatstheoretischer Gebilde und damit auch des Wesens der Repräsentation führen. Dieser offene methodologische Mißstand kann nur behoben werden, wenn die von Husserl [1]) inaugurierte, phänomenologische Betrachtungsweise, die von anderen, insbesondere Scheler [2]) und Litt [3]), auf die Sinndeutung der überindividuellen, sozialen Gemeinschaftszusammenhänge übertragen worden ist, auch in die Verfassungstheorie und damit das Verfassungsrecht eingeführt wird. Jede geistige Fachwissenschaft ist insofern durch die Phänomenologie bedingt, als diese erst den Einzelwissenschaften die grundsätzliche Möglichkeit ihrer Gegenstandserfassung leiht und methodisch die Gewinnung ihrer Erkenntnisse zu rechtfertigen vermag [4]). Soweit daher die Staatsrechtswissenschaft auf evidenten Schauungen sozialer Wesenheiten beruht, die infolge ihrer Geistgebundenheit nicht weiter auflösbar sind, ist auch dieser Zweig der Jurisprudenz von der phänomenologischen Geisteshaltung abhängig.

Die staatstheoretischen Wesenseinsichten sind seinsmäßig gebunden. Sie können nicht wie die reinen phänomenologischen Axiome im leeren Raum, sondern nur an Hand empirischer Erkenntnisgegenstände gewonnen werden. Und zwar tendiert das phänomenologisch-analysierende Bewußtsein [5]) dahin, das Wesen einer im Sein verwurzelten, empirischen Gestalt, das Objekt, durch eine auf sie ge-

---

[1]) Vgl. etwa Logische Untersuchungen 1922 aaO. Ideen zu einer reinen Phänomenologie und phänomenologischen Philosophie [2], 1922, Bd. I und vor allem das bedeutende Buch von Nicolai Hartmann, Grundzüge einer Metaphysik der Erkenntnis 1925 z. B. S. 43 ff., 74 f., 166 f., der auch das Metaphysische im Erkenntnisphänomen in den Bereich der phänomenologischen Analyse gezogen hat.

[2]) Vor allem Der Formalismus in der Ethik und die materiale Wertethik 1921 aaO.

[3]) Invividuum und Gemeinschaft 1926 aaO. Ferner etwa noch Kracauer, Soziologie als Wissenschaft 1922.

[4]) Vgl. noch Litt 37 f., der aaO. auch die Phänomenologie gegenüber den Naturwissenschaften abgrenzt.

[5]) Dieses Gegenstandsbewußtsein besteht »in einer vermittelten Bestimmung des Objektbildes im Subjekte durch primäre Bestimmtheiten des Objekts« (so Hartmann, Metaphysik 46).

richtete, material-intuitive Schauung in synoptischer Analyse evident zu machen, sie damit zugleich der ihr historisch anhaftenden Zufälligkeiten zu entkleiden und sie in ihrer außerhistorischen Wesensnotwendigkeit zu erweisen [1]). Wesensanalysen sozialer Erscheinungen [2]) sind somit an einem bestimmten, isolierten Gebilde möglich und erfordern nicht wie bei der empirisch-induktiven Massensynthese die Herausstellung und Bearbeitung eines umfassenderen Materials. Der durch solche Wesensanalysen von allem Beiwerk geläuterte, entindividualisierte, konkrete Erkenntnisgegenstand ist nur noch »Repräsentant« der besonderen »Ganzheit«, die gesetzmäßig allen individuellen Erscheinungen, die sich der wesensmäßig gleichen Ganzheit zurechnen, zugrunde liegt und durchleuchtet. Dadurch erklärt sich der generelle Geltungsanspruch der durch eine »singulär fundierte Wesenserkenntnis« [3]) gefundenen Einsichten. Diese nicht aus der Erfahrung und durch die Erfahrung, sondern an Hand einer konkret-bestimmten Erfahrung gefundenen, phänomenologischen Wesenseinsichten decken jeweils den der Empirie immanenten, geisteswissenschaftlichen Sinn auf. Nur so erklärt sich die innere Gesetzmäßigkeit empirisch gebundener und doch über sie hinausführender, auf andere Erkenntnisse nicht reduzierbarer Wesenseinsichten, die die in ihren konkreten Formen unendlich variable Stoffülle beseelt.

Diese staatstheoretischen Wesenserkenntnisse kann man als apriorische bezeichnen [4]) — jedenfalls dann, wenn man den Begriff

---

[1]) Das ist auch das Ziel der materialen Soziologie; vgl. Kracauer aaO. 152.

[2]) Zur Phänomenologie sozialer Erscheinungen noch S. Frank i. Archiv f. Sozialwissenschaften u. Sozialpolitik Bd. 59 S. 75 ff.

[3]) So Volkelt, Gewißheit und Wahrheit 1918, S. 435 ff.

[4]) Über das »Apriori« in der Phänomenologie vor allem Scheler, Formalismus aaO. 43 ff. In diesem Zusammenhang bezieht sich das »Apriori« primär (so Reinach, Die apriorischen Grundlagen des bürgerlichen Rechtes i. Jahrbuch f. Philosophie und phänomenologische Forschung Bd. I² 1922 S. 689 und Anmerkung) auf den »gesetzten, geurteilten oder erkannten Sachverhalt« ... »das geurteilte und erkannte So-Sein, seine Allgemeinheit und Notwendigkeit«. Dazu auch Hartmann, Metaphysik 166, 328, 334. Vgl. ferner noch Schreier, Über die Lehre vom »Möglichen Recht« in Logos Bd. 15 S. 365, 366 und insbes. G. Husserl, Rechtskraft und Rechtsgeltung 1925 Bd. 1 aaO., der rechtsdogmatisch ebenfalls von der Voraussetzung des Bestehens »eines Systems reiner überzeitlicher Grundbegriffe, die eine Region apriorischer Möglichkeiten des Rechts bilden« (so Vorwort VI) ausgeht und von einer »rechtsdogmatischen Wesensforschung«, »einer apriorischen Rechtsdogmatik« spricht (z. B. aaO. 11).

des Apriori nicht nur in dem transzendentalen Sinne, in dem Kant ihn in seiner Kategorienlehre gebraucht, sondern auch dann verwenden darf, wenn es sich um zwar rational nicht beweisbare, aber durch eine material-intuitive Wesensanalyse zur Evidenz [1]) gebrachte Erkenntnisse handelt, die der Erfahrungswelt, durch die sie vermittelt werden, logisch wie substantiell vorangehen [2]). Es sind dies Erkenntnisse, die im Sinne von N. Hartmann [3]) transzendente und nicht immanente Apriorität besitzen. Auf diese wesensanalytisch gefundenen Erkenntnisse kann man zugleich auch den Strukturbegriff im Sinne einer a priori erwiesenen, überempirischen, dem Erkenntnisgegenstand immanenten Gesetzmäßigkeit zur Anwendung bringen.

Diese seinsmäßig gebundenen, staatstheoretisch-apriorischen Einsichten müssen aber nicht tatsächlich real erkannt sein. Es gehört im Gegenteil sogar geradezu zu jedem gegenständlich gebundenem Sein, daß dieses unabhängig von seinem Erkanntwerden funktioniert und sich wesensmäßig sozusagen selbstmanifestiert [4]). Daher ist es an sich unerheblich, ob etwa das Wesen der Demokratie, des Parlamentarismus jeweils erkannt worden ist, ja ob dieses überhaupt mit dem menschlichen Erkenntnisvermögen »ergriffen« werden kann.

Für die Gewinnung staatstheoretischer Erkenntnise kann es somit auch nicht entscheidend darauf ankommen, wie in concreto die einzelnen publizistischen Institutionen literarisch gerechtfertigt

---

[1]) Es handelt sich hier im Sinne von N. Hartmann 486 f. um subjektive, nicht objektive Evidenz. Aber auch die subjektive Evidenz von Wesenserkenntnissen ist seinsmäßig gebunden und nicht reines Denken, »Denken bei sich selbst«.

[2]) Dazu auch Litt aaO. 25 f. und Smend, Verfassung aaO. 7. Die Apriorität bezieht sich nicht auf das Urteil über das Phänomen, sondern die unmittelbare Erkenntnis des Phänomens. Der Apriorismus hat somit deskriptiven Charakter; dazu auch Hartmann, Metaphysik 164 f.

[3]) Dazu Metaphysik aaO. 63, 74 f., 333 ff., 460 ff. Die immanente Apriorität besteht nach Hartmann in der »alle apriorische Einsicht begleitenden, intersubjektiven Allgemeingültigkeit« (63; vgl. auch 333). Sie ist stets durch die transzendente Apriorität, die ihrerseits je nach dem Ansich-Sein des Gegenstandes eine ideale wie reale sein kann, bestimmt; näher Hartmann 460 ff. und über das Verhältnis der idealen zur realen Seinssphäre noch 545 f.

[4]) Dazu N. Hartmann, Über die Erkennbarkeit des Apriorischen i. Logos Bd. V, S. 290 ff. und Metaphysik 329 f. Nähere Begründung des Satzes: »es gehört nicht a priori zum Charakter des a priori, erkennbar zu sein« Logos 301 ff. Dieser Satz ergibt sich schon daraus, daß apriorische Wesenserkenntnisse stets auf a priori gültigen Erkenntnisgesetzen beruhen müssen, die als das prius ihrerseits bekannt, aber auch unbekannt sein können. Außer Hartmann noch S. Frank, Erkenntnis und Sein im Logos Bd. 17 (1928) S. 165 ff.

worden sind. Vielmehr ist die Theorie lediglich eine der Erkenntnisquellen, aus denen man das Wesen der staatstheoretischen Begriffe und Institutionen, ihre geistigen Grundlagen — denn diese spiegeln sich in ihr vielfach sehr deutlich wieder — am zweckmäßigsten wird erschließen können. Sind die Intentionen der Theorie weiter gespannt, erhebt sie wie z. B. die moderne Kultur- und Geschichtsphilosophie, Soziologie und Staatstheorie den Anspruch, auch das Wesen der überindividuellen Gemeinschaftszusammenhänge zu erschließen, zu »verstehen«, so ist dies nur auf phänomenologischer Grundlage möglich. Diese Versuche müssen daher methodisch der Phänomenologie selbst dann zugerechnet werden, wenn gegen diese bewußt ablehnend reagiert wird. Denn ohne diese allein einigende methodische Grundlage kann eine Wesenserkenntnis überhaupt nicht erarbeitet, geschweige denn bei den vielfach divergierenden Auffassungen eine Verständigung herbeigeführt werden.

Weiter dürfen phänomenologisch gewonnene Einsichten des Wesens gemeinschaftsgebundener Erscheinungen nicht formalistisch begrifflich gedacht werden. Wird doch bei einer Wesensanalyse nur aufgezeigt, was ohnehin schon vorhanden ist. Und es ist gefährlich, das oft in seiner Totalität gar nicht erschöpfend faßbare Wesen einer solchen nicht erfundenen, sondern vorgefundenen Erscheinung in eine unbiegsame und abschließend scheinende Definition pressen zu wollen. Wesenserkenntnis führt ebensowenig wie Dingerkenntnis zum Begriffsformalismus. Daher ist die nachfolgende Untersuchung auch nur beschreibend und in der Absicht gehalten, die Wesenselemente der Repräsentation herauszustellen. Ist die Analyse richtig und im Hinblick auf den Gegenstand erschöpfend, so ist damit zugleich auch einer begrifflichen Zusammenfassung der Weg geebnet.

Auch daß die Geltungsaktualität staatstheoretischer Erkenntnisse zeitlich und räumlich beschränkt sein kann, hebt ihren apriorischen Charakter nicht auf. Denn diese zeitlich-räumliche Begrenzung bezeugt nur, daß die ihre Evidenz nicht einbüßenden Wesenserkenntnisse sich noch nicht in konkret faßbarer Gestalt mit der geschichtlichen Wirklichkeit verbunden oder ihre Verbindung mit dieser wieder gelöst haben. »Wesenhaftes und Daseiendes« verhalten sich so wie »Möglichkeit und Wirklichkeit«[1]). Daher kann das positive Recht von den die Wesenserkenntnisse begrifflich darstellenden Wesens-

---

[1]) So Pichler, Vom Wesen der Erkenntnis 1927 S. 26.

begriffen auch abweichen, ja sie sogar völlig ignorieren. Beschränkt ist das positive Recht nur insofern, als die Wesensbegriffe, soweit sie rechtlich relevant sind, niemals vom Recht selbst schöpferisch geschaffen werden können, da sie bereits als etwas Gegebenes vorgefunden werden. Hat hiernach die sich auf die Analyse der rechtlich erheblichen Wesensbegriffe beschränkende, apriorische Rechtslehre [1]), — und methodisch liegt hierin ein prinzipieller Unterschied der phänomenologisch staatstheoretischen Strukturanalyse gegenüber dem Naturrecht [2]) —, einen von dem positiven Recht unabhängigen Bereich, so kann auch das positive Recht, soweit dieses auf die Wesensbegriffe Bezug nimmt, einem umfassenden Begreifen nur verständlich gemacht werden, wenn dieses zugleich auch »die Struktur der außer-positivrechtlichen Sphäre« [3]) mit ergreift. Tiefer gesehen liegt diesem potentiellen Widerstreit zwischen apriorischer Rechtslehre und Rechtswirklichkeit das Problem der konkreten historischen, jedes Geschehen zeitlich begrenzenden Individualität zugrunde, das sich hier im Bereich der staatstheoretischen Einsichten mit der Wesensanalyse der geistigen Wirklichkeit kreuzt.

Ist es hiernach gleich, wann, wo und in welcher zufälligen äußeren Form der geistige Gehalt einer Institution in die politische Wirklichkeit eingeht, so ist es umgekehrt auch nicht von Belang, welches empirische Gebilde zum Gegenstand der Wesensanalyse gewählt wird. Andrerseits wird durch die technische Möglichkeit einer Parallelisierung substantiell gleicher Institutionen auch dem rechtsvergleichen-

---

[1]) Über den Unterschied der apriorischen Rechtslehre von der allgemeinen Rechts- oder Prinzipienlehre Reinach aaO. 839 f.

[2]) Denn das Naturrecht hat auf Grund der Verabsolutierung der Rechtsvernunft auch die positiv-rechtliche Gültigkeit der rational gefundenen, staatstheoretischen Erkenntnisse behauptet. Im übrigen hat das Naturrecht auch nicht die rechtlichen Wesensbegriffe, deren Inhalt tatsächlich unwandelbar ist, von den angeblich ebenfalls einem »Idealrecht« entnommenen, in Wirklichkeit aber rein positiv-rechtlichen Sätzen unterschieden, die lediglich Zweckmäßigkeitserwägungen ihre Entstehung verdanken und mit der Wandlung der teleologischen Gesichtspunkte ihren Inhalt notwendig verändern.

[3]) Reinach, Grundlagen aaO. 692; ferner noch aaO. 688 ff. Auch von einem »Apriori des positiven Rechts«, das, »weil es nur die Möglichkeit des Rechts ist, nicht selbst Recht ist«, spricht Schönfeld, Die logische Struktur der Rechtsordnung 1927 S. 37, der aber den Begriff des Apriori in der Jurisprudenz erheblich weiter spannt und ihn nicht auf die Wesensbegriffe im Sinne des Textes beschränkt; umgekehrt enger faßt offenbar den Begriff des Apriori Emge, Das Apriori und die Rechtswissenschaft im Archiv f. Rechts- und Wirtschaftsphilosophie Bd. 21 (1928) S. 519 ff.

den Verfahren im Sinne einer rechtsvergleichenden Wesensanalyse eine neue Richtung gewiesen und ihm ein von dem traditionellen abweichender, neuer Sinn gegeben.

Die phänomenologisch gefundenen, staatstheoretischen Wesenseinsichten [1]) brauchen nicht notwendig im transzendenten Sinne wertakzentuiert zu sein. Denn die Sphäre des Wesenhaften ist nicht wertmäßig gebunden. Sie kann möglicherweise auch Wertwidriges und Wertindifferentes umfassen. Daher ist die Phänomenologie von der auf Werte bezogenen Rechtsbetrachtung zu lösen [2]).

Aus dem gleichen Grunde ist die phänomenologische »Wesenssphäre« von der vieldeutigeren »Sinnsphäre« zu unterscheiden [3]). Es gibt Phänomene, die infolge ihrer negativen Wertbezogenheit abgesehen von der Sinnhaftigkeit der erkenntnistheoretischen Analyse sinnwidrig erscheinen. Doch ist die Sinnsphäre nicht notwendig gegenüber der Wesenssphäre die engere. Es ist vielmehr auch möglich, daß Wesen- und Sinnsphäre inhaltlich koinzidieren. So deckt die Analyse werthafter Phänomene etwa bestimmter publizistischer Institutionen zugleich auch immer einen letzten spezifischen Sinngehalt dieser Wesensbegriffe auf. Schließlich ist aber auch eine nicht phänomenologische Sinndeutung oder Sinngebung sozialer Erscheinungen möglich — so z. B. wenn der Sinn einer Institution als ein dieser wesensfremder, etwa ausschließlich zweckbezogener angesehen wird [4]). Insoweit würde sogar die »Sinnsphäre« der »Wesenssphäre« gegenüber die umfassendere sein.

Mit diesen methodologischen Bemerkungen ist der Weg angedeutet, durch den das Wesen der grundlegenden publizistischen Be-

---

[1]) Auf den inneren Zusammenhang zwischen der phänomenologisch eingestellten Betrachtungsweise und der Gestalttheorie, nach der — in der technischen Formulierung — »das, was an einem Teil des Ganzen geschieht, von inneren Strukturgesetzen dieses seines Ganzen bestimmt« wird (so etwa Wertheimer, Über Gestalttheorie 1925 S. 7), soll hier nur hingewiesen werden.

[2]) Näher zu dieser allgemein bedeutsamen Frage Litt, Individuum und Gemeinschaft 27 f.

[3]) Wohl auch Hartmann, Metaphysik 167, der hier die theoretische Deutung des Phänomens von der reinen Phänomenologie unterscheidet.

[4]) So kann z. B. der Parlamentarismus, auch wenn seine wesenmäßigen Grundlagen in Wegfall geraten sein sollten, auch heute noch teleologisch sinnhaft gerechtfertigt werden, — wenn auch nur schließlich mit dem Hinweis, daß eine zweckmäßigere Organisation volkhaft staatlichen Zusammenlebens unter den obwaltenden Umständen nicht gefunden werden kann.

griffe erschlossen werden kann. Gelingt es allmählich so die für jede Staatstheorie [1]) grundlegenden Begriffe wesensanalytisch klarzustellen, so ist die geisteswissenschaftliche Struktur der Staatsrechtslehre [2]) auch von dieser Seite her unterbaut. In diesem Sinne soll versucht werden, das Wesen der Repräsentation und seine politische und theoretische Bedeutung verstehend näher zu umschreiben.

[1]) Entsprechendes gilt auch für eine Theorie des Völkerrechts.

[2]) Dazu Holstein, Von Aufgaben und Zielen heutiger Staatsrechtswissenschaft im Archiv des öffentlichen Rechts, N. F. Band 11, S. 24 ff., insbes. 31.

Das Wesen der Repräsentation.

Erstes Kapitel.

Der sprachanalytische Sinngehalt, die allgemein rechtliche Umschreibung und Begrenzung der Repräsentation.

Wie unklar der Begriff der Repräsentation der herrschenden, deutschen Staatsrechtslehre geworden ist, geht schon aus dem vielfältigen Sprachgebrauch hervor, in dem gerade auch die Fachliteratur dieses Wort verwendet. Man spricht von einer Geschichte des Repräsentationsgedankens, einer typischen Repräsentivverfassung, die gerne mit Parlamentarismus identifiziert wird, unterscheidet Repräsentation im politischen und rechtlichen [1]), wahren und falschen Sinne [2]) und setzt Repräsentation mit Stellvertretung [3]) oder mit Organschaft [4]) gleich. Kein Wunder, daß so das spezifische Wesen der Repräsentation bis in die jüngste Zeit hinein [5]) im Dunklen gehalten worden ist und mit einem gewissen Mystizismus noch heute behaftet ist.

---

[1]) Dies gilt auch für die romanische Literatur; statt vieler z. B. Siotto-Pintor, Le riforme del regime elettorale e le dottrine della rappresentanza politica e del elettorato nel sec. XX. 1912, z. B. S. 76, 113; Tambaro, Elementi di Diritto Pubblico generale 1928 S. 155 f.

[2]) So z. B. in den Kämpfen der deutschen Liberalen und Konservativen in den ersten Jahrzehnten des 19. Jahrhunderts; dazu näher E. Gerber, Der staatstheoretische Begriff der Repräsentation in der Zeit vom Wiener Kongreß bis zur Märzrevolution. Bonner Dissert. 1926. Manuskript S. 7ff. Aber auch noch neuerdings findet sich diese Gegenüberstellung; so z. B. bei Mazel, Vraie et fausse représentation nationale i. Revue politique et parlementaire 1926 Bd. 128 S. 406 f.

[3]) Wie z. B. selbst so hervorragende Gelehrte wie Otto v. Gierke und Max Weber; näher S. 84 An. 1 u. 144 An. 1. Innerhalb der Vertretung unterscheidet man dann wieder wie bei der Repräsentation gerne zwischen Vertretung im politischen und rechtlichen oder staatsrechtlichen und privatrechtlichen Sinne; vgl. vor allem die Bluntschli'schen Schriften, z. B. Art. Repräsentativsystem im Deutschen Staatswörterbuch 1864 Bd. VIII S. 586, 588; neuestens in diesem Sinne etwa Arndt, Die Verfassung des Deutschen Reiches. Kommentar 3 1927 S. 109.

[4]) So z. B. Kelsen, Allgemeine Staatslehre 1925 S. 310. »Das Wesen des Organs ist, daß es den Staat repräsentiert.« Der Wille des Organs gilt als der des »repräsentierten Staates«.

[5]) D. h. bis zu den bedeutenden, für das Repräsentationsproblem geradezu grundlegenden Arbeiten von C. Schmitt, Verfassungslehre 1928 S. 204 ff. und

Aber trotz der vielfach bizarren Verzerrungen, die die Sprache durch den Sprachgebrauch erfährt, ist es berechtigt, — und zwar gerade, wenn es sich darum handelt, wesensanalytisch zu verfahren — jeweils auf den ursprünglichen Sprachsinn zurückzugehen. Denn in der Sprache ringt letzten Endes immer eine bestimmte Geistigkeit nach Ausdruck, die anschaulich-sinnliches und begriffliches Denken zu vereinigen, Intuition und Logik zu einer Einheit zu verbinden sucht [1]. So weist auch der sich in dem Worte Repräsentation offenbarende Sinngehalt zugleich auf die eigentlich geisteswissenschaftliche Sphäre hin, in der der Begriff der Repräsentation letzten Endes wurzelt.

Rein sprachlich gesehen bedeutet Repräsentieren, daß etwas nicht real Präsentes wieder präsent, d. h. existentiell wird [2], etwas, was nicht gegenwärtig ist, wieder anwesend gemacht wird [3]. Durch die Repräsentation wird somit etwas als abwesend und zugleich doch gegenwärtig gedacht. In diesem Vorgang liegt die spezifische Dialektik, die dem Begriff der Repräsentation eigen ist [4].

Ist Voraussetzung der Repräsentation, daß das Repräsentierte eine selbständige Wesenheit ist, so muß die Repräsentation von der Abstraktion, zu der nichts außerhalb ihrer selbst Liegendes gehört, unterschieden werden. Wenn das mehreren Erscheinungen Gemeinsame im Wege der Abstraktion durch eine logische Analyse erarbeitet wird, so ist damit noch nicht eine Grundlage für eine Repräsentation geschaffen. Dies ist vielmehr erst und nur dann der Fall, wenn das Abstrahierte, das Ergebnis der logischen Analyse, zugleich als eine von

---

Smend, Verfassung aaO. 48 f., 93 f. Vgl. auch schon die wichtigen Bemerkungen zur Repräsentation bei Heller, Die Souveränität 1927 S. 75 f.

[1] Näher dazu Voßler, Geist und Kultur in der Sprache 1925, insbes. S. 220 ff.

[2] Das Wort repraesentare — es handelt sich um eine unselbständige Wortbildung — ist nicht klassischen Ursprungs und wohl zuerst bei Caesar und Cicero nachweisbar. In bestimmten Verbindungen wird repraesentare auch übersetzt mit etwas auf der Stelle verwirklichen, = gewähren, = bewirken, = anwenden. Auch in diesem übertragenen, zeitlichen Sinne tritt die ursprüngliche Wortbedeutung noch in der Wendung des »auf der Stelle« hervor, die darauf hinweist, daß etwas Wirklichkeit wird, was sonst nicht tatsächlich geschehen würde.

[3] So schon Hegel, Grundlinien der Philosophie des Rechts Bd. VI d. Ges. Werke herausgeg. von Lasson, 1921 § 311 S. 254.

[4] So schon mit Recht C. Schmitt, Verfassungslehre 209. Hier auch die Umschreibung des Begriffes: »Repräsentieren heißt, ein unsichtbares Sein durch ein öffentlich anwesendes Sein sichtbar machen und vergegenwärtigen«. Hierin liegt kein Widerspruch, wie Glum, Der deutsche und französische Reichswirtschaftsrat 1929 S. 28 behauptet.

den als Objekt der Abstraktion fungierenden Erscheinungen unabhängige, selbständig-existentielle Wesenheit gedacht werden kann. Deshalb ist auch die vielfach, so schon von Berkeley im Anschluß an Locke vertretene Auffassung, daß »Ideen« und allgemein abstrakte Begriffe wie z. B. die Linie im technischen Sinne repräsentieren [1]), in dieser Allgemeinheit nicht richtig. In Wirklichkeit liegt diesen „Ideen" und Begriffen meist nur eine im Wege der induktiven Abstraktion vollzogene, logisch gedankliche Vorstellung von der Allgemeingeltung bestimmter, mathematischer Sätze zugrunde [2]).

So wie nach der Wortanalyse das Repräsentierte eine selbständige Existentialität besitzen muß, so muß nach ihr auch der Repräsentant die zu repräsentierende Wesenheit präsent machen wollen und können. Wenn daher häufig im Sprachgebrauch Repräsentation mit Darstellung und Repräsentieren mit Darstellen übersetzt wird, so wird hierdurch der sprachlich mit dem Worte Repräsentation verbundene, ursprüngliche Sinngehalt verfälscht. Denn Darstellung von Personen oder Sachen ist nicht Repräsentation. Die Darstellung tendiert nicht wie bei der Repräsentation dahin, ein außerhalb ihrer selbst liegendes Sein anwesend zu machen. So liegt es z. B. nicht im Sinne der bildenden Kunst, über den Rahmen der Darstellung hinaus die dargestellte Person oder Landschaft selbst noch gegenwärtig zu machen. Daher darf man im exakten Sprachgebrauch nur dort von

---

[1]) Vgl. Berkeley, Einleitung zu den Principles of Human Knowledge in der Übersetzung von Überweg, § 12 S. 9 ff. »Wir müssen anerkennen, daß eine Idee, die an und für sich eine Einzelvorstellung ist, allgemein dadurch wird, daß sie dazu verwendet wird, alle anderen Einzelvorstellungen derselben Art zu repräsentieren oder statt derselben aufzutreten.« Bereits vorher Locke, Essays concerning human understanding Buch III Chap. III. Sect. 11, wo es u. a. heißt: »and ideas are general when they are set up as the representatives of many particular things«.

[2]) So repräsentiert, um bei den Berkeley'schen Beispielen zu bleiben, der Begriff Linie nicht alle vergangenen, real vorhandenen und zukünftig noch möglichen Linien. Daher kann auch nicht die allgemeine Geltung des nur an einer Linie bewiesenen Gesetzes für alle anderen Linien mit dem Hinweis auf die angebliche Repräsentationsfunktion der Linie, an der ein bestimmtes Gesetz verdeutlicht worden ist, behauptet werden, wie Berkeley aaO. 10 will. Vielmehr ergibt sich der generelle Geltungsanspruch des nur konkret bewiesenen Gesetzes aus der Tatsache, daß das Gesetz an unendlich vielen Linien bewiesen werden kann. — Das Gleiche (wie von den Linien) soll nach Berkeley von dem Namen gelten. »Der Name Linie, der an sich partikulär ist, ist dadurch, daß er als Zeichen dient, allgemein geworden« (im Sinn der Berkeley'schen Repräsentationstheorie). Gegen diese Repräsentationstheorie unter phänomenologischen Gesichtspunkten noch Husserl, Logische Untersuchungen Bd. II 1. Teil S. 178 ff.

Repräsentation sprechen, wo es sich nicht um Darstellung handelt, und von Darstellung nur dort reden, wo eine Repräsentation nicht in Frage kommt.

Gehört zu jeder Repräsentation, daß es gerade das Repräsentierte ist, das noch einmal in der Realität produziert werden muß, so kann man personell gewendet auch sagen, daß dem Begriff der Repräsentation die Duplizität der personellen Existenz immanent ist. Damit ist zugleich die geisteswissenschaftliche Struktur des Begriffes der Repräsentation angedeutet. Denn sicher ist, daß das Repräsentierte in dem Repräsentanten nicht noch einmal real-gegenständlich faßbar werden kann.

Aus der Einsicht in die jeder Repräsentation immanente Duplizität ergibt sich weiter die Notwendigkeit die Repräsentation begrifflich von der Identität, die auf dem Gedanken der Einheit und nicht der Zweiheit beruht, zu unterscheiden. Das repräsentierende Parlament »ist« nicht das Volk, der Repräsentant des Monarchen »ist« nicht der Fürst [1]). Und zwar muß diese Scheidung der Repräsentation von der Identität nicht nur gegenüber der naturwissenschaftlich-mathematischen Sphäre, in der der Begriff der Identität ursprünglich heimisch ist, sondern auch gegenüber einem vergeistigten Begriff der Identität vollzogen werden, bei dem nach einem bestimmt gearteten Transsubstantiationsprozeß auch in Wirklichkeit nicht Gleiches miteinander für identisch erklärt wird [2]). Wenn z. B. C. Schmitt [3]) inhaltlich die Demokratie als »eine Reihe von Identitäten« definiert, so kann dieser Begriff nicht exakt naturwissenschaftlich, sondern

---

[1]) So schon »Über die stellvertretenden Versammlungen im Jahre 1822 und die Nassauische insbesondere« i. d. Allgemeinen politischen Annalen herausgegeben von Murhard, Bd. 7 S. 9 f. »Dieser große und verderbliche Irrtum ist der Glaube, daß die Repräsentanten des Volkes und dieses selbst dieselben seien« (aaO. 9). Nicht ganz klar dagegen Rotteck, Lehrbuch des Vernunftrechtes u. d. Staatswissenschaften 1840 Bd. II S. 226: Der Landtag ist, »wenn auch nicht vollkommen identisch mit dem Volk und also nicht rein natürliches Organ des Gesamtwillens, dennoch annähernd« im Besitz dieser Eigenschaft. Vgl. auch aaO. 237 und Ideen über Landstände 1819 S. 7.

[2]) Man sollte hier von Identifizierungen oder Identifikationen sprechen, da damit das Gewillkürte in der Sprache besser zum Ausdruck gelangen würde.

[3]) Etwa Die geistesgeschichtliche Lage des heutigen Parlamentarismus 1923 S. 14 f. Im Hochland aaO. 263 f. fordert Schmitt noch als zur Demokratie gehörig Homogenität und Ausscheidung des Heterogenen. Homogenität liegt aber nicht ausschließlich in demokratischer, sondern primär staatlicher Richtung. Gibt es doch auch heute noch national homogene, aber nicht demokratisch organisierte Staaten.

nur geistig substantiell verstanden werden [1]). Bestimmte oberste »Staatsorgane« wie z. B. die stimmberechtigte Bürgerschaft, die Wählerschaft, das Parlament und die Regierung werden mit dem Volke als politisch ideeller Einheit identifiziert, ihre Willensakte denen des Volkes, der volonté générale, gleichgesetzt [2]).

Werden die Begriffe der Repräsentation und Identität unzulässigerweise miteinander verquickt, so verschließt man sich vor allem gerade einer staatstheoretisch wichtigen Erkenntnis, nämlich der Einsicht, daß die willensvereinheitlichend wirkenden Konstitutionsprinzipien eine ganz verschiedene Struktur haben, je nachdem sie auf dem Gedanken der Einheit (der Identität) oder der Zweiheit (der Repräsentation) beruhen. Werden Strukturelemente, die zum Begriff der Repräsentation gehören, dem der Identität oder solche der Identität dem der Repräsentation beigemischt [3]), so werden beide Begriffe, der der Repräsentation wie der der Identität, verfälscht und zugleich mit einem mystischen Glanz umkleidet, der ihre wahre politische Funktion verdunkelt. Dies gilt vor allem der beliebten Argumentation gegenüber, nach der eine Repräsentation des Volkes deshalb nicht möglich ist, weil der Wille des oder der Deputierten nicht der Wille des Volkes »ist«. Hier wird eine dem Begriff der Identität entlehnte Vorstellung zur Bekämpfung der Repräsentationsmöglichkeit verwandt, ohne daß bemerkt wird, daß auch der Identitätsbegriff, um politisch funktionieren zu können, einen geistigen Transsubstantiationsprozeß voraussetzt. Dieser ist es auch, der umgekehrt die Einführung repräsen-

---

[1]) Das Prinzip der Identität ist eben nur der geistige Ausdruck des demokratischen Gleichheitsgedankens. Zum Begriff der Demokratie gehört weiter noch das Prinzip der Volkssouveränität d. h. der Souveränität des Volkes als politisch ideeller Einheit als Ausdruck des substantiell gewendeten Freiheitsprinzips, das dem Identitätsprinzip zugleich das Bezugssubjekt, nämlich das Volk als Träger der Souveränität liefert, von dem aus und auf das hin die Identifizierungen erfolgen können. Denn sonst könnte die Reihe der Identitäten ebenso wie von den Regierten und Beherrschten undemokratischerweise auch ihren Ausgangs- und Bezugspunkt von den Regierenden und Herrschenden nehmen.

[2]) Von Bedeutung ist das Identitätsprinzip auch für die Abendmahlsauffassung des Christentums. Denn nach katholischer wie nach lutherischer Auffassung »ist« Wein und Brot Blut und Leib Christi.

[3]) Wie vor allem bei der die deutsche Staatsrechtslehre Jahrzehnte beherrschenden Repräsentationstheorie G. Jellinek's (Staatslehre aaO. 566 ff.), der willensmäßig zwischen Repräsentanten und Repräsentierten eine rechtliche »Einheit« herzustellen gesucht hat; näher unten S. 110 f. Aus der französischen Literatur statt vieler etwa Laboulaye, Questions Constitutionnelles 1872 S. 398 ff.

tativer Elemente in den durch diesen Prozeß nicht etwa fiktiv werdenden Identitätsbegriff verbietet [1]). In diesem Sinne hat z. B. Rousseau ganz konsequent bei seiner radikalen Wendung zur Demokratie den Identitätsgedanken [2]) von der Beimischung aller repräsentativen Elemente freigehalten [3]), ohne allerdings seinerseits wiederum die spezifische Problematik des Repräsentationsgedankens gesehen zu haben.

Ist die Repräsentation begrifflich von der Identität zu unterscheiden, so muß sie auch gegenüber dem strukturmäßig auf dem Gedanken der Identität beruhenden Tatbestande der Solidarität unterschieden werden [4]). Der Tatbestand der Solidarität beruht wesensmäßig auf der Vorstellung von der Einheit der Gruppe, die durch das Handeln ihrer Glieder in ihrer Gesamtheit berechtigt und verpflichtet wird. Jedes irgendwie mit Vorteilen und Nachteilen verknüpfte Verhalten der Individuen wird hier allen Beteiligten, den »Solidaritätsgenossen« [5]), zugerechnet und als Handlung der Gesamtheit betrachtet. Man denke beispielsweise an die Blutrache und Repressalie. Dort wird die dem Missetäter zum Schutze verpflichtete Sippe ihrerseits in ihrer Gesamtheit mit Gut und Blut

[1]) Sicher ist das stimm- oder wahlberechtigte Volk real nicht mit dem Volk als politisch ideeller Einheit identisch. Aber damit ist nicht der »fiktive« Charakter der Identität, auch nicht die Notwendigkeit bewiesen, repräsentative Strukturelemente einzuführen und so die Identität letzten Endes in eine Repräsentation umzudeuten (so selbst C. Schmitt, Verfassungslehre 207, 215 f.; näher unten S. 119), sondern nur, daß das Identitätsprinzip ebenso wie das der Repräsentation eine spezifisch geistige und nicht empirisch zu greifende Struktur hat.

[2]) Rousseau hat bekanntlich auch den Mehrheitswillen mit der volonté générale der Gemeinschaft identifiziert; hierzu Contrat Social L. IV Chap. II. Zur Durchführung des Identitätsgedankens bei Rousseau näher C. Schmitt, Verfassungslehre insbes. 229 f.; zu seiner Anerkennung bei Kant noch unten S. 69 Anm. 3.

[3]) Die bekannte Rousseau'sche Wendung im Contrat Social L. III Chap. XV (Des Députés ou Représentans: »Les Députés du peuple ne sont donc ni ne peuvent être ses représentans, ils ne sont que ses commissaires; ils ne peuvent rien conclure definitivement«) enthält nur eine Konsequenz der demokratischen Identität. Denn das Volk im Sinne von peuple, popolo der romanischen Völker »als das anwesende, wirklich versammelte Volk« (so Schmitt, Verfassungslehre 243) kann nicht repräsentiert werden; so schon sehr richtig C. Schmitt aaO. Näher hierzu Text S. 47.

[4]) Das Gleiche wie von der Repräsentation gilt in diesem Zusammenhang auch von der Vertretung. Auf den grundsätzlichen Unterschied zwischen Vertretung und Solidarität hat schon M. Weber, Wirtschaft und Gesellschaft 1922 S. 25 hingewiesen.

[5]) Ausdruck von Weber aaO. 25.

der Sippe des Erschlagenen verhaftet. Hier wird auf Grund von Solidaritätsvorstellungen eine Haftung von Mitgliedern einer Gemeinschaft für das Verhalten anderer Gemeinschaftsglieder und der Gemeinschaft selbst oder eine Haftung der Gemeinschaft für das Verhalten ihrer eigenen Genossen begründet [1]). Solche Tatbestände der Solidarität gibt es nicht nur bei primitiv organisierten Gruppen, sondern auch bei den zivilisierten Kulturvölkern der Gegenwart. Solidarität wird z. B. auch heute noch im Wirtschaftsleben [2]) ebenso wie im politischen Kampfe [3]) geübt. Man kann daher entwicklungsgeschichtlich gesehen nicht sagen, daß Repräsentation oder Vertretung und Solidarität nicht nebeneinander gleichzeitig bestehen und sich bewähren können. Richtig dagegen ist, daß man von Repräsentation ebenso wie von Vertretung erst von dem Zeitpunkt an sprechen darf, in dem das einzelne Glied der Gruppe aufgehört hat, im Volks- oder Gruppenbewußtsein ausschließlich als Teil der Gruppe zu fungieren. Erst dann, wenn mit dem fortschreitenden Rationalisierungs- und Differenzierungsprozeß das Individuum der einheitlich-solidarisch gebundenen Gemeinschaft als selbständiges, eigenberechtigtes Wesen gegenübergestellt wird, ist die Grundlage für die der Repräsentation immanente Duplizität und damit den Tatbestand der Repräsentation geschaffen. Aus diesem Grunde dürfen jedenfalls die Tatbestände der Solidarität nicht zum Beweise dafür herangezogen werden [4]), daß der Begriff der Repräsentation zu den elementaren, von jeher den menschlichen Verbindungen, selbst den primitiven sozialen Gruppenbildungen geläufigen Begriffen gehört.

Mit der Feststellung, daß zum Tatbestand der Repräsentation phänomenologisch die Reproduktion des Repräsentierten gehört, ist noch nichts über die konkrete Beschaffenheit von Repräsen-

[1]) Weitere Beispiele eines solidarisch gebundenen Handelns bei Weber aaO. 25. Vor allem ist hier auf die typischen Lebensgemeinschaften des Hauses und der Sippe hinzuweisen.

[2]) Man denke vor allem an den Streik, bei dem die Solidarität auf Grund eines ethischen Gefühls der Klassenzusammengehörigkeit geübt wird. Hierzu näher Michels, Psychologie der antikapitalistischen Massenbewegungen im Grundriß d. Sozialökonomik 1926 IX Teil 1 S. 277 ff.

[3]) Man denke z. B. an gewisse nachrevolutionäre politische Verbände in Deutschland, die oft monopolartig über einen geschlossenen Kreis von »Machtchancen« verfügten und entschlossen waren, diesen gegebenenfalls gewaltsam zu verteidigen.

[4]) Vgl. z. B. G. Jellinek, Staatslehre 567.

tierten und Repräsentanten gesagt. Wie vor allem C. Schmitt [1]) jüngst mit Nachdruck und Recht bemerkt hat, läßt nicht jede Situation und Konstellation eine Repräsentation zu. Eine Repräsentation ist vielmehr nur in einer ganz bestimmten Wertsphäre möglich. Sie setzt »eine höhere Art Sein« voraus [2]). Nur dort, wo die Träger des Repräsentationsgedankens einen besonderen Wert, eine spezifische Würde und Autorität für sich in Anspruch nehmen, kann man in Wirklichkeit von Repräsentation sprechen.

Die Wertsphäre, die allein eine Repräsentation zuläßt, ist eine ideell bestimmte. Darüber hinaus kommt es auf die Beschaffenheit des repräsentationsfähigen Themas nicht an, vor allem nicht darauf, ob das Repräsentierte eine personell oder sachlich gebundene, ideelle Einheit ist. Rein ideelle Werte wie z. B. die Idee der Gerechtigkeit können ebensogut repräsentiert werden [3]) wie wertakzentuierte Gemeinschaften (z. B. die Volksgemeinschaft) und Individuen (z. B. der Monarch oder Papst). Nicht möglich ist dagegen aber eine Repräsentation ökonomischer Werte. Denn diese ermangeln des spezifisch ideellen Wertakzents. Bestimmt geartete wirtschaftliche Interessen werden von Interessentenverbänden fach- und sachkundig vertreten, aber nicht repräsentiert. Daher darf man auch nicht von einer Repräsentation der Wirtschaft im Staate sprechen [4]).

Damit ist zugleich der innere Unterschied der Repräsentation von dem vor allem der privatrechtlichen Verbandsordnung geläufigen Tatbestand der Vertretung aufgedeckt. Gewiß bestehen Gemeinsamkeiten zwischen diesen Tatbeständen. Soziologisch gesehen führt hier wie dort die tatsächliche oder rechtliche Verhinderung

---

1) Römischer Katholizismus und politische Form 1923 S. 44 f.; Lage des Parlamentarismus[2] 1926 S. 44 Anm. 2; Verfassungslehre S. 210; vgl. auch Smend, Verfassung aaO. 48, 94. In der gleichen Richtung schon aus der deutschen, vorkonstitutionellen Literatur etwa Thilo, Was ist Verfassung und was Volksrepräsentation? 1835 S. 120. Daß dieser Begriff der Repräsentation (wenn auch unklar und verschwommen) in den politischen Schriften Adam Müller's eine gewisse Rolle spielt, hebt neuerdings G. v. Busse, Die Lehre vom Staat als Organismus 1928 S. 130 f., 142 f., 151 hervor.

2) So Schmitt, Verfassungslehre 210; wie Schmitt auch Glum, Reichswirtschaftsrat 29.

3) Ohne daß diese ideellen Werte personifiziert gedacht werden müssen, wie z. B. C. Schmitt, Römischer Katholizismus aaO. 44 will.

4) Wie vor allem Glum aaO. 45 ff. im Hinblick auf den deutschen Reichswirtschaftsrat will. Unten S. 182 ff. wird auf die Konsequenzen, die sich aus dem in den Text angedeuteten Sachverhalt ergeben, näher einzugehen sein. Hier genügt die Feststellung des Grundsätzlichen.

einer Person oder einer Personenmehrheit diese dazu, in ihrem Interesse ein anderes Individuum handeln zu lassen. Juristisch gesehen besteht hier wie dort ein wenn auch rechtlich verschieden zu bewertendes Verhältnis zwischen den jeweils in einem Beziehungsverhältnis stehenden Personen. Aber diese und andere äußerlichen Ähnlichkeiten dürfen nicht darüber hinwegtäuschen, daß die Privatrechtssphäre grundsätzlich ebensowenig wie die ökonomische Sphäre repräsentationsfähig ist [1]), Auch ihr fehlt der zur Repräsentation erforderliche, über das rein Persönliche hinausgehende, ideelle Wertakzent. Deshalb können sich natürliche und juristische Personen innerhalb des Bereichs des Privatrechts wie des Zivil- und Strafprozesses [2]) nur vertreten, nicht aber repräsentieren lassen [3]).

Dieser Unterschied zwischen Vertretung und Repräsentation deckt sich aber nicht mit dem Gegensatz von Privat- und öffentlichem Recht. Auch in diesem gibt es typische Vertretungstatbestände, die des der Repräsentation immanenten, ideellen Wertakzentes ermangeln [4]). Es bedarf somit stets der Prüfung, welcher der Begriffe,

---

[1]) Vgl. schon die Äußerung in dem Aufsatz: Einiges über die Länder, wo die Repräsentativverfassung nicht auf dem Wege gütlicher Übereinkunft, sondern durch Revolutionen begründet worden i. d. allgem. polit. Annalen herausgeg. v. Murhard 1821 Bd. II S. 143: »Ich kann mich wohl in meinen Verhältnissen als Staatsbürger, allein niemals als Mensch repräsentieren lassen«.

[2]) Diese Feststellung ist auch für das Prozeßrecht nicht selbstverständlich. Denn das prozessuale Vertretungsrecht, besser die legitimatio ad causam ist nicht nur im germanischen, sondern auch mittelalterlichen, kanonischen und gemeinen Prozeß häufig genug unzulässigerweise mit dem Begriff der Repräsentation vermengt worden; so schon mit Recht J. Goldschmidt, Der Prozeß als Rechtslage 1925, S. 10.

[3]) Der Bevollmächtigte kann daher innerhalb der Privatrechtssphäre selbst dann nicht Repräsentant des Vollmachtgebers sein, wenn er etwa eine grundsätzlich gleich freie Rechtsstellung wie der Repräsentant einnehmen würde, also etwa auf Grund eines generellen Auftragsverhältnisses allgemein unwiderruflich bevollmächtigt sein würde. Im übrigen ist der heute übliche Ausschluß eines derartigen Widerrufsverzichtes nicht etwa ein mit dem Begriff der Vollmacht oder des Auftrages zusammenhängender, sondern ein positivrechtsatzmäßiger, der sich aus der gegenwärtigen Bewertung der Persönlichkeitssphäre ergibt und bei uns z. B. aus den §§ 137, 138 BGB. folgt. Trotzdem ist in gewissen Fällen auch heute ein Widerrufsverzicht nicht ausgeschlossen wie z. B. in dem Fall, daß durch die Geschäftsführung neben dem Interesse des Auftraggebers zugleich auch das des Beauftragten oder eines Dritten befriedigt werden soll. Dazu etwa Planck, Kommentar z. Bürgerlichen Gesetzbuch 1925 zu § 671 S. 1197; v. Tuhr, Allgemeiner Teil des Bürgerlichen Gesetzbuches 1918 Bd. 2, 2. Teil S. 408/9.

[4]) Man denke beispielsweise an die Ausübung des Gewerbebetriebes durch qualifizierte Stellvertreter nach § 45 der Reichsgewerbeordnung oder an eine

ob der ursprünglich zivilistische Begriff der Vertretung oder der der Repräsentation, auf einen Tatbestand des öffentlichen Rechts, bei dem eine Person in irgendeiner Form im Interesse des Staates tätig wird, anwendbar ist.

Überwiegend sind allerdings — und zwar nicht nur im Bereich der deutschen Sprachgrenzen und nicht nur in der Gegenwart [1]) — die hier angedeuteten Gegensätzlichkeiten zwischen den Tatbeständen der Vertretung und Repräsentation ignoriert und die Begriffe zum mindesten sprachlich miteinander identifiziert worden [2]). Worte wie représentation, rappresentanza, representation werden, — der angelsächsischen Literatur ist dieser rechtsirrige Sprachgebrauch in einem besonderen Maße geläufig —, in diesem Sinne doppeldeutig ebenso für den Tatbestand der Vertretung wie den der Repräsentation verwendet. Immerhin ist bemerkenswert, daß man nach dem deutschen wie dem romanischen Sprachgefühl unter Repräsentation vor allem auch ein besonders würde- und hoheitsvolles Auftreten versteht und von Repräsentation und nicht von Vertretung jedenfalls dann spricht, wenn ein nicht präsentes, wertakzentuiertes Sein in der Realität dargestellt werden soll.

Soweit die publizistische Literatur vor allem des Auslandes, geleitet von diesem instinktiv richtigen Grundgefühl, trotz des unklaren Sprachgebrauchs versucht hat, das Wesen der Repräsentation tiefer zu analysieren, hat sie auf ganz verschiedene Weise die Tatbestände der Repräsentation von denen der Vertretung gesondert. Sie hat z. B. verschiedene Formen von Repräsentationen unterschieden [3]), um durch diese Differenzierung den inneren Unterschied

Regelung der Militärdienstpflicht, bei der der Dienstpflichtige einen Ersatzmann zu stellen berechtigt ist. Weitere Beispiele bei W. Jellinek, Verwaltungsrecht 1928 S. 186, 281, 402.

[1]) Man denke beispielsweise etwa nur an die romanistisch-kanonistische Korporationslehre.

[2]) Hiergegen schon der Fürst zu Solms-Lich, Deutschland und die Repräsentativverfassungen 1838 S. 18, der die Neubildung eines deutschen Wortes für den Fall verlangt hat, daß man das Wort »Repräsentation« (im Sinne von »Die das Volk Darstellenden«) wegen seines fremden Ursprungs nicht beibehalten wollte.

[3]) Wie wahre und falsche, natürliche und künstliche, politische und rechtliche Repräsentation. Vor allem ist so die deutsche publizistische Literatur der Vormärzzeit verfahren, soweit sie Repräsentation und Vertretung miteinander identifiziert hat; hierzu die Nachweise bei E. Gerber aaO. insbesondere S. 87 ff.

In den romanischen Ländern sind noch andere Unterscheidungen üblich. Typisch etwa Diezma, El Principio de Representación i. d. Revista General de Legislación y Jurisprudencia Bd. 89 S. 5 ff., der in der politischen Sphäre

zwischen Repräsentation und Vertretung zum Ausdruck zu bringen, oder hat représentation und Vertretung miteinander identifiziert, um zugleich festzustellen, daß der Sprachgebrauch, der unter dem Worte Repräsentation so völlig heterogene Dinge zusammenfaßt, ein sinnwidriger ist, der durch Aufdeckung der in ihm verborgenen, verschiedenartigen Sinngehalte bereinigt werden muß. Von dieser Einstellung aus hat man hauptsächlich in Frankreich »le propre du régime dit représentatif« damit kennzeichnen wollen, daß man gesagt hat, daß es in ihm »n'y a aucunement représentation«[1]).

Muß nach dem Gesagten der Repräsentant im Gegensatz zur Vertretung stets der Träger eines ideellen Wertes sein, der durch ihn präsent gemacht wird, so ist damit zugleich gesagt, daß repräsentationsfähige ideelle Werte nicht ihrerseits wiederum als Repräsentanten fungieren können. Denn Repräsentant kann nur sein, was in der Sinnenwelt konkret faßbar ist und eben dadurch präsent wird. Würde man auf die empirische Begreifbarkeit des Repräsentanten Verzicht leisten, so würde man den Begriff der Repräsentation theoretisch verflüchtigen und praktisch bedeutungslos machen. Die in der Vorstellungswelt des erkennenden Ichs sich vollziehende geistige Vergegenwärtigung eines nicht Präsenten ist in Wirklichkeit nicht Repräsentation, sondern Reflexion, die daher begrifflich von jener zu scheiden ist. Und zwar setzt die Repräsentation als empirisch greifbaren Repräsentanten stets ein Individuum oder eine Personenmehrheit voraus. Die ideelle Wertsphäre, in der sich die Repräsentation bewegt, ist somit in Bezug auf den Repräsentanten eine personell gebundene. Der Begriff der Repräsentation kann insoweit von einer spezifisch rechtlichen Einstellung aus als ein personenrechtlicher Begriff bezeichnet werden.

drei verschiedene Bedeutungen des Wortes representación feststellt: die representación des Staates durch die für ihn handelnden Organe, die representación des Volkes durch die Cortes und schließlich die representación des Volkes durch eine im modernen Sinne organisierte Volksvertretung, die allein — und mit einem gewissen Recht — zum Gegenstand der eigentlichen Untersuchung gemacht wird. Denn ein nur organschaftliches Handeln begründet eine Repräsentation im technischen Sinne (darüber näher S. 132ff.) ebensowenig wie die Vertretung durch die Cortes, die den in anderen Staaten auf ständischer Grundlage zusammentretenden Versammlungen entsprechen.

[1]) So Saleilles, Nouvelle Revue historique 1899 S. 593. Im gleichen Sinn etwa Saripolos, La Démocratie et l'Election proportionnelle 1899 Bd. II S. 112; Orban, Le Droit Constitutionnel de la Belgique 1906 I S. 457; Giraud, La Crise de la Démocratie etc. 1925 S. 59; Carré de Malberg, Contribution à la Théorie générale de l'Etat 1922, Bd. II S. 231.

Soweit darüber hinaus eine Repräsentation durch werthaft akzentuierte, sinnlich wahrnehmbare Sacheinheiten wie z. B. die Fahne eines Volkes, ein Gefallenendenkmal, ein Wappen behauptet wird, handelt es sich in Wirklichkeit nicht um Repräsentation, sondern um Symbole. Der Begriff des Symbols ist im Gegensatz zu dem der Repräsentation — hierdurch unterscheiden sich die Begriffe — dinghaft gebunden. Auch das Symbol verweist auf einen außerhalb seiner selbst liegenden, bestimmten geistigen Wertgehalt, der aber nicht wie bei der Repräsentation noch einmal konkret gegenwärtig gemacht werden muß. Vielmehr beschränken sich die Symbole in der Regel ihrer ursprünglichen Intention nach darauf, »Zeichen« zu sein [1]), die an den Gegenstand ihres »Bezuges« »erinnern« sollen und sich nur durch die Wertbezogenheit des Bezugsobjektes von den üblichen Zeichenkomplexen unterscheiden [2]). Das gleiche gilt auch von den großen geschichtlichen Ereignissen, die grundsätzlich nur für ein Volk »Sinnbild bestimmter Werte« [3]), Symbole, Erinnerungszeichen sein, nicht aber bestimmte Werte im technischen Sinne repräsentieren sollen. Allerdings ist auch eine Steigerung der ursprünglichen Sinnfunktion des Symbols in dem Sinne möglich, daß das Erinnerungszeichen wie z. B. die Fahne eines Volkes den symbolisierten Wertgehalt in sich »verkörpert«. Hier ist ein sachlich dem Tatbestand der Repräsentation analoger Vorgang geschaffen, der sich von der personell gebundenen Repräsentation nur noch durch seine sachlich gegenständliche Struktur unterscheidet [4]).

Durch Repräsentationen und Symbole werden hiernach die geistigen Wertgehalte mit der Sinnenwelt verknüpft, um Geist und Stoff miteinander zu versöhnen [5]). Sie sind das wichtigste Mittel zur

---

[1]) Dazu näher Freyer, Theorie des objektiven Geistes 1923 S. 14 f., 51 f.

[2]) Zur allgemeinen Funktion und ideellen Bedeutung der Symbole vor allem E. Cassirer, Philosophie der symbolischen Formen 1923 Bd. I insbesondere S. 17 ff., 41 ff.

[3]) Dazu Rothenbücher, Über das Wesen des Geschichtlichen 1926 S. 38 f. Beispiele für solche symbolisierenden Ereignisse bei Smend, Verfassung aaO. 48 Anm. 3.

[4]) Aus den im Text angegebenen Gründen würde ich nicht wie z. B. Smend aaO. 48 f. von einer Repräsentation von Werten durch Symbole oder umgekehrt von einer Symbolisierung von Werten durch Repräsentanten (so Smend aaO. 28 im Hinblick auf den legitimen Monarchen) sprechen.

[5]) Die philosophiegeschichtliche Entwicklung dieses Gedankens und seine konkret-systematische Auswertung kann hier nicht weiter verfolgt werden. Nur auf Leibniz sei hingewiesen, bei dem der allerdings nicht personell gefaßte

Vergeistigung der Welt, die sich dieser konkret faßbaren Formen als Material des Sinnlichen bedient, um durch sie eine kontinuierliche Aktualisierung der ideellen Werte in der Wirklichkeit herbeizuführen. So werden die ideellen Werte zu einer der Erfahrungswelt immanenten Gegebenheit, werden die Sphären des ideellen wie des empirischen Seins in einer höheren, ideell-realistischen Einheit aufgehoben. Mit dieser Einsicht ist die geisteswissenschaftliche Struktur dieser Begriffe, vor allem also in diesem Zusammenhang der Repräsentation, evident gemacht.

Hiernach kann man zusammenfassend sagen: Der Begriff der Repräsentation ist ein geisteswissenschaftlicher Begriff, der im Gegensatz zur technischen Vertretung in einer spezifisch ideellen Wertsphäre wurzelt. Soweit eine individuelle Einheit repräsentiert wird, ist diesem Begriff die Duplizität der personellen Existenz immanent. Die Repräsentation ist daher von allen Begriffen zu unterscheiden, zu denen diese Zweiheit nicht wesensnotwendig gehört (wie z. B. der Abstraktion), die also etwa vom Gedanken der Einheit ausgehen (wie z. B. die Tatbestände der Identität und Solidarität) oder doch jedenfalls den Repräsentierten nicht reproduzieren und dadurch existentiell machen (wie in der Regel das Symbol) oder auf die sinnliche Erfaßbarkeit der Person des Repräsentanten Verzicht leisten (wie z. B. die geistig vergegenwärtigende Reflexion), welche in Wirklichkeit doch erst die Repräsentation mit dem Leben selbst in unauflöslicher Einheit verbindet.

Von dieser grundsätzlichen Einstellung aus soll hier auf einzelne Konsequenzen, die sich aus dem bisher Gesagten ergeben, jedenfalls noch hingewiesen werden. Ist es richtig, daß zum Wesen der Repräsentation die Duplizität des Repräsentierten gehört, so wird verständlich, warum das Verhalten des Repräsentanten den Repräsentierten zugerechnet werden muß. Besteht die Sinnfunktion der Repräsentation darin, daß die repräsentierten, ideellen Einheiten noch einmal in der Person des Repräsentanten produziert und selbst handelnd gegenwärtig gedacht werden, so ergibt sich die Befugnis, das Verhalten

Begriff der Repräsentation die Funktion hat, das gesamte Universum in seinen verschiedenen Beziehungen zu Raum, Zeit, Vergangenheit, Gegenwart in den Monaden zur Erscheinung zu bringen; näher hierzu vor allem P. Köhler, Der Begriff der Repräsentation bei Leibniz 1913 aaO. insbesondere 140 f. Neuerdings verwendet systematisch den Begriff der Repräsentation (allerdings auch nicht im technischen Sinn) N. Hartmann, Metaphysik der Erkenntnis S. 316 ff.

der repräsentativen Instanzen, etwa die von diesen gefällten Entscheidungen, den Repräsentierten zuzurechnen, zwangsläufig aus dem Wesen der Repräsentation.

Weiterhin ergibt sich aus dem bisher Gesagten, daß zwischen dem Repräsentanten und Repräsentierten eine spezifische Nähe bestehen muß. Ein Vertreter ist nicht schon deshalb Repräsentant, weil der von ihm Vertretene seinerseits wieder im technischen Sinne eine andere personelle Einheit repräsentiert. So kann z. B. ein parlamentarischer Ausschuß oder Präsident nicht deshalb, weil das Parlament das Volk repräsentiert, sich selbst als »mittelbaren« Repräsentanten des Volkes bezeichnen [1]). Entsprechendes gilt auch innerhalb der repräsentativen Sphäre selbst. Ein Repräsentant kann nicht deshalb, weil der von ihm Repräsentierte wiederum eine andere Einheit existentiell macht, auch diesen Letzt-Repräsentierten zu repräsentieren beanspruchen. Der Regent oder Regentschaftsrat, der als Repräsentant des Monarchen fungiert, repräsentiert so, wenn er überhaupt das Volk repräsentiert [2]), dieses jedenfalls nicht deshalb, weil der Monarch in seiner Person das Volk noch einmal als Repräsentant präsent macht. Kurzum, man kann nicht zwischen unmittelbarer und mittelbarer Repräsentation unterscheiden. Es gibt nur »unmittelbare« Repräsentationen. Die Einschiebung eines Mittlers in das repräsentative Beziehungsverhältnis würde die Unmittelbarkeit der Repräsentation aufheben und damit die Möglichkeit einer solchen überhaupt ausschließen.

Aus diesem Grunde kann auch als Repräsentant der repräsentationsfähigen ideellen Werte nur fungieren, wer mit dem Anspruch

[1]) Zur Diskussion gestellt werden kann nur die Frage, ob die parlamentarischen Ausschüsse und Präsidenten die Parlamente ihrerseits wieder repräsentieren oder vertreten. Daß sie das Volk selbst nicht repräsentieren, ergibt sich daraus, daß sie ihre Autorität unmittelbar vom Parlament herleiten, das auch allein über ihre konkrete Existenz entscheidet. Zur rechtlichen Stellung der Ausschüsse näher etwa Art. 34 f. deutsche Reichsverfassung und C. Schmitt, Verfassungslehre S. 213, 316.

[2]) Die Repräsentation des Volkes durch den Regenten kann jedenfalls nicht aus dem Grunde verneint werden, weil ein Repräsentant nicht möglicherweise mehrere personelle Einheiten repräsentieren kann. Denn ebenso wie ein Individuum in einer bestimmten Situation als Repräsentant, in einer anderen als Vertreter fungieren, in einer dritten unmittelbar für sich persönlich handeln kann, so können auch die von einem Repräsentanten in concreto repräsentierten ideellen Einheiten je nach den Umständen verschiedene sein. Trotzdem würde ich nicht von einer Repräsentation des Volkes durch den Regenten sprechen, weil eine unmittelbare Bezogenheit zwischen Repräsentanten und Repräsentiertem nicht besteht.

auftritt, die Idee als solche in ihrer Universalität, Würde und Absolutheit präsent zu machen, also gegenüber der Idee der Gerechtigkeit etwa der Monarch, das Volk, die katholische Kirche, nicht aber ein juristisch geschulter, zur Anwendung staatlich gesetzter Normen berufener Richterstand. Denn durch die Einschaltung des geschriebenen Normenkreises wird die Möglichkeit einer unmittelbaren Orientierung an der Idee der Gerechtigkeit und damit deren Repräsentation ausgeschlossen. Daher wird man bei den innerstaatlichen Gerichten, wenn überhaupt, nur von einer Repräsentation des Volkes, des Monarchen sprechen dürfen, die als Inhaber der Rechtsetzungsgewalt ihrerseits möglicherweise in einer spezifischen Nähe zur Rechts- oder Gerechtigkeitsidee stehen können [1]). Eine Repräsentation der Gerechtigkeit durch einen Gerichtshof kommt hiernach nur dann in Frage, wenn dieser ebenso wie der Gesetzgeber unmittelbar rechtsschöpferisch verfährt. Dabei kann man an einen internationalen Gerichtshof ebenso wie unter Umständen auch an einen höchstinstanzlichen staatlichen Gerichtshof denken [2]).

Weiterhin erfordert der Tatbestand der Repräsentation, — es gehört dies allerdings nicht mehr zu ihrer Wesensanalyse, sondern ihrer teleologischen Sinndeutung —, die Verfolgung eines jeweils näher zu bestimmenden Zweckes. Wie mit jedem sinnerfüllten, menschlichen Handeln ist auch mit der Repräsentation der Gedanke verbunden, daß sie nicht um ihrer selbst, sondern bestimmter, konkreter Zwecke willen geschieht. Würde man von diesem der Repräsentation immanenten Zweckgedanken abstrahieren, so würde man

---

[1]) Im vorrevolutionären Preußen wurde in diesem Sinne z. B. der Urteilstenor durch die Worte »Im Namen des Königs« eingeleitet, während heute »Im Namen des Volkes« Recht gesprochen wird. Hier wie dort wird somit der Souverän durch den Richter repräsentiert. Teilweise abweichend Smend, Verfassung S. 99 Anm. 4, nach dem in der Monarchie die erwähnte Verkündungsformel nur den Sinn gehabt haben soll, die Staatlichkeit der Gerichte zu bezeichnen. — Im übrigen wurde der Richter schon in den englischen Gerichtshöfen mit einem Spiegel verglichen, in dem des Königs Bild, nicht das der Gerechtigkeit erscheint. In diesem Sinne war »his majesty... always present in all his courts«; so z. B. Blackstone, Commentaires on the Laws of England 1783 Bd. I Chap. 7 S. 270. Tatsächlich handelt es sich bei der Repräsentation des Königs oder des Volks durch den Richter um eine dem sozialen Gemeinschaftsleben überhaupt, insbesondere auch der germanischen Urzeit (man denke etwa an die fränkischen »Ratsbürgen« und die nordischen »Gesetzsprecher«) geläufige Erscheinung.

[2]) Vgl. auch C. Schmitt, Römischer Katholizismus S. 62/63, der allerdings die Möglichkeit einer Repräsentation der Gerechtigkeit durch einen staalichen Gerichtshof überhaupt in Abrede zu stellen scheint.

diese zugleich ihrer inneren Rechtfertigung berauben. Erörtert werden darf in dem vorliegenden Zusammenhang diese Richtung der Repräsentation deshalb, weil aus der Deutung des Phänomens der Repräsentation sich zugleich auch gewisse Konsequenzen für ihr »Telos« ergeben [1]).

Oft wird der konkrete Zweck der Repräsentation darin bestehen, daß der Repräsentant den Repräsentierten gegenüber bestimmten, personellen Einheiten repräsentiert. Eine solche Repräsentation setzt in der Person des Adressaten eine bestimmt geartete Homogenität voraus und ist daher nur möglich, wenn sich das Wirken der Personen, denen gegenüber die Repräsentation stattfindet, in der grundsätzlich gleichen, ideellen Wertsphäre bewegt wie das der Repräsentanten. D. h. der »Adressat« der Repräsentation muß als grundsätzlich gleichberechtigter und gleichwertiger Gegenspieler dem Repräsentanten konfrontiert werden können wie dies z. B. im politischen Leben im völkerrechtlichen Verkehr der Staaten der Fall ist. Landesrechtlich kommt dieser typische Tatbestand vor allem in den konstitutionellen Monarchien zum Ausdruck, in denen das Volk durch das Parlament gegenüber dem als Adressaten der Repräsentation fungierenden Monarchen repräsentiert wird [2]). Auf Grund dieses Tatbestandes hat man auch in der konstitutionellen Doktrin einen Adressaten der Repräsentation als zum Begriff der Repräsentation gehörend bezeichnet. »Landstände sind«, lautet eine typische Äußerung Rotteck's, »Volksrepräsentanten gegenüber der Regierung. Dieser Zusatz ist wesentlich; ohne ihn bleibt der Begriff schwankend [3])«.

---

[1]) Zur Bedeutung der Sprache für die Begriffsbildung auch in teleologischer Richtung näher Cassirer, Philosophie der symbolischen Formen I S. 255 f.

[2]) Und zwar wird das Volk dem Monarchen »gegenüber« repräsentiert, gleich wie man im einzelnen die Stellung des Monarchen konstruiert, mag man ihn als grundsätzlich absoluten Herrscher betrachten oder (so vielfach die vorkonstitutionelle Literatur, um das Repräsentativsystem mit der Monarchie zu versöhnen; z. B. Mohl, Staatsrecht d. Königreiches Württemberg 1840 Bd. I. S. 532 f.; Rotteck-Welcker, Staatslexikon 1860. Bd. IV S. 98) zwischen dem König als der Spitze des Staates und dem Volke einen von gleichberechtigten Kontrahenten geschlossenen Vertrag konstruieren. Das Repräsentativsystem setzt somit in der konstitutionellen Monarchie nicht, wie z. B. Gerber aaO. 172 f., 179 f. will, notwendig gerade die Konstruktion eines Grundvertrages voraus. Vielmehr ist eine Repräsentation des Volkes dem Monarchen gegenüber auch in dem Fall möglich, daß dem Prinzip nach der Landesherr alle Gewalt in sich vereinigt.

[3]) »In reinen Demokratien gibt es keine Stände, weil das Volk da selbst regiert, also nicht der Regierung gegenübersteht; demnach auch

In Wirklichkeit gehört ein »Adressat« der Repräsentation nicht zum Begriff der Repräsentation [1]). Denn es gibt und zwar gerade im politischen Leben Tatbestände, bei denen die Existenz eines solchen Adressaten nicht nachweisbar ist.

Man denke z. B. an die modern-parlamentarischen Verfassungsstaaten. Gewiß kann hier auf plebiszitärer, erbrechtlicher oder parlamentarischer Grundlage, um politisch ein möglichst reibungsloses Funktionieren des Verfassungsmechanismus zu gewährleisten, in der Person des ebenfalls repräsentativen Monarchen oder Präsidenten eine bestimmte Machtfülle konzentriert sein, die sich mehr oder minder in der Tendenz auch gegen das Parlament richtet [2]). Dadurch wird aber der Chef der Exekutive noch nicht wie etwa der Monarch in der konstitutionellen Monarchie zum Gegenspieler des Parlamentes. Auch die Monarchen in den Demokratien werden heute ebenso wie die anderen höchsten Staatsorgane, etwa das Parlament oder die Regierung, deren Stellung gegenüber der in der absoluten oder konstitutionellen Monarchie ebenfalls strukturmäßig völlig verändert ist, immanent durch das Volk legitimiert [3]). Der Monarch, der republikanische Präsident, die Regierung verdanken in der Demokratie ebenso wie das Parlament ihre repräsentative Stellung, ihren personalen Wert und ihre Würde dem verwirklichten Prinzip der Volkssouveränität [4]). Daher kann man heute Exekutive

---

der Volksausschuß entweder Teil der Regierung oder Regierungskommission ist«; so Rotteck, Ideen über Landstände aaO. 3; vgl. auch aaO. 7; Lehrbuch des Vernunftrechts Bd. II S. 236 f. und Thilo, Was ist Verfassung? aaO. 123 f., 128 f. Zu beachten ist dabei, daß Rotteck unter dem Ausdruck »Regierung« »die künstlich eingesetzte, der regierten Gesamtheit gegenüberstehende Gewalt« (Vernunftrecht aaO. 226), »die Personen der Regenten« (Ideen aaO. 19), somit die Fürstenregierung verstanden und in diesem Sinne in Übereinstimmung mit der Literatur der vorrevolutionären Zeit Fürst und Regierung miteinander identifiziert hat. In diesem Sinne etwa noch Klüber, Übersicht der diplomatischen Verhandlungen des Wiener Kongresses 1816 Abt. II S. 195 f.; Rotteck-Welcker, Staatslexikon Art. Constitution Bd. 4 S. 99 f.; Aretin-Rotteck, Staatsrecht der konstitutionellen Monarchie 1840 Bd. III S. 155, 180.

[1]) Wie offenbar C. Schmitt, Römischer Katholizismus aaO. 45 und Lage des Parlamentarismus S. 44 Anm. 2 und wohl im Anschluß an Schmitt Gerber aaO. 6, 172 f. wollen.

[2]) Man denke in Deutschland z. B. an das Auflösungsrecht des Präsidenten und seine Befugnis, im regulären Gesetzgebungsverfahren ans Volk zu appellieren.

[3]) Zur Legitimierung der Repräsentation näher unten S. 140 ff..

[4]) Daß man von einer Repräsentation des Staates durch die Staatsspitze, dagegen von einer Repräsentation des Volkes durch das Parlament

und Legislative grundsätzlich nicht mehr als sich gegensätzlich gegenüberstehende, konkurrierende und bekämpfende Mächte innerhalb der Volks- und Staatsgemeinschaft betrachten [1]).

Ebensowenig kann in dem parlamentarisch-repräsentativen Verfassungsstaat das Volk selbst der Adressat der Repräsentanten sein. Denn eine Repräsentation gegenüber einer Kollektiveinheit, die sich nicht von der durch den Repräsentanten repräsentierten Persönlichkeit unterscheidet, gibt es nicht. Das Parlament kann wohl in bestimmter Weise zweckgebunden, etwa als Gesetzgeber, für das repräsentierte Volk wirken, kann aber das Volk nicht wieder vor sich selbst repräsentieren [2]). Daher hat man auch bei den strukturmäßig anderen Herschaftsverhältnissen wie etwa der konstitutionellen Monarchie, in der die Volksvertretung ja in sachlich gleicher Weise wie in der repräsentativen Demokratie für das repräsentierte Volk tätig ist, niemals ernsthaft das Volk als Adressaten der Repräsentation bezeichnet [3]).

Im übrigen gilt das grundsätzlich gleiche, was hier für die parlamentarische Repräsentation gesagt ist, auch für den das Volk reprä-

---

spricht, ist sachlich nicht von Belang, da, wie noch weiter unten (S. 128 f.) zu zeigen sein wird, der Staat nichts anderes wie die Organisation des politisch geeinten Volkes ist.

[1]) Abweichend C. Schmitt, Verfassungslehre S. 268 (vgl. auch schon S. 220), nach dem sich heute Reichspräsident und Parlament ebenso wie früher Monarch und Volksvertretung gegensätzlich gegenüberstehen.

[2]) Auch Rotteck (vgl. S. 40), der die Existenz eines Drittadressaten als zum Begriff der Repräsentation gehörend erachtet und diese daher in den reinen Demokratien für ausgeschlossen hält (so Ideen aaO. 3, 7), vermag einen Adressaten bei den parlamentarisch-repräsentativen Staaten nicht anzugeben. Nach ihm (aaO. 3 Anm.) fällt, wenn zur Kontrolle des Volksausschusses ein weiterer Ausschuß erforderlich ist, dieser wieder unter den Begriff der Stände; »aber die Verfassung wäre nicht mehr rein demokratisch«. Sie würde also offenbar zu den gemischten Staatsformen im Rotteck'schen Sinne zu zählen sein, bei denen aber Rotteck charakteristischerweise nur von einer Kontrolle des Volksausschusses, nicht aber einer Repräsentation gegenüber der Regierung spricht. Ein Drittadressat ist hier eben nicht nachweisbar; so schon folgerichtig Thilo aaO. 129.

[3]) Man kann schließlich auch nicht, um Repräsentierten und Adressaten personell zu unterscheiden, die Wählermasse als die Person bezeichnen, der die politische Einheit des Volkes gegenüber repräsentiert wird (so z. B. C. Schmitt, Verfassungslehre S. 219). Denn auch der Wählermasse fehlt die spezifische Homogenität, die erforderlich ist, um als Adressatin der Repräsentation fungieren zu können. Ihr fehlt vor allem der ideelle Wertakzent, der dem Volk als politisch ideeller Einheit zukommt, sowie der personale Eigenwert, ohne den die Wählermasse (ebenso wie heute die Exekutive) nicht dem Parlament als gleichberechtigter und gleichwertiger Gegenspieler gegenübergestellt werden kann.

sentierenden absoluten Monarchen. Auch hier fehlt, jedenfalls soweit der Monarch nach »innen« handelt, der Dritte, dem gegenüber denkbarerweise eine Repräsentation stattfinden könnte [1]).

Hiernach steht fest: Im Einzelfall wird häufig eine Repräsentation gegenüber einer bestimmten dritten Person, dem technisch sog. Adressaten der Repräsentation, erfolgen. Diese Verknüpfung ist jedoch nicht eine begrifflich notwendige. Es gibt vielmehr auch eine Repräsentation, die zwar zweckbezogen, aber nicht einer konkret faßbaren, personellen Einheit gegenüber stattfindet.

---

1) Folgerichtig muß man daher, wenn man einen »Adressaten« als zum Begriff der Repräsentation gehörig erachtet, in der absoluten Monarchie dem Monarchen die Repräsentationsbefugnis nach »innen« absprechen; so tatsächlich Thilo, Was ist Verfassung? aaO. 137/138.

Zweites Kapitel.

Die Allgemeine staatstheoretische Bedeutung der Repräsentation.

Die Analyse der Repräsentation ist in den folgenden Erörterungen, ohne daß von der phänomenologischen Grundhaltung abgewichen werden muß, auf die staatstheoretische Seite des Problems gegenständlich zu beschränken. Dabei wird sich zeigen, daß die staatstheoretische Klärung zugleich auch für die staatsrechtliche Beurteilung einer Reihe heute noch nicht endgültig ausgetragener Kontroversen von Wichtigkeit ist.

Im Mittelpunkt des staats- und verfassungstheoretischen Problems steht dabei die Frage, welche Bedeutung die Repräsentationsfunktion im staatlichen Gemeinschaftsleben ausübt, deren Beantwortung wiederum maßgeblich von der Feststellung abhängt, wer eigentlich innerhalb der Staatsgemeinschaft repräsentiert wird.

Bei dem Problem Volksgemeinschaft — Individuum handelt es sich, wie jüngst Smend in Weiterführung der Litt'schen Arbeiten mit Recht wieder betont hat, in erster Linie nicht um ein Wert-, sondern Strukturproblem[1]). Die überindividuelle Gemeinschaft kann nicht, — das ist ein Gedanke, der schon der Organismuslehre zugrunde gelegen hat[2]) —, isoliert aus dem Leben der die Gemein-

---

[1]) Hierzu Smend, Verfassung aaO. 6 f., 9 ff.; dort auch jeweils die näheren Hinweise auf Litt.

[2]) In dem von Gierke vor allem in »Das Wesen der menschlichen Verbände« 1903 aaO. entwickelten Sinne; dazu vgl. noch Marck, Substanz- und Funktionsbegriff in der Rechtsphilosophie 1925 S. 92 ff. Im Sinne von Gierke statt vieler noch etwa Bluntschli, z. B. Das Volk und der Souverän 1831 S. 45: Das Volk »ist ein Ganzes und darf nicht zerlegt werden in einzelne Personen, ohne in seinem Wesen vernichtet zu werden. Das Volk ist selbst wieder eine Person höherer Art als der einzelne Mensch. Es hat wieder sein eigenes großes Leben«; vgl. auch noch Allgemeine Staatslehre 1886 S. 98. Zur Entwicklung des Begriffs des Organismus in der deutschen Staatslehre seit dem Ende des 18. Jahrhunderts näher E. Kaufmann, Über den Begriff des Organismus i. d. Staatslehre d. 19. Jahrhunderts 1908 aaO.

Im übrigen spielt der Begriff des Organismus auch in dem von der russischen Kirche und von slawophilen Schriften eingeführten Begriff des »Sobornost« (Konziliarismus) eine wichtige Rolle, dessen die letzte Grundlage alles Seins

schaft bildenden Individuen erklärt werden. Sie ist nicht mit der Summe der die Gemeinschaft zusammensetzenden Individuen identisch, sondern bildet ein den Individuen gegenüber höheres Sein, eine konkrete Totalität, die zugleich auch das Erbe vergangener Generationen wie im Keime das Leben zukünftiger Geschlechter umfaßt [1]). Das Individuum erscheint nur als ein durch das Kollektivphänomen Volksgemeinschaft bedingter Teil dieses Ganzen, dem es seine Eigenexistenz verdankt und als integrierender Bestandteil zugehört. Das Individuum lebt somit nicht an sich und für sich, sondern für die konkrete Totalität, der es sich jeweils volksmäßig zurechnet, und mit der es in Wirklichkeit aufs engste verwoben ist [2]). Diese Gemeinschaft, die ebenso unmittelbar einsichtig ist wie das Einzel-Ich, darf aber nicht, wie ein ontologisierender Universalismus oder substantialisierender Begriffsrealismus will [3]), als ein von den Individuen unabhängiges, selbständiges Kollektiv-Ich dem Einzel-Ich gegenübergestellt werden [4]). Das Soziale ist nicht einfach »strukturierte Substanz des Überindividuellen« [5]). Vielmehr sind Gemeinschaft und Individuum korrelativ miteinander verknüpft und stehen zueinander in einem System von »Wechselwirkungen«, einem Verhältnis der

---

bildende »Wir« mit dem sozialistisch-kommunistischen Kollektivismus aber nichts zu tun hat; näher etwa Frank, Die russische Weltanschauung 1926 S. 22 f. Insbesondere über die »organische« Staatslehre Solowjew's, die der der Slawophilen verwandt ist, und dessen antiindividualistische und arationalistische Haltung Ambrozaitis, Die Staatslehre Solowjew's 1927 S. 35 ff., 92 f.

1) Vgl. in diesem Sinne heute auch die staatstheoretische Auffassung des Fascismus; dazu meine Arbeit, Zu den Problemen des fascistischen Verfassungsrechtes 1928 S. 11 f., 48 (hier die näheren Nachweise).

2) Zu dem »wesengestaltenden Zusammenhang«, in dem das Individuum zur Gemeinschaft steht, Smend aaO. 14 f.

3) Der kollektivistische Universalismus wohl heute am radikalsten bei Spann, Der wahre Staat² 1923 aaO. und F. W. Jerusalem, Soziologie des Rechtes I 1925 S. 170—411; hiergegen schon etwa Marck, Substanz und Funktionsbegriff aaO. 98 sowie die in den folgenden Anmerkungen angeführten Nachweise von Smend aaO. — Auch innerhalb des Fascismus muß man die mehr naturalistisch universalistische Richtung, die von den Nationalisten, vor allem Corradini, propagiert wird, von der eigentlich fascistischen Staatstheorie unterscheiden, die insbesondere von Gentile repräsentativ vertreten wird und das Verhalten von Gemeinschaft und Individuum mehr im Sinne des Textes als ein strukturmäßig korrelatives faßt. Die Belege bei Leibholz, Fascistisches Verfassungsrecht aaO. 11 in Verb. mit S. 48.

4) Vor allem näher Smend aaO. 9 ff. und Marck, Substanzbegriff aaO. 94/95.

5) Ausdruck von Smend aaO. 9.

»sozialen Verschränkung«[1]). Daher erscheint das Ganze zugleich auch in jedem seiner Glieder, weil diese eben ihrem innersten Grunde nach mit diesem höheren Sein, dem »Einheitsgefüge der Einzelanteile«[2]), aufs engste verflochten sind.

Jede Volksgemeinschaft ist zugleich Wertgemeinschaft, d. h. sie wird durch einen festen, wenn auch für jedes Volk verschiedenen Bestand von vor allem ideellen Werten zu einem individuellen Ganzen zusammengeschlossen, zu einer »sachlichen« Einheit im Smend'schen Sinne integriert[3]). Jede Volksgemeinschaft ist als konkrete Wertgemeinschaft eine real wirkende, ideelle Einheit und zwar, da die staatliche Einheit nur in der politischen Sphäre begründet werden kann, zugleich eine politisch ideelle Einheit[4]). Nur in dieser politisch ideellen Gemeinschaftsbezogenheit kann das Volk repräsentiert werden. Würde der Volkseinheit der ideelle Wertakzent fehlen, wäre sie lediglich ein Sammelbegriff für die Summe der einzelnen Staatsangehörigen, so würde damit zugleich auch die Grundlage für eine Repräsentation entfallen, die, wie gezeigt, nur in einer ideellen Wertsphäre möglich ist.

Ist das Volk lediglich als politisch ideelle Einheit repräsentationsfähig, so ist doch diese Einheit nicht als etwas Festes und Statisches zu denken, sondern als etwas, was personell uud sachlich in dauerndem Flusse ist, sich in ständigen Wandlungen befindet, um sich als geistiges Ganze immer wieder von neuem produzieren und damit verwirklichen zu können[5]). Und doch ist die in einem dynamischen Prozeß fortwährender innerer Umgestaltung befindliche Volksgemeinschaft in jedem Augenblick als konkrete geistige Ganzheit da, als politische Einheit gegenwärtig — nicht nur in der Monarchie, sondern auch im parlamentarischen Staat[6]) wie im Staat der Diktatur. Die po-

---

[1]) Vgl. Smend aaO. 9, 11; vgl. auch 15, 21.

[2]) Vgl. Smend aaO. z. B. 13.

[3]) Ausführlich Smend 45 ff., vortrefflich insbesondere die Formulierungen S. 47, 107 ff., 158 ff.

[4]) Die Betonung gerade des Politischen im Zusammenhang mit der Repräsentation schon bei C. Schmitt, Verfassungslehre 204 f., 209, insbesondere 212.

[5]) Hierzu näher vor allem Smend aaO. z. B. S. 13, 16 f., 28.

[6]) Abweichend Smend aaO. 39, nach dem »im parlamentarischen Staat das Volk nicht schon an sich politisch vorhanden ist.., sondern sein Dasein als politisches Volk in erster Linie vermöge der jeweiligen politischen Synthese hat, in der es immer von neuem überhaupt als staatliche Wirklichkeit existent wird«; ebenso wie Smend Glum, Reichswirtschaftsrat 32 f. Über die Konsequenzen dieser Auffassung Text aaO.

litische Einheit eines Volkes wird nicht erst durch einen integrierenden Vorgang »geschaffen«. Vielmehr wird die ständig sich als Einheit neu erlebende, aber doch in jedem Moment real vorhandene Volksgemeinschaft durch die Repräsentation lediglich noch einmal in der Wirklichkeit produziert. Der Begriff der Volks- und Staatsgemeinschaft ist zugleich auch immer etwas Statisches. Er darf nicht restlos dynamisiert werden [1]. Sonst würde man die Möglichkeit einer das Volksganze doch immer schon voraussetzenden, politischen Repräsentation überhaupt in Abrede stellen müssen.

Hiernach kann nur in einem sekundären Sinne von einer Repräsentation des die Gemeinschaft jeweils sachlich zur Einheit integrierenden, materialen Wertgehalts gesprochen werden [2]. — nämlich nur insoweit, als die repräsentierte Volksgemeinschaft stets zugleich auch eine individuell-konkrete, durch die Repräsentanten präsent zu machende Wertgemeinschaft darstellt. Das primäre des staatstheoretischen wie -rechtlichen Tatbestandes ist stets die Repräsentation der politisch-ideellen Einheit des Staatsvolkes.

Dieser Volksbegriff ist von dem der romanischen Völker im Sinne von peuple (popolo), der in Deutschland wieder durch C. Schmitt geläufig geworden ist [3], zu unterscheiden. Dieser setzt stets die Präsenz einer Mehrheit von Volksgenossen voraus, die irgendwie — sei es optisch, rhetorisch, akustisch, körperlich — sinnlich faßbar sein müssen. Volk in diesem Sinne ist »nur das anwesende, wirklich versammelte Volk« [4], das seinen Willen in der Form von Akklamationen, plebiszitären Abstimmungen und Wahlen kundzugeben vermag, nicht aber infolge seiner Realpräsenz selbst wiederum repräsentiert werden kann [5]. Volk in dieser Gestalt im Sinne von stimmberechtigter Bürgerschaft ist die Voraussetzung der »unmittelbaren Demokratie« und muß von dem Volk als politisch-ideeller Einheit unterschieden werden.

---

[1]) In diesem Sinne etwa schon Hensel, Archiv f. Sozialwissenschaft u. Sozialpolitik Bd. 61 (1929) S. 181; C. Schmitt, Der Hüter der Verfassung i. Archiv d. öff. Rechts N. F. Bd. 16 S. 224.

[2]) In diesem Sinne etwa Smend aaO. z. B. 28 f. (dazu auch Text S. 36 u. dort An. 4 und S. 63 f.), trotzdem sich auch hier Wendungen finden, nach denen die Einheit des Staatsvolkes repräsentiert wird.

[3]) Verfassungslehre vor allem 242 f.

[4]) So C. Schmitt, Verfassungslehre z. B. 243.

[5]) Dazu schon S. 30 An. 3.

Dagegen ist das Volk als politisch-ideele Einheit mögcherweise mit der »Nation« identisch[1]). Wird ein Volk als Ganzes dadurch zur Nation, daß es sich seines politisch-kulturellen Eigenwertes bewußt wird und willensmäßig[2]) seine Existenz als selbständige konkrete Ganzheit bejaht, so ist die repräsentierte Volkseinheit die Nation. In diesem Sinne sprechen die romanischen Völker stets von einer Repräsentation der »nation« (nazione) im Gegensatz zu der uns geläufigen Ausdrucksweise, die nicht so scharf zwischen den Begriffen unterscheidet, die den Begriff des Volkes weiterfaßt und ihn (im Sinne von Volksganzem) häufig auch dort verwendet, wo in Wirklichkeit das Volk zur Nation geworden ist. Immerhin, es gibt, — und nur auf die Feststellung dieser Möglichkeit kommt es hier an —, auch eine Repräsentation des Gesamtvolkes, bei der wie z. B. in der absoluten Monarchie das Volk sich noch nicht zur Nation erweitert, sich noch nicht als Nation »entdeckt« hat. Heute allerdings, wo die Völker sich allgemein ihrer eigenen, politisch-kulturellen Wert- und Wesenhaftigkeit bewußt geworden sind, decken sich fast immer die Begriffe. Daher ist in den folgenden, verfassungstheoretischen Erörterungen der Begriff der politisch-ideellen Volksexistenz regelmäßig im Sinne von Nation zu verstehen.

Die staatstheoretische Publizistik hat sich mit der Problematik der Repräsentation erst zur Zeit der Einführung des sog. Repräsentativsystems beschäftigt, d. h. des Systems, in der das Volk als ein geistiges Ganzes durch das Parlament und die einzelnen Abgeordneten repräsentiert wird. Jetzt erst setzte sich die später allerdings wieder weithin in Vergessenheit geratene Erkenntnis durch, daß das Volk als eine politisch-bestimmte, personelle Werteinheit und nicht als eine Summe der vereinzelt-atomistisch gedachten Individuen repräsentiert wird. In diesem Sinne sprach z. B. die deutsche vorkonstitutionelle Literatur von einer Repräsentation der Nation, der Gesamtheit der Nationalinteressen, der Rechte des Volkes[3]),

---

[1]) Eine Zusammenstellung der Literatur sowie der verschiedenen Merkmale, die als zum Begriff der Nation gehörig erachtet worden sind, bei Fels, Begriff und Wesen der Nation 1927 aaO.

[2]) Auf den »Willen, beruhend auf Gefühl und Bewußtsein«, stellt es jüngst entscheidend wiederum Genzmer, Staat und Nation 1929 S. 16 ab.

[3]) Vgl. z. B. Rotteck, Vernunftrecht aaO. II 240 f., 279; Ancillon, Über den Geist der Staatsverfassungen 1825 S. 128; K. S. Zachariae, Über die erbliche Einherrschaft mit einer Volksvertretung in den Allgemeinen Politi-

meinte Klüber[1]), daß die politische Einheit des gesamten Volkes durch das Parlament repräsentiert werde, oder Bluntschli[2]), daß »das moderne Repräsentativsystem von der Einheit des ganzen Volkes ausgehe«. Diese Einsicht ist der französischen Publizistik schon früher während der großen Revolution geläufig gewesen[3]) und ihr vereinzelt auch heute noch gegenwärtig geblieben. In diesem Sinne repräsentieren die Abgeordneten nicht »aucune somme d'individus ut singuli, mais ..... la nation, en tant que corps unifié, envisagé dans son universalité globale et distingué, par conséquent, des

---

schen Annalen herausgegeg. v. Murhard 1823, Bd. IX S. 213 f.; weitere Literaturbelege bei Gerber aaO. 55 f., 90 f., 120 f. Vgl. ferner Ahrens, Juristische Encyklopädie 1855, S. 779 und H. A. Zachariae, Deutsches Staats- und Bundesrecht 1865, I. S. 618/19.

Nach Stahl, Philosophie des Rechtes5 Bd. 3, II. Abt., Buch IV, S. 320 f. sind die Reichsstände ebenfalls »eine Repräsentation des Volkes in dem Sinn, daß sie sein wahres Wesen, die Idee der Volksexistenz, lebendig darstellen, nicht daß sie das Volk, d. i. die Masse der einzelnen Menschen, aus denen es besteht, darstellen«. Da nach ihm die »wahre Volksexistenz« aus »einer Gliederung von Ständen« besteht (aaO. 322), soll die deutsche Volksvertretung auf zwei sich gegenseitig durchdringenden Prinzipien beruhen, »dem Unterschied der Stände und der Einheit der Nation, der Vertretung der sächlichen Lagen und Berufsstellungen und der Vertretung von Menschen, die sich in ihnen befinden« (aaO. 370, 327, 334). Die Repräsentation des Volkes als Einheit soll somit auf ständischer Grundlage erfolgen; hierzu auch noch S. 147 An. 4. Ebenso wie Stahl wünscht auch Hegel einen ständisch-antiatomistischen Aufbau des Staates. Würde man die »in den Kreisen (al. Ständen) schon vorhandenen Gemeinwesen, wo sie ins Politische, d. i. in den Standpunkt der höchsten konkreten Allgemeinheit eintreten, wieder in eine Menge von Individuen auflösen, so würde man das Politische sozusagen in die Luft stellen« (vgl. Rechtsphilosophie aaO. 303 S. 249). Die politische Einheit eines Gemeinwesens kann eben nicht auf die Masse als die Summe der Einzelnen gegründet werden (allerdings auch nicht auf die Stände, wie Hegel aaO. will). Zu dem Hegel'schen Volksbegriff und zu seiner Bedeutung für das Gesamtsystem näher etwa v. Sydow, Zeitschrift für Rechtsphilosophie I 1913 S. 188 f.

[1]) Klüber, Öffentliches Recht des teutschen Bundes und der Bundesstaaten3 1831. S. 397; Übersicht der diplomatischen Verhandlungen des Wiener Kongresses aaO. 235.

[2]) Bluntschli, Allgemeines Staatsrecht 1885, S. 50; Art. Repräsentativverfassung i. Staatswörterbuch Bd. VIII S. 588.

Aus der späteren, deutschen, staatsrechtlichen Literatur ist noch etwa Schulze, Lehrbuch des deutschen Staatsrechts 1881 Bd. I, S. 457 hervorzuheben, nach dem durch die Volksvertretung »die volkstümliche Gesamtexistenz, ... das Volksethos..., repräsentiert wird«. Vgl. ferner noch etwa Gierke, Das deutsche Genossenschaftsrecht 1868 Bd. I S. 825.

[3]) Vgl. etwa Sieyès, Archives Parlementaires VIII Serie I S. 593; Barnave ebenda Bd. XV S. 409; Thouret ebenda Bd. XXIX S. 356.

unités individuelles et des groupes partiels, que ce corps national comprend en soi«[1])[2]).

In Bezug auf das Verhältnis von Volk und Parlament läßt sich sogar geradezu mathematisch nachweisen, daß die entgegengesetzte, empirisch-atomistische Auffassung, nach der der Volksdeputierte nur Vertreter seines Wahlbezirkes sein soll, die Repräsentation des Gesamtvolkes durch die Abgeordneten und das Parlament nicht zu erklären vermag[3]). Denn wie sollten bei einer solchen Auffassung ohne willkürliche Unterstellungen die Abgeordneten dazu kommen, die Nichtwahlberechtigten und die ihr Wahlrecht nicht ausübenden Personen zu vertreten[4])? Der einzelne Abgeordnete würde doch in Wahrheit nicht Vertreter des ihn wählenden Wahlbezirkes, sondern nur Vertreter der zahlenmäßig gegenüber der Gesamtheit der Einwohner

[1]) So vor allem Carré de Malberg, Théorie générale aaO. II S. 224; vgl. auch noch S. 223 ff., 231, 241. Allerdings wird die Erkenntnis der staatstheoretischen Bedeutung der Repräsentation auch hier dadurch verdunkelt, daß er Repräsentation und Vertretung miteinander identifiziert und so gezwungen wird, die »echte« Repräsentation — sie ist bei Carré de Malberg, Organschaft (z. B. aaO. 231) — von der typischen représentation zu unterscheiden; dazu noch Text S. 35.

[2]) Aus der italienischen Literatur im Sinne des Textes insbes. Rossi, I Principii fondamentali della rappresentanza politica 1894 S. 144/145. Für das angelsächsische Recht etwa Lord Brougham, The British Constitution 1861 S. 94; Burgess, Political Science and Comparative Constitutional Law 1902 Bd. II S. 67; Gneist, Das Repräsentativsystem in England i. d. Abhandlungen über das constitutionelle Prinzip 1864 S. 171.

[3]) Eine Konsequenz, die z. B. in der ausführlichen Darstellung von Maurus, Der moderne Verfassungsstaat als Rechtsstaat 1878 S. 121, 149 folgerichtig gezogen wird.

[4]) Nach Orlando, Du Fondement Juridique et de la Représentation Politique i. d. Revue du Droit Public etc. 1895 Bd. III S. 9 f. soll z. B. auf Grund der Wahl der Abgeordneten durch die Aktivbürgerschaft ein Auftragsverhältnis zwischen Volk und Parlament begründet werden. Und zwar soll »la déclaration de volonté de conférer un mandat« seitens der »incapables«, d. h. der kraft Gesetzes von der Wahl ausgeschlossenen Personen, in dem Wahlakt der Wahlberechtigten enthalten sein, während die Nichtausübung des an sich den Wahlberechtigten zustehenden Wahlrechts zu der Annahme eines »mandat tacite de confiance et une approvation anticipée de ce que pourra faire la collectivité« berechtigen soll. In Wirklichkeit sind diese Annahmen offenbar unberechtigt, da ein Grund nicht ersichtlich ist, wieso die Aktivwählerschaft dazu kommen soll, die »incapables« bei der Wahl zu vertreten oder im Sinne eines stillschweigenden Auftragsverhältnisses die Interessen der ihr Wahlrecht nicht ausübenden Personen wahrzunehmen. Im Sinne von Orlando noch Briot, Du Mandat Législatif en France 1906 S. 81/82 und jüngst Larnaude, Interparlamentarisches Bulletin Bd. VII (1927) S. 168, der ganz offen die Vertretung der Nichtwahlberechtigten und der ihr Wahlrecht nicht ausübenden Personen mit Hilfe einer Fiktion begründet.

des Wahlbezirkes sich stets in der Minderheit befindenden Personengruppen sein, die von dem ihnen zustehenden Wahlrecht in concreto. zugunsten des gewählten Abgeordneten Gebrauch gemacht haben Unter der Herrschaft des Mehrheitswahlsystems würde das Mißverhältnis zwischen der angeblich vertretenen Personengesamtheit des Wahlbezirkes und den tatsächlich rechtlich erfaßten Stimmen besonders deutlich zum Ausdruck kommen, da hier die Wähler der Minderheit nicht als durch die Abgeordneten der Mehrheit irgendwie vertreten gedacht werden können [1]). Das die einzelnen Abgeordneten umfassende Parlament wäre demnach in Wirklichkeit nicht eine Repräsentation des gesamten Volkes, sondern die zahlenmäßig leicht zu errechnende Vertretung der durch die einzelnen Abgeordneten ihrerseits vertretenen Wähler, beim Verhältniswahlrecht, das jedenfalls die Ignorierung großer Volksgruppen vermeidet, die Vertretung der ihr Wahlrecht mit Erfolg ausübenden Aktivbürgerschaft.

Ebensowenig kann von der atomistisch-individualistischen Grundeinstellung aus die grundsätzliche Verpflichtungskraft der parlamentarischen Mehrheitsentscheidung, die ja tatsächlich oft nur eine parlamentarische Minderheitsentscheidung ist, erklärt werden, da die Ablehnung dieser Entscheidung durch die Mehrheit der vertretenen Aktivbürgerschaft zum mindesten nicht ausgeschlossen ist. Eine solche Diskrepanzmöglichkeit zwischen Parlament und Aktivbürgerschaft besteht insbesondere wiederum bei einem starke Minderheiten ignorierenden Mehrheitswahlsystem, ist aber auch beim Verhaltniswahlsystem, durch das man derartige Konflikte ursprünglich aus der Welt zu schaffen glaubte, denkbar. Die Parlamentsmehrheitsentscheidung kann hier nur dann allgemein für inappellabel erklärt werden, wenn

---

[1]) Vgl. auch Maurus aaO. 130 f. Auch hier wollen wieder Orlando aaO. 10 und Briot aaO. 82 den von der Majorität geäußerten Willen in den auch die Minderheit umfassenden Willen der Aktivwählerschaft umdeuten. Aber der Geltungsgrund des Majoritätsprinzips d. h. der Umstand, der die dissentierende Minderheit bestimmt, sich dem Willen der Mehrheit zu fügen, kann nicht auf die von einer empirisch-atomistischen Einstellung aus getroffene Feststellung, daß durch einen Abgeordneten lediglich die für ihn votierenden Wahlberechtigten vertreten werden, von Einfluß sein. Die reinen Atomisten haben daher, um der im Text erwähnten Konsequenz des Mehrheitswahlverfahrens zu entgehen, schon früh die Beseitigung der »majority representation« und die Einführung des Proportionalwahlverfahrens, nach dem weitgehend auch die Minderheiten vertreten werden, gefordert. In diesem Sinne vor allem etwa Sterne, Representative Government 1869 S. 27 f., 31; I. St. Mill, Considerations of representative Government (Volksausgabe 1919) Chap. VII S. 53 ff.; ferner z. B. Fouillée, La Démocratie politique et sociale en France 1910 S. 43 f.

man zugleich eine etwaige Vergewaltigung der Mehrheit der Aktivbürgerschaft durch die im Parlament vertretenen Minderheiten in Kauf nimmt. Erst dadurch, daß die Abgeordneten als Repräsentanten der politisch-ideellen Volkseinheit fungieren, erhält in Wirklichkeit die parlamentarische Mehrheitsentscheidung die ihr eigene rechtliche Verpflichtungskraft für das repräsentierte Volksganze [1]) und damit das innere autoritäre Gewicht, durch das sie sich auch über einen etwaigen Widerspruch der Mehrheit der Aktivbürgerschaft, die durch das Parlament ja nicht vertreten wird, hinwegsetzen kann.

Man kann überhaupt von einer atomistischen Betrachtungsweise aus zu der Annahme einer Repräsentation des Volkes durch das Parlament immer nur mit Hilfe von Fiktionen gelangen. Die naturrechtliche Staatslehre, die überwiegend das Volk kollektivistisch mit der Summe seiner Angehörigen identifiziert hat, hat in diesem Sinn z. B. den Begriff des aktiven, durch Wahlen wirkenden Volksganzen eingeführt, um mit seiner Hilfe die Repräsentation der Volksgesamtheit durch die ständischen Versammlungen begründen zu können [2]). Und auch heute gibt es Stimmen, die in ähnlicher Weise die Repräsentation des Volkes durch das Parlament damit zu erklären versuchen, daß sie von einer, wenn auch nur virtuell gedachten (so vor allem die angelsächsische Theorie) Repräsentation des Volksganzen durch die Wählerschaft sprechen [3]). In Wirklichkeit kann aus dem Wesen der Repräsentation ebensowenig wie dem des Repräsentativsystems eine Repräsentationsbefugnis der Aktivwählerschaft gegenüber dem Volke hergeleitet werden [4]). Diese und ähnliche Versuche, die repräsentative Kompetenz des Parlamentes zu begründen, haben von vornherein schon deshalb nicht Aussicht auf Erfolg, weil mit Hilfe von Konstruktionen und Fiktionen ein repräsentativer Tatbestand überhaupt nicht erklärt werden kann [5]).

Steht hiernach fest, daß in der politischen Sphäre das Volk stets

---

[1]) Dazu S. 175.

[2]) Hierzu näher Gierke, Das Genossenschaftsrecht 1913 Bd. IV S. 292 ff.

[3]) So vor allem etwa Hauriou, La Souveraineté nationale 1912 S. 88 und Précis de Droit constitutionnel[2] 1929 S. 149, 212; ferner wohl auch Romano, Corso di Diritto Costituzionale 1926 S. 167 f.; C. Schmitt, Verfassungslehre aaO. 207, 215 f.

[4]) Vgl. schon Held, Zur Lehre vom Konstitutionalismus i. Arch. d. öff. Rechts Bd. VII S. 122.

[5]) Darüber noch ausführlich unten S. 149 f.

nur als ideelle Ganzheit repräsentiert werden kann, so wird auch verständlich, warum durch die Repräsentanten immer nur die Interessen des gesamten Volkes, des »Allgemeinwohls« wahrgenommen [1]), nicht aber bestimmte Privilegien und Rechte einzelner Bevölkerungsgruppen und deren partikulare Interessen wie z. B. im altständischen System geltend gemacht werden können [2]). Eine Person, die nur

---

[1]) In diesem Sinne etwa schon Blackstone, Commentaries aaO. I Chap. 2 S. 159; I. St. Mill, repres. governm. aaO. Chap. VI S. 52; Burke, The Speech to the Electors of Bristol in The Works 1899 Bd. II S. 96; Hegel, Rechtsphilosophie § 309 S. 252; B. Constant, Cours de Politique Constitutionnelle herausgeg. v. Laboulaye 1872 Bd. I S. 229; Stoerk, Das verfassungsmäßige Verhältnis der Abgeordneten zur Wählerschaft i. d. Jur. Blättern Bd. 10 S. 213; Triepel, Wahlrecht und Wahlpflicht 1900 S. 34; Hatschek, Das Parlamentsrecht des Deutschen Reiches 1915 S. 568; Jenks, Principles of Politics 1916 S. 78; Pergolesi, Appunti su la rappresentanza corporativa nelle Assemblee Politiche 1923 S. 45; Mac Iver, The Modern State 1926 S. 465 f.

[2]) Allerdings wird und zwar vereinzelt auch heute noch behauptet, daß die Stände die Gesamtheit der Untertanen vertreten haben. In diesem Sinne etwa Welcker in Klüber-Welcker, Wichtige Urkunden für den Rechtszustand der deutschen Nation 1844 S. 234 f.; Unger, Geschichte der deutschen Landstädte 1844 Bd. II S. 431 f.; G. Waitz, Über die Bildung einer Volksvertretung i. d. Abhandlung über das constitutionelle Prinzip 1864 S. 185; in gewissem Umfang auch Stahl, Philosophie des Rechts5 Bd. II Buch IV S. 341/342, aus der jüngeren Literatur vor allem v. Below, Landtagsakten von Jülich-Berg 1895 Bd. I S. 54 f. und Territorium und Stadt 1900 S. 243 f. ; Wolzendorff, Staatsrecht und Naturrecht i. d. Lehre vom Widerstandsrecht des Volkes gegen rechtswidrige Ausübung der Staatsgewalt 1916 S. 83 ff.; Hartung, Deutsche Verfassungsgeschichte 1928 S. 56. Die Entscheidung dieser Kontroverse nach ihrer tatsächlichen Seite kann im Rahmen dieser Untersuchung dahingestellt bleiben. Denn selbst, wenn von den Ständen in bestimmt begrenztem Umfang, etwa für das Gebiet der Landesverteidigung und Steuerbewilligung (dazu vor allem etwa H. A. Zachariae, Deutsches Staats- und Bundesrecht I S. 595; K. S. Zachariae, Allgemeine politische Annalen herausgegeben von Murhard Bd. IX S. 244; Brendel, Die Geschichte, das Wesen und der Wert der Nationalrepräsentation 1817 Bd. II S. 286 f.), das Interesse der Gesamtheit wahrgenommen worden ist, kann von einer Repräsentation des Volksganzen nicht gesprochen werden. Denn das »Gesamtinteresse« ist hier nur das summenmäßig gebildete Produkt der jeweils partikulargleichen Interessen der Stände, die jenes dem Fürsten gegenüber nur deshalb wahrgenommen haben, weil es in Wahrheit ihr Eigeninteresse war. Nur dann wenn die Stände höchst persönlich daran interessiert waren, daß die physischen und finanziellen Kräfte ihrer Untertanen nicht von den Fürsten in Anspruch genommen wurden, ist vereinzelt auch das Interesse der von den Ständen abhängigen, freien, selbständig aber nicht vertretungsberechtigten Bevölkerung und damit das »Gesamtinteresse« wahrgenommen worden (dazu noch etwa K. S. Zachariae, 40 Bücher vom Staate 1840 III S. 227 f.; Unger aaO. II S. 436; Klüber, Öffentiiches Recht des teutschen Bundes S. 364; zu Haller Gerber aaO. 21, 22). Repräsentiert wird aber das Volk nicht als ein zusammen-

bestimmte, partikulare Interessen einer Bevölkerungsschicht vertritt, kann nicht das Volksganze repräsentieren, da das Individual- oder Gruppeninteresse nicht mit dem allein politisch repräsentationsfähigen Interesse des Gesamtvolkes identisch ist.

Hiernach kann man den Beginn des Repräsentativsystems in den einzelnen Staaten erst von dem Zeitpunkt an datieren, in dem die einzelnen Abgeordneten nicht mehr als Vertreter einer bestimmten Wählergruppe oder eines bestimmten Wahlbezirkes, sondern als »Ver-

---

hangloses Aggregat einer Vielheit von Individuen und deren partikularer Interessen, sondern als eine mit der Summe der Bürger nicht identische, wertbetonte, ideelle Einheit, als eine politische Gesamtpersönlichkeit mit eigenem Gesamtinteresse. Es ist kein Zufall, sondern ein für die landständischen Verfassungen geradezu charakteristischer Zug, daß man in diesen, wenn überhaupt, von einer Vertretung oder Repräsentation des gesamten Territoriums oder Landes, dem der für die Repräsentation eigentümliche Wertakzent fehlt, gesprochen hat und nicht von einer Repräsentation des Volkes im politisch-ideellen Sinne (Nachweise schon bei H. A. Zachariae, Staatsrecht I S. 590 und Gierke, Das Genossenschaftsrecht Bd. I S. 58 Anm. 198), sowie daß man im gleichen territorialen Sinn Worte wie Landstand, Landschaft, Landtag geprägt und verwendet hat. Nur so erklärt es sich auch, warum gerade das Eigentum mit die Grundlage der landständischen Vertretung hat bilden können; dazu näher vor allem Posse, Über das Staatseigentum in den deutschen Reichslanden und das Staatsrepräsentationsrecht 1794 S. 200f., 216f., 241f.

Hiernach hatte jedenfalls verfassungstheoretisch gesehen die fortschrittliche Publizistik der Vormärzzeit bei ihrem Kampf gegen die Konservativen recht, wenn sie den alten deutschen Landständen den technisch repräsentativen Charakter absprach. Auch darf man weiter nicht Wendungen mittelalterlicher Publizisten wie etwa von Marsilius von Padua oder Nicolaus von Cues, nach denen die ständischen Versammlungen »vicem et auctoritatem universitatis civium repraesentant«, im modern-repräsentativen Sinne deuten wie etwa Gierke, Das deutsche Genossenschaftsrecht 1881 Bd. III S. 602, der schon bei Nicolaus v. Cues auf Grund von De concordantia catholica Paris 1514 III c. 12 und 25 von einem »förmlichen System des repräsentativen Parlamentarismus« spricht.

Das hier für die deutschen Landstände Gesagte gilt im übrigen auch für andere Länder, so etwa für Frankreich, in dem teilweise — auch noch heute die Gerichtsparlamente, die an Stelle der seit 1614 nicht mehr zusammenberufenen Stände getreten waren, als Repräsentanten der Nation gegenüber der Krone bezeichnet werden. Dazu näher mit weiteren Belegen etwa Loewenstein, Volk und Parlament nach der Staatstheorie der französischen Nationalversammlung von 1789, 1922 S. 94 ff., dessen eigene Ausführungen aber ebenfalls unter der mangelnden Unterscheidung von Vertretung und Repräsentation leiden. Denn wenn bei dem Kampf der Parlamente um das Gesetzgebungsrecht die Richteraristokratie »ihre eigenen, von der Regierungsbürokratie bedrohten Privilegien« verteidigt hat (so ausdrücklich 99, 100), so kann man nicht gleichzeitig mit diesem »Vorbehalt« die Mitglieder der Parlamente als Vertreter der Nation, d. h. Repräsentanten bezeichnen.

treter« des ganzen Volkes und dessen Interesses fungiert haben [1]). Diese Entwicklung hat sich in England schon im Lauf des 17. Jahrhunderts vollendet [2]), um in den beiden folgenden Jahrhunderten ihren Höhepunkt zu erreichen. Sie findet hier ihren endgültigen Ausdruck bereits in den bekannten und viel zitierten Worten Blackstone's, daß »every member, though chosen by one particular district, when elected and returned serves for the whole realm« [3]).

---

[1]) So erklärt es sich auch, warum erst mit der Entwicklung des Repräsentativsystems der Hinweis auf das »Allgemeinwohl« zum typisch beherrschenden Bestandteil des heute allerdings weithin nicht mehr üblichen Abgeordneteneides geworden ist; dazu Friesenhahn, Der politische Eid 1928 S. 65 f. — Auch der politische Eid des repräsentierenden Staatsoberhauptes enthält in der meist üblichen Gestalt als Verfassungseid den »versachlichten« Hinweis auf die Allgemeininteressen.

[2]) Vgl. schon das Agreement of the People Z. 8 in Gardiner, The Constitutional Documents of the Puritan Revolution 1625—1660 1906 S. 368.

[3]) Blackstone, Commentaries aaO. Bd. I S. 159 und die entsprechende Äußerung von Lord Mansfield 1766 in Bancroft, History of the United States 1852 Bd. V S. 411.

Auf eine genaue Fixierung des Zeitpunktes, von dem man in England das Repräsentativsystem an datieren kann, kommt es hier nicht an. Thomas Smith (Über seine Bedeutung näher Pollock, An Introduction to the History of the Science of Politics 1923 S. 57 f.) hat den Gedanken der Repräsentation des Volksganzen bereits 1583 in »De republica et Administratione Anglorum« L. 2 Cap. 2 (London 1590 S. 52) zu umschreiben versucht: »Quidquid in centuriatis comitiis aut in tribunitiis populus Romanus efficere potuisset, id omne, in comitiis Anglicanis, tamquam in coetu Principem populumque repraesentante, commode transigitur. Interesse enim in illo conventu omnes intellegimur, cuiuscumque amplitudinis status, aut dignitatis, Princepsve aut plebs fuerit; sive per teipsum hoc fiat sive per procuratorem.« Nach Loewenstein, Zur Soziologie der parlamentarischen Repräsentation in England i. d. Erinnerungsgabe f. M. Weber 1923 Bd. II S. 90 ist zu dieser Zeit der zur parlamentarischen Nationalrepräsentation führende Entwicklungsprozeß tatsächlich vollendet.

Zu der Entwicklung des Repräsentativsystems in England näher etwa Cox, The Institutions of the English Government 1863 S. 11 f., 93 ff.; Todd, On Parlamentary Government in England 1867 Bd. I S. 35 ff. u. 1869 Bd. II S. 17 ff.; G. B. Smith, History of the English Parlament 1894 Bd. I und II aaO.; Stubbs, The Constitutional History of England 1906 Bd. II S. 236 ff., 411 ff. 1903 Bd. III S. 388 ff., 484 ff. und Select Charters9 1913 S. 505 (Modus tenendi Parliamentum). — Aus der deutschen Literatur vgl. Gneist, Das Repräsentativsystem in England i. d. Abhandlung über das const. Prinzip S. 89 ff.; Englische Verfassungsgeschichte 1882 insbes. S. 359 ff.; Das englische Parlament 1886 S. 106 ff.; Hübner, Die parlamentarische Regierungsweise 1918 S. 5 ff.; Hatschek, Englische Verfassungsgeschichte 1913 S. 209 f., 390 f., und englisches Staatsrecht 1905 S. 235 f., nach dem der parlamentarische Repräsentationsgedanke in den Grafschaften bereits im 12. Jahrhundert entwickelt und seit dem 13. Jahrhundert auf das Reich übertragen worden sein soll.

Die kontinental-europäischen Staaten haben diesen Satz terminologisch mehr oder weniger übereinstimmend erst später in Verfolg der französischen Revolution [1]) in ihre Verfassungsgesetze eingefügt. In dem neuen deutschen Grundgesetz kommt die typische Formel im Artikel 21 zum Ausdruck [2]).

Das von Eduard I. 1295 geschaffene sogenannte Modellparlament soll in diesem Sinne bereits »repräsentatives Staatsorgan«, »Volksvertretung« (so Staatsrecht 237) gewesen sein. Gegen diese Versuche, die Entstehung des Repräsentativsystems auf die noch rein mittelalterliche, (als vertragliche Vereinbarung) zu verstehende Magna Carta von 1215 zurückzudatieren, mit Recht schon Mc. Kechnie, Magna Carta² 1914 S. 249 f. und jetzt auch C. Schmitt, Verfassungslehre S. 45 f, 157. Insbesondere über die Zeit von 1760 bis 1860 noch Th. Ersc. May, The Constitutional History of England 1882, Bd. I S. 327 ff., Bd. II S. 1 ff;. über die Zeit zwischen 1832 bis 1867 noch Loewenstein, Archiv f. Sozialw. und Sozialpol. Bd. 51 (1924) S. 614 ff. — Eine kurze Darstellung der Entwicklung des Repräsentativsystems in England bei Jellinek, Staatslehre 571 f.; Ford, Representative Government 1925 S. 97 f.; Mac Iver, Modern State 142 f.; ausführlicher Esmein, Eléments de Droit Constitutionnel, 1921 Bd. I S. 78 ff.

Über die »Parliamentary Representation« in Schottland vgl. noch Mackinnon, The Constitutional History of Scotland 1924 S. 271 f.

Auch in den englischen Kolonien in Amerika hat sich das Repräsentativsystem in Anlehnung an die Institutionen des Mutterlandes, begünstigt durch das Fehlen feudaler Schichten, verhältnismäßig früh entwickelt (17. Jahrhundert). Nur in den Freibriefkolonien standen im Gegensatz zu den Kron- und Eigentümerkolonien den vom Mutterland übernommenen repräsentativen Einrichtungen virtuell auch plebiszitäre Institutionen zur Seite. Näher über die Entwicklung des Repräsentativsystems in den einzelnen Kolonien etwa Loewenstein, Volk und Parlament aaO. 55 ff.

[1]) Vgl. Sektion III Art. 7 der Verf. von 1791: »Les représentans... ne seront pas représentans d'un département particulier, mais de la nation entière«.

Der von Jellinek, Staatslehre S. 576 Anm. 1 aufgestellte Satz, daß in England die Gesamtheit der im Unterhaus vertretenen »communitates regni«, in Frankreich dagegen »die Summe der Individuen« vertreten wird, ist wohl für die Entwicklungsgeschichte des Repräsentativsystems, nicht aber für den Tatbestand der Repräsentation des Volkes, das hier wie dort als selbständige ideelle Einheit repräsentiert wird, von Bedeutung.

[2]) Liermann, Das Deutsche Volk als Rechtsbegriff im Reichsstaatsrecht der Gegenwart 1927 unterscheidet im Anschluß an Tönnies, Gemeinschaft und Gesellschaft 1922 S. 3 das Gemeinschaftsvolk »als einer realen Gesamtpersönlichkeit auf genossenschaftlicher Grundlage« von dem Gesellschaftsvolk »als der Summe koexistierender Individuen« und kommt in der Folge zu dem von ihm selbst als »auf den ersten Augenblick erschreckend« bezeichneten Ergebnis, daß Art. 21 RV auf das Gesellschaftsvolk Bezug nimmt, weil in der Gegenwart die Parlamentswahl »in Wirklichkeit Parteiwahl, die Volksvertretung Parteivertretung ist« (138). Ähnlich Preuß, Reich und Länder 1928 S. 270, nach dem die einzelnen Abgeordneten »zunächst die Parteimeinungen, vielleicht sogar nur die Meinung einer bestimmten Richtung innerhalb einer Partei repräsentieren«, und nach dem erst aus deren »Übereinstimmungen und Gegensätzen:...

Kann das Volk nach dem Gesagten nur als politisch-ideelle Einheit repräsentiert werden, so wird auch die allgemein verfassungsrechtliche Bedeutung der Repräsentationsfunktion deutlich. Der Sinn dieser Funktion ist, die als geistige Einheit existentiell vorhandene, konkrete Volksgemeinschaft in der Realität empirisch greifbar zu machen [1]), »die Herrschaft des Volkes als Einheit über das Volk als Vielheit« [2]) sicherzustellen, das Volk zur staatlichen Einheit zu integrieren [3]).

Und zwar besteht die spezifische Bedeutung der Repräsentationsfunktion darin, daß durch sie die im Staate geeinte Gemeinschaft

sich die (repräsentierte) öffentliche Meinung«, der »Volkswille« (S. 244) ergeben soll. Hier wird übersehen, daß das unbestritten durch Art. 21 sanktionierte Repräsentativsystem durch die Substituierung eines atomistischen Volksbegriffes wesensmäßig verfälscht wird. Denn in offenbarem Gegensatz zu dem von Liermann allerdings für bedeutungslos erklärten (aaO. 139) Willen des Verfassungsgesetzgebers kann dann nicht mehr von einer Repräsentation des Volkes, sondern nur noch von einer Vertretung der auch mit dem Gesellschaftsvolk nicht identischen Parteien gesprochen werden. Die Spannungen zwischen Sollen und Sein sind in Wirklichkeit erheblich problematischer. Näher unten S. 98 ff. — Nicht überzeugend und von der zugrunde liegenden Einstellung aus innerlich widerspruchsvoll ist auch der weitere Satz von Liermann daß Art. 21 Abs. 2 die Bedeutung einer objektiv von der Rechtsordnung ausgehenden Anweisung haben soll, die es den Parteivertretern zur Pflicht macht, »die Idee des Gemeinschaftsvolkes zu beachten« (140). Denn sind die Abgeordneten Parteivertreter, so ist nicht einzusehen, warum sie »das Gemeinschaftsvolk nicht vergessen« (139) sollen. — Umgekehrt soll nach Liermann, der Staat und Gemeinschaftsvolk dualistisch scheidet (aaO. 72 f., 83 f., insbes. 100), der Reichspräsident das Gemeinschaftsvolk verkörpern (d. h. wohl repräsentieren), trotzdem hier im Gegensatz zu Art. 21 eine ausdrücklich die »Verkörperung« statuierende Verfassungsnorm fehlt. Bei der dualistischen Scheidung von Volk und Staat ist diese an sich richtige Annahme aber nicht zu rechtfertigen. Nach ihr repräsentiert der Reichspräsident den Staat und nicht das Volk. Dazu noch S. 124 ff.

[1]) Dort, wo die repräsentative Instanz aus einer Vielheit von Individuen besteht (wie z. B. bei der modernen Volksvertretung), spielt bei der Bildung des Gemeinwillens noch entscheidend das Majoritätsprinzip mit, über das hier nicht zu sprechen ist.

[2]) So vor allem Heller, Souveränität S. 76. Vgl. zuvor schon in diesem Sinne etwa Bénezet, Etude théorique sur les immunités diplomatiques. Thèse Toulouse 1901 S. 19 (»L'antinomie de la collectivité et de l'unité se résout par la représentation«) und insbesondere Gierke, Die Genossenschaftstheorie und die deutsche Rechtsprechung 1887 S. 683. Die Unterscheidung von »omnes ut universi« und »omnes ut singuli« ist, wie Gierke, Genossenschaftsrecht Bd. III S. 391 nachgewiesen hat, schon den Legisten bekannt gewesen.

[3]) Hierzu vor allem Smend aaO. insbesondere 18 ff. mit dem S. 47 gemachten Vorbehalt. Daß die Repräsentation ein wesentlicher Faktor des staatlichen Integrierungsprozesses ist, hat schon mit Recht C. Schmitt, Verfassungslehre S. 207 hervorgehoben.

sich »im Sinne dauernder Schaffung der Voraussetzungen für die Lebensäußerungen und Leistungen staatlicher Willensgemeinschaft« [1]) als Willensverband immer wieder von neuem produzieren und verwirklichen kann. Der Volkswille, die mit dem individuellen Wollen eng verflochtene und doch wieder von diesem verschiedene, ideelle volonté générale [2]), könnte sich in der politischen Sphäre nicht konstituieren und blieb richtungs- und wirkungslos, wenn nicht repräsentative, gleichgültig wie formierte (z. B. durch den Monarchen oder das Parlament gebildete) Instanzen beständen, durch die die vielspältige Menge der individuellen Willen zu einem individualisierten Gemeinschaftswillen einheitlich zusammengeschlossen werden könnte. Kurzum, erst die Repräsentation ermöglicht die Willensbildung innerhalb der Volksgemeinschaft. Sie ist verfassungstheoretisch gesehen das funktionell wichtigste Konstitutionsprinzip des modernen, gleichgültig ob parlamentarisch, monarchisch oder diktaturförmig regierten Staates. Nur für die unmittelbare Demokratie und ihre Surrogate sind heute noch gewisse Vorbehalte zu machen [3]).

Diese integrierende Bedeutung der Repräsentation und ihre enge Verknüpfung mit dem Prozeß staatlicher Willensbildung ist, soweit ich die Literatur übersehe, zuerst mit Nachdruck von Hobbes [4]),

---

[1]) Smend aaO. 34; zur Realität des Staatswillens auch noch die wertvollen Ausführungen bei Heller, Souveränität S. 83 f.

[2]) Über die reelle Existenz der volonté générale bei Rousseau vor allem Hauriou, Souveraineté aaO. 18 ff. (vgl. auch Smend, Verfassungsrecht 69 u. oben S. 30 An. 2; in der dort erwähnten Stelle des Contrat Social auch der zutreffende Satz, daß »tous les caractères de la volonté générale... dans la pluralité« enthalten sind). Im Rousseau'schen Sinne ist die volonté générale auch von Kant und Fichte verstanden worden; dazu die Nachweise bei Gurwitsch, Kant und Fichte als Rousseau-Interpreten, Kant-Studien, Bd. 27 S. 138 ff. Über Einflüsse der Stoa auf die Lehre vom Gemeinwillen noch Braubach, (Zum Einfluß der Stoa auf die französische Staatslehre bis zur Revolution) i. Schmollers Jahrb. Bd. 48 (1924) S. 229 f. Auf Einzelheiten kann in diesem Zusammenhang nicht eingegangen werden.

[3]) Dazu S. 29 f., 118 f.

[4]) Vgl. Hobbes, Leviathan (Neudruck der Ausgabe von 1651 Oxford 1909) Chapt. 16 S. 126: »A Multitude of men, are made One Person when they are by one man or one Person Represented... It is the Unity of the Representer, not the Unity of the Represented, that maketh the Person One«. Ferner Hobbes, Elementa Philosophica, De Cive, Amsterdam 1647 Cap. VI Z. 1 S. 91: »Quapropter multitudo, persona naturalis non est. Ceterum eadem multitudo, si viritim paciscantur fore ut unius alicuius hominis voluntas, vel majoris partis ipsorum voluntas consentaneae pro voluntate omnium habeantur, tunc persona una fit: Voluntate enim praedita est, ideoque actiones facere potest voluntarias ..., populus saepius quam multitudo dicitur.« Vgl. auch Cap. 5 Z. 6 S. 84:

in der Folge unter seinem Einfluß auch von Spinoza [1]) und anderen Naturrechtslehrern [2]), vor allem von Pufendorf [3]), aufgezeigt worden. Allgemeiner wurde diese Erkenntnis erst mit der Einführung des Repräsentativsystems. In diesem Sinne wurde schon 1789 in der französischen Nationalversammlung erklärt, daß der Wille der Nation sich formiert »par le concours de son Roi et de ses représentans« [4]) und daß »la vólonté des représentans sera la volonté générale de la nation« [5]). Seitdem ist diese Einsicht, wenn

»Una voluntas... fieri non potest, nisi unusquisque voluntatem suam, alterius unius, nimirum unius Hominis, vel unius Concilii voluntati ita subjiciat, ut pro voluntate omnium aut singulorum habendum sit« (auch zit. bei Heller, Souveränität 74/75). Der für die Staatslehre von Hobbes grundlegende Begriff der Person (vgl. seine Definition im Leviathan Chap. 16 S. 123) wird somit nicht auf die »Menge«, die überhaupt nicht einen natürlichen Willen haben kann (so de Cive Cap. VI Z. 1 S. 91), sondern auf das durch repräsentative Willensvereinheitlichung (eines Einzelnen oder einer Versammlung) zu einem Ganzen zusammengeschlossene Volk angewendet. Vgl. in diesem Zusammenhang auch noch Tönnies, Hobbes 1925, S. 239 f.

1) Nach Spinoza, Tractatus politicus insbes. c. 3 § 1—5 (deutsche Übersetzung von Gebhardt 1922 S. 71 f.) muß »der Staatskörper wie von einem Geiste geleitet werden«. Dies ist aber — ähnlich wie bei Hobbes — nur dann der Fall, wenn der Staat, d. h. die vereinigten Individuen sich ihrer Macht zugunsten des Herrschers entkleidet haben, dessen Wille dann als Wille der Civitas fungiert und daher »für den Willen aller zu gelten hat«. »So muß das, was der Staat als gerecht und gut befindet, angesehen werden, als habe jeder einzelne es so befunden« (§ 5).

2) Selbst die Naturrechtslehrer, die die Entstehung der Verbandspersönlichkeit der freien vertragsmäßigen Vereinigung der Individuen zuschreiben, geben doch zu, daß erst durch die »Übertragung repräsentativer Gewalt auf einen Herrscher die Einheit des Verbandsganzen sich vollende«; so Gierke, Das deutsche Genossenschaftsrecht 1913 Bd. IV S. 415 mit näheren Belegen, insbesondere mit Hinweis auf Huber, De jure civitatis 1713 aaO.

3) Vgl. Pufendorf, De jure naturae et gentium 1744 Bd. II Lib. VII Cap. 2 § 5 S. 132 in Anlehnung an Hobbes »Multae voluntates unitae intelliguntur, si unusquisque voluntatem suam voluntati unius hominis aut unius concilii subjiciat, ut pro voluntate omnium et singulorum habendum sit, quicquid de rebus ad securitatem communem necessariis ille voluerit«. Vgl. auch Bd. I Lib. I Cap. 1 § 13 S. 14. Erst durch die von den Individuen abhängig gedachte Repräsentation durch die ein- oder vielköpfige Herrscherpersönlichkeit, die von Pufendorf ebenso wie von seinen Zeitgenossen als souverän bezeichnet wird, kommt letzten Endes die Einheit der »persona moralis composita« zustande.

Über die Schüler Pufendorf's und die Fortbildung seiner Lehre Gierke, Genossenschaftsrecht aaO. IV S. 421 u. Anm. 154 f.

4) So Malouet, Archives Parlementaires Bd. VIII (1. Serie) S. 586.

5) So De Polverel, Archives Parlem. VIII S. 73. Entsprechende Äußerungen in der Folge noch etwa bei Sieyès ebenda 594, 595, bei Robespierre, Arch Parl. IX S. 79, bei Frochot, Archiv Parl. XXX S. 98 (»Le corps législatif exprime la volonté générale«); vgl. auch aaO. 100, 111. In Bezug auf den

auch nur vereinzelt — in der jüngsten Gegenwart allerdings mit erneutem Nachdruck —, von Zeit zu Zeit immer wieder formuliert worden [1]).

Liegt hiernach die zentrale, verfassungstheoretische wie -rechtliche Bedeutung des repräsentativen Prinzipes in der funktionellen Integration des Staates, so ist damit noch nichts über den besonderen Inhalt der durch die Repräsentanten jeweils auszuübenden Staatstätigkeit gesagt. Gegenständlich wird diese Tätigkeit meist irgendwie in den Prozeß der rechtsgeschäftlichen Willensbildung des Staates eingeflochten sein, d. h. die Repräsentanten werden etwa Gesetze zu beschließen, Regierungsakte zu erlassen, Urteilssprüche zu fällen haben.

Alle diese die Gesamtheit unmittelbar verpflichtenden Entscheidungen können in die Hand nur eines einzigen Repräsentanten wie etwa der Idee nach im absoluten Staate in die Hand eines souveränen Monarchen, aber auch in die Hand einer Vielheit von Repräsentanten gelegt sein. Im modern-repräsentativen Verfassungsstaat wird, um nach Möglichkeit einen Macht- und Rechtsmißbrauch zu verhindern, in der Regel die Fülle der politischen Entscheidungen im Sinne des eine Reihe von gegenseitigen Hemmungen und Kontrollen schaffenden Zweikammer- und Gewaltenteilungssystems einer Vielheit von repräsentativen Instanzen anvertraut. Damit ist aber die Stellung der einzelnen Repräsentanten selbst noch nicht eindeutig festgelegt. Diese kann vielmehr je nach der einzelstaatlichen Kompetenzordnung inhaltlich wie organisationstechnisch ganz verschieden gestaltet sein.

---

pouvoir constituant heißt es dort: »La volonté générale sur le fait du rassemblement d'une Convention nationale... ne peut être exprimée que par les représentans de la nation«. Vgl. auch noch Art. 6 S. 1 d. Déclaration des droits de l'homme et du citoyen v. 1789.

[1]) In der preußischen vorkonstitutionellen Zeit wandte sich insbesondere Haller, Handbuch der allgemeinen Staatenkunde 1808 S. 233 Z. 4 in einer charakteristischen Äußerung »gegen die heutigen Philosophen«, die durch das sog. Repräsentativsystem »eine Kommunität repräsentieren lassen wollten, die gar nicht existiert«, die also offenbar erst durch die Repräsentation existent gemacht werden sollte.

Der richtige Gedanke findet sich in der neueren Literatur etwa bei Stoerk, Juristische Blätter 1881 Bd. 10 S. 213; Hauriou, Souveraineté aaO. S. 87; Carré de Malberg, Théorie générale aaO. II S. 225 ff., der das Parlament als ein Organ bezeichnet, »par lequel la nation va pouvoir législativement vouloir (227) ..., par lequel se réalise, quant à sa formation, une volonté générale de la collectivité, qui n'existait pas jusque-là, par lequel donc cette collectivité acquiert, en tant que sujet juridique, une réalité d'existence, c'est à dire, une personnalité...« (aaO. 228). Neuerdings ferner vor allem Heller, Souveränität aaO. 83 f.; Smend, Verfassung aaO. 28 f.; Schmitt, Verfassungslehre 205 f.

Der das Volksganze repräsentierende Präsident steht z. B. in den Vereinigten Staaten der Legislatur ebenbürtig, wenn nicht sogar überlegen gegenüber, während dessen Machtfülle bei uns, selbst wenn man ihn im Sinne von C. Schmitt[1]) als den Hüter der Verfassung betrachtet, noch lange nicht die des Parlamentes erreicht. Die Volksvertretung ist ferner z. B. in der konstitutionellen Monarchie nur neben anderen »Staatsorganen« (wie Oberhaus, Krone) an der Gesetzgebung beteiligt, während es in der repräsentativen Demokratie in der Regel unter alleiniger Autorität die Gesetze beschließt. Das Parlament ist weiter überwiegend nur zur Gesetzgebung berufen; es kann aber auch im Einzelfalle richterliche Funktionen erfüllen, auch unter Umständen an dem Erlaß von Regierungs- und Verwaltungsakten mitwirken; es kann alle diese Funktionen zusammen ,aber auch möglicherweise jede jeweils für sich allein ausüben [2]). Damit also, daß das Parlament das Volk repräsentiert, ist noch nichts über den konkreten Zuständigkeitsbereich der Volksvertretung gesagt. Ein festumrissener Zusammenhang, eine wesensnotwendige Verknüpfung zwischen der Repräsentation des Volksganzen durch das Parlament, dem sog. Repräsentativsystem, und dem konstitutionellen Gewaltenteilungs- und Zweikammersystem besteht hiernach, trotzdem vielfach das Gegenteil behauptet wird [3]), in Wirklichkeit nicht [4]).

---

[1]) Archiv d. öff. Rechts N. F. Bd. 16 S. 212 ff.

[2]) Durch ein formales Kriterium läßt sich inhaltlich die verschiedene Tätigkeit der einzelnen Organgruppen im Staate nicht bestimmen. Es ist nicht möglich, das Wesen der Staatsfunktionen (Gesetzgebung, Rechtsprechung, Regierung, Verwaltung) im Sinne der herrschenden Lehre durch eine theoretische Formel rechtslogisch zu rationalisieren; dazu näher Heller, Der Begriff des Gesetzes in der Reichsverfassung i. d. Veröffentlichungen d. Staatsrechtslehrervereinigung 1928 H. 4 S. 106 ff. u. These 7 S. 134. Der zwischen den einzelnen Staatsfunktionen bestehende Unterschied ist in Wirklichkeit ein materieller, der maßgeblich auf die in der Gemeinschaft herrschenden Wertanschauungen zurückgeht. Hiernach liegen die das gesamte, staatliche Leben bestimmenden, politischen wie an der Rechtsidee orientierten Entscheidungen den gesetzgebenden Körperschaften (insoweit auch Heller 118, 134 Z. 6; vgl. auch Barthélemy, Revue du Droit public etc. Bd. 45 S. 588), deren Konkretisierung im einzelnen aber Verwaltung und Rechtsprechung ob. Insofern können doch möglicherweise Verwaltungs- wie Rechtspflegeakte durch die Legislative gesetzt werden.

[3]) Dies gilt insbesondere von der vorkonstitutionellen Zeit. Aus der deutschen Literatur etwa Gentz in Klüber-Welcker, Wichtige Urkunden für den Rechtszustand der deutschen Nation S. 225; Rotteck, Vernunftrecht II aaO. 221 f.; besonders deutlich K. S. Zachariae, Vierzig Bücher vom Staat Bd. III S. 210 f.: »Die Repräsentativverfassung ist in ihrem innersten

Auch müssen die Repräsentanten nicht notwendig in einem spezifisch rechtsgeschäftlichen Sinne an der Willensbildung des Staates beteiligt sein. Es gibt auch Repräsentanten, die nicht über eine selbständige, die Volksgemeinschaft verpflichtende, staatsrechtliche Entscheidungsgewalt verfügen [1]). Man denke beispielsweise an ein Parlament, das auf die Gesetzesinitiative, die Gesetzesberatung, die Stellung einer inhaltlich das Gesetz überprüfenden Redaktionskörperschaft, oder, wie es z. B. I. St. Mill projektiert hat [2]), auf die Ausübung von Kontroll- und Aufsichtsfunktionen beschränkt ist. Die Abgeordneten repräsentieren somit auch dann das Volk, wenn sie nicht Gesetze beschließen, sondern sie nur diskutieren und beraten [3]) oder die parlamentarische Kontrolle mit Hilfe des Resolu-

Wesen ... eine Verfassung des Gleichgewichts. Dieses Gleichgewicht herzustellen und zu erhalten, ist eine Hauptaufgabe der Repräsentativverfassung« (210). »Die Notwendigkeit dieser Trennung (der Gewalten) liegt in den auf dem Repräsentativsystem beruhenden Verfassungen schon im Wesen der Verfassung« (211). Weitere Belege bei Gerber aaO. 186 f. Aus der französischen Literatur in diesem Sinne etwa Guizot, Histoire des origines du Gouvernement représentatif en Europe 1851 Bd. I S. 101 f. Bd. II S. 11. — Gewaltenteilungs- und Repräsentativsystem verbinden sich deshalb so leicht miteinander, weil durch die äußere Trennung der Staatsfunktionen das Sinnprinzip des Repräsentativsystems (über dieses näher S. 66 ff.) von der organisationstechnischen Seite her zugleich eine Sicherung erfährt.

[4]) Die richtige Auffassung in Bezug auf das Gewaltenteilungssystem schon bei Mohl, Staatsrecht, Völkerrecht und Politik 1860 Bd. I S. 9, 27 f., der in seiner vergleichenden Darstellung zugleich auch die verschiedenen Formen verdeutlicht hat, in denen sich das Repräsentativ- mit dem Gewaltenteilungssystem in den einzelnen Staaten verbunden hat (aaO. 33 ff.; vgl. auch noch aaO. 470 ff.). Vgl. ferner im Hinblick auf die französische Revolution zutreffend Loewenstein, Volk und Parlament aaO. 243 f., 282 und jetzt auch nachdrücklichst C. Schmitt, Verfassungslehre S. 213. In Bezug auf das Zweikammersystem zutreffend jüngst z. B. Krabbe, De Eerste Kamer in Staatsrechtelijke Opstellen 1927 Bd. I S. 149, 163.

[1]) Vgl. jetzt auch Glum, Reichswirtschaftsrat S. 27, 31.

[2]) Repres. government aaO. 34 f., insbesondere 42. Hierzu noch Ford, Repres. Government 115 f. Im Sinne von Mill noch Zenker, Der Parlamentarismus, sein Wesen und seine Entwicklung 1914 S. 16, 41, 137 ff. — Nach Montesquieu, De l'Esprit des Lois in den Oeuvres compl. 1784 L. XI, Chap. VI Bd. II S. 38 soll der »corps représentant ... faire des lois ou ... voir si l'on a bien exécuté celles qu'il a faites«.

[3]) So hatte z. B. nach der durchaus herrschenden Ansicht der erste Reichstag des norddeutschen Bundes nicht verfassungsvereinbarenden, sondern verfassungsberatenden Charakter. Statt vieler z. B. Meyer-Anschütz, Lehrbuch des deutschen Staatsrechts 1919 S. 192, 196 f. Aus der jüngsten parlamentarischen Praxis etwa noch Art. 1 del Real Decreto convocando la Asamblea Consultiva v. 12. September 1927 in Gaceta de Madrid 1927. S. 1499.

tions- und Interpellationsrechtes oder mittels Annahme oder Ablehnung des Budgets ausüben. Ebenso ist die repräsentative Stellung der monokratischen Spitze im modernen Staate, des Präsidenten in der Republik, des Erbmonarchen in den auf dem Prinzip der Volkssouveränität beruhenden Staaten, meist statischer Natur [1]). Diese repräsentativ-dekorativen Persönlichkeiten [2]) sind in den modernen Demokratien nicht mehr entscheidend an der staatlichen Willensbildung beteiligt, sondern darauf beschränkt, die Nation mehr in ihrem ruhenden und dauernden Zustande präsent zu machen. Diese Richtung der Repräsentation gibt zugleich der Stellung der Staatsoberhäupter heute ihren Sinn und den in den Verfassungen lose zerstreuten Zuständigkeitsbestimmungen und ungesetzten Pflichten die einheitliche Grundlage. In diesem Sinne haben die »nur repräsentativen« Chefs der Exekutive formell die Bündnisse und Verträge abzuschließen, die Länder nach außen zu »vertreten«, die ausländischen Gesandten zu empfangen und zu beglaubigen sowie an feierlichen Veranstaltungen als Repräsentanten ihrer Völker teilzunehmen, um diesen damit zugleich eine größere Bedeutung und einen höheren Glanz zu verleihen.

Die Verknüpfung der politischen Repräsentation des Volkes mit dem funktionellen Prozeß staatlicher Willensbildung (im weitesten, nicht nur rechtsgeschäftlichen Sinne verstanden) kennzeichnet die verfassungstheoretische Bedeutung der Repräsentation aber nicht erschöpfend. Jede Repräsentation enthält, — und damit offenbart sich ihre grundlegende Bedeutung für den staatlichen Integrierungsprozeß überhaupt —, nicht nur eine funktionelle, sondern in einem gewissen, allerdings sekundären Sinn zugleich auch eine persönliche und sachliche Integration in dem von Smend näher umschriebenen Sinne [3]). »Sachlich« wird die Gemeinschaft zur staatlichen Einheit integriert,

---

[1]) Hierher gehören auch die Gesandten, auf deren Stellung unten S. 198 f. noch näher einzugehen sein wird.

[2]) Eine schöpferische Wirkungstätigkeit der das Volksganze repräsentierenden Monarchen wie republikanischen Präsidenten soll damit im Einzelfall nicht in Abrede gestellt werden; in diesem Sinne schon Smend, Verfassung aaO. 2[illegible] und in Bezug auf den deutschen Reichspräsidenten jetzt vor allem noch C. Schmitt, Archiv d. öff. Rechts N. F. Bd. 16 S. 217 ff. Ferner etwa v. Hippel, D. Jur. Zeit. Bd. 34 (1929) Sp. 534 f.

[3]) Näher Smend aaO. 25 ff., 45 ff. Wie die meisten Integrationsvorgänge gehört auch der Tatbestand der Repräsentation zu jedem der im Text erwähnten Integrationstypen, mag auch wie hier die Verflechtung mit den einzelnen Typen gradmäßig verschieden sein.

insofern als auf Grund der Repräsentation des Volkes als politisch-ideeller Einheit durch die Repräsentanten zugleich die materialen Werte verwirklicht werden, die die Gemeinschaft jeweils zu einer konkreten, nur auf Grund einer besonderen Analyse inhaltlich näher zu umschreibenden Werttotalität zusammenschließen [1]). Und von einer persönlichen Integration des Staates darf man sprechen, weil jede Repräsentation ihrer ideellen Grundlage nach »Führung« ist und, soweit die Repräsentanten auch über eine selbständige Entscheidungsgewalt verfügen, »Herrschaft« über die zu repräsentierenden, personellen Einheiten darstellt [2]).

Die Erkenntnis der hier skizzierten, verfassungstheoretischen Bedeutung der Repräsentationsfunktion hat zugleich auch für die in diesem Zusammenhang nicht näher zu erörternde Lehre von den Staatsformen Konsequenzen. Ist nämlich das repräsentative Prinzip für die Staaten das wichtigste Konstitutionsprinzip, so ist damit zugleich auf das entscheidende formale Kriterium hingewiesen, nach dem man die Staatsformen einteilen kann. Jede formale Klassifizierung der Staatsformen wird heute irgendwie an den zwischen repräsentativer und nicht repräsentativer Herrschaftsausübung bestehenden Unterschied anknüpfen müssen [3]). Selbst der von einer so völlig anderen Einstellung ausgehende, bedeutende Versuch Smend's [4])

---

[1]) Daß das Repräsentationsproblem zugleich auch »auf dem Gebiete der sachlichen Integration liegt«, hat schon Smend aaO. 95 hervorgehoben.

[2]) Näher hierzu unten S. 140 ff.

[3]) Der traditionellen Einteilung der Staatsformen, insbesondere der an die Aristotelische Dreiteilung anknüpfenden, antiken Staatsformenlehre, die es entscheidend auf die Anzahl der das Gemeinwesen beherrschenden Personen abstellt, liegt instinktiv insofern ein richtiges Gefühl zugrunde, als auch sie in irgendeiner Form an die im Text angedeutete Unterscheidung anknüpft. Heute sind diese einfachen Maßstäbe nicht mehr sinnhaft praktikabel verwertbar. Gegen sie schon Guizot, Origines du gouvernement représentatif Bd. I S. 75 ff., Bd. II S. 9 f.

Im Sinne des Textes vgl. schon K. S. Zachariae i. d. Allg. politischen Annalen Bd. IX S. 215 f. Ferner Burgess, Political Science and Comp. Const. Law Bd. II S. 1 ff.; vor allem aber Schmitt, Verfassungslehre etwa S. 205, 215. — In der scharfsinnigen Unterscheidung der Staaten in Demokratien und Privilegienstaaten (so Thoma, Der moderne Begriff der Demokratie i. d. Erinnerungsgabe f. Max Weber 1923 Bd. II S. 44 f.) kommt die für die Staatsformenlehre m. E. grundsätzliche Bedeutung des Repräsentationsprinzips nicht deutlich zum Ausdruck.

[4]) Dazu die politische Gewalt im Verfassungsstaat und das Problem der Staatsform i. d. Festgabe f. Kahl 1923 III S. 22 f. und Verfassung aaO. insbes. S. 110 ff.

die Staatsformen »als Typen von Kombinationen der Integrationsfaktoren« [1]) zu sehen und diese im einzelnen nach ihrem integrierenden, materialen Wertgehalt inhaltlich zu bestimmen und zu unterscheiden, nimmt innerhalb der statischen Gruppe der Staatsformen seinen Ausgangspunkt von der Monarchie und Demokratie [2]), also von Staatsformen, die in dem oben angedeuteten Sinne auf völlig gegensätzlichen, politischen Konstitutionsprinzipien, daher auch auf ganz verschiedenen ideellen Sinngehalten beruhen.

Soweit man innerhalb des repräsentativen Staates noch den Versuch macht, die Staatsformen weiter zu differenzieren [3]), ohne die äußere Grundlage, die Anzahl oder die Entscheidungsfülle der repräsentativen Instanzen oder ähnlich mehr formale Maßstäbe zugrunde legen zu wollen [4]), wird man an den jeweils durch die einzelnen, repräsentativen Staatsformen zu verwirklichenden, materialen Wertgehalt anzuknüpfen haben. Und dieser wird maßgeblich, wenn nicht sogar entscheidend, von der Bewertung der individuellen Persönlichkeitssphäre, vor allem des sich seines eigenen Wertes bewußt gewordenen Staatsbürgers durch die Gemeinschaft abhängen. Je stärker die Freiheitssphäre des Einzelnen durch das Ganze beengt wird, um so autoritärer ist die Form der Repräsentation. Die heute souveränen, cäsaristischen und aristokratischen Diktaturen haben

---

[1]) Smend, Verfassung 112; ähnlich schon Kahl-Festschrift 22.

[2]) Verfassung 115; Kahl-Festschrift 23 f. Dieser Gruppe mehr statischer Staatsformen wird — abweichend vom Text — als eine besondere Staatsform der dynamisch-dialektische Parlamentarismus gegenübergestellt.

[3]) Dazu etwa Burgess aaO., der innerhalb des »representative government« die »representative government limited or illimited« unterscheidet; ferner Mac Iver, Modern State S. 354 f: »The simplest mode of classifying democracies is according to the form and range to the representative principle«. Er selbst unterscheidet zwei »extreme types«, Staaten, bei denen »the central government« (mit Einschluß der beiden Legislaturen und des Haupts der Exekutive) »the result of representative election« ist (Beispiel: Vereinigte Staaten), und Staaten, bei denen wie in England lediglich das »house of commons... directly representative« sein soll. Überzeugend ist diese Unterscheidung nicht, weil die Zahl der repräsentativen Instanzen nicht das die verschiedenen Staatsformen unterscheidende Merkmal sein kann, abgesehen davon, daß in England jedenfalls auch der König, — über den repräsentativen Charakter des Oberhauses herrscht Streit —, repräsentative Befugnisse ausübt.

[4]) Heller, Souveränität aaO. 75 f. unterscheidet dezisionistisch die repräsentativen Verfassungstypen nach dem Souveränitätssubjekt und unterscheidet so die souveräne von der magistratischen Repräsentation. Zu dieser Unterscheidung noch unten S. 76 f.

in diesem Sinne für weite Schichten der Bevölkerung die Freiheit nicht nur beschränkt, sondern auch tatsächlich, — rechtsatzmäßig ist das Bild oft anders — aufgehoben. Umgekehrt, je weitgehender die einzelne Persönlichkeit als solche anerkannt wird, und je intensiver durch das Ganze eine Verknüpfung von Individuum und Gemeinschaft, eine Verbindung dieser gegensätzlich wirkenden Kräfte angestrebt wird, um so parlamentarischer gestaltet sich der Modus repräsentativer Herrschaftsausübung. Von dieser Einstellung aus kann und soll hier der staatstheoretische Sinn der heute noch immer wichtigsten Form des repräsentativen Staatstypus, des parlamentarisch repräsentativen Staates, kurz gekennzeichnet werden.

Schon früh hatte sich entwicklungs- wie ideengeschichtlich [1]) der individuelle Freiheitsgedanke mit dem des Repräsentativsystems verbunden. Die gegen Ende des 17. Jahrhunderts erlassenen Grundgesetze wie vor allem die Bill of rights, die Habeas corpus Act richteten sich in der Tendenz nicht gegen das Parlament, das vielmehr umgekehrt gerade zum Schutz der individuellen Freiheit berufen war, sondern ausschließlich gegen die die Rechte der Staatsbürger in ihrem Bestande gefährdende Krone [2]). Auch noch dem folgenden Jahrhundert schien ein Konflikt zwischen Parlament und Individuum außerhalb des Bereichs des Möglichen. Man erklärte vielmehr das Parlament für »souverän« und sanktionierte damit die Herrschaft des Parlamentsabsolutismus [3]).

In der grundsätzlich gleichen Richtung bewegte sich trotz im einzelnen bereits nachweisbarer, amerikanischer Einflüsse [4])

---

[1]) Liberalismus und Demokratismus waren ursprünglich nicht scharf voneinander geschieden.

[2]) Über die abweichenden, neuzeitlich anmutenden Forderungen der puritanischen Revolution in der Mitte des 17. Jahrhunderts, die auf das grundsätzliche staatstheoretische Denken aber nicht von Einfluß waren, näher vor allem C. Schmitt, Die Diktatur 1921 S. 131 f.

[3]) Dazu noch S. 77 f. Problematisch wurde in England das Verhältnis von Parlament und Volk erst, als auch hier der Monarch seiner Gewalten zugunsten des Parlamentes entkleidet war. Über den inneren Unterschied zwischen englischer und amerikanischer Auffassung der Freiheitsrechte näher G. Jellinek, Die Erklärung der Menschen- und Bürgerrechte3 1919 S. 35 f.

[4]) Über diese Einwirkungen, die vor allem bei dem Kampf um die mehr plebiszitäre oder repräsentative Ausgestaltung der Verfassung während der französischen Revolution in den Debatten der französischen Nationalversammlung spürbar sind, näher Loewenstein, Volk u. Parlament S. 126 ff. Eine Reihe von Deklarationsentwürfen hat hier den der Nation vorbehaltenen pouvoir constituant sorgfältig auch dem Parlament gegenüber abgegrenzt und damit

die französische Revolution und die von diesem Zeitpunkt an datierende, neuere französische Verfassungsgeschichte. Auch ihr galt das Repräsentativsystem als die wichtigste verfassungsrechtliche Institution gegenüber monarchischer Willkür, das den Schutz der individuellen Freiheit am sichersten zu gewährleisten vermochte. Äußerlich tritt der zwischen Repräsentativsystem und individueller Freiheit bestehende, ideengeschichtliche Zusammenhang in der französischen Revolution, — in den anderen europäischen Staaten wie etwa Belgien, Preußen entsprechend später im Verlauf des 19. Jahrhunderts —, in dem Augenblick in Erscheinung, als zugleich mit dem in der Verfassung von 1791 glücklich erkämpften Repräsentativsystem die Proklamierung der Menschen- und Bürgerrechte erfolgte [1]). So wurde durch das Repräsentativsystem die individuelle Freiheit mit der zur Nation erweiterten, staatlich geeinten Volksgemeinschaft verbunden [2]) und in den europäischen Flächenstaaten der Liberalismus mit der repräsentativen Demokratie versöhnt, die in den typischen Rechteerklärungen das Erbgut des Liberalismus kanonisierte und damit zum materialen Hauptbestandteil ihres nationalen Kulturwertsystems machte [3]).

Hand in Hand mit der Entstehung des Repräsentativsystems ist auch der Literatur der ideengeschichtliche Zusammenhang zwischen Repräsentativsystem und individueller Freiheit bewußt geworden. Von England, dem Mutterlande des Repräsentativsystems, hat schon

---

jedenfalls die Möglichkeit des Bestehens eines Konfliktes zwischen Individuum und Parlament anerkannt. — Über die langwierigen Verfassungskämpfe, die in Genf um die gleiche Frage schon geraume Zeit vor der französischen Revolution ausgetragen worden sind, noch Ritterbusch, Die Genfer Demokratie vor Rousseau i. d. Zeitschrift f. Politik Bd. 17 (1927) S. 328 ff.

[1]) In der Regel verbindet sich noch mit dem Repräsentativsystem und den inidviduellen Freiheitsrechten das Prinzip der Gewaltenteilung, durch das ein etwaiger Mißbrauch der den Volksvertretern im Interesse der Freiheit anvertrauten Gewalt verhütet werden soll. Über den inneren auf Locke zurückgehenden Zusammenhang dieser Prinzipien etwa Loewenstein, Volk und Parlament aaO. 35 ff.

[2]) Dagegen erkennen die grundsätzlichen Proklamationen der das Repräsentativsystem verwerfenden, diktaturförmig regierten Staaten, vor allem also die russische Erklärung der Rechte des werktätigen und ausgebeuteten Volkes von 1918 und die fascistische Carta del Lavoro von 1927 auch keine Freiheitsrechte mehr im Sinne der liberal-rechtstaatlichen Erklärungen an.

[3]) Zu dieser Auffassung der Grundrechte vor allem näher Smend, Das Recht der freien Meinungsäußerung in Staatsrechtslehrervereinigung H. 4 S. 46 f. und Verfassung 161 ff. Vgl. auch C. Schmitt, Verfassungslehre 161 f.

Locke [1]) gesagt, daß in ihm die Freiheit »to follow my own will in all things, where that rule prescribes not« [2]), »the freedom from absolute arbitrary power» [3]) nur verwirklicht werden könne, wenn das Volk selbst oder »Representatives chosen by them« [4]) an der Führung der Staatsgeschäfte und den maßgeblichen, politischen Entscheidungen (zum mindesten bei der Besteuerung) beteiligt seien [5]). Diese hohe Bewertung des Repräsentativsystems ist in der Folge durch die Franzosen des 18. Jahrhunderts, die das englische Verfassungsrecht den kontinental europäischen Staaten in idealisierter Gestalt vermittelten, noch gesteigert worden [6]). Während der französischen Revolution ist es dann vor allem Sieyès gewesen, der »den Zuwachs der Freiheit im Repräsentativsystem« verkündet [7]) und den inneren Wert des par-

[1]) Vgl. noch etwa zu gleicher Zeit Milton, Der gerade und leichte Weg zur Herstellung einer freien Republik 1660 (Deutsche Übersetzung v. Bernhardi 1879 Bd. III S. 165 ff.) und Verteidigung des englischen Volkes (übers. ebda. 1874 Bd. I S. 163 ff. aaO. insbes. Kap. 8 S. 276 f. und Kap. 9 S. 292 f.), eine gegen den Monarchen gerichtete, Volk und Parlament glorifizierende Streitschrift.

Aus der späteren englischen Literatur vor allem im Sinne des Textes I. St. Mill, Considerations on representative Government, Chap. III S. 18 ff.; in diesem Zusammenhang zu Mill näher Loewenstein, i. Arch. f. Sozialwiss. u. Sozialpolitik Bd. 51 (1924) S. 687 f.

[2]) Vgl. Locke, Two Treatises of Civil Government 1689 (Zit. n. Every Man's Libr. London 1924) Bd. II Nr. 21 S. 127.

[3]) Locke aaO. Bd. II Nr. 22 S. 128.

[4]) Daß nach Locke die Legislative in der Regel durch vom Volk gewählte Deputierte ausgeübt wird, geht aus aaO. B. II Nr. 142 S. 190 hervor. Nur wenn eine solche allgemein zuständige, gesetzgebende Körperschaft nicht besteht, sollen »taxes on the property of the people without the consent of the people given by themselves or their deputies« nicht erhoben werden dürfen. Vgl. auch noch B. II Nr. 139 u. 140 S. 188 f, Nr. 132 S. 182 f. Sonst versteht sich das Zustimmungsrecht der Volksvertretung von selbst. Hierzu auch Rehm, Staatslehre aaO. 225 f.; abweichend Loewenstein aaO. 36.

[5]) Der Staat würde sich nur dann nicht in dieser Weise in den Dienst der Aufgabe, den Freiheitsgedanken fortschreitend zu verwirklichen, zu stellen brauchen, wenn das Volk sich seiner Freiheit und damit seines Lebens entäußert hätte. Freiheit und Leben sind aber, — da von Gott —, nach Locke unveräußerlich. Vgl. noch B. II Nr. 22 S. 128.

[6]) So vor allem Montesquieu, De l'esprit des Lois, Bd. II, Livre XI Chap. VI S. 32 ff.; de Lolme, Constitution de l'Angleterre, 1793 Bd. I Livre I Chap. 1 S. 6 f.; L. II Chap. V S. 234 f.; Bd. II L. II Chap. 10 S. 30 f.

[7]) Der Aufsatz lautet: »Von dem Zuwachse der Freiheit in dem Gesellschaftsstande und in dem Repräsentativsystem« 1793 in Sieyès, Politische Schriften von einem deutschen Übersetzer 1796 Bd. II S. 277 ff. In dem gleichen Sinne ebenda Äußerungen von Sieyès Bd. I S. 417, 462 f., II S. 214 f. Über Sieyès ausführlich Loewenstein, Volk und Parlament aaO. 10 ff., 130 f., 205 f.

Vgl. ferner noch im Sinne des Textes etwa Mounier, Considérations sur

lamentarisch-repräsentativen Prinzips noch dadurch erhöht hat, daß er im Gegensatz zu den amerikanischen Vorbildern auch eine Mediatisierung des pouvoir constituant mit Erfolg befürwortet hat [1]). Und innerhalb des deutschen Kulturkreises war es im 18. Jahrhundert insbesondere Kant, der als die einzig rechtmäßige Verfassung die auf dem Gewaltenteilungsprinzip beruhende, reine Republik [2]) bezeichnete, »die nichts Anderes ist und sein kann als ein repräsentatives System des Volkes«[3]), und »die allein die Freiheit zum Prinzip macht«[4])

---

les Gouvernements etc. i. Arch. Parlem. Bd. VIII S. 407 ff.; B. Constant, Politique Constitutionnelle Bd. II S. 558, 559. Wichtig für die Entstehung des Repräsentativsystems in Frankreich auch noch Mably, insbes. etwa Des Droits et des Devoirs du Citoyen, Lettre II u. VIII i. d. Oeuvres compl. 1794/95 Bd. 11 S. 284 f., 504 f.; zu Mably's Bedeutung noch E. Zweig, Die Lehre vom Pouvoir Constituant 1909 S. 85 f.

[1]) Sieyès, der für das kontinentale Europa die Notwendigkeit einer repräsentativen Verfassungsgesetzgebung zuerst theoretisch begründet hat, denkt selbst allerdings bei der Mediatisierung des pouvoir constituant an eine ad hoc gewählte, zur Verfassungsgebung und -änderung berufene Repräsentation, eine »convention«. So Arch. Parlem. VIII, S. 595; vgl. auch Politische Schriften I S. 139 f., 431 und noch Clermont-Tonnère, Arch. Parlem. IX S. 59. Näher noch Loewenstein aaO. 31 f., 288; C. Schmitt, Diktatur S. 143 f.

Praktisch drehte sich der Kampf um die mehr plebiszitäre oder repräsentative Ausgestaltung des Pouvoir constituant in der französischen Revolution (ausführlich Loewenstein 278 bis 372) hauptsächlich darum, ob seine Ausübung einer »représentation extraordinaire«, eben einer »convention«, die verhältnismäßig mehr nach der plebiszitären Seite tendierte (Wahl ad hoc, imperatives Mandat, ev. Referendum), oder ob sie der gewöhnlichen Legislative anvertraut werden sollte. Nicht überzeugend Loewenstein (z. B. 356, 359), nach dem eine repräsentative Verfassungsgesetzgebung die »Souveränität« des Gemeinwillens vernichtet; denn in Wirklichkeit wird die volonté générale erst durch die ad hoc oder allgemein zur Repräsentation des pouvoir constituant berufene Instanz gebildet. Näher Text aaO.

[2]) Republik bedeutet bei Kant nicht formal Staatsform im Sinne von Negation der Monarchie, sondern inhaltlich ein ganz bestimmtes Regierungssystem. Über den Republikanismus als das die Gewaltenteilung implizierende System Kant, Zum ewigen Frieden i. sämtl. Werk. zit. n. Hartenstein Bd. VI S. 414; über die Gewaltenteilung selbst Metaphysik der Sitten 1797 S. W. Bd. VII § 49 S. 134 f., § 51 S. 156 f.

[3]) »Um im Namen desselben, durch alle Staatsbürger vereinigt, vermittels ihrer Abgeordneten (Deputierten) ihre Rechte zu besorgen« so Kant aaO. VII S. 159, der hier in der bekannten Wendung, daß »das vereinigte Volk nicht bloß den Souverän repräsentiert, sondern dieses selbst ist«, zugleich auch das Identitätsprinzip im Rousseau'schen Sinne anerkannt hat.

[4]) Metaphysik d. Sitten § 52 S. 158. Vgl. noch § 49 S. 136, nach dem durch Republikanismus (im oben bez. Sinne) und Repräsentativsystem der Staat »seine Autonomie hat, d. i. sich nach Freiheitsgesetzen bildet und erhält«. Dadurch wird der »Zustand der größten Übereinstimmung der Verfassung mit

In diesem Sinne ist von der fortschrittlich gesinnten, publizistischen Literatur fast aller europäischen Staaten das Repräsentativsystem geradezu mit einem mythischen Glorienschein umkleidet und als das alleinige Mittel zur Verwirklichung des Freiheitsgedankens begrüßt worden in dem bis weit in das 19. Jahrhundert hinein reichenden Glauben, damit endgültig die beste Regierungsform für das europäische Staatensystem gefunden zu haben.

Würde die Einführung des Repräsentativsystems, wie die Theorie verkündete und die Völker glaubten, die ewige Antinomie zwischen individueller Freiheit und überindividuellem sozialem Verbundensein wirklich lösen können, so würde damit zugleich ein Weg gewiesen sein, die von Hause aus gegensätzlichen Freiheits- und Gleichheitsprinzipien synthetisch miteinander zu verbinden. Soll, wie überall die stereotypen Wendungen lauten, durch das Parlament die individuelle Freiheit vor der Willkür des Monarchen und der Exekutive geschützt werden [1]), und besteht inhaltlich das Gleichheitsprinzip in dem an alle, für die Gesamtheit handelnden »Organe« gerichteten Verbot, Willkürakte gegenüber den Rechtsunterworfenen zu setzen [2]), d. h. die individuelle Freiheitssphäre weitergehend zu beschränken als zur Erhaltung der Gemeinschaft notwendig ist, so wäre der Freiheits- und Gleichheitsgedanke unter der Herrschaft des Repräsentativsystems miteinander in Einklang gebracht. Das Repräsentativsystem, das diese Funktion erfüllen würde, würde sich zugleich in den Dienst der Gerechtigkeit stellen und die Herrschaft der »allgemeinen Vernunft« unter den Menschen gewährleisten. In diesem Sinne hat Guizot wiederholt die »raison publique, la justice, la vérité« allein unter der Herrschaft des »gouvernement représentatif« für der Verwirklichung fähig erklärt [3]). Dieses dem Repräsentativsystem im-

---

Rechtsprinzipien« erreicht, »als nach welchem zu streben uns die Vernunft durch einen kategorischen Imperativ verbindlich macht«.

[1]) Aus der deutschen Literatur etwa in diesem Sinne Bluntschli i. Staatswörterbuch Bd. 8 S. 593; Volk und Souverän S. 60; Brendel, Geschichte, Wesen und Wert der Nationalrepräsentation Bd. II S. 280, 294; Biedermann, Die Repräsentativverfassung mit Volkswahlen 1864 S. 245 f.; Krug, Das Repräsentativsystem 1816 i. Ges. Schriften 1834 Bd. III. Abt. II S. 291.

[2]) Dazu näher Leibholz, Die Gleichheit vor dem Gesetz 1925 aaO. insbes. 72 ff., 88 ff.

[3]) Dazu Guizot, Origines de gouvernement représentatif Bd. I 75 ff., 81 f.; Bd. II S. 109 f.

manente Sinnprinzip hat ihm seine ethische Rechtfertigung und innere Stoßkraft gegeben, auf Grund deren es seinen Siegeslauf über die Welt anzutreten vermocht hat. Demgegenüber tritt die übliche, in ihrer praktischen Gewichtigkeit gewiß nicht zu unterschätzende, utilitarische Rechtfertigung des Repräsentativsystems, nach der das Volk um seiner Größe willen der Ergänzung vom Volke selbst gewählter Versammlungen bedarf [1]), in den Hintergrund.

---

[1]) In diesem Sinn etwa aus der Literatur Montesquieu aaO. Bd. II. L. XI Chap. 6 S. 36; Rotteck, Vernunftrecht Bd. II S. 239; v. Mohl, Staatsrecht, Völkerrecht aaO. Bd. I S. 5, 13; Seidler, Über den Gegensatz des imperativen und freien Mandats in Grünhuts Zeitschrift f. d. Privatrecht u. öff. Recht der Gegenwart Bd. 24 S. 124 f. und Grundzüge des allgemeinen Staatsrechts 1929 S. 100 f.; Zenker, Parlamentarismus S. 95; Steffen, Das Problem der Demokratie 1919 z. B. 89, 91; Hübner, Die Staatsform der Republik 1919 S. 54 f.; Buisson, Qu'est-ce qu'un député i. d. Revue de Métaphysique et de Morale 1920 Bd. 27 S. 372; Seeley, Introduction to Political Science 1923, S. 160 f.; Carpenter, Democracy and Representation 1925 S. 39 f. (für die Einstellung der Vereinigten Staaten typisch).

Dieser utilitarische Hinweis findet sich vereinzelt auch bei den tiefer in den staatstheoretischen Sinn des Repräsentativsystems eindringenden Untersuchungen und Äußerungen; vgl. etwa Sieyès, Qu'est-ce que le Tiers-Etat 1789 Chap. V S. 119, den von ihm vorgeschlagenen Art. 28 der Déclaration des Droits etc. i. d. Arch. Parl. Bd. VIII S. 423 und ebenda 594 und Politische Schriften I S. 139; über teilweise entsprechende Äußerungen der Nationalversammlung Loewenstein aaO. 181, 201, 217. Ferner noch Mill, Consid. on representative government S. 28.

Drittes Kapitel.

Die Stellung der Repräsentanten. Ihre Unabhängigkeit.

Von staatsrechtlich besonderem Interesse ist naturgemäß die Stellung der Repräsentanten, die maßgeblich an der rechtsgeschäftlichen Willensbildung des Staates beteiligt sind und nach außen hin sichtbar die Gemeinschaft verpflichtende Entscheidungen zu fällen haben, also nicht so sehr die repräsentativ dekorativen als vielmehr die politisch dezidierenden Persönlichkeiten wie etwa der absolute Monarch, die Regierung, das repräsentative Parlament, der im Namen des Königs oder Volkes Recht sprechende Richter.

Die Befugnisse dieser Repräsentanten werden — heute jedenfalls — meist irgendwie näher umschrieben sein. Einer der Hauptaufgaben der geschriebenen Verfassung ist es in der Gegenwart, in diesem Sinne die Kompetenzen der repräsentativen »Staatsorgane« im einzelnen zu bestimmen und voneinander abzugrenzen [1]. Überschreiten die Repräsentanten in concreto den ihnen durch die staatlichen Zuständigkeitsbestimmungen gesetzten Rahmen nach »außen« oder »innen«, — greift z. B. ein nur zur Gesetzgebung berufenes Parlament in den spezifisch richterlichen oder verwaltungsmäßigen Aufgabenkreis ein —, so mißbrauchen sie das ihnen in ihrer Eigenschaft als Repräsentanten zukommende Dezisionsrecht. Sie sind insoweit überhaupt nicht Repräsentanten, da ein Rechtsgrund, der sie zu solchen legitimieren würde, und der von jedem repräsentativen Tatbestand vorausgesetzt wird [2], nicht nachweisbar ist. Kurzum: das inhaltlich jeweils näher nach der Verfassung zu bestimmende Entscheidungsrecht der Repräsentanten ist wie jede freie Ermessensentscheidung ein rechtlich gebundenes und befugt die zur Repräsentation Berufenen nicht, schlechthin nach ihrem Belieben und nach willkürlichen Erwägungen zu schalten.

Soweit nach der konkreten Zuständigkeitsordnung hiernach die Repräsentanten zu politischen Entscheidungen berechtigt sind, müssen

[1] Dazu schon S. 60 f.

[2] Näher S. 140 ff.

diese in völliger Freiheit getroffen werden. Eine Abhängigkeit der Repräsentanten von dritten Personen, etwa der als Kreationsorgane der Repräsentanten fungierenden Individuen oder selbst der von den Repräsentanten repräsentierten Persönlichkeiten, würde den personalen Wert der Repräsentanten aufheben [1]) und damit eine Repräsentation überhaupt ausschließen. Gewiß kann »der Repräsentant eines hohen Wertes nicht wertlos sein« [2]). Aber damit ist die Frage nicht beantwortet, wann ein Individuum als Repräsentant Träger eines hohen Wertes ist. Der Repräsentant selbst muß, um repräsentieren zu können, auch einen eigenen Wert, eine eigene Würde und Autorität, kurzum die Qualitäten eines »Herren«, nicht die eines »Dieners« besitzen [3]). Deshalb darf er nicht durch Behaftung mit negativen Qualitäten eine capitis diminutio erlitten haben und muß vor allem innerhalb seines konkreten Zuständigkeitsbereiches frei von Einflüssen und Willenskundgebungen dritter Personen seine Entscheidungen fällen können. Der Gedanke eines imperativen Mandates widerstreitet hiernach ganz allgemein dem Wesen der Repräsentation. Jenes würde, wie Guizot gelegentlich einmal im Hinblick auf Abgeordnete bemerkt hat, die sich durch feierliche Versprechungen gebunden hatten, »la liberté du député, la dignité du député, la dignité de cette chambre, la dignité de nos institutions .... complétement« vernichten [4]). Hiernach sind von den für die Gesamtheit politisch handelnden und entscheidenden Personen nur die als Repräsentanten anzusprechen, die ihre Entschließungen tatsächlich in völliger Freiheit kundzugeben vermögen [5]),

[1]) In diesem Sinne bemerkt Orlando aaO. 21 ganz mit Recht, daß ein Abhängigkeitsverhältnis von den Wählern mit dem »valeur individuelle« der Abgeordneten nicht vereinbar ist.

[2]) So C. Schmitt, Katholizismus aaO. 45.

[3]) Diese Ausdrücke sind der Literatur geläufig. Vgl. etwa M. Weber, Wirtschaft und Gesellschaft 172; Laboulaye, Questions Constitutionnelles S. 413; Carré de Malberg aaO. II 230, 264. Ähnlich auch Michels, Zeitschrift f. Politik Bd. 17 S. 291.

[4]) Vgl. Le Moniteur Universel du 1 Sept. 1846 (Séance de chambre du 31 août) S. 2309. Andere Abgeordnete sprechen von der »sincérité de l'élection« (2307) und bezeichnen eine im Text erwähnte Bindung als »une chose immorale et illicite« (2308).

[5]) Die Einsicht, daß die politisch dezidierenden Repräsentanten in ihren Entschließungen frei sein müssen, ist wiederum erst auf Grund des Repräsentativsystems der Literatur geläufiger geworden. Sieyès hat schon in seiner Schrift Qu'est-ce que le Tiers-Etat Chap. V S. 120 die »indépendence« der Volksvertreter gefordert. Über die Sieyès vom inhaltlich gebundenen zum freien Mandat führende Entwicklung näher Loewenstein, Volk und Parlament

Diese sich aus dem Wesen der Repräsentation ergebende Entschließungsfreiheit in der Person der Repräsentanten kann dem Volk gegenüber im übrigen auch noch auf eine einfache, technische Erwägung gestützt werden [1]), nämlich auf die Einsicht, daß die Er-

---

aaO. 24 f.; ebenda. 194 f. weitere Nachweise entsprechender Äußerungen in der französischen Nationalversammlung.

Vgl. ferner de Lolme, Const. de l'Angleterre aaO. Bd. II L. II Chap. 8 S. 17; Marty, De la nature du mandat donné par les Electeurs aux Membres des Assemblées législatives 1890 S. 33 f.; Briot, Du mandat législatif 103 f. 137; Hauriou, Souveraineté aaO. 93, 95, 97, 107 f. und Précis de Droit Constitutionnel[1] 1923 S. 201, 2. Aufl. 1929 S. 212, der nachdrücklichst eine »autonomie« für die »représentants de la Nation« fordert; Buisson, Rev. Métaphysique etc. aaO. Bd. 27 S. 375, 376; Esmein, Eléments aaO. I S. 94, 402, 448, nach dem das »gouvernement représentatif... suppose la pleine liberté de décision«; Carré de Malberg aaO. II 217, 304; Giraud, Crise de la Démocratie 59. — Aus der italienischen Literatur noch Persico, Le Rappresentanze politiche e Amministrative 1885 S. 170 f., 231; Orrei, Il Diritto Costituzionale e lo Stato Giuridico 1927 S. 94.

Vgl. ferner aus der deutschen vorrevolutionären Literatur Brendel, Nationalrepräsentation aaO. Bd. II S. 294 f.; K. S. Zachariae, Allgem. Pol. Annalen IX S. 216; Ancillon, Geist der Staatsverfassungen 128; Schmitthenner, Grundlinien des allgemeinen oder idealen Staatsrechts 1845, S. 576; weitere Nachweise bei Gerber aaO. 142 f. Vgl. ferner Hegel, Rechtsphilosophie § 309 S. 252; Stoerk, Juristische Blätter Bd. 10 S. 212; Bluntschli, Staatsrecht aaO. 50; jüngst vor allem C. Schmitt, Verfassungslehre S. 212, der damit offenbar die mehr technische Begründung der Unabhängigkeit der Repräsentanten (vgl. Parlamentarismus[2] aaO. 44 Anm. 2) modifiziert und mehr wesensmäßig gewendet hat und Glum, Reichswirtschaftsrat 27, 30, 31.

Aus der angelsächsischen Literatur schon Burke, Speech aaO. i. the Works II S. 96: »Authoritative instuctions, mandates issued... are things utterly unknown to the laws of this land, and which arise from a fundamental mistake of the whole order and tenor of our Constitution.« Vgl. ferner Lewis, An Essay on the Government of Dependencies 1841 S. 48; Lord Brougham, The British Constitution S. 35 f.; May, Const. History aaO. II S. 71, 73; Burgess, Political Science aaO. II S. 67: Sidgwick, The Elements of Politics 1919 S. 556; A. V. Dicey, Introduction to the Study of the Law of the Constitution 1924 S. 45: Willoughby-Rogers, An Introduction to the Problem of Government 1925, S. 175: MacIver, Modern State 203., 204; Laski, A Grammar of Politics 1926 S. 265; Garner, Political Sicence and Government 1928 S. 673 f.

[1]) Nach v. Mohl, Staatsrecht, Völkerrecht aaO. Bd. I S. 14 besteht die Freiheit der Abgeordneten überhaupt nur aus Zweckmäßigkeitserwägungen, »da in dem Begriff der Repräsentation an sich eine Bestimmung nicht liegt«.

Zu dieser Begründung der Entschließungsfreiheit der Repräsentanten gesellt sich in der Regel weiter der Hinweis, daß ohne Freiheit der Repräsentanten, vor allem der Abgeordneten, eine geregelte, politische, insbesondere parlamentarische Tätigkeit nicht möglich sei; statt vieler z. B. Preuss, Reich und Länder S. 241, 261. Auch dieser Hinweis ist nur von sekundär-technischer Bedeutung; zu der äußerlich utilitarischen Betrachtungsweise, der dieses Argument entstammt, auch S. 71 und dort Anm. 1.

teilung von Instruktionen immer nur durch die stimmberechtigte Bürgerschaft, die Wählerschaft, die Parteien, nicht aber durch das als ideell-politische Einheit repräsentierte Volk möglich ist. Besteht somit schon technisch nicht die Möglichkeit, das imperative Mandat mit dem Begriff der Repräsentation zu verbinden, so ist es kein Zufall, daß die in der Literatur vor allem im Hinblick auf das Repräsentativsystem unternommenen Versuche, diese Verbindung in irgendeiner Form konstruktiv herzustellen, sich bei ihrer Durchführung zwangsläufig in Widersprüche verfangen haben [1]).

---

1) Hier sollen nur einzelne, aber charakteristische Beispiele genannt werden. Nach Rotteck z. B. (Ideen über Landstände S. 8 f., 20, 97 f.; Lehrbuch des Vernunftrechtes aaO. II S. 242 f.) sollen die Abgeordneten im Sinne einer »Teilrepräsentation« des Volkes zwar an die ihnen von der Wählerschaft erteilten Anweisungen gebunden sein, aber trotzdem »fürs gemeine Wohl zu sprechen, das Interesse der Gesamtheit höher als jedes besondere zu achten« haben. Aus diesem Grunde sollen sie auch in bestimmten Situationen von den Instruktionen abzuweichen berechtigt sein und unter eigener Gewissensverantwortung handeln dürfen — nämlich dann, »wenn unvorhergesehene Umstände, der erklärte Wunsch der Mehrheit, Bedürfnis des Augenblicks, überhaupt der Gang der Verhandlung dazu auffordern« (Ideen aaO. 100). Wie ist aber eine »Teilrepräsentation« möglich, wenn das Interesse der Gesamtheit die Entschließungen der Abgeordneten bestimmen soll und diese allein maßgeblich darüber zu entscheiden haben, ob solche »unvorhergesehenen Umstände« vorliegen, die sie zum Alleinhandeln berechtigen? — Ebenso wie bei Rotteck wird auch bei Seidler, Grünhuts Zeitschrift f. d. Privatrecht u. öff. Recht Bd. 24 S. 123 f.; vgl. jetzt auch die Grundzüge des allgemeinen Staatsrechts S. 185 f.) der Deputierte unter der Hand aus einem Vertreter seines Wahlbezirks zu einem Repräsentanten des ganzen Volkes. Denn auch er soll berechtigt sein, die Ausführungen von dem Allgemeininteresse zuwiderlaufenden Instruktionen, von denen er in der Regel abhängig ist, abzulehnen. — Hier wie dort (vgl. auch noch S. 88 An. 3 und S. 109) beruht der Versuch, das imperative Mandat in das Repräsentativsystem einzubauen, entscheidend auf der aus dem Repräsentativsystem nicht abzuleitenden Annahme, daß Individual- und Gesamtinteresse identisch sei. Typisch etwa Rotteck aaO. 11: »Als solche haben sie (die Wähler) in wahren Gesellschaftssachen keinen Privatwillen mehr und kein zu Recht bestehendes Privatinteresse, welches dem Gesellschaftszwecke widerstreite«. Vgl. auch Vernunftrecht aaO. 243; Seidler aaO. 126.

In Italien hat die etwa der Lehre von der »Teilrepräsentation« entsprechende Theorie von der »rappresentanza personale« vor allem (vgl. auch S 109) Salandra in »Politica e legislazione« 1915 S. 1 ff. entwickelt, die »crea un rapporto meramente ed essenzialmente personale tra l'elettore ed eletto« (10) und das imperative Mandat zwangsläufig zur Folge hat. Diese Lehre ist aber in Italien selbst überwiegend auf Widerspruch gestoßen; vgl. etwa Ponti, La Rappresentanza Proporzionale, 1919, S. 17 ff.

In Wirklichkeit ist entweder die Entscheidung der Abgeordneten über das, was dem »Allgemeininteresse« frommt, verbindlich, — dann ist dieser Repräsentant —, oder diese Wahlbefugnis ist zugunsten eines Instruktionsrechtes

Muß der Repräsentant seine politischen Entscheidungen selbständig fällen können, so ist damit natürlich nicht gesagt, daß er oder die aus einer Mehrheit von Individuen bestehende repräsentative Körperschaft die souveräne Entscheidungsinstanz innerhalb des Staates darstellen muß. Souveränität und Repräsentation sind Begriffe, die sich zwar miteinander verbinden können, aber nicht notwendig verbinden müssen. Der Begriff der Souveränität unterscheidet sich von dem der dezisionistisch gewendeten Repräsentation dadurch, daß der Souverän, nicht aber der Repräsentant über eine universale Entscheidungsgewalt selbständig muß verfügen können[1]) und in seiner Eigenschaft als Souverän durch eine material-politische Entscheidung der Volks- und Staatsgemeinschaft anerkannt sein muß. Diese Entscheidung wird meist in den Verfassungen selbst getroffen, kann aber auch in einem ungeschriebenen Verfassungsrechtssatz enthalten sein. Im Verhältnis zwischen Volk und politischen Repräsentanten, also dem wichtigsten, verfassungsrechtlichen Tatbestande der Repräsentation, kann man demnach zwischen souveräner Repräsentation, also einer Repräsentation, bei der der Repräsentant wie z. B. der Fürst in der absoluten Monarchie [2]) die nach der vielleicht ungesetzten Verfassung höchste universale Entscheidungseinheit ist, und der nicht souveränen Repräsentation unterscheiden [3]), die Heller mit Glück als magistratische Repräsentation bezeichnet [4]) und der souveränen Re-

---

der Wähler aufgehoben; dann ist der Abgeordnete in Wahrheit nur partikulärer Interessenvertreter seines Wahlbezirkes. Repräsentativsystem und Interessenvertretung (vgl. näher S. 182 ff.) sind essentiell gegensätzliche Organisationsformen, die nicht in der erwähnten oder einer anderen ähnlichen Weise konstruktiv irgendwie miteinander verknüpft werden können.

[1]) Dazu vor allem Heller, Souveränität z. B. 46, 97, 110, 161.

[2]) Zu dessen souverän-repräsentativer Stellung statt vieler etwa die klare Umschreibung bei Vattel, Le Droit des Gens ou Principes de la Loi naturelle Bd. I L. I Chap. IV § 40 (zit. nach der von der Carnegie-Stiftung 1916 veranstalteten Neuausgabe von 1758).

[3]) Die herrschende Organlehre spricht statt von souveräner Repräsentation von souveränen Organen. Vgl. etwa Gierke, Laband's Staatsrecht und die deutsche Rechtswissenschaft in Schmoller's Jahrbuch 1883 S. 1145 f. Souveräne Staatsorgane sind aber stets souveräne Repräsentanten.

[4]) So Heller, Souveränität aaO. 75 f. und in Probleme der Demokratie 1928 S. 38. Die Gegenüberstellung von Volk und Magistrat findet sich auch bei C. Schmitt, Volksentscheid und Volksbegehren 1927 S. 33 f. Diese Vorstellung ist dem römischen Staatsrecht entlehnt. Im Rahmen der römischen Magistratur hat sich sogar auf dem Boden der Volkssouveränität das Prinzipat entwickelt, nach dem der Prinzeps innerhalb der verfassungsmäßigen Schranken Repräsen-

präsentation gegenübergestellt hat. Unter dieser ist hiermit eine Repräsentation zu verstehen, bei der nicht der Repräsentant, sondern der Repräsentierte (wie z. B. das Volk in der repräsentativen Demokratie) oder weder Repräsentant noch Repräsentierter souverän sind (wie z. B. der Landtag bei der Repräsentation des Volkes in der konstitutionell beschränkten Monarchie oder eines Gliedstaates im Bundesstaat) [1]).

Hiernach ist es nicht richtig, wie es vielfach, insbesondere in der angelsächsischen Theorie, geschieht [2]), unter der Herrschaft des Repräsentativsystems das Parlament für souverän zu erklären [3]). Selbst wenn der Monarch in einer bestimmten, historischen Situation seiner universalen Entscheidungsfülle ausschließlich zugunsten des Parlaments entkleidet sein sollte, so könnte doch das Parlament nicht als souverän bezeichnet werden, da die politischen Grundentscheidungen niemals das Parlament auch nur als mögliches Souveränitätssubjekt anerkannt haben. Im übrigen würde man, wenn man bei dem Begriff der Souveränität es allein auf die faktische Universalität der Entscheidungsfülle abstellen würde, zu dem offenbar unsinnigen Ergebnis gelangen, daß die meisten modernen Staaten, die die ursprünglich in einer Hand konzentrierte Entscheidungsgewalt einer Vielheit von Organgruppen anvertraut haben, überhaupt nicht mehr souverän seien, da in ihnen kein Repräsentant mehr allein über eine universale Entscheidungsgewalt verfügen würde.

---

tant des Volksganzen gewesen ist; näher Mommsen, Römisches Staatsrecht 1875 II S. 710 ff.

1) Das letztere Beispiel ist jedenfalls dann richtig, wenn man Staats- und Volkssouveränität miteinander identifiziert und im Sinn der mit Recht herrschenden Lehre dem Gliedstaat die Souveränität abspricht. Abweichend hier Heller 110 ff. (vgl. auch die dort S. 117 Anm. 2 Zitierten), nach dem die Souveränität ein Wesensmerkmal des Staates ist und die Länder im Bundesstaate nicht die Eigenschaft von Staaten haben.

2) Dazu vor allem Austin, Lectures on Jurisprudence 1911 S. 245 f. Die Theorie von der Parliamentary Sovereignty ist in England vor allem nach der großen Reformbill von 1832 in der Dogmatik entwickelt und herrschend geworden. Tatsächlich war die Machtfülle des Parlaments zwischen den beiden großen Wahlreformen von 1832 und 1867 eine so große, daß sie während dieser Periode äußerlich der der früher souveränen Krone durchaus gleichgestellt werden kann. Über die Machtbefugnisse des Parlaments zu dieser Zeit näher Loewenstein, Archiv für Sozialwissenschaft und Sozialpolitik Bd. 51 S. 666 ff.

3) Statt vieler etwa Mably, der die Volksvertretung bereits als »maitresse de tout« und »souveraine« bezeichnet hat. Dazu De l'Etude de l'histoire Teil 3 Chap. IV u. V in Bd. 12 S. 332 f., 352 f., insbes. S. 337, 359 und etwa Teil 1 Chap. 3 ebenda S. 30 f.; neuerdings etwa typisch Zenker, Parlamentarismus aaO. 93, 96.

In Wirklichkeit ist in den letzterwähnten Fällen nicht das Parlament, sondern, — und das ist der Regelfall der magistratischen Repräsentation —, das Volk als politische ideelle Einheit souverän, von dem die selbständig entscheidenden Repräsentanten im einzelnen ihre Befugnisse herleiten. Dies ist der Sinn der zur Substanz der Verfassung gehörenden, politischen Grundentscheidung, nach der die Staatsgewalt vom Volk ausgeht — eine Bestimmung, die sich in allen demokratischen Staaten, soweit sie eine geschriebene Verfassung besitzen, findet und als das materiale Prinzip der Souveränität bezeichnet werden kann [1]).

Mit dieser Feststellung soll aber nicht ein wesensnotwendiger Zusammenhang zwischen Volkssouveränität und Repräsentativsystem behauptet werden [2]). Soweit dieses dennoch geschieht, geht dieser Irrtum — jedenfalls auf den europäsichen Kontinent — auf die zufällige geschichtliche Verbindung von Volkssouveränität und Repräsentativsystem in der französischen Verfassung von 1791 zurück. Nur durch diese erklärt es sich auch, warum in Preußen Deutschland die Konservativen und vielfach auch die Liberalen bei dem Kampf um die Auslegung des Art. 13 der Wiener Bundesakte mit dem umstrittenen Repräsentativsystem zugleich auch immer das Prinzip der Volkssouveränität verbunden haben. »Repräsentativverfassungen sind«, — so lautet eine typische, vielzitierte Äußerung von Gentz —, »stets in letzter Instanz auf den verkehrten Begriff von einer obersten Souveränität des Volkes gegründet und führen auf diesen Begriff, wie sorgfältig er auch versteckt sein mag, immer wieder zurück« [3]).

---

[1]) Bei Heller aaO. 76 kommt der wohl gleiche Gedanke darin zum Ausdruck, daß bei der magistratischen Repräsentation die Tätigkeit des Volksrepräsentanten als »juristisch« vom Volk abhängig gedacht und »durch eine rational gesetzte Ordnung an den Willen des Volkes für gebunden« (so in Probleme der Demokratie 38) erachtet wird.

[2]) Vgl. auch Loewenstein, Volk und Parlament 178.

[3]) So Gentz, Über den Unterschied zwischen den landständischen und Repräsentativverfassungen in Klüber-Welcker, Wichtige Urkunden aaO. 222. Im gleichen Sinne s. die Äußerungen der Delegierten auf der Karlsbader Konferenz von Winzingerode in Klüber-Welcker aaO. 253; von Plessen ebda. 279; v. Marschall ebda. 276; ferner K. S. Zachariae, Vierzig Bücher v. Staat Bd. III S. 205. Die Vorstellung der Liberalen sind im allgemeinen unklarer; dazu näher Gerber aaO. 75 f., 79 f. Hervorzuheben ist nur noch eine für die Zeitauffassung charakteristische, zusammenfassende Äußerung von Kolb im Staatslexikon von Rotteck-Welcker 1865 Bd. 12 S. 489, nach dem der mit dem Worte Repräsentation verbundene Sinngehalt eine Erweiterung erfahren hat, indem als repräsentativ »speziell solche Verfassungen

Daß diese Verknüpfung unrichtig ist, ergibt sich schon aus den vor 1848 in den süddeutschen Staaten eingeführten ebenso wie den nach 1848 im Norden in Geltung gebliebenen Verfassungen, die wohl das Repräsentativsystem eingeführt, nicht aber das Dogma von der Volkssouveränität übernommen hatten [1]. Andererseits ist es erst recht nicht richtig, das Bestehen einer repräsentativen Volksvertretung, wie z. B. Stahl wollte [2], mit dem Gedanken der Volkssouveränität von vornherein für unvereinbar zu erklären. In Wirklichkeit kann sich das Repräsentativsystem ebensogut mit einer das Prinzip der Volkssouveränität proklamierenden Demokratie wie umgekehrt mit einer das Volkssouveränitätsdogma verwerfenden Verfassung wie etwa der konstitutionell beschränkten Monarchie verbinden.

Zu den selbständig dezidierenden Repräsentanten in den repräsentativen Staaten, — von dem souveränen Repräsentationen in den absoluten Monarchien und den heute diktaturförmig regierten Ländern [3], in denen das Problem verhältnismäßig einfach gelagert ist, sehe ich in diesem Zusammenhang ab —, gehört vor allem die Regierung. Eine Regierung, die ihre Funktionen im Staate erfüllt, d. h. die Tätigkeit ausübt, in der »der Staat sich und sein Wesen bestimmt« (Smend) [4], durch die »das geistige Prinzip der politischen Existenz (eines Staates) ... konkretisiert wird« (C. Schmitt) [5], wird in der Tendenz stets dahin streben, »das Ganze gegenüber dem Einzelnen zu vertreten« (Lorenz v. Stein [6]), d. h. eben

---

bezeichnet werden, bei denen das Prinzip der Volkssouveränität vorherrscht«. Gegen Gentz etwa noch Dahlmann, Die Politik (Aufl. v. 1924 i. d. Ausgabe d. Klassiker der Politik Bd. 12) S. 123 f.; Treitschke, Politik 1911 Bd. II S. 82.

[1] Dazu näher Rieker, Die rechtliche Natur der modernen Volksvertretung 1893 S. 23 f., S. 26 f.

[2] Nach Stahl, Philosophie des Rechtes Bd. II 2. Hälfte S. 320 ist die repräsentative, wenn auch ständisch organisierte »Volksvertretung ihrer wahren Bedeutung nach ... ihm (dem Gedanken der Volkssouveränität) gerade entgegengesetzt, indem sie (die Volksvertretung) das Volk als den gehorchenden Teil voraussetzt, der eines Schutzes gegenüber dem souveränen Fürsten bedarf«. Dazu noch oben S. 48 An. 3.

[3] Zur fascistischen Diktatur etwa mein fascistisches Verfassungsrecht 23 f., 61 f.

[4] Kahl-Festschrift aaO. 16 f.; Verfassung aaO. 102 f.

[5] Verfassungslehre S. 212. Vgl. etwa auch noch die Bemerkungen bei Rothenbücher, Die Stellung des Ministeriums nach bayrischem Verfassungsrecht 1922 S. 62 f. und die Formulierungen bei Erich Kaufmann, Die Reichsregierung i. Handbuch d. Politik 1921 Bd. III S. 44/45.

[6] Handbuch der Verwaltungslehre 1876 S. 25. Die Regierung »ist nicht bloß der auf allen Punkten tätige, sondern auch der niemals ruhende Staat:

im technischen Sinne das Volksganze zu repräsentieren.[1]. Und zwar ergibt sich die Selbständigkeit der leitenden Exekutive hier schon daraus, daß der Begriff der Regierung[2]) wesensmäßig ebenso wie der der dezisionistisch gewendeten Repräsentation in den regierenden Persönlichkeiten für den Bereich der spezifischen Regierungstätigkeit eine selbständige Entscheidungsgewalt voraussetzt[3]). Eine Regierung, die nicht in ihren Entschließungen selbständig ist, nicht über das zu einer Regierung unentbehrliche Maß von eigenschöpferischer Tätigkeit verfügt, trägt ihren Namen zu Unrecht.

---

in ihr wird seine allgegenwärtige Kraft zu seiner wirklichen Allgegenwart; sie ist der Träger seiner höchsten Ideen..., sie ist die eigentlich lebendige Staatsgewalt«. Wie L. v. Stein auch noch Trendelenburg, Naturrecht[2] 1868 § 178 S. 408 f.

[1]) Der Satz von C. Schmitt, Verfassungslehre 212: »Nur wer regiert, hat teil an der Repräsentation« ist teilweise zu weit, teilweise zu eng. Zu weit ist er insofern, als er voraussetzt, daß jede Regierung auf dem Prinzip der Repräsentation beruht, während sie möglicherweise auch auf dem Prinzip der Identität beruhen kann (näher S. 119, 121); zu eng ist der Satz insofern, als es auch nicht regierende Persönlichkeiten gibt, die das Volksganze repräsentieren wie z. B. die mehr dekorativen oder »neutralen«, jedenfalls nicht regierenden Monarchen und Präsidenten, ferner etwa die rechtsprechenden Richter und repräsentativen Wirtschaftskörperschaften wie z. B. der deutsche Reichswirtschaftsrat. Dies hebt auch Glum, Reichswirtschaftsrat S. 30 f. hervor, dessen eigene Unterscheidung in Repräsentanten, die regieren, und solche, die nur Einfluß auf die Regierung nehmen (31), aber auch nicht überzeugend wirkt. Es gibt eben regierende und nicht regierende Repräsentanten.

[2]) Hierzu L. v. Stein, Verwaltungslehre aaO. 25 f.

[3]) In den modernen Diktaturen wird diese aktivistische Richtung der Regierung und Exekutive naturgemäß besonders betont. Statt vieler vgl. etwa die Relazioni e Proposte della Commissione Presidenziale per lo studio delle Riforme Costituzionali 1925 insbesondere S. 73 f und Mussolini, Gerarchia 1928 S. 591. Im übrigen gilt das im Text von der Regierung Gesagte überall dort, wo auch außerhalb des Staates der Begriff der Regierung oder ein entsprechender Ausdruck wie etwa Leiten oder Führen verwendet wird, insbesondere also in der Kirche. In diesem Sinne vgl. z. B. zu Art. 126 der Verfassungsurkunde für die evangelische Kirche der altpreußischen Union von 1922, nach dem der Kirchensenat die Kirche zu »leiten« hat, Holstein, Die Grundlagen des evangelischen Kirchenrechtes 1928 S. 336 f., der mit Recht darauf aufmerksam macht, daß durch die Bindung des Kirchensenates an die Verfassung, die Gesetze, die von der Generalsynode aufgestellten Grundsätze — entsprechendes gilt auch von den anderen Kirchenverfassungen, nach denen vereinzelt die Kirchenregierung sogar noch unabhängiger gestellt ist (vgl. z. B. Art. 97 d. Verf. d. lutherischen Landeskirche Hannover) — nicht etwa das selbständige und schöpferische Handeln des Kirchensenates aufgehoben wird. Ähnlich auch Schoen, Das neue Verfassungsrecht der evangelischen Landeskirchen in Preußen 1929 S. 141, 155. Zu der Stellung des ebenfalls repräsentierenden Oberkirchenrates, dessen Tätigkeit allerdings gebundener ist als die des Kirchensenates Art. 131 der Verfassung und Holstein aaO. 338 f.

Dies gilt in vollem Maße auch von dem parlamentarischen Regierungssystem. Auch hier ist, da es sich um ein »echtes« Regierungssystem handelt, das Recht zur selbständigen Entscheidung der Regierung verfassungsrechtlich sichergestellt [1]) ebenso wie umgekehrt auch die Pflicht zur Verantwortung seitens der Regierung und der einzelnen Regierungsmitglieder [2]). Durch Interpellationen, Resolutionen, Mißtrauensanträge, Anklagen soll nach dem Grundgedanken des parlamentarischen Systems möglichst die Homogenität von selbständig entscheidender, aber verantwortlicher Regierung und Parlamentsmehrheit gewährleistet werden. Hätten die Verfassungen das selbständige Entschließungsrecht der Regierung in Abrede stellen und den einzelnen Minister nur zu »einem imperativ gebundenen Mandatar seiner Fraktion« [3]) stempeln wollen [4]), so würde man nicht von einem parlamentarischen Regierungssystem und einer parlamentarischen Regierung, sondern höchstens einem parlamentarischen Exekutivausschuß sprechen können, der Botenqualität besitzen würde. Die spezifisch parlamentarischen Kontrollrechte wie etwa das Recht der Beschwerde, der Interpellation, der Untersuchung gegenüber der Regierung würden dann geradezu völlig ihren Sinn verlieren, und man müßte, um die Existenz des Staates nicht überhaupt in Frage zu stellen, — denn ohne Regierung ist ein Staat nicht lebensfähig —, die die parlamentarischen Regierung treibenden Kräfte herausstellen, die in Wahrheit die Funktion der Regierung im Staate übernommen haben. Der parlamentarische Minister hat hiernach, wie schon Preuß

---

[1]) In der rechtlichen Beurteilung im Hinblick auf die deutsche Reichsregierung übereinstimmend Köttgen, Das deutsche Berufsbeamtentum und die parlamentarische Demokratie 1928 S. 44, 45.

[2]) Jede Verantwortlichkeit setzt ein Verhalten voraus, für das man verantwortlich gemacht werden kann, die parlamentarische Verantwortlichkeit somit ein verantwortungsbewußtes, selbständiges Handeln der Regierungsmitglieder. In diesem Sinne bemerkt z. B. Mussolini i. Gerarchia 1928 S. 271 mit Recht allgemein von der Regierung, daß »non può esservi responsabilità dove non è autonomia«. Nur bleibt — auch bei dem parlamentarischen Regierungssystem — die Frage offen, ob die Begründung einer konkretpolitischen Verantwortungspflicht nicht in der Praxis zu einer Flucht vor der Verantwortung und damit einem unselbständigen Handeln der Verantwortungspflichtigen führt; dazu noch 104.

[3]) Ausdruck v. E. Kaufmann, Westmark 1921 S. 209.

[4]) In dieser Richtung offenbar Nawiasky, Die Stellung der Regierung im modernen Staate 1925 S. 7/8; wohl auch Schelcher, Archiv des öffentlichen Rechts N. F. II. S. 313, 287; vgl. aber den einschränkenden Satz 288.

sehr richtig bemerkt hat [1]) »nach seiner Überzeugung zu handeln und dafür gegenüber dem Parlament die Verantwortung zu tragen. Das ist das Wesen des Parlamentarismus«, wie es sich auch in England in der unter der sicheren Führung des Premierministers stehenden, parlamentarischen Kabinettsregierung in klassischer Gestalt entwickelt hat. Deshalb ist auch z. B. der Art. 29 der gegenwärtigen preußischen Verf., der dem Landtag das Recht gibt, bindende Richtlinien für die Staatsverwaltung aufzustellen, zum mindesten reichsverfassungsrechtlich bedenklich (Art. 17 Abs. 1 S. 3 RV.) und ein konkretes Instruktionsrecht der Parlamente wie eine dementsprechende Gehorsamspflicht der Regierung jedenfalls mit dem Grundsatz der parlamentarischen Regierung nicht vereinbar [2]).

Außer durch die Regierung wird unter der Herrschaft des Repräsentativsystems innerhalb des funktionellen Integrationsprozesses des Staates das Volksganze vor allem noch durch das Parlament repräsentiert [3]). Die Notwendigkeit der Entschließungsfreiheit der einzelnen Parlamentsmitglieder haben die Völker, die sich zu dem Repräsentativsystem bekannt haben, auch mit feinem Instinkt herausgefühlt, indem sie im Gegensatz zu den landständischen Verfassungen, zu denen bestandsmäßig das imperative Mandat gehört [4]), die Unabhängig-

---

[1]) Protokolle des Verfassungsausschusses der Nationalversammlung 1919 S. 446. Sperrdruck vom Verfasser.

[2]) Zutreffend hierzu Heyland, Zur Lehre von der staatsrechtlichen Stellung der Reichsratsmitglieder nach dem deutschen Reichs- und Bundesstaatsrecht 1927 S. 94 ff. mit weiteren Literaturnachweisen, Köttgen, Berufsbeamtentum aaO. 44. Vgl. auch Preuss, Prot. d. Vrf. Aussch. d. Nat.-Vers. S. 446: »Der parlamentarische Minister, der bloß Weisungen des Parlaments ausführt, ist kein parlamentarischer Minister«.

[3]) Das ist schon S. 46 ff. des näheren dargetan.

[4]) »Imperatives — freies Mandat« gehört neben dem »Allgemein-Individualinteresse« zu den wichtigsten und entscheidenden unter den katalogartig häufig zusammengestellten Gegensätzen von Repräsentativsystem und altständischer Verfassung. Solche Kataloge z. B. bei Lord Brougham, British Constitution 94 f. (12 canons of representative government), Bluntschli, Staatsrecht S. 50 f., der zwölf »prinzipielle Gegensätze« kennt; Dahlmann, Politik § 140 S. 127 ff.; Tezner, Die Volksvertretung 1912 S. 725 f.; Pergolesi, Rappresentanza corporativa aaO. 39 f. Auch wenn eine Repräsentation der Gesamtheit durch die alten Landstände behauptet wird (dazu S. 53 Anm. 2), wird doch das Bestehen von Bindungen der Landstände nach Art. des imperativen Mandats nicht bestritten (deutlich z. B. Below, Territorium und Stadt S. 248) — ein deutliches Zeichen dafür, daß man insoweit Wesen und Eigengesetzlichkeit des Begriffes der Repräsentation verkannt und diese in Wahrheit mit der Vertretung identifiziert hat; in diesem Sinne vgl. z. B. die

keit der Deputierten in den seit der französischen Verfassung von 1791 [1]) geläufigen Bestimmungen, nach denen die Abgeordneten an Aufträge nicht gebunden sind, verfassungsrechtlich sichergestellt haben [2]). Diesen das Verbot des imperativen Mandates sanktionierenden Sätzen [3]) liegt die zutreffende Vorstellung zugrunde, daß ein der selbständigen Entscheidungsgewalt beraubter, lediglich vom Willen des Auftraggebers abhängiger Abgeordneter — etwa nach Art der russischen Sowjetverfassung [4]) — zum Sendboten [5]) degradiert und damit

Definitionen der Repräsentation bei Below 243 f.; Waitz i. d. Abhdl. ü. d. konst. Prinzip S. 184; Unger, Geschichte der deutschen Landstände II S. 431; Mohl, Staatsrecht aaO. I S. 8.

[1]) Vgl. Sekt. III Art. 7; über seine Entstehungsgeschichte ausführlich Loewenstein aaO. 191 ff. Zuvor schon das Gesetz »sur les élections et sur les administrations départementales« v. 22. Dez. 1789 Art. 8 und 11 der Präambel und die Instruktion v. 8. Januar 1790 über »la formation des assemblées représentatives«, in der die mit der Einführung des imperativen Mandates verbundenen Konsequenzen aufgezeigt werden. Über die späteren, das Repräsentativsystem sanktionierenden, französischen Verfassungen etwa Dandurand, Le Mandat impératif 1896 Thèse S. 73 f.

[2]) Ein kurzer geschichtlicher Überblick über die Repräsentativverfassungen im 19. Jahrhundert etwa bei E. Loening, Die Repräsentativverfassung im 19. Jahrhundert, Rede 1899, insbes. S. 18 f. Ferner etwa Nake, Das rechtliche Verhältnis des Volkes zu seiner Vertretung, Dissert. 1896 S. 13 ff. — Zu der Entwicklung in Frankreich etwa noch Briot, mandat legislatif aaO. 65 f.; Marty, Nature du mandat aaO. 51 ff.; zu Österreich-Ungarn Stoerk, Jurist. Blätter Bd. 10 S. 211; zu England die Nachweise S. 55 An. 3; zu den Vereinigten Staaten Burgess, Political Science aaO. II S. 46 ff. — Auch die neuesten europäischen Verfassungen haben sich zu dem »freien Mandat« des Repräsentativsystems bekannt; so etwa Deutsch-Österreich (Art. 56), Polen (Art. 20 Abs. 1) Jugoslavien (Art. 74) Tschechoslowakei (§ 22).

[3]) Das imperative Mandat wird auch als »mandat contractuel« (nach Victor Hugo) oder »mandat limitatif« bezeichnet. Talleyrand, Arch. Parlem. VIII S. 201 hatte noch durch eine Reihe formaler Unterschiede das limitative Mandat vom imperativen zu unterscheiden versucht und nur dieses verworfen, jenes dagegen befürwortet. Näher zu diesem Versuch und seiner Unzulänglichkeit Loewenstein aaO. 194 f. — Verwirrend ist es dagegen, umgekehrt statt von einem freien Mandat von einem »mandat consultatif« (so z. B. Gargas, Die Minderheit 1926 S. 13) zu sprechen.

[4]) Zu dem imperativen Mandate der Sowjetverfassung Timaschew, Grundzüge des sovëtrussischen Staatsrechts 1925 S. 86 f. und Das Wahlrecht der Sowjetunion i. Archiv d. öffentl Rechts N. F. Bd. 16 S. 85 f.; ferner Mirkine-Guetzevitch, La Théorie générale de l'État Soviétique 1928 S 52 f.

[5]) Ähnliche Wendungen bei Michels, Zur Soziologie des Parteiwesens 1925 S. 48; Mill, Representative government aaO. Chap. 12 S. 91 (mere mouthpiece); Lord Brougham, British Constitution 35 f; May, Constitutional History aaO. II S. 71; Jenks, Principles aaO. 77, 79.

seiner eigenen Werthaftigkeit und seines repräsentativen Charakters entkleidet werden würde [1], [2].

Sprachlich ist die übliche, auch in der Gegenwart noch festgehaltene, zivilistische Ausdrucksweise, nach der der Repräsentant ein Abgeordneter und das zwischen ihm und dem Repräsentierten bestehende Verhältnis ein Auftragsverhältnis (Mandat) ist, allerdings irreführend. Denn der Tatbestand der Repräsentation kann nicht mit dem Hinweis auf diese der Herkunft nach rein privatrechtlichen Begriffe verständlich gemacht werden [3]. Zu erklären ist die zivilistische Terminologie tatsächlich nur aus der geschichtlichen Entwicklung. Das Repräsentativsystem hat sich in Europa in unmittelbarer Anlehnung an das auf Erteilung eines privatrechtlichen Mandates beruhende, ständische System entwickelt. In Frankreich hatten in diesem Sinne noch die États généraux kurz vor Ausbruch der Revolution nach festen Instruktionen, den »cahiers impératifs,«

[1] So sind z. B. die Ephoren des Althusius (vgl. Politica, methodice digesta et exemplis sacris et profanis illustrata, 1603, c. 14 S. 138 ff.; dazu Gierke, Johannes Althusius und die Entwicklung der naturrechtlichen Staatstheorien 1913 S. 28 f.) keine Repräsentanten. Sie sind, wie schon Gierke aaO. 217 zutreffend bemerkt hat, nichts anderes wie »vom Volk bestellte Verwalter seiner Majestätsrechte«, denen ihr Mandat bei Verletzung ihrer Amtspflichten jederzeit durch das Volk entzogen werden kann, und denen — dies folgt aus den allgemeinen Erörterungen (c. 14 S. 132) — auch durch die Wähler Bedingungen auferlegt werden können. Die abweichende Auffassung Gierkes's, der sie als Repräsentanten bezeichnet, beruht auf der unzulässigen Identifizierung von Repräsentation und Vertretung. — Ebenso sind auch die noch erheblich schwächer als die Ephoren des Althusius gestellten Ephoren Fichte's, Grundlage des Naturrechts 1796 S. W. Bd. III S. 160. 170 f. nur abhängige, nicht selbständig dezidierende Beauftragte, die lediglich negative Kontrollfunktionen gegenüber dem Parlament auszuüben haben; hierzu noch Leibholz, Fichte und der demokratische Gedanke 1921, S. 70 f. Die Ephoren Fichte's werden im übrigen auch von Gierke im Althusius aaO. S. 223 Anm. 39 (im Gegensatz zu Genossenschaftsrecht IV S. 440) nicht als Repräsentanten bezeichnet. — Den Gedanken des Ephorats als eines neben der Volksvertretung stehenden Kontrollorgans gegenüber der Regierung hat neuerdings wieder Tönnies, Verhandlungen des 5. deutschen Soziologentages 1927 S. 33 (Referat: Demokratie) belebt.

[2] Auch Dandurand, Mandat impératif aaO., der in Übereinstimmung mit der auch sonst vielfach in Frankreich vertretenen Auffassung (vgl. Philipon, Le mandat impératif 1882 insbes. introduction S. 1 ff.; Pauliat, Le mandat impératif 1872 aaO.; Poupin, Le mandat impératif 1873 aaO.) die Einführung des aus dem Prinzip der Volkssouveränität abgeleiteten, imperativen Mandates fordert, gibt S. 169 zu, daß man ein solches Regime nicht »avec exactitude un gouvernement représentatif« nennen könne.

[3] Gegen die privatrechtliche Terminologie etwa auch Esmein, Eléments aaO. I S. 317 u. Burckhardt, Die Organisation der Rechtsgemeinschaft 1927 S. 316 f.

gestimmt [1]). So wird verständlich, warum bei dem Kampf zwischen den Anhängern der plebiszitären und repräsentativen Demokratie in der französischen Nationalversammlung [2]) selbst Männer im Banne privatrechtlicher Vorstellungen und Konstruktionen gefangen waren, die wie etwa Sieyès und Talleyrand die Einführung des Repräsentativsystems befürwortet haben [3]).

Auch in dem unter dem Einfluß der französischen Revolution stehenden Preußen-Deutschland war die Situation eine nicht sehr andere [4]). Man stritt hier vor allem nach den Freiheitskriegen in der Vormärzzeit um die Frage, wie die im Art. 13 der Wiener Bundesakte versprochene, landständische Verfassung, — ob im traditionell-

---

[1]) Vgl. noch das königliche Einberufungspatent v. 24. Januar 1789, in dem der König ausdrücklich darum bat, die den Deputierten zu erteilenden Instruktionen nicht zu sehr zu beschränken, um deren Freiheit nicht zu stark zu beeinträchtigen. Näher über die cahiers etwa Philipon aaO. 1 ff.; Dandurand aaO. 21 f.; Briot, mand. législ. aaO. 5 ff.; Brette, Les cahiers de 1789 considérés comme mandats impératifs i. La Révolution francaise 1896 Bd. 31 S. 123 ff.; Zweig, Lehre vom Pouvoir Constituant S. 215 f.; Loewenstein aaO. 116 ff.

[2]) Außer Loewenstein aaO. noch näher Redslob, Die Staatstheorien des französischen Nationalversammlung v. 1789, 1918 S. 119 f.

[3]) Vgl. Talleyrand v. 7. Juli 1789 (Arch. Parlem. Bd. VIII S. 201) »Qu'est-ce que le mandat d'un député? C'est l'acte, qui lui transmet les pouvoirs du baillage, qui le constitue représentant de son baillage, et par là représentant de toute la nation«. Auch Sieyès, Qu'est-ce que le Tiers-Etat insbes. Chap. IV S. 37 und Chap. V spricht häufig von »Procuration« und »commission«. Vgl. auch Arch. Parl. VIII S. 594. »Un député est nommé par un baillage, au nom de la totalité des baillages; un député l'est de la nation, tous les citoyens sont ses commettants«.

Diese privatrechtliche Auffassung der Repräsentation des Volksganzen durch das Parlament kam vor allem den Gegnern des Repräsentativsystems zustatten, die von der einmal zugrundegelegten, zivilistischen Einstellung aus schlüssige Einwände gegen das Repräsentativsystem geltend machen konnten. Vgl. so insbes. Pétion, Arch Parlem. VIII S. 582: »Les membres du Corps législatif sont des mandataires; les citoyens, qui les ont choisis, sont des commettants, donc ces représentants sont assujettis à la volonté de ceux, de qui ils tiennent leur mission et leurs pouvoirs. Nous ne voyons aucune différence entre ces mandataires et les mandataires ordinaires; les uns et les autres agissent en même titre, ils ont les mêmes obligations et les mêmes devoirs«.

[4]) Vgl. z. B. den § 110 der Stein'schen Städteordnung v. 19. Nov. 1808, der die ersten parlamentarisch-kommunalen Körperschaften auf deutschem Boden einführte. Hier heißt es von den Stadtverordneten: »Das Gesetz und ihre Wahl sind ihre Vollmacht, ihre Überzeugung und ihre Ansicht vom allgemeinen Besten der Stadt ihre Instruktion, ihr Gewissen aber die Behörde, der sie deshalb Rechenschaft zu geben haben.« Hierzu näher etwa Gierke, Die Stein'sche Städteordnung 1909 S. 25 f.

geläufigen, altständischen oder modern-repräsentativen Sinne[1]) —,

---

[1]) Der Ausdruck Repräsentation wurde bei dieser publizistischen Fehde von Konservativen und Liberalen auch auf die altständischen Verfassungen angewendet und das repräsentative mit dem landständischen Prinzip terminologisch geradezu miteinander identifiziert. Insbesondere sprachen die Vertreter Preußens und Österreichs auf dem Wiener Kongreß von einem historisch begründeten Anspruch der Untertanen auf eine »Repräsentativverfassung, welche schon in den ältesten Zeiten in Deutschland rechtens gewesen sei«; so Klüber, Akten des Wiener Kongresses Bd. 1 H. 1 S. 69 und Bd. II S 88 zit. nach H. A. Zachariae, Staats- und Bundesrecht I S. 602; vgl. ferner noch v. Plessen auf der Karlsbader Konferenz in Klüber-Welcker, Wichtige Urkunden für den Rechtszustand der deutschen Nation S. 272; Marschall ebenda 274 f.; Welcker ebenda 230 ff.; Rotteck, Ideen über Landstände aaO. 7, Kluber, Öffentliches Recht des teutschen Bundes 363; Kolb i. Staatslexikon von Rotteck-Welcker Bd. 12 S. 489. Weitere Belege bei Gerber aaO. 10 ff

Allerdings hat es während der Restauration eine um Haller, Gentz (Über den Unterschied zwischen den landständischen und Repräsentativverfassungen in Klüber-Welcker, Wichtige Urkunden aaO. 220 f.) und ihren Anhang (vgl. etwa Dabelow, Über den 13. Artikel der deutschen Bundesakte 1816; Vollgraff, Die Täuschungen des Repräsentativsystems 1832 § 20 f. S. 30 ff.; das Berliner Politische Wochenblatt) sich gruppierende, bestimmte politische Richtung gegeben, die Repräsentativsystem und landständische Verfassung in einen sich ausschließenden Gegensatz stellte. Man würde »sie (die landständische Verfassung) eine Repräsentativverfassung nennen können, wenn diesem Worte nicht in der neuesten Zeit eine ganz eigene, auf landständische Verfassungen nicht mehr anwendbare Bedeutung beigelegt worden wäre« (so Gentz in Klüber-Welcker 221). Diese in scharfen Antithesen sich bewegende, gelegentlich auch von den Liberalen propagandistisch verwertete Gegenüberstellung (diese noch bei dem Fürsten zu Solms-Lich, Deutschland und die Repräsentativverfassung S. 17, 35) war — unbeschadet eines vielleicht richtigen Grundgefühls — entscheidend durch konkrete, politische Zielsetzungen bestimmt. Man glaubte, durch eine schlagwortmäßige Formulierung der Gegensätze schneller der die politisch-autoritären Gewalten bedrohenden, revolutionären Gefahren Herr werden zu können. Insbesondere übernahm die Wiener Hofpublizistik bereitwillig diese Schlagworte, um den Art. 13 der Bundesakte im altständischen Sinn auszulegen und dementsprechend in die Praxis umzusetzen. So wurden z. B. tatsächlich in Preußen 1823 an Stelle der durch königliche Verordnung von 1815 versprochenen »Repräsentation des Volkes« Provinzialstände »im Geist der älteren deutschen Verfassungen« eingesetzt. Auch erklärt sich auf diese Weise, warum Gentz und seine Anhänger mit der »Repräsentation« gedanklich Elemente verbinden konnten, die mit ihr nicht in einem inneren, wesensnotwendigen Zusammenhang standen (Beispiel S. 78). Und endlich wird so verständlich, warum in der Folge diese Entgegensetzung von ständischer und repräsentativer Verfassung allgemein, selbst von politisch konservativen Kreisen, als reaktionär und sophistisch abgelehnt wurde; so z. B von Stahl, (Philosophie des Rechts 365 f.), nach dem diese Entgegensetzung »zu den Schlagwörtern der politischen Parteien gehört und weder logisch noch geschichtlich erwiesen werden kann« und von Treitschke, Politik Bd. II S 82 f., der diese Gegenüberstellung »als ein Meisterstück der Sophisterei« bezeichnet; vgl. ferner Welcker in Klüber-Welcker, Wichtige Urkunden aaO. 230 f.; Kolb, Staatslexikon aaO. 491;

ausgestaltet werden sollte. Popagierte man die Einführung des Repräsentativsystems, dessen Grundlagen erst zu dieser Zeit der deutschen staatstheoretischen Publizistik bewußt geworden sind, so beschränkte man sich im wesentlichen darauf, die Eigenschaften hervorzuheben, durch die das Repräsentativsystem sich von der mittelalterlich-ständischen Gliederung unterschied, d. h. man begnügte sich, die vorhandenen privatrechtlichen Begriffe mit einem negativen Vorzeichen zu versehen [1] [2].

In der gleichen Weise auf den Sprachgebrauch fördernd wirkte ferner die Tatsache, daß das öffentliche Recht um die Wende des 18. Jahrhunderts weitgehend noch in den Fesseln des Privatrechts lag und die diesem geläufigen Begriffe, Formen und Typenverhältnisse wahllos auf das öffentliche Recht übertragen wurden.

Von dieser privatrechtlichen Grundeinstellung aus erklärt sich auch die bereits im Mittelalter bekannte [3], vom Naturrecht neu belebte, zur Zeit der französischen Revolution zur Herrschaft gelangte

v. Mohl, Geschichte und Literatur der Staatswissenschaften 1855 Bd I S. 317 Anm. 1; H. A Zachariae, Staats und Bundesrecht I S. 607.

[1]) Diese Ausdrucksweise berechtigt aber nicht, den wesensmäßig stets eindeutigen Begriff der Repräsentation in Deutschland als einen polemischen zu bezeichnen. Vielmehr kann man nur sagen, daß sich terminologisch das Repräsentativsystem und damit auch der Begriff der Repräsentation — diese Begriffe lassen sich nicht trennen (so z. B. Gerber aaO. 52 f., 191 f.), da ohne den Begriff der Repräsentation auch das diesen implizierende Repräsentativsystem nicht analysiert werden kann — in Theorie und Praxis in einem ausgesprochenen Gegensatz zur altständischen Vertretung entwickelt haben.

[2]) Die in dem ersten und zweiten Jahrzehnt des 19. Jahrhunderts im Südwesten Deutschlands erlassenen Verfassungen bedienten sich — im Gegensatz zu Frankreich, das bereits zu Beginn der Revolution (16. Juni 1789) sprachlich die Wendung »États généraux« vermieden hatte —, noch durchweg einer ständischen Ausdrucksweise. Vgl. etwa die bayr. Verfassungsurkunde v. 26. Mai 1818. Titel VI. Baden v. 22 August 1818. III. Württemberg v 25. Sept. 1819 § 124 ff.; Hessen v. 17. Dezember 1820. Titel VIII. Erst seit den 30er Jahren emanzipierte man sich in der Verfassungspraxis äußerlich mehr von den ständischen Vorstellungen. Vgl. etwa kurhess. Verfass. v. 5. Januar 1831; Verf.-Urk. v. Sachsen v. 4. Sept. 1831. VII; Altenburg v. 29. April 1831 § 162 ff. Der äußere Bruch mit dem ständischen Prinzip und der Übergang zu der allgemein üblichen, privatrechtlichen Fassung des Repräsentativsystems vollzog sich, soweit ich sehe, zuerst in Preußen mit der Verf.-Urk. v. 31. Januar 1850. T. V Art. 62 f.

[3]) Über die in England in den Verfassungskämpfen des 17. Jahrhunderts zur Entstehung gelangte Vertragstheorie näher etwa Gardiner, The Constitutional Documents aaO. 367 (Agreement of the People) und Rothschild, Der Gedanke der geschriebenen Verfassung in der englischen Revolution 1909 S. 119, 133.

streng zivilistische Auffassung des Repräsentativsystems. Nach dieser soll zwischen der dem Volke vorbehaltenen Substanz und der dem Parlament durch eine »délégation de pouvoir« vermittelten Ausübung der Rechte unterschieden werden [1]), durch die zwischen Volk und Parlament ein Mandatsverhältnis begründet werden soll. Diese Konstruktion, die von der publizistischen Literatur der romanischen Staaten [2]) und auch der deutschen Staatsrechtslehre [3]) — teilweise

[1]) Aus der französischen Revolution statt vieler etwa Sieyès, Qu'est-ce que le Tiers-Etat Chap. V S. 108; Arch. Parlem. VIII S 594. Vgl. ferner mit weiteren Belegen Loewenstein, Volk und Parlament 215 ff. Durch diese Konstruktion suchte man die Gegensätzlichkeit zwischen unmittelbarer und repräsentativer Demokratie zu überbrücken; hiergegen schon Redslob, Staatstheorien aaO. 127. Dazu näher noch unten S. 119 f.

[2]) In den romanischen Ländern hat mit der privatrechtlichen Auffassung, soweit ich sehe, zuerst Orlando, Revue du droit public etc. 1895 Bd. III S. 1 ff. gebrochen. Vgl. noch kürzer Orlando, Principii di diritto Costituzionale 1925 S. 85 ff. Nr. 100 f.; Briot, Mandat législ. 82 ff.; Hauriou, Souveraineté 90 f Auf die hier im einzelnen herausgestellten Mängel der Mandatstheorie sei, um nicht bereits Gesagtes wiederholen zu müssen, ausdrücklich hingewiesen.

Immerhin finden sich bis in die Gegenwart hinein noch Stimmen, die in dem Abgeordneten staatsrechtlich einen »mandataire« erblicken; vgl. etwa Pécaut, Qu'est-ce qu'un député i. d. Revue de Métaphysique et de Morale 1920 Bd. 27 S. 252 f. Nach Duguit, Traité de Droit Constitutionnel3 1927 Bd. I S. 607 f., 1928 Bd. II S. 643 f. und Leçons de droit public général 1926 S. 227 f. herrscht — allerdings in abgewandelter Form — sogar noch heute in Frankreich in Literatur und Verfassungsrecht die privatrechtliche Mandatstheorie. Hiernach soll »entre la nation, titulaire originaire de la souveraineté, et ses représentants un véritable contrat« bestehen, »un mandat donné non pas par telle ou telle circonscription, mais par la nation tout entière, un mandat entraînant responsabilité et obligation de rendre compte« (I S. 608; vgl. II S. 643 f., 645, 649; ähnlich auch Barthélemy-Duez, Droit Constitutionnel aaO. 99 f., der von einem »mandat donné par l'ensemble des électeurs à l'ensemble des élus« spricht, auf Grund dessen die Abgeordneten das ganze Volk »vertreten« sollen). Duguit bezeichnet dieses Mandat als »mandat représentatif« (so II S. 645 ff.; derselbe nicht glückliche Ausdruck auch bei Marty aaO. 31 f.). Auch diese Auffassung, die aber nicht — selbst nicht in Frankreich, wie Duguit will — als herrschend bezeichnet werden kann, sucht durch eine fiktive Modifizierung des privatrechtlichen Mandatsbegriffes den Begriff der Repräsentation zivilistisch umzubiegen.

[3]) Zu der älteren deutschen Literatur (Mohl, Rotteck, Klüber) vgl. die Nachweise bei Jellinek, Staatslehre S. 580 Anm. 1. Im gleichen Sinne etwa auch noch Bluntschli, Staatslehre S. 546, 554. — In der Gegenwart wird innerhalb der deutschen Sprachgrenzen zur staatstheoretischen Erklärung des Verhältnisses zwischen Volk und Parlament auf die Mandatstheorie charakteristischerweise wohl nur noch von dem Schweizer Affolter, Das Mandat im öffentlichen Recht, Archiv d. öff. Rechts Bd. 30 S. 538 f. Bezug genommen. Nach ihm soll zwischen Wählern und Abgeordneten »im Interesse der Gesamtheit« ein »Mandatsverhältnis von begrenztem Inhalt« bestehen, bei dem der Abgeordnete »die Anschauungen, Meinungen und Wünsche seiner Wähler

noch bis in die Gegenwart hinein — vertreten wird, führt trotz eines nicht unrichtigen Grundgefühls letzten Endes schon deshalb nicht zum Ziel, weil sie die mit dem Begriff der privatrechtlichen Delegation nicht zu vereinbarende, zum Wesen der dezisionistisch gewendeten Repräsentation gehörende »indépendence«, das »freie Mandat«, das in der Person des Repräsentanten ein »droit propre«, kein »droit d'autrui« erzeugt, nicht zu erklären vermag [1]).

Die eigenschöpferische Selbständigkeit, die der das Volksganze repräsentierenden Regierung ebenso wie dem Parlament wie überhaupt jedem politisch entscheidenden Repräsentanten eigen ist, wird nun in der Regel noch nach der technischen Seite hin gesichert. D. h. praktisch wird der dezidierende Repräsentant nach Möglichkeit von der politischen Verantwortlichkeit für sein Handeln, die von der persönlichen etwa vor Gott oder dem Gewissen bestehenden zu unterscheiden ist [2]), befreit, wie dies etwa besonders in den absoluten und konstitutionellen Monarchien bei den Monarchen der Fall war [3]) und

---

zur Grundlage seiner Tätigkeit« machen soll. Zu diesem inneren Widerspruch noch S. 75 An. 1. Von der Wahl als »Willensübertragung« spricht ferner noch neuerdings Michels, Grundsätzliches z. Problem d. Demokratie i. Zeitschrift f. Politik Bd. 17 S. 290.

[1]) Hauriou, Souveraineté Nationale aaO. 109 f. u. Précis de Droit Constitutionnel 149 führt, um diesen Unzulänglichkeiten der zivilistischen Konstruktion zu entgehen und den Begriff der Repräsentation von der privatrechtlichen »réprésentation« zu unterscheiden, den teils dem katholischen Kirchenrecht, teils dem allgemeinen Sprachgebrauch entlehnten Begriff der »investiture« ein. Zu diesem soll gehören 1. daß »l'agent agit... pour le compte et au nom d'un maître«, 2. daß »il est obligé d'agir ... par une certaine situation qui lui est faite et par certaines suretés, qui sont prises contre lui«, 3. daß »il est autonome en ce que son pouvoir d'action lui est propre et qu'en outre il a l'initiative de ses actes«. Diese Begriffselemente der »investiture« (Existenz eines Repräsentierten [Z. 1], Entscheidungsgewalt des Repräsentanten [Z. 3], Begrenzung des Dezisionsrechtes [Z. 2]) gehören bei näherer Betrachtung zu den Voraussetzungen einer jeden, politisch aktiven Repräsentation. Für jenen immerhin hinreichend dunkel gehaltenen Begriff ist daher kein Raum mehr, sobald der Begriff der Repräsentation in seiner Eigenberechtigung erwiesen und in seiner Eigengesetzlichkeit klargestellt ist. — Die privatrechtlichen Vorstellungen sind im übrigen auch bei Hauriou nicht überwunden. Die Investitur wird z. B. als »gestion d'affaire controllée (aaO. 111 f.), die »représentants« als »gérants d'affaires« (116) bezeichnet. Gegen Hauriou auch noch Duguit, Traité aaO. II S. 551 f.

[2]) Eine solche besteht bei wohl allen politischen Tatbeständen der Repräsentation.

[3]) In den konstitutionellen Monarchien waren allerdings schon die Regierungsakte des Monarchen an die Gegenzeichnung des Ministers gebunden,

heute noch in den cäsaristischen Diktaturen bei den souveränen Diktatoren üblich ist. Aus diesem Grunde hat man auch, um die besonders problematische Freiheit der Abgeordneten im Repräsentativsystem zu sichern, die Rechenschafts- und Verantwortungspflicht der Deputierten gegenüber Wählern und Parteien verneint [1]) und ausdrücklich als den Maßstab, an dem der Deputierte seine Entscheidungen orientieren und messen soll, das Gewissen bezeichnet, das allein somit die Legitimität der von den Repräsentanten getroffenen Entscheidungen gewährleistet [2]). Mit diesem Wegfall einer konkreten Verantwortungspflicht wird zugleich auch — jedenfalls grundsätzlich — der Einführung des Recall die innere Berechtigung entzogen.

Der Sicherung der Unabhängigkeit der Abgeordneten dient weiter die allgemein eine Spanne von mehreren Jahren umfassende Legislaturperiode der Parlamente [3]). Um der Furcht der Abgeordneten vor einer etwaigen Nichtwiederwahl und damit der Abhängigkeit von ihren Konstituenten zu begegnen, hat man gelegentlich sogar wie z. B. die französische Verfassung von 1791 [4]) eine unbegrenzte Wiederwahl der Abgeordneten für unzulässig erklärt oder etwa bestimmt, daß die Deputierten von einem immer neu sich zusammensetzenden Wahlkörper zu wählen seien [5]).

Auch haben die Staaten vor allem aus diesem Grunde die Entstehung der politischen Parteiorganisationen bekämpft. Sie sahen voraus, daß mit der Tolerierung und Legalisierung der Parteien die Freiheit und Unabhängigkeit der Abgeordneten aufs schwerste gefähr-

---

der damit die — praktisch allerdings häufig nicht zu verwirklichende — politische Verantwortung übernahm. Über Regierung und Verantwortung sogleich noch S. 92 f.

[1]) Um eine Verantwortungspflicht der Volksvertreter überhaupt begründen zu können, muß man schon im Sinn unmittelbar demokratischer Vorstellungen die Wähler oder Parteien mit dem Volke identifizieren.

[2]) Der einzelne Abgeordnete kann auch nicht dem Parlament gegenüber für seine Entscheidungen verantwortlich gemacht werden, da im Hinblick auf die Repräsentation des Volkes zwischen Abgeordneten und Parlament ein graduell-substantieller Unterschied nicht besteht, das Parlament das Volk nicht »höherwertiger« repräsentiert als der einzelne Abgeordnete.

[3]) Dazu noch I. St. Mill, Repres. Government Chap XI S. 89 f.

[4]) Vgl. T. III Ch. I sect. III Art. 6: »Les membres du corps législatif pourront être réélus à la législature suivante et ne pourront l'être ensuite qu'après l'intervalle d'une législature«.

[5]) So wurde beispielsweise der auf sehs Jahre gewählte Senat in den Vereinigten Staaten bis 1912 von immer neu zusammengesetzten Legislaturen gewählt, da deren Wahldauer in der Regel nur zwei Jahre betrug.

det werden würde [1]). Das Repräsentativsystem funktioniert der Idee nach am besten bei parteimäßig nicht irgendwie gebundenen Abgeordneten [2]). Deshalb hat man im letzten Jahrhundert auch der Einführung einer Sitzordnung im Parlament widerstrebt, die es entscheidend nicht auf das Los oder Alter, sondern die Partei- und Fraktionszugehörigkeit der Abgeordneten abstellte [3]). Und man hat weiter bei dem mit der Zeit unvermeidlichen, gruppenmäßigen Zusammenschluß der Abgeordneten jedenfalls versucht, dafür zu sorgen, daß die Gruppen als Sachwalter des Allgemeininteresses [4]) nicht auf die Initiative und selbständige Entscheidungsgewalt der Abgeordneten lähmend wirkten. Dem gleichen Zweck dient schließlich auch, daß die Abgeordneten, die nach einer reinen Theorie der Repräsentation ihre Tätigkeit ehrenamtlich und unentgeltlich auszuüben haben [5]), für diese nicht von ihren Wählern, ihrem Wahlkreis oder den Parteien, sondern vom Staate eine als Aufwandsentschädigung und nicht als Kompensation für Dienstleistungen zu charakterisierende Entschädigung erhalten [6]).

Die hier herausgestellten Besonderheiten, durch die im einzelnen die Selbständigkeit der Repräsentanten sichergestellt werden

---

1) Hierzu näher Triepel, Die Staatsverfassung und die politischen Parteien 1928 S. 15 f.

2) In diesem Sinne näher auch Burckhardt, Über die Berechtigung der politischen Parteien i. Politischen Jahrbuch der Schweizerischen Eidgenossenschaft Bd. 28 (1914) S. 194.

3) Hierauf macht Triepel aaO. 16 f. aufmerksam. Auch die Kommissionen und Abteilungen des früheren deutschen Reichstages zur Vorbereitung für Gesetzentwürfe und für Wahlprüfungen wurden nach französischem Vorbild durch das Los und nicht nach der Parteizugehörigkeit gebildet. Vgl. die § 2, 3, 26 Abs. 3 der Geschäftsordnung des früheren Reichstages; dazu Laband, Das Staatsrecht des deutschen Reiches 1914 Bd. I S. 338, 352 f.; Triepel aaO. 17.

4) Hierzu die Unterscheidung von Staats- und Interessenparteien bei Wi s r Das Gesetz der Macht 1926 S. 442 ff.

5) So z. B. Constant, Polit. Constitutionnel I S 275 ff · näher auch Ford, Representative Government 205 f. Bis 1906 war noch in Deutschland auf Grund des Art. 32 RV. den Reichstagsabgeordneten eine Entschädigung versagt. Erst das Reichsgesetz v. 21. Mai 1906 beschränkte das Verbot auf Besoldungen und ließ eine gesetzlich näher zu fixierende Entschädigung durch das Reich zu (§ 1). Vgl. heute Art. 40 RV.; zu der sich in ähnlichen Bahnen bewegenden Entwicklung in Frankreich und England vgl. den kurzen Überblick bei Schmitt, Verfassungslehre 318.

6) Würde die Entschädigung allmählich mehr den Charakter eines Entgelts für eine berufliche Tätigkeit erhalten, so würde der Abgeordnete hierdurch einen Teil seiner durch die Repräsentantenqualität vermittelten Würde einbüßen und mehr die Stellung eines Interessenvertreters als eines Repräsentanten einnehmen.

soll, und die sich — in mehr oder weniger bewußtem Gegensatz zu den altständischen Verfassungen — vor allem an Hand des Repräsentativsystems entwickelt haben, zu dessen Idealtypus sie geradezu gehören, sind aber nicht wesensmäßig mit dem Begriff der Repräsentation verknüpft. Sie alle sind nur durch den technischen Sicherungszweck bestimmte, also teleologisch motivierte accidentalia, nicht essentialia der Repräsentation wie des Repräsentativsystems.

Das wird vielleicht am deutlichsten bei dem wichtigsten accidens der Repräsentation, nämlich der politischen Verantwortungsfreiheit, die bereits gegenüber der repräsentierenden Regierung in der konstitutionellen Monarchie mit dem Akt der Gegenzeichnung zum mindesten theoretisch verloren gegangen war [1]). Heute unter der Herrschaft des parlamentarischen Systems ist sie völlig verschwunden [2]), ohne daß die parlamentarische Regierung aber etwa aufgehört hätte, jedenfalls rechtsatzmäßig das Volksganze zu repräsentieren [3]). In der angelsächsischen Literatur ist sogar die Verknüpfung dieser Begriffe im Hinblick auf die Regierung heute soweit gediehen, daß man »Representation« und »Responsibility« als zusammengehörende Begriffe gemeinsam erörtert [4]) und als das wichtigste Problem des

[1]) Zum früheren deutschen Reichsstaatsrecht in diesem Sinne den auf einen Antrag Bennigsen (dazu Oncken, R. v. Bennigsen 1910 Bd. II S. 50 f.) zurückgehenden Art. 17 der Bismarckschen Reichsverfassung.

[2]) Die parlamentarische Regierung kann sogar im Sinne des recall direkt durch Parlamentsbeschluß abberufen werden. Über die verschiedenen Formen, in denen das Parlament sein Mißtrauen bekunden und die Regierung kontrollieren kann, E. Kaufmann, Handbuch der Politik Bd. III S. 46 f. und C. Schmitt, Verfassungslehre 339 f.

[3]) Dazu schon S. 79 f.

[4]) Besonders deutlich Mac Iver, Modern State in seinem »Representation and Responsibility« überschriebenen Kapitel aaO. 201 ff.: »The beginning is representation, the rest is responsibility, and the machinery of representation ... can secure responsibility as well« (aaO. 206). Aus der neueren deutschen Literatur, die allerdings den repräsentativen Charakter der Regierung nicht so deutlich hervorhebt, in diesem Zusammenhang etwa Scheuner, Über die verschiedenen Gestaltungen des parlamentarischen Regierungssystems i. Arch. d. öffentlichen Rechts N. F. Bd. 13 S. 228 f., nach dem die sich aus der politischen Verantwortlichkeit der Regierung ergebende Pflicht, auf Verlangen des Parlaments zurückzutreten, als Rechtspflicht wesensmäßig zu dem auf dem Boden der repräsentativen Demokratie erwachsenen, parlamentarischen Regierungssystem gehören soll; Klinghoffer, Das parlamentarische Regierungssystem in den europäischen Nachkriegsverfassungen 1928 S. 57 f. Anm. 1; jetzt auch Thoma, Sinn und Gestaltung des deutschen Parlamentarismus i. Recht und Staat im neuen Deutschland 1929 Bd. I S. 99, der mit gutem Grund im Sinn des recall »responsible government« geradezu mit »absetzbare oder abrufbare Regierung« übersetzt.

modernen Staates bezeichnet, »to find the best means of combining responsibility with representation«[1]). Begriffsmäßig wird eben der Tatbestand der Repräsentation nicht dadurch aufgehoben, daß der Repräsentant für die von ihm selbständig getroffenen Entscheidungen nachträglich politisch zur Verantwortung gezogen wird. Hiernach ist auch ein evtl. nur auf kurze Zeit gewählter, dem Recall unterliegender[2]), verantwortungspflichtiger[3]), aber selbständig entscheidender Abgeordneter nicht minder Repräsentant, — wenn auch in einem organisationstechnisch sinnwidrig gestalteten Repräsentativsystem —, als der diesem traditionell geläufige Abgeordnete, dessen Entschlie-

---

[1]) So Mac Iver aaO. 206. Vgl. auch Ford, Repres. Government 157: »The characteristic function of representative government is to hold the trusteeship to steady account for its behavior«. Ebenso 304.

[2]) Der recall besteht abgesehen von Sowjet-Rußland, wo er praktisch allerdings nicht ausgeübt wird (Timaschew, Archiv d. öff. Rechts NF. Bd. 16 S. 86; Mirkine-Guetzevitch, Etat soviétique aaO. 53), theoretisch in einer Reihe Schweizer Kantone und neuerdings auch in einzelnen amerikanischen Staaten, in denen er tatsächlich vereinzelt gegenüber Verwaltungsbeamten und Richtern stattfindet. Näher hierzu etwa Garner, La révocation des Agents publics par le peuple aux Etats-Unis i. d. Revue du droit public etc. Bd. 37 S. 507 f. und Hauriou, Le droit de révocation populaire i. d. Revue politique et parlementaire 1924 Bd. 120 S. 63 ff.; über die Versuche, den Recall in Frankreich einzuführen noch Esmein, Élements aaO. I S. 450 ff. Allerdings darf der recall in den amerikanischen Einzelstaaten, um eine mißbräuchliche Ausübung des Widerrufsrechts zu verhüten, frühestens nach 6 Monaten erfolgen. Schon hieraus ergibt sich der nur technische Charakter dieser Bestimmungen. Denn die so dem recall unterworfenen Abgeordneten wären danach äußerstenfalls einer alle 6 Monate neu zu wählenden Volksvertretung gleichzustellen. Klar ist aber, daß die Dauer einer parlamentarischen Legislaturperiode — auch eine auf kurze Zeitspanne bemessene — auf den repräsentativen Charakter der Abgeordneten nicht irgendwie von Einfluß sein kann. Im übrigen werden die Zukunftsaussichten des recall in den Vereinigten Staaten selbst überwiegend skeptisch angesehen; vgl. etwa Holt, The Elementary Principles of modern government 1924 S. 163. — Abweichend vom Text wird in der Literatur der recall meist mit dem Repräsentativsystem als schlechthin unvereinbar bezeichnet; so z. B. von Constant, Pol. Constitutionnel I S. 229 und Esmein, Elements aaO. I 448.

[3]) Eine politische Verantwortungspflicht der Abgeordneten wird z. B. von Rotteck, Ideen aaO. 101 auf Grund seiner Lehre von der Teilrepräsentation, nach der nicht die Deputierten, sondern die Wähler die letzte Entscheidungsinstanz im Staate darstellen, propagiert. Nach ihm sollen die Wähler darüber entscheiden, ob ein die Abgeordneten berechtigender Grund, von den erteilten Instruktionen abzuweichen, vorhanden war oder nicht. Durch diese nachträgliche Verantwortungspflicht gefährdet Rotteck tatsächlich äußerlich die repräsentative Stellung der bei ihm unter der Hand zu Repräsentanten gewordenen Abgeordneten (dazu S. 75 Anm. 1), ohne jene aber letzten Endes wirklich aufheben zu können (Text aaO.).

ßungsfreiheit äußerlich durch die üblichen, technischen Kautelen sichergestellt ist.

Solange die Unabhängigkeit der Abgeordneten im Repräsentativsystem rechtsatzmäßig in der erwähnten Weise in den Verfassungen, wie dies heute der Fall ist, anerkannt wird, sind nur Normen statthaft, die wie z. B. gewisse Kategorien der Inkompatibilitätsgesetze [1]) die Entschlußfreiheit der Abgeordneten zu stärken vermögen, nicht aber solche, die irgendwie ihre Selbständigkeit zu beeinträchtigen oder ein Abhängigkeitsverhältnis in ihrer Person zu begründen geeignet sind. Jede Beschränkung der Abgeordnetentätigkeit durch die Wählerschaft, die Partei oder Fraktion oder die in deren Dienst gestellte Gesetzgebungsmaschine ist hiernach verfassungswidrig. In diesem Sinne hat Triepel [2]) mit Recht dem »Parteienstaate« seine rechtliche Legitimität auch heute noch abgesprochen.

Daraus ergibt sich für das positive, deutsche Verfassungsrecht [3]) etwa, daß der Art. 7 Z. 6. des württembergischen Landtagswahlgesetzes vom 4. April 1924, nach dem ein Abgeordneter seinen Sitz auch »durch Austritt aus derjenigen politischen oder anderen Vereinigung verliert, in deren Auftrag er von einer Wählervereinigung auf ihre Vorschlagsliste gesetzt wurde«, mit der Verfassung — der § 22 der Württemberg. Verfassung stimmt im Wortlaut mit Art. 21 RV. überein — nicht vereinbar ist [4]). Denn durch diese Bestimmung

---

[1]) Hierher gehören insbesondere die Gesetze, die bestimmte Personengruppen, etwa die Beamten und Geistlichen wegen ihrer Abhängigkeit von Staat und Kirche, (zu den anderen Inkompatibilitätsgrunden etwa C. Schmitt, Verfassungslehre S. 190) von der politischen Abgeordnetentätigkeit ausschließen. Zu den wirtschaftlichen Inkompatibilitätsgesetzen näher S. 172 An. 4.

[2]) Staatsverfassung aaO. 31.

[3]) Dieses ist im folgenden besonders berücksichtigt. Für das ausländische Recht ergibt sich die grundsätzlich gleiche Beantwortung der einzelnen Fragen aus der überall dem Wesen nach gleichartigen Struktur des Repräsentativsystems.

[4]) Der Württembergische Staatsgerichtshof, der bisher diese Konsequenz nicht gezogen hat, sucht die erwähnte Bestimmung restriktiv im Sinne einer Erhaltung des Abgeordnetenmandates auszulegen. Vgl. die von Pistorius, Einfluß des Fraktionswechsels auf das Abgeordnetenmandat i Archiv d. öff. Rechts N. F. Bd. 11 S. 418 f. zit. Entscheidungen des Staatsgerichtshofes. Pistorius selbst macht wohl auf die Gegensätzlichkeit der Bestimmungen aufmerksam, ohne seinerseits aber auch den Art. 7 Z. 6 für rechtsunwirksam zu erklären.

Verfassungsrechtlich nicht unbedenklich ist auch § 13 b des tschechoslovakischen Wahlgerichtsgesetzes v. 29. Februar 1920 (Slg. d. G. u. Verordn. Nr. 125 i. d. Fassg. v. 30. Mai 1924 Nr. 145). Hiernach kann das Wahlgericht

wird im Widerspruch zur Verfassung, nach der der Abgeordnete unbeschadet eines etwaigen Parteiwechsels und eventuellen Widerspruches von Seiten seiner Partei die Tätigkeit im Parlament soll fortsetzen können[1]), eine Bindung des Abgeordneten an seine Partei herbeigeführt[2]). Aus dem gleichen Grunde ist der Abgeordnete im übrigen als Repräsentant auch berechtigt, bei einer etwaigen Auflösung der Partei, der er angehört, seine Parlamentstätigkeit weiterhin auszuüben.

Aus der verfassungsrechtlich verbrieften Unabhängigkeit der Abgeordneten folgt weiter, daß auch noch in der Gegenwart Rechtsgeschäfte über die Art der Ausübung des Abgeordnetenberufes als verfassungswidrig und daher wegen Verstoßes gegen § 134 BGB.

---

einem Mitglied der Nationalversammlung oder Gauvertretung das Mandat aberkennen, wenn dieses »aus niedrigen oder unehrenhaften Gründen aufgehört hat, Angehöriger jener Partei zu sein, auf deren Kandidatenliste er gewählt worden ist«. Immerhin läßt sich zur Rechtfertigung dieser Vorschrift geltend machen, daß eine »niedrige« oder »unehrenhafte« Handlungsweise, gleichgültig ob der Partei, den Wählern oder der Fraktion gegenüber, zugleich auch immer eine Verletzung der verfassungsmäßigen Pflichten der Abgeordneten darstellt und den spezifisch personalen Eigenwert, der nach dem Repräsentativsystem in der Person der Deputierten vorausgesetzt wird, herabzumindern geeignet ist. Nicht haltbar ist dagegen die auf diese Bestimmung gestützte Praxis des tschechoslovakischen Wahlgerichts, das einer Reihe von Abgeordneten das »Mandat« abgesprochen hat, weil diese — den der Partei gegenüber eingegangenen Verpflichtungen zuwider — die Parteiparole nicht befolgt haben und der Aufforderung der Partei, das »Mandat« niederzulegen, nicht nachgekommen sind Übereinstimmend Adler Die Grundgedanken der Tschechoslovakischen Verfassungsurkunde 1927 S. 73 insbes. Anm. 6 (dort auch der genaue Nachweis der in tschechischer Sprache ergangenen Entscheidungen) und Freies oder imperatives Mandat i Zeitschrift f. Politik Bd. 18 (1928) S. 145 f.

Die Entscheidung des österreichischen Verfassungsgerichtshofes 1925 Heft 4 S. 78, die an den freiwilligen Austritt resp. den Ausschluß aus der Partei den Verlust der Gemeinderatsmitgliedschaft knüpft, ist verfassungsrechtlich bedenkenfrei, weil die burgenländische Gemeindewahlordnung (§ 42 Abs. 1 B. G. Bl. 1921 S. 1669) rechtswirksam in dieser Weise den Tatbestand geregelt hat.

[1]) Im Reich wie in den Ländern sind in diesem Sinne — auch unter dem neuen Verfassungsrecht — Abgeordnete nicht selten, ohne ihr Mandat zu verlieren, aus ihrer Partei ausgeschieden, um sich anderen Fraktionen anzuschließen.

[2]) Grundsätzlich übereinstimmend etwa Koellreutter, Die politischen Parteien im modernen Staate 1926 S. 65. Abweichend Poetzsch, Vom Staatsleben unter der Weimarer Verfassung i. Jahrbuch des öffentlichen Rechts 1925 Bd. XIII S. 102, nach dem es bei dem Listenwahlsystem im Fall des Parteiwechsels — offenbar im Sinne einer »naturalis obligatio« — »Pflicht« der Abgeordneten sein soll, das Mandat niederzulegen. Ähnlich auch Preuss, Reich und Länder S. 274; Adler i. Zeitschrift f. Politik Bd. 18 S. 142. Das konkret geltende Wahlverfahren kann aber niemals zur Beseitigung eines wesentlichen Bestandteiles des Repräsentativsystems führen.

nichtig erachtet werden müssen [1]). Dies gilt insbesondere von den von Seiten der Abgeordneten gegenüber der Partei eingegangenen Verpflichtungen. Deshalb entbehren im voraus abgegebene Austrittserklärungen aus einer Partei der Rechtswirksamkeit [2]). In Frankreich hat man gelegentlich in Fortführung dieses Gedankens einem Abgeordneten, der sich bei der Wahl parteimäßig gebunden hatte, entgegen der lex imperfecta des geschriebenen Rechts sogar seines Parla-

---

[1]) Übereinstimmend die herrschende Lehre. Vgl. etwa Anschütz, Die Verfassung des Deutschen Reiches. Kommentar 1926 zu Art. 21 S. 115; Giese, Die Verfassung des Deutschen Reiches, Kommentar 1926 Nr. 3 zu Art. 21; Poetzsch, Jahrbuch aaO. 1925 S. 102; Handkommentar der Reichsverfassung[3] 1928 zu Art. 21 S. 162; Bell, Art. Abgeordneter im Staatslexikon herausg. von Sacher 1926 Bd. I Sp. 10; Adler i. Zeitschrift f. Politik Bd. 18 S. 142; wohl auch Haymann, Die Mehrheitsentscheidung i. d. Festgabe f. Stammler 1926 S. 459 f.

Die abweichende Auffassung von Morstein-Marx, Rechtswirklichkeit und freies Mandat in Archiv d. öff. Rechts N. F. Bd. 11 S. 436, nach dem im Sinne einer Naturobligation »die Aufträge zwar an sich rechtlich zulässig sind, aber aus ihnen für den verpflichteten Abgeordneten keine Rechtsverbindlichkeit entsteht«, ist zwar bei einer formalen, nicht aber bei einer auf das Wesen des Repräsentativsystems abstellenden Sinninterpretation möglich. Ebenso wie Morstein-Marx Stier-Somlo, Art. Abgeordneter i. Handwörterbuch d. Rechtswissenschaft Bd. I S. 12; Reichs- und Landesstaatsrecht 1924 I S. 564, 565; Zur Soziologie des internationalen Rechts i. Jahrbuch der Soziologie 1927 Bd. III S. 126 mit der allerdings nicht einleuchtenden Einschränkung, daß eine auf Unterlassung der Parlamentstätigkeit gerichtete Instruktion unzulässig sein soll. Vgl. endlich noch v. Savigny, Art. Abgeordneter i. Stengel-Fleischmann, Wörterbuch d. deutschen Staats- und Verwaltungsrechts 1911 Bd. I S. 14, nach dem der Abgeordnete »durch die Anerkennung eines Parteiprogramms die politisch-ethische Verpflichtung eines entsprechenden Verhaltens in seiner Tätigkeit übernimmt«.

[2]) Übereinstimmend etwa Poetzsch, Kommentar[3] 162. Auch der Hamburgische Ausschuß der Bürgerschaft hat gelegentlich eines Falles Reich eine vor der Wahl gegenüber der Partei abgegebene, in einer Blankourkunde verbriefte Austrittserklärung mit Recht »als gegen Inhalt und Geist der Verfassung verstoßend« bezeichnet. Denn die Zulassung des imperativen Mandats würde das Repräsentativsystem und damit eine der Grundlagen des gegenwärtigen Verfassungsrechts beseitigen. Dazu die Protokolle und Ausschußberichte der Bürgerschaft 1921 Nr. 29. Gegen dieses Erkenntnis Morstein-Marx, Archiv aaO. von der irrtümlichen Voraussetzung ausgehend, daß Volk und Wählerschaft identisch (434, 442; dazu oben S. 50 f.), das Repräsentativsystem daher mit dem imperativen Mandat vereinbar sei (475). Ebenso wie der Hamburgische Ausschuß das Danziger Obergericht v. 22. Oktober 1925 (zit. nach Fischer's Zeitschrift für Verwaltungsrecht Bd. 61 S. 210 f.). — Über ähnliche Fälle aus der französischen Praxis Dandurand, Le mandat impératif 97; Marty, De la nature du mandat aaO. 43 f. Wie hier noch Barthélemy-Duez, Traité élémentaire aaO. 105.

mentssitzes für verlustig erklärt [1]). Führen die Abgeordneten demnach der Rechtsgültigkeit entbehrende Instruktionen aus, so tun sie dies, solange sie als Repräsentanten fungieren, nur kraft ihres eigenen freien Willensentschlusses [2]), weil sich ihre Überzeugung mit dem Inhalt der Weisungen deckt und daher das Gewissen sie zu deren Befolgung nötigt, nicht aber auf Grund eines irgendwie gearteten Abhängigkeitsverhältnisses. Daher sind die Abgeordneten in Konfliktsfällen zwischen Gewissen und Weisungen stets zu deren Nichtbefolgung verfassungsrechtlich legitimiert und, soweit eine richterliche Entscheidungsinstanz vorhanden ist, auch rechtlich geschützt.

---

[1]) Vgl. Le Moniteur universel 1846 S. 2306 f. Später hat die Kammer allerdings anders entschieden. Auch die italienische Deputiertenkammer hat im Lauf des 19. Jahrhunderts abgesehen von einer Ausnahme im Jahre 1868 ständig Demissionen zurückgewiesen, die von den Deputierten lediglich mit Mißhelligkeiten mit den eignen Wählern und Wahlkollegien begründet waren. Näher etwa Racioppi-Brunelli, Commento allo Statuto del Regno 1909 Bd. II § 437 S. 497 f.; Ferracciu, La Rinuncia del Mandato Politico i. Archivio Giuridico Bd. 70 S. 335 ff.

[2]) So schon Blackstone, Commentaries aaO. I Chap. 2 S. 159: »And therefore he is not bound, like a deputy in the united provinces, to consult with, or take the advice, of his constituents upon any particular point, unless he himself thinks it proper or prudent so to do«. Ferner Burke, Speech to the Electors aaO. II S. 95; Garner, Political Science and Government 673 f.

Viertes Kapitel.

Die Spannungen zwischen Verfassungsrecht und Wirklichkeit in den Demokratien der Gegenwart.

Die verfassungsrechtlich-repräsentative Stellung von Regierung und Parlament, also den in den modernen Demokratien vor allem an der staatlichen Willensbildung beteiligten Instanzen, ist mit der Zeit hinreichend problematisch geworden. Zwischen Verfassungsrecht und Rechtswirklichkeit [1]) (im Sinne von sinnlich-wahrnehmbarer Gegenständlichkeit) besteht heute überall ein mit auffallender Deutlichkeit hervortretender Widerspruch.

Vor allem befindet sich das Repräsentativsystem selbst gegenwärtig in einer schweren Krise [2]). Die Freiheit der Abgeordneten ist einer mehr oder weniger weitgehenden Abhängigkeit von den Parteiorganisationen und Fraktionen gewichen, die entscheidend Rede

---

[1]) Über diesen hier nicht im technischen Sinne verwendeten Begriff näher Larenz, Logos Bd. XVI S. 204 f.

[2]) Der Geschichte sind ähnliche Krisen des Repräsentativsystems nicht unbekannt. So z. B. waren im England des 18. Jahrhunderts (hierzu näher insbes. Loewenstein, Zur Soziologie der parlamentarischen Repräsentation in England vor der ersten Reformbill in der Erinnerungsgabe für M. Weber Bd. II S. 93 ff.) die Abgeordneten zwar verfassungsrechtlich auch »frei«, tatsächlich aber von der herrschenden, aristokratischen Schicht abhängig, die es verstand, durch Wahlpatronage, Ausnutzung der Mängel des Wahlverfahrens, Einwirkung auf die Abgeordneten (insbes. Bestechung), Abschluß des Parlamentes von der Öffentlichkeit die Volksrepräsentation durch das Unterhaus zu »einer kollektiven Interessenverwertung der herrschenden Klasse« (so Loewenstein aaO. 95) zu machen. Hierüber sowie über die Versuche, diesen Mißständen abzuhelfen, ausführlich Th. E. May, Constitutional History aaO. Bd. I S. 327, 393 ff. Trotzdem war das englische Parlament im 18. Jahrhundert eine Repräsentation des Gesamtvolkes. Denn die herrschende, plutokratisch-aristokratische Schicht war zur Repräsentation des ganzen Volkes legitimiert und daher zur Wahrnehmung nicht nur ihrer eigenen partikularen, sondern der Gesamtinteressen des Volkes berufen. Auch meint Loewenstein (aaO. 95; vgl. auch 108) selbst, daß zu dieser Zeit »die Aristokratie und die sich ihr assimilierenden Teile der Bevölkerung der Staat sind«, also offenbar integrationsmäßig den Staat im Sinne einer Repräsentation des Volksganzen konstituiert haben.

und Abstimmung der Volksvertreter beeinflussen[1]). Diese sind meist nichts anderes mehr als an die Weisungen der Parteien und deren Honoratioren gebundene Funktionäre, die von den Wählern auch nur als Zugehörige einer bestimmten politischen Partei in das Parlament gewählt werden[2])[3]).

---

[1]) Zur Parteienherrschaft etwa aus der Fülle der Literatur Delbrück, Regierung und Volkswille 1920 S. 20, 130 f.; Hasbach, Die moderne Demokratie 1921 S. 471 ff.; Michels, Soziologie des Parteiwesens aaO.; Koellreutter, Die Politischen Parteien aaO. 64 ff.; Sultan, Zur Soziologie des modernen Parteiensystems i. Archiv f. Sozialwissenschaft Bd. 55 S. 91 ff.; Bergsträsser, Geschichte der politischen Parteien in Deutschland[4] 1926 aaO. (S. 5 weitere Literaturnachweise); Kamm, Abgeordnetenberufe und Parlament 1927 aaO.

[2]) Am stärksten ist die Abhängigkeit der Abgeordneten wohl in Australien, wo die Vertreter der Arbeiterpartei geradezu sich schriftlich auf ein fest umrissenes Gesetzgebungsprogramm verpflichten müssen (dazu näher Bryce, Modern Democracies 1923 Bd. II S. 227 ff.). Auch in Deutschland wird, sieht man von den Kommunisten ab, gerade der sozialdemokratische Abgeordnete gern als der »Beauftragte seiner Partei« bezeichnet (z. B. Kautsky, Parlamentarismus und Demokratie 1911 S. 115). In dieser Allgemeinheit geht aber die These offenbar zu weit. Man denke beispielsweise nur an das Verhalten der 23 sozialistischen Abgeordneten im sächsischen Landtag in den Jahren 1924/26, die mehrfach — vor allem bei den Anträgen auf Landtagsauflösung — im Bewußtsein ihrer eignen Verantwortung gegen die Beschlüsse des Landesparteitages gestimmt haben; dazu etwa die Erklärung der »23« v. 24. Januar 1924 im Landtag und Reichelt, Das Staatsleben unter der sächsischen Verfassung v. 1. November 1920, 1928 S. 30 f.

Sehr stark ist die Abhängigkeit der Abgeordneten weiter vor allem in den Vereinigten Staaten. Hier hatte man bereits 1787 darüber diskutiert, ob die Mitglieder des Repräsentantenhauses Instruktionen erhalten sollten oder nicht. Das »restricted Mandate« wurde aber schließlich abgelehnt. Die Kongreßmitglieder sollten nicht »simply the delegates of the people«, sondern »the people themselves« sein (vgl. Carpenter, Democracy and Representation aaO. 57). Die Entwicklung ist aber im Gesamtstaat wie in den Einzelstaaten andere Bahnen gegangen (näher Carpenter aaO. 49 f.; zur Entwicklung des amerikanischen Parteiwesens überhaupt noch Robinson, The Evolution of American Political Parties 1924 aaO.). Sie unterscheidet sich von der anderer Staaten, insbesondere der des Mutterlandes, dadurch, daß hier die Mitglieder der gesetzgebenden Körperschaften nicht ausschließlich dem Einfluß der Parteiorganisationen und deren Honoratioren, sondern vor allem auch unmittelbar dem ihrer Konstituenten unterliegen. In dieser Richtung wirken auch die jetzt in den meisten amerikanischen Staaten eingeführten Vorwahlen innerhalb der Partei (hierzu jetzt vor allem Triepel, Staatsverfassung aaO. 21 f.; näher über die Gegensätzlichkeiten zwischen Mutterland und Vereinigten Staaten in diesem Zusammenhang noch Lowell, Public opinion and popular government 1921 S. 117 f., 125 f.). Durch diese Entwicklung erklärt sich auch das gegenüber den Abgeordneten des europäischen Kontinents allgemein tiefere Niveau der Parlamentsmitglieder in den Vereinigten Staaten. Denn sind es dort die Parteiinteressen, die auf das Handeln der Abgeordneten maßgeblich einwirken, so sind es hier, wo die Abgeordneten nicht die doch verhältnismäßig autonome

Ohne Entschließungsfreiheit ist aber, wie gezeigt worden ist, von Seiten der politisch-dezidierenden Persönlichkeiten eine Repräsentation nicht möglich. Sie ist in diesem Zusammenhang auch schon deshalb ausgeschlossen, weil eine Partei niemals das Volksganze repräsentieren, sondern nur partikulare Interessen bestimmter Volksgruppen ver-

---

Stellung der französischen Deputierten sich haben erhalten können (s. folgende Anmerkung), vor allem die hinter den Aufgaben und Zielen der Parteien an Wert und Wichtigkeit erheblich zurückstehenden, persönlichen Wünsche und Interessen der Wähler, die in dem Wirken der Deputierten zum Ausdruck kommen. Die Mitglieder des Repräsentantenhauses wie der einzelnen Staatslegislaturen werden daher häufig mit Recht als »ambassadors of local interests« bezeichnet, die für sich und die ihnen nahestehenden Personen persönliche Vorteile, insbesondere Staatsämter, zu erschleichen suchen. Über diese Mißstände etwa Sterne, Rrepres. government aaO., der schon 1869 davon spricht, daß an die Stelle der »real representation of the people... the fictitious« getreten sei (aaO. 21); Jenks, Principles of Politics S. 77, 80; Lowell aaO. 133 f.; Myers, American Democracy today 1924 S. 86; Willoughby-Rogers, Problem of Government S. 169.

Diese unmittelbare Abhängigkeit der »Repräsentanten« von ihren Konstituenten ist eine Konsequenz der typisch amerikanischen, empirisch-atomistischen Grundeinstellung, die in Bezug auf das Verhältnis von Volk und Parlament zu einer offenen Leugnung der in eine Vertretung der Wählerschaft (electorate, constituents) umgedeuteten Repräsentation des Volkes durch das Repräsentantenhaus und innerhalb des Staates zu einer Hebung der Stellung der Exekutive geführt hat. Denn der Spitze der Exekutive gegenüber kann sich die theoretisch unzulängliche Auffassung vom Wesen der Repräsentation praktisch weniger auswirken als einer aus einer Vielheit von Individuen bestehenden, repräsentativen Körperschaft gegenüber. Gegenüber der Exekutive hat auch die unterlegene Minderheit ein Interesse, den Präsidenten als »Vertreter« ihrer Interessen, somit als Repräsentanten des ganzen Volkes in Anspruch zu nehmen, weil sie sonst ihre Belange überhaupt nicht vertreten wüßte. Demgemäß wird auch in der amerikanischen Literatur ganz überwiegend der Präsident als »the representative of the people« angesprochen, obwohl er nach einer konsequent atomistischen Auffassung nur als der Vertreter seiner Wähler bezeichnet werden könnte.

3) Auch in Frankreich läuft die personale Bindung der Deputierten ähnlich wie in den Vereinigten Staaten mehr in der Richtung zum Wähler als zur Partei. Durch diesen Fortfall der parteimäßigen Bindung ist die französische Kammer aber im Gegensatz zu der Entwicklung in den Vereinigten Staaten nicht auf das Niveau des Repräsentantenhauses gesunken (s. vorherg. Anm.). Im Gegenteil. Das Schwergewicht liegt in Frankreich auch heute noch entsprechend der großen politischen Tradition seines Parlaments (von Kommunisten und Sozialisten sehe ich in diesem Zusammenhang ab) entscheidend bei den Deputierten und nicht der Wählerschaft. Nur so erklärt sich die Labilität der französischen Parteien und der die Regierung tragenden Mehrheiten. Näher hierzu etwa Bourgin-Carrère-Guérin, Manuel des Partis politiques en France[2] 1928, insbes. S. 23 ff.; Rohden, Parteiwesen und Führerproblem im modernen Frankreich i. Zeitschrift f. d. gesamte Staatswissenschaft 1928 Bd. 84 S. 477 ff.; v. Hippel, Der französische Staat der Gegenwart 1928 S. 33 ff.

treten, evtl. diese ihrerseits wiederum repräsentieren kann. Insoweit besteht tatsächlich zwischen politischer Partei und volksmäßig geeinter Staatsgemeinschaft ein Antagonismus [1]). Eine Partei ist — es geht dies auch schon aus der Ethymologie des Wortes (pars, Partei) hervor — niemals das Ganze. Zu ihrem Wesen gehört eine ihr eigene Ergänzungsbedürftigkeit nach anderen Parteien [2]). Ohne das Bestehen mindestens einer anderen Partei ist begriffsmäßig eine Partei nicht denkbar. Das schließt nicht aus, daß in der politischen Sphäre, in der das moderne Parteiensystem eingebettet ist, jede Partei zugleich die Tendenz hat, ihren Mitgliederkreis zu erweitern und eine größtmögliche Anzahl von Staatsgenossen für ihre Zwecke zu gewinnen [3]). Doch ist diese Intention zur »Volkspartei« notwendig immer begrenzt [4]). Monopolisiert eine Partei den Staat und identifiziert sich mit ihm, so entfällt ihre Wesensvoraussetzung und damit die Möglichkeit, im technischen Sinne überhaupt noch von einer politischen Partei innerhalb des Staatsganzen zu sprechen.

So fallen z. B. heute die zur Macht gelangten Diktaturparteien

---

[1]) Über diese Antinomie von Staat-Partei auch Triepel aaO. 30: »Die Parteien widerstreben von Hause aus der Einbeziehung in eine organische Staatengemeinschaft«. »Im allgemeinen liegt in dem Gedanken des Parteienstaates ein schwer auflösbarer Widerspruch« (31). Dieser Widerstreit kann auch nicht mit dem Hinweis auf die politische Wirklichkeit einfach bestritten werden, wie es z. B. von Kelsen, Vom Wesen und Wert der Demokratie² 1929 S. 21 geschieht. Die Frage ist in Wahrheit vielmehr die, ob die in der politischen Wirklichkeit an sich bestehenden Gegensätze überbrückt werden können und wie dieser Ausgleich gegebenenfalls möglich ist. Darüber auch noch S. 117 ff.

[2]) So schon Bluntschli, Charakter und Geist der politischen Parteien 1869 S. 3; ferner Sulzbach, Die Grundlagen der politischen Parteibildung 1921 S. 103; Liermann, Über die rechtliche Natur der Vereinbarungen politischer Parteien, Arch. d. öff. Rechts N. F. Bd. 11 S. 404; Michels, Schmollers Jahrbuch Bd. 51 S. 509.

[3]) Diese Tendenz kommt deutlich z. B. in den Parteiprogrammen zum Ausdruck; dazu etwa Burckhardt, Pol. Jahrbuch d. schweiz. Eidgenossenschaft Bd. 28 S. 173 f.

[4]) Näher Michels, Soziologie des Parteiwesens 23 f.; Psychologie der antikapitalistischen Massenbewegungen, Grundriß d. Sozialökonomie IX, 1. Teil S. 321 ff., Schmollers Jahrbuch Bd. 51 S. 516 f. Der Sache nach auch etwa im Sinne des Textes van Calker, Wesen und Sinn der politischen Parteien 1928 z. B. S. 8, 32; Radbruch, Verfassungsrede 1928 S. 7 f. Das Streben der Parteien zum Staate hin ist auch den Splitterparteien und den national unterdrückten Minderheiten eigen (so auch Michels, Jahrbuch aaO. 522). Gelegentlich führt dieses Streben sogar dazu, daß die Parteien sich über die Grenzen des Volkstums hinaus mit der Menschheit in irgendeiner Form identifizieren. Über die Erstarrung der allmählich zum Selbstzweck werdenden Massenparteien Michels, Parteiwesen aaO. 466 f.

in Rußland, Italien, Spanien aus dem in Europa üblichen Parteiensystem nicht deshalb heraus, weil diese intentionsmäßig auf eine Identifizierung mit dem Volksganzen gerichtet sind, sondern weil sie die Unifizierung von Staat und Partei äußerlich, wenn auch unter Anwendung von Gewaltmitteln wie etwa Verbot der oppositionellen Presse, Auflösung der gesinnungsmäßig nicht diktaturfreundlich eingestellten, verbandsmäßigen Organisationen, weitgehende Suspension der bürgerlich liberalen Grundrechte, insbesondere der Vereins- und Versammlungsfreiheit, tatsächlich herbeigeführt und in der Folge noch (was nicht notwendig ist) rechtssatzmäßig unterbaut haben. Die fascistische Partei ist so z. B. heute ein integrierender Bestandteil des fascistischen Staates, die als eine aristokratische Elitetruppe [1]) in gleicher Weise für den Staat eingesetzt wird und für ihn tätig ist wie die reinen Staatsorganisationen (etwa das Heer und die Polizei) und die sogenannten Staatsorgane [2]). Sie ist »l'interprete e il promotore dello spirito stesso dello Stato .... e quasi perciò il contenuto, la sostanza dello Stato« [3]). Man kann hiernach heute auf Italien ebenso wenig wie auf die anderen Diktaturen [4]) den Begriff des Parteienstaates zur Anwendung bringen, weil dessen Voraussetzung, das gleichzeitige Bestehen einer Mehrheit von Parteien innerhalb des

[1]) Über den auf Vincenzo Gioberti zurückgehenden Elitegedanken im Fascismus etwa Michels, Sozialismus und Faszismus in Italien 1925 Bd. II S. 304 f. Über Gioberti selbst aus der neueren Literatur A. Anzilotti, La Funzione storica del Giobertismo 1923 S. 5 ff.

[2]) Zu diesem Unifizierungsprozeß, der in Italien in Staat und Partei auf völlig gleichen Strukturprinzipien beruht, näher etwa v. Beckerath, Wesen und Werden des fascistischen Staates 1927 S. 111 f. und mein fascistisches Verfassungsrecht S. 37 f., 79. Instanzenmäßig beruht heute die Einheit von Staat und Partei auf der Staat und Partei gemeinsamen, repräsentativen Spitze sowie auf dem Gesetz betr. Ordinamento e attribuzioni del Gran Consiglio del Fascismo v. 9. dic. 1928 n. 2693 i. d. Gazzetta Uffiziale 11. dic. 1928 n. 287, durch das jetzt das nach dem Diktator höchste Partei- und faktisch auch mächtigste Staatsorgan verfassungsrechtlich legitimiert worden ist. Zu der grundsätzlichen Bedeutung dieses Gesetzes noch die in Le Leggi Bd. XVIII S. 1206 f. zum Abdruck gebrachten Begründungen und Ferracciu i. Rivista di Diritto pubblico Bd. 21 S. 207 ff.

[3]) Diese typische Äußerung in einem vom Popolo d'Italia aus der Zeitschrift »Educazione fascista« entnommenen Aufsatz: Rappresentanza nazionale (zit. i. d. Pop. d'Italia v. 25. Januar 1928).

[4]) Zu der parallelen Entwicklung in Sowjet-Rußland etwa Mirkine-Guetzevitch, Théorie générale de l'État soviétique insbes. etwa S. 47 f. Die ursprünglich autonom gedachten Sowjets, insbesondere die Dorfsowjets, sind mit der Zeit »die unterste Stufe der Sowjetbürokratie« (Ausdruck v. Timaschew, Arch. d. öff. Rechts N. F. Bd. 16 z. B. S. 106, 109), die Exekutivorgane der zentralen Vollzugsausschüsse geworden.

Staatsganzen, durch die äußere Ineinssetzung von Staat und Partei in Wegfall geraten ist [1]).

Die gegenwärtige Krise des Repräsentativsystems muß zugleich auch an den geistigen Grundlagen des Parlamentarismus rütteln [2]), der sich in seiner klassischen Gestalt an Hand des Repräsentativsystems entwickelt hat. Sind die Abgeordneten nur parteimäßig gebundene, partikulare Interessenvertreter, so können die Parlamentsbeschlüsse nicht mehr das Produkt einer schöpferischen Diskussion und eines freien, wechselseitigen Meinungsaustausches der Volksvertreter sein. Ein solcher ist vielmehr nur dort möglich, wo eine Einwirkungsmöglichkeit auf die Überzeugung und Willensbildung der Abgeordneten durch eine rethorisch wirkende Dialektik besteht, kurzum dort, wo die Abgeordneten Repräsentanten des Volksganzen sind. Der Repräsentant darf eben nicht, wie schon Burke [3]) bemerkt hat, »his unbiassed opinion, his mature judgment, his enlightened conscience« seinen Konstituenten »sacrifice«. Die zum Wesen des Parlamentarismus gehörende Diskussion würde jeden Sinn verlieren und zu einer »useless ceremony« [4]) werden, wenn die Abgeordneten mit gebundener Marschroute marschieren würden, auf die vorgetragenen neuen Argumente nicht reagieren [5]) und am Schlusse der Verhandlung nicht selbsttätig die letzte Entscheidung treffen könnten [6]).

---

[1]) Richtig für das Sowjetsystem Alexejew i. Das Recht Sowjetrußlands 1925 S. 77.

[2]) Zur Krise des Parlamentarismus etwa G. Mosca, Sulla Teorica dei Governi e sul Governo Parlamentare 1884 vor allem S. 302 ff.; Smend, Die Verschiebung der konstitutionellen Ordnung durch die Verhältniswahl i. d. Festgabe für Bergbohm 1919 S. 278 ff.; C. Schmitt, Parlamentarismus[1] aaO. 38 f.; Triepel, Staatsverfassung aaO. 18 f., 31 f.; Hellpach, Die Krisis des deutschen Parlamentarismus 1927 S. 9 f.; Borgeaud, Über die gegenwärtige Entwicklung des repräsentativen Systems i. d. Interparlamentarischen Bulletin 1927 S. 120 ff.; Laski ebenda S. 87 ff.; Barthélemy, La Crise de la Démocratie représentative i. Revue du Droit public etc. Bd. 45 (1928) S. 584 ff., 634 ff. (dort auch 641 ff. näher über die »crise de la méthode parlementaire«); notfalls auch noch di Laura, La Crisi della Rappresentanza 1928 S. 93 ff., 121 ff.

[3]) The Works aaO. II S. 95; vgl. ferner ebenda 282, 357.

[4]) So Lord Brougham, British Constitution 36.

[5]) Um neuen Gründen zugänglich sein zu können, hat sich B. Constant, Polit. Const. aaO. I S. 223 f. sogar gegen das Verlesen vorher schriftlich abgefaßter Reden gewendet. »Alors il n'y-a plus de discussion, chacun reproduit des objections déjà réfutées; chacun laisse de coté tout ce qu'il n'a pas prévu, tout ce qui dérangerait son plaidoyer terminé d'avance«... »Les assemblées deviendront des académies« (aaO. 224).

[6]) Vgl. etwa im Sinne des Textes Talleyrand, Archiv. Parlem. Bd. VIII

Man spricht aber in der Gegenwart nicht nur mit Recht von einer Krise des Repräsentativsystems und des Parlamentarismus, sondern weitergehend auch von einer »Crise des gouvernements représentatifs«[1]) Tatsächlich repräsentiert die verfassungsrechtlich unabhängige, parlamentarische Regierung heute nicht nur in Deutschland[2]), sondern auch in anderen Staaten weitgehend nicht mehr das Volksganze. Vielmehr ist auch sie mit der Zeit von den innerhalb des Parlamentes herrschenden Fraktionen und den hinter diesen stehenden Parteiorganisationen abhängig geworden. Der Minister ist heute, soweit er nicht eine starke, seiner verfassungsrechtlichen Stellung bewußte Persönlichkeit ist, meist nicht mehr im repräsentativen Sinne »Diener der Gesamtheit«, sondern Vertrauensmann seiner Fraktion und Partei mag er wie in England seiner Gefolgschaft unmittelbar selbständig gegenübertreten oder wie vielfach in anderen Ländern[3]) von den Parteihierarchien abhängen und lediglich deren Beschlüsse und Anweisungen ausführen. Nicht zu Unrecht hat man daher, um jedenfalls insoweit die Krise des parlamentarisch repräsentativen Staates beheben zu können, die Wiederherstellung der »autorité gouvernementale« gefordert[4]).

S. 201. Petion ebenda 582; Sieyès ebenda 595; Ancillon, Geist der Staatsverfassungen 128; I. St. Mill, repres. Government aaO. Chap. V S. 42 f.; Constant, Polit. Const. aaO. I S. 219 f., 223 f.; Le Moniteur Universel 1846 S. 2306 f. insbes. die Äußerung von Guizot dort S. 2309; Marty, De la nature du mandat etc. 25 f.; Rossi, I principii fondamentali aaO. 55 f.; C. Schmitt, Parlamentarismus[2] aaO. 22 f., Willoughby-Rogers, Problem of government aaO. 175, Michels, Parteiwesen aaO. 49 f.; Mac Iver, Modern State 204; Triepel, Staatsverfassung S. 15 f.

Auch ein erneutes Einholen von Instruktionen bei den Auftraggebern würde die Schwierigkeiten nicht beheben und die Verhandlung nicht fruchtbarer gestalten können. Denn abgesehen von den praktischen Unzulänglichkeiten eines solchen Verfahrens würde auch hier die Möglichkeit des persönlichen Einflusses, der nur in mündlicher Rede und Gegenrede sich geltend machen kann, und zum Wesen einer schöpferischen Diskussion gehört, in Wegfall geraten. Über die Konsequenzen einer solchen Verlegung des Entscheidungsfeldes vom Parlament in die Wählerschaft s. noch S. 118 f.

1) Statt vieler Lowell, La Crise des Gouvernements représentatifs et parlementaires dans les Democraties modernes i. Revue du Droit public etc. Bd. 45 (1928) S. 571 f.

2) Zur Entwicklung und tatsächlichen Stellung des parlamentarischen Kabinetts hier näher etwa Köttgen, Berufsbeamtentum aaO. 52 f.

3) Zur Kennzeichnung der gegenwärtigen Lage bei uns etwa die Rede Stresemanns v. 26. Februar 1929 (zit. n. d. Vossischen Zeitung vom gleichen Tage Nr. 97).

4) In diesem Sinn z. B. Lowell, Revue du Droit public aaO. 576 f.; J. Barthélemy ebenda 63[illegible] f.

Überbrückbar wären diese Spannungen zwischen Verfassungsrecht und Wirklichkeit nur, wenn die in concreto auszulegende, verfassungsrechtliche Norm auch anders und zwar im Sinne der Rechtswirklichkeit gedeutet werden könnte. Dieses Problem, das die nach Möglichkeit aufzuhebende Antinomie von Sollen und Sein zum Gegenstande hat, ist zugleich von allgemein staatsrechtlicher Bedeutung. Jeder formulierten Verfassung ist, wie Smend jüngst sehr richtig bemerkt hat [1]), die Intention, sich dem »tatsächlichen Integrationssystem« anzupassen und sich diesem entsprechend zu wandeln, sinnmäßig immanent. Überall dort, wo ein Rechtssatz »eine Verschiedenartigkeit der Wertbezogenheiten oder Wertbeziehungsmöglichkeiten« gestattet [2]), kann die Interpretation der Norm sich inhaltlich wandeln und den jeweiligen Gehalt der Rechtswirklichkeit in sich aufnehmen. Deshalb können bei der Auslegung einer Bestimmung auch niemals die historisch philologischen Argumente (wie Hinweis auf die Entstehungsgeschichte und den Willen des Gesetzgebers) [3]) den Ausschlag geben. Aus dem gleichen Grunde darf sich die Rechtsvergleichung auch nicht auf das lose Zusammenstellen von inhaltlich übereinstimmenden Normen beschränken. Denn entscheidend ist immer, ob die Wertüberzeugungen innhalb der Volksgemeinschaft oder bei der Rechtsvergleichung die Wertüberzeugungen verschiedener Völker im Hinblick auf die anzulegende Norm inhaltlich übereinstimmen und die »Wirklichkeiten« nach diesen Überzeugungen gestaltet sind. So kann ein Verfassungssatz wie etwa der von der Gleichheit aller Staatsbürger vor dem Gesetz in einer Reihe von Staaten gleichzeitig eine ganz verschiedene Auslegung finden und im Lauf der Zeit auch im eigenen Rechtssystem inhaltlich eine Umdeutung erfahren [4]).

---

1) Smend Verfassung und Verfassungsrecht S. 79

2) Hierzu Holldack, Recht und Rechtswirklichkeit, Logos Bd. [illegible] S. 5; zur Fortbildung des gesetzten Rechts durch Rechtsprechung und Wissenschaft wenn auch nur im Hinblick auf das Zivilrecht, jetzt auch Heinsheimer, Lebendiges Recht 1928 S. 15 f.

3) Entsprechendes gilt auch im Völkerrecht Vgl. so ausdrücklich die Cour Permanente im Lotus Fall Recueil des Arrêts S A 1927 Nr 10 S. 16 und zuvor schon Arrêt S. A. 1923 Nr. 9 S. 19.

4) Es gibt unzählige Belege. Man denke vor allem etwa an die napoleonischen Gesetzbücher, die lange Zeit auch außerhalb Frankreichs gegolten haben und trotz ihrer inhaltlichen Übereinstimmung in den einzelnen Ländern ein ganz verschiedenes, individuelles Gepräge erhalten haben. Auch der Fascismus hat sich lange Zeit hindurch äußerlich des gleichen rechtlichen Gewandes bedient wie das von ihm so verhaßte »demoliberale« System; dazu mein

Immerhin gibt es Tatbestände, in denen diese Inbezugsetzung von Recht und Wirklichkeit nicht möglich ist. So lassen sich vor allem [1]) die vom Gesetzgeber normmäßig akzeptierten, aber schon ihrer Substanz nach als »gegeben« vorgefundenen Wesensbegriffe nicht mit jeder beliebigen Rechtswirklichkeit verbinden. Die Elastizität und Anpassungsfähigkeit des geschriebenen Normensystems an die Lebenswirklichkeit geht nicht soweit, daß der mit den einzelnen Bestimmungen eindeutig zu verbindende, geisteswissenschaftliche Sinn möglicherweise in sein Gegenteil verkehrt wird. Andernfalls würde nicht nur der Rechtssatz seine spezifisch normative Kraft zugunsten der allein für maßgeblich erklärten, soziologischen Kräfte einbüßen, sondern auch der geistige Gehalt der den Normen transzendenten Institutionen inhaltlich verfälscht werden.

Zu diesen Wesensbegriffen der Rechtswissenschaft gehört vor allem der Begriff der Repräsentation. Von einer solchen darf man im normativen oder tatsächlich gegebenen Sinne nur sprechen, wenn die hier im einzelnen herausgestellten und noch herauszustellenden Wesensmerkmale als zum Sinngehalt der Norm oder der Wirklichkeit gehörend nachweisbar sind, d. h. also in Bezug auf das Volk etwa, daß dieses als politisch ideelle Einheit durch den oder die Repräsentanten noch einmal existentiell gemacht wird (Duplizität der personellen Existenz, ideelle Fundierung der Repräsentation), daß dieser Anspruch der Repräsentanten als zu Recht bestehend vom Volke anerkannt wird (Legitimierung der Repräsentation) [2]), daß die politisch-dezidierenden Repräsentanten über eine selbständige Entscheidungsgewalt verfügen und so fort. Beruht in diesem Sinne z. B. eine Verfassung auf dem repräsentativ-parlamentarischen Regierungssystem,

---

fascist. Verfassungsrecht S. 20 f., 59 f. Aus der neueren, deutschen, staatsrechtlichen Literatur vgl. etwa Herrfahrdt, Die Kabinettsbildung 1927 aaO., der darauf aufmerksam macht, daß die Art der Kabinettsbildung in Deutschland, die auf den gleichen rechtlichen Grundlagen wie die anderer parlamentarisch regierter Staaten beruht, eine eigene, von den ausländischen Vorbildern abweichende Form anzunehmen beginnt, und etwa v. Hippel, Archiv f. öff. Recht N.F.12, S. 405 f., der mit Recht auf die inhaltlich veränderte Auslegung der Polizeiformel des preußischen Landrechts hinweist.

[1]) Eine Umdeutung kommt aus technischen Gründen überall schon dort nicht in Frage, wo der Gesetzgeber nicht generelle, sondern ins einzelne gehende Regeln aufstellt; dazu auch Holldack aaO. 7. Beispiele etwa aus dem früheren deutschen Verfassungsrecht bei G. Jellinek, Verfassungsänderung und Verfassungswandlung 1906 S. 22 f.

[2]) Dazu näher S. 140 ff.

so liegt ein Konflikt mit der Rechtswirklichkeit vor, wenn diese eine nicht repräsentative, dem parlamentarischen Regierungssystem widersprechende Struktur besitzt. Denn diesem kann ebensowenig wie dem Parlamentarismus eine wesensfremde Wirklichkeit substituiert werden. Das grundsätzlich Gleiche gilt, wenn sich die Verfassungen zu dem Repräsentativsystem bekennen. Auch hier kann der der Wirklichkeit geläufige Tatbestand der Vertretung nicht in irgendeiner Form in eine Repräsentation umgedeutet werden, ohne das Wesen beider Begriffe, das der Repräsentation wie das der Vertretung, inhaltlich zu verfälschen. Solange die Verfassungen daher das Repräsentativsystem sanktionieren und ein entgegenstehendes Gewohnheitsrecht nicht nachweisbar ist, bleibt die zwischen Recht und Wirklichkeit klaffende Antinomie bestehen, die erst durch eine Änderung des gesetzten Rechtes behoben werden kann [1]).

Aus dieser Einsicht ergibt sich in praktischer Hinsicht, daß unter der Herrschaft des Repräsentativsystems jede autoritative richterliche Instanz, die »richtig« entscheiden will, einen ihrer Kognition unterstellten Tatbestand im Konfliktsfall im Sinne des geschriebenen Rechts unter Mißachtung der Rechtswirklichkeit zu schlichten hat [2]). Solange so im Konfliktsfall das Recht über die Wirklichkeit siegt, — und eine rechtliche d. h. auch normative Betrachtung kann die grundsätzliche Entscheidung im Konfliktsfall nicht unberücksichtigt lassen — deckt sich der »zur Tatsache« gewordene Parteienstaat [3]) nicht

---

[1]) Abweichend offenbar Smend, Verfassung aaO. 94, nach dem infolge der zunehmenden Bindung der Abgeordneten das Schwergewicht des Art. 21 RV. mehr auf dessen ersten Teil zu legen sei. Sind aber die Abgeordneten nicht »frei«, so sind sie auch nicht Vertreter des ganzen Volkes. Der erste Teil der Formel des Art. 21 RV. kann nicht auf Kosten des zweiten »konvaleszieren«. Beide Sätze gehören innerlich zusammen. Näher Text aaO. Im übrigen richtet sich Smend's Polemik in erster Linie gegen den von ihm mit Recht bekämpften Formalismus der herrschenden Organlehre.

[2]) Gleichgültig ob man als das Kriterium der Richtigkeit der richterlichen Entscheidung die »Gesetzmäßigkeit« oder »Subsumierbarkeit« unter gesetzte oder ungesetzte Normen oder im Sinne von C. Schmitt, Gesetz und Urteil 1912 S. 71 ff. die Annahme, daß »ein andrer Richter ebenso entschieden hätte«, bezeichnet. Denn auch »ein anderer Richter« als »empirischer Typus« hat sich allein durch den eindeutigen Gesetzesinhalt und nicht durch andere Motive, wie etwa moralische oder realpolitische Erwägungen bei seinen Entscheidungen leiten zu lassen.

[3]) Nach Koellreutter, Politische Parteien aaO. 86 ist dagegen der Parteienstaat auch »verfassungsmäßig heute Wirklichkeit« geworden. Vgl. auch Koellreutter, Der Deutsche Staat als Bundesstaat und als Parteienstaat 1927 S. 21. Hiergegen schon mit Recht Triepel aaO. 32.

mit dem im Rechtssinne. Erst wenn nach Preisgabe des Repräsentativsystems dieses auch im Konfliktsfall »zur Tatsache« werden könnte, hat die rechtliche Geburtsstunde des Parteienstaates geschlagen[1]).

Theoretisch folgt aus der Erkenntnis von der Wesensstruktur der Repräsentation und ihrer Eigengesetzlichkeit, daß die in den verschiedenen Staaten unternommenen, voneinander stark abweichenden Versuche, die Gegensätzlichkeit von Verfassungsrecht und Rechtswirklichkeit konstruktiv zu überbrücken und dadurch Norm und Realität miteinander zu versöhnen, nicht zum Ziele führen können. Denn ein den Geisteswissenschaften angehörender Wesensbegriff wie der der Repräsentation kann nicht mit einem beliebigen, nur an der politischen Wirklichkeit orientierten, jeweils sich wandelnden Inhalt gefüllt, sondern muß eindeutig aus seiner objektiven Evidenz heraus bestimmt werden.

Hiernach sind die Repräsentationstheorien der letzte Dezennien nicht annehmbar, die in dem Begriff der Repräsentation nur einen Zweck- und nicht einen Wesensbegriff gesehen und von dieser Grundlage aus theoretisch-konstruktiv versucht haben, vor allem die Abhängigkeit der Abgeordneten von den Wählern und Parteiorganisationen zu erklären. »Cette dépendance existe en fait et très étroite. Toute théorie juridique, qui la méconnaît, est fausse«[2]). So richtig dieser Satz ist, so verkehrt ist es umgekehrt, die konkreten Erscheinungen der Rechtswirklichkeit in den allgemeinen Begriff der Repräsentation zu pressen und diesen damit zugleich inhaltlich zu vergewaltigen. So führt, um nur die repräsentativsten verfassungstheoretischen Versuche zu erwähnen, etwa in Frankreich der naturalistische Realismus[3]) Duguit in diesem Zusammenhang mehr zu einer soziologischen Umschreibung des Vertretungstatbestandes als zu einer Erkenntnis des spezifischen Wesens der Repräsentation[4]).

[1]) Dazu näher unten S. 117 ff.

[2]) So Duguit, Traité a. a. O. II S. 549.

[3]) Der aber letzten Endes doch »unwirklich« ist, weil er die Frage nach der wesensmäßigen Bedeutung der dem positiven Recht transzendenten Begriffe und deren innerer Problematik nicht aufzuwerfen und daher das »Wirkliche« nicht erschöpfend zu erklären vermag.

[4]) Nach Duguit, Traité aaO II S. 545 ff. liegt der représentation un »fait de solidarité, d'interdépendance entre représentés et représentants«, »une solidarité, qui possède les mêmes caractères que la solidarité sociale en général« zugrunde. Bei dieser »solidarité par similitudes... les représentés fournissent la plus grande force et les représentants l'exercice des fonctions

Auch Miceli in Italien wie Lowell in den Vereinigten Staaten [1]) suchen sehr einfach die bestehenden Spannungen dadurch auszugleichen, daß sie die beiden gegensätzlichen Organisationssysteme, das der Repräsentation des Volksganzen und der partikularen Interessenvertretung [2]), miteinander kombinieren und den einzelnen Abgeordneten für berufen erklären, nicht nur das Volksganze zu repräsentieren, sondern zugleich auch die Interessen ihrer Konstituenten, also der Wähler und Parteiorganisationen, wahrzunehmen [3]). Der Deputierte soll hiernach zugleich »rappresentante dello Stato e subordinamente del gruppo che lo elegge« sein [4]).

étatiques«. Überall dort, wo eine solche »solidarité par similitudes«, ein solcher »état d'association« besteht, entwickelt sich objektives Recht, das als »règle de droit« den zu der »association« gehörigen »représentants et représentés« für die »situation juridique objective« wechselseitig Rechte und Pflichten auferlegt. Ohne diese »solidarité par similitudes«, ohne diese »correspondance entre le groupe des représentants et le groupe des représentés« soll eine représentation nach Duguit nicht möglich sein.

Im Duguit'schen Sinne auch Bouchet, La conception de la Représentation dans la Constitution de 1875 Thèse 1908, der sich darauf beschränkt, inhaltlich die Repräsentation an Hand einer ausführlichen Schilderung der tatsächlichen Verhältnisse in Frankreich zu umschreiben (aaO. 51 ff., 83 ff.). Vgl. auch noch Barthélemy-Duez, Traité élémentaire aaO. 115 f., dessen Forderungen (Anpassung des Parlaments an die »aspirations de l'ensemble du pays, équilibre entre le parlement et l'opinion publique, un certain droit de remonstrance« von seiten des Parlaments) ebenfalls zu dunkel gehaltene Umschreibungen sind, um theoretisch zur Erklärung des Tatbestandes der Repräsentation brauchbar verwertet werden zu können.

[1]) Lowell, Public opinion aaO. 116 f., 122 f. »On the one hand a representative is presumably in general accord with the opinions of his constituents and is in fact, more or less sensitive to their desires, while, on the other hand, if he has self respect, he never feels absolutely bound to follow their directions in all matters« (125). Dazu auch oben S. 75 f Anm. 1.

[2]) Über die Gegensätzlichkeit dieser Systeme näher S. 182 ff.

[3]) Denn — so lautet die Begründung bei Miceli, Principii di Diritto Costituzionale 1913 S. 303 ff. und ähnlich offenbar auch in dem mir leider nicht zugänglichen Buch Il concetto moderno della rappresentanza politica 1892 — die juristische Konstruktion darf nicht »prescindere interamente da essa (della realtà), se vuole dare una eloborazione del diritto vivente, — altrimenti le sue costruzioni varranno per un mondo ipotetico, non per un mondo reale« (aaO. 305). Man muß vielmehr zu einer Erklärung der Repräsentation gelangen »in base alle esigenze della vita e in conformità del diritto che vige« (308). In diesem Sinn wird die in den romanischen Staaten von Orlando entwickelte Organlehre weitergeführt und das Parlament wie die Abgeordneten nicht nur als Staatsorgane, sondern zugleich auch als Vertreter der Wähler und deren Interessen bezeichnet (312 f.).

[4]) So Miceli aaO. 313. Ähnlich zuvor schon Persico, Rappresentanza politica aaO. 239 f.: Das Parlamentsmitglied »ha un doppio carattere, generale e

Am dialektisch scharfsinnigsten ist die hier bekämpfte Auffassung in Deutschland und zwar von Georg Jellinek [1]) vertreten worden, der die Erscheinungen der Rechtswirklichkeit mit Hilfe der von ihm eingeführten, vielfach kritiklos übernommenen Unterscheidung in primäre und sekundäre Staatsorgane [2]) [3]) erklären und auf Grund dieser nicht haltbaren Differenzierung [4]) eine rechtliche Einheit

speciale ad un tempo«. Der Deputierte vertritt nicht »la sola località o il solo corpo elettorale da cui ha origine, ma anche e sopratutto lo Stato«. Im einzelnen nennt Miceli die »rappresentanza delle varie parti e dei vari interessi... rappresentanza discreta«, zu der schließlich auch die Repräsentation des Volkes durch das Parlament gezählt wird, im Gegensatz zu der »rappresentanza concreta«, d. h. der »rappresentanza degl' interessi communi, dei bisogni collettivi...« (289/290). Der tiefere Sinn dieser terminologisch nicht glücklichen Unterscheidung zwischen rappresentanza discreta und concreta ist in Wirklichkeit der zwischen Interessenvertretung und Repräsentation im Sinne des Textes (dazu S. 182 ff).

[1]) Allgemeine Staatslehre S. 566 ff. Hiergegen etwa schon Carré de Malberg aaO. II S. 338 f.; ferner im Gegensatz zu seiner früheren Auffassung Hatschek, Deutsches und preußisches Staatsrecht 1922 Bd. I S. 299 f.; Kelsen, Hauptprobleme der Staatsrechtslehre 1923 S. 48 ff.; C. Schmitt, Römischer Katholizismus aaO. 45 f.; Heller, Archiv für Sozialwissenschaft und Sozialpolitik Bd. 65 S. 300.

[2]) Im Sinne von Jellinek etwa Veith, Der rechtliche Einfluß der Kantone auf die Bundesgewalt. Dissert. 1902 S. 81 f.; H. Lehmann, Die Geschichte des Repräsentativsystems und seine Anwendung in der preußischen Volksvertretung. Göttinger Dissert. 1908 S. 17 ff.; Michoud, La Théorie de la Personnalité morale etc. 1924 Bd. I S. 315 (vgl. aber S. 314 Anm. 2); Giese, Volksvertretung im Handb. d. Politik 1921 Bd. III S. 63; Hauriou, Souveraineté aaO. 88, der von der Wählerschaft als einem »organe représentatif du premier degré, qui élit le Parlement, organe représentatif du second degré« spricht; Preuß, Reich und Länder S. 238 f.

[3]) Sekundäre Organe sind nach Staatslehre 546 f. Organe, »die zu einem anderen Organe im Organverhältnis stehen, so daß sie dieses (das primäre) Organ unmittelbar repräsentieren. Hier kann das repräsentierte primäre Organ keinen Willen äußern als durch sein sekundäres Organ. Der Wille des sekundären Organs ist unmittelbar als Wille des primären Organs anzusehen.« Diese primär-sekundären Organe unterscheiden sich zugleich von den Kreations- und kreierten Organen dadurch, daß das Abhängigkeitsverhältnis des sekundären Organs im Gegensatz zu dem des kreierten nicht auf den Kreationsakt beschränkt sein soll. Diese neuen Begriffe des primären und sekundären Staatsorgans werden im einzelnen von Jellinek auf die repräsentativen Tatbestände angewendet und die Repräsentanten bald als primäre (wie z. B. die Monarchen), bald als sekundäre Staatsorgane (wie z. B. das Staatsoberhaupt in der demokratischen Republik, die Richter, die Parlamente) bezeichnet (dazu S. 591 f.).

[4]) Sie beruht nämlich in Wahrheit auf einer petitio principii; denn es sind allein die in der letzten Anmerkung erwähnten, willkürlich statuierten Konsequenzen, durch die sich die primären Organe von den sekundären unterscheiden sollen.

Auch leidet die Durchführung der Konstruktion von den primär-sekundären

zwischen dem Willen des Repräsentanten und Repräsentierten konstruieren wollte [1]). Nach Jellinek bilden — hier tritt die gegen-

Organen an inneren Widersprüchen. So versteht man z. B. nicht, wie das primäre Organ, also etwa das Volk, das seinen Willen nur durch sekundäre Organe, vor allem also das Parlament, soll äußern können, dazu kommen soll, doch selbsttätig willensmäßig auf die Abgeordneten einzuwirken. Und doch ist es gerade diese Abhängigkeit, die vor allem durch die Einführung des primär-sekundären Organbegriffes erklärt werden soll (dazu 585 f.). Konstruiert man aber, um diese Abhängigkeit verständlich zu machen, mit Jellinek zwischen den primären und sekundären Organen »ein Organverhältnis, das seiner Natur nach nur ein Rechtsverhältnis sein kann« (so Jellinek 585), so setzt man sich dem begründeten Einwand aus, daß primäres und sekundäres Organ doch stets »Organe« des Staates, also derselben Rechtspersönlichkeit, sind, ein Rechtsverhältnis aber nur zwischen verschiedenen Persönlichkeiten denkbar ist. Diesem bereits von Kelsen, Hauptprobleme aaO. 483 und Duguit, Traité aaO. II S. 659 (vgl. im übrigen auch Jellinek selbst in dem System der subjektiven öffentlichen Rechte 1905 S. 193: »Das Verhältnis des Staates zu seinen Organen kann kein Rechtsverhältnis sein«) geltend gemachten Einwand kann man auch nicht, wie Jellinek will, damit begegnen, daß man im Verhältnis zwischen Volk und Parlament als zweites Rechtssubjekt den Abgeordneten in seiner Eigenschaft als Individuum einführt. Denn bei einem Organverhältnis, also einem Verhältnis zwischen zwei Organen, interessiert die individuelle Sphäre des Abgeordneten überhaupt nicht.

Daß ganz abgesehen von diesen Einwendungen die Durchführung der Jellinek'schen Konstruktion die Repräsentantenqualität der Abgeordneten aufheben muß, ergibt sich nach dem im Text Gesagten ohne weiteres daraus, daß die Entschließungsfreiheit, deren Verneinung durch die Rechtswirklichkeit Jellinek gerade als mit dem Begriff der Repräsentation vereinbar erweisen will, zum Wesen der politisch dezidierenden Repräsentation gehört. — Letzten Endes ist die ganze Unterscheidung in primäre und sekundäre Staatsorgane, wie sich aus Jellinek, Staatslehre S. 589 (vgl. auch Hatschek, Allgemeines Staatsrecht 1909, I. Teil S. 70) ergibt, durch politische Zielsetzungen bestimmt. Gegen diese politisierende Jurisprudenz mit Recht schon Kelsen, Staatslehre insbesondere S. 316 f., dessen eigener formaler Rechtspositivismus aber nicht minder die Gefahr einer rechtsmißbräuchlichen Begriffsbildung um politischer Zwecke willen in sich birgt.

[1]) Jellinek definiert die Repräsentation als »das Verhältnis einer Person zu einer oder mehreren anderen, kraft dessen der Wille der ersteren unmittelbar als Wille der letzteren angesehen wird, so daß beide rechtlich als eine Person zu betrachten sind« (566). Unrichtig ist diese Definition wesensmäßig vor allem deshalb, weil infolge der jeder Repräsentation immanenten Duplizität der personellen Existenz Repräsentant und Repräsentierter nicht (auch nicht im Rechtssinne) eine Einheit bilden.

Im übrigen wirkt ebensowenig wie die Unterscheidung Jellineks in primäre und sekundäre Staatsorgane (dazu vorhergehende Anmerkung) die Beweisführung überzeugend, mit der die rechtliche Einheit zwischen dem repräsentierten, primären und dem repräsentierenden, sekundären Organ jeweils erwiesen werden soll. Jellinek bemerkt z. B., daß entwicklungsgeschichtlich (wie etwa in den Schweizer Kantonen) durch die Übertragung der ursprünglich der Volksgesamtheit zustehenden Befugnisse auf das repräsentative Organ,

sätzliche Grundeinstellung besonders deutlich zutage — die zur Anwendung gelangenden juristischen Begriffe »nicht Erkenntnis-, sondern Beurteilungsnormen des Gegebenen zu bestimmten rechtlichen Zwecken«. Und man soll daher möglicherweise sogar im Einzelfall eine Repräsentation im juristischen Sinn bejahen, sie zugleich aber im soziologischen oder psychologischen Sinne für »Lüge und Schein« erklären können und umgekehrt [1]). Demgegenüber steht die hier entwickelte, phänomenologisch eingestellte Wesensforschung, die die grundsätzliche Unterscheidung zwischen Erkenntnis und Be-

---

nämlich das Parlament, die Organstellung des Volkes nicht vernichtet, sondern nur auf die Mitwirkung an der Bestellung eines anderen Organs beschränkt worden sei. »Die so gebildete Vertretung ist nunmehr Willensorgan des Volkes geworden. Volk und Volksvertretung bilden demnach juristisch eine Einheit« (582; Sperrdruck von mir). Ähnlich ist auch in der konstitutionellen Monarchie »das Volk in seiner Gesamtheit Staatsorgan geworden, das seinen Willen an dem des Parlaments hat. Volk und Parlament sind daher eine rechtliche Einheit« (583; Sperrdruck von mir). Diese in den Nachsätzen gezogenen Schlußfolgerungen sind m. E. nur verständlich, wenn man sich vergegenwärtigt, daß ohne die so behauptete, rechtliche Einheit die Konstruktion von den primär-sekundären Organen im Verhältnis zwischen Volk und Parlament nicht durchführbar sein würde.

Weiter setzt die rechtliche Einheit zwischen Volk und Parlament oder Volk und gewähltem Staatsoberhaupt in der Republik voraus, daß die Summe der Wahlberechtigten mit dem Volk als Einheit identifiziert wird. Denn primäres Organ ist das Volk nur insoweit, als ihm »verfassungsmäßig die Ausübung staatlicher Funktionen in geringerem oder größerem Maße zukommt« (585). In diesem Sinn spricht Jellinek selbst ganz mit Recht »vom Volk als einer zum Zwecke der Bestellung von Repräsentanten organisierten Einheit« (587). Zu dieser können aber die Nichtwahlberechtigten nicht gezählt werden, da ein Rechtsgrund, nach dem die von der Gruppe der Wahlberechtigten gesetzten Akte der Gesamtheit zugerechnet werden können, nicht nachweisbar ist. Hiernach könnte eine rechtliche Einheit etwa von Seiten des Parlaments lediglich mit der Aktivbürgerschaft, nicht aber mit dem Volk selbst bestehen. Trotzdem finden sich bei Jellinek Wendungen, die das Parlament als Willensorgan oder Organ des Volkes bezeichnen, und die so das repräsentierte Volksganze als das Subjekt voraussetzen, mit dem das Parlament als sekundäres Organ eine rechtliche Einheit bilden soll. Gegen diese unzulässige Identifizierung von Volk und Aktivbürgerschaft durch Jellinek auch schon Carré de Malberg aaO. II S. 333 f. und v. Blume, Bedeutung und Aufgaben der Parlamente i. Handbuch der Politik 1914 Bd. I S. 375.

Ebenso wie Jellinek spricht im übrigen auch Kelsen, Staatslehre S. 316 im Verhältnis zwischen Volk und Parlament von einer juristischen Einheit — allerdings von einem anderen Ausgangspunkt aus, nämlich dem Postulat der juristischen Einheit aller Staatsorgane. Zu der des näheren hier nicht zu erörternden reinen Rechtstheorie noch unten S. 150 f. An. 1.

[1]) Dazu Staatslehre 566/567 und Verfassungsänderung aaO. 62.

urteilung des Gegebenen leugnet, weil das Gegebene überhaupt erst sinnhaft nach seiner Erkenntnis beurteilt werden kann, und die allgemeingültige, nicht auf die Staatsrechtslehre beschränkte Erkenntnisse [1]), die zugleich von der jeweiligen Rechtswirklichkeit unabhängig sind, also in ihren Gehalt eingehen, aber auch mit ihr kollidieren können, zu erarbeiten behauptet.

Fragt man weiter nach den Gründen, warum in den modernen Demokratien die Grundlagen der Repräsentation gerade bei den politisch entscheidenden Instanzen so problematisch geworden sind, so ist vor allem auf das im Lauf des 19. Jahrhunderts strukturmäßig völlig veränderte, parlamentarische Wahlrecht hinzuweisen. Denn kommt diesem, wie von Smend [2]) in Anknüpfung an die Gesellschaftslehre von Lorenz von Stein [3]) klargestellt worden ist, die Funktion zu, die außerhalb des Staates wirkenden, gesellschaftlichen Kräfte dem Staate nutzbar zu machen und dadurch die Gesellschaft mit

---

1) In dieser Richtung bewegt sich in Bezug auf die Repräsentation auch schon vielfach die Staatstheorie der romanischen Länder. Vgl. etwa Miceli, Principii di Diritto Cost. S. 310 f., 319: »Gli istituti della rappresentanza... si svolgono sotto l'azione delle forze sociali e politiche«. Daher sind in ihnen »maggiori e più inevitabili gl' infiltramenti degli elementi non giuridici. Ne deriva che quivi non è possibile... una completa separazione degli elementi giuridici da quelli non giuridici« (311); ferner in diesem Sinne Chimienti, Il Principio Rappresentativo nel Diritto Cost. moderno i. Archivio Giuridico Bd. 78 S. 158 f.; Domenico de Martino, Il Rapporto Giuridico tra il Deputato e lo Stato 1917, der aaO. 268 f. die politische Repräsentation als ein Institut von »carattere misto di politico juridico« bezeichnet; Barthélemy-Duez, Traité élémentaire aaO. 97, 115 f.

2) Maßstäbe des parlamentarischen Wahlrechts i. d. deutschen Staatstheorie im 19. Jahrhundert 1912 S. 7 ff; in der gleichen Richtung auch noch Persico, Rappresentanze politiche aaO. etwa 177, 234.

3) Näher über den Begriff der Gesellschaft und ihr Prinzip Stein, Geschichte der sozialen Bewegung herausgegeben v. Salomon 1921 Bd. I Einleitung S. 24 f., 40 f. Schon nach Hegel hatte die ständisch gegliederte Volksvertretung die Aufgabe, die »bürgerliche Gesellschaft« mit dem Staate zu versöhnen. »Das ständische Element« hat nach Hegel die Bestimmung (§ 301 der Rechtsphilosophie aaO. 245 f.) »die allgemeine Angelegenheit... für sich, d. i. das Moment der subjektiven formellen Freiheit, das öffentliche Bewußtsein als empirische Allgemeinheit der Ansichten und Gedanken der Vielen darin zur Existenz kommen« zu lassen. Die Stände werden so »als vermittelndes Organ« bezeichnet, die »so sehr den Sinn und die Gesinnung des Staates und der Regierung als das Interesse der besonderen Kreise und der einzelnen« wahrzunehmen haben (§ 302 S. 247). Später hat Hegel im Zusammenhang mit der Politisierung des Staatsbegriffes die Stände außerhalb des staatlichen Bereiches stellen wollen; näher Rosenzweig, Hegel und der Staat 1920 Bd. II S. 154 f.

dem Staate zu versöhnen, so wirkt sich in dem »parlamentarischen Wahlrecht einfach das gesellschaftliche Kräfteverhältnis« aus und die Volksvertretung wird »zum Zwischenbau zwischen Staat und Gesellschaft« [1]). Infolgedessen kommen in der Volksvertretung nicht mehr mit der Ausschließlichkeit die Interessen der Gesamtheit, sondern vorwiegend die partikularen Gesellschaftsinteressen, die nicht integrierend wirken, zum staatsrechtlichen Ausdruck, und der Abgeordnete ist nicht mehr Repräsentant des Volksganzen, sondern Sachwalter bestimmter, durch die Parteien verkörperter, gesellschaftlicher Interessen. Unter diesem Gesichtspunkt ist die Krise, in der sich heute das Repräsentativsystem, der Parlamentarismus wie die repräsentativ - parlamentarische Regierung befinden, letzten Endes eine Folge der allgemeinen Krise des modernen Staates, die durch die Auseinandersetzung der durch den Staat geschaffenen, politischen Einheit des Volkes mit den divergierenden, gesellschaftlichen Kräften bedingt ist.

Die Einführung des Verhältniswahlsystems hat in Fortführung dieser Entwicklung die an sich schon vorhandene Krise erheblich verschärft. Die Macht der Parteihierarchien ist erneut erheblich auf Kosten der Wähler gesteigert worden [2]). Nicht diesen, sondern den Parteien, die geradezu die »Funktion eines intermediären Ausleseorgans« [3]) übernommen haben, steht die maßgebliche Entscheidung über die zur politischen Leitung Berufenen zu. Das beim Mehrheitswahlsystem noch relativ gewährleistete, unmittelbare Verhältnis zwischen Wähler und Abgeordneten wird durch das Verhältniswahlsystem endgültig gesprengt. Die Stimme des Wählers gehört primär der Partei, die Möglichkeit einer unmittelbaren Einflußnahme der Wähler auf die Nominierung der Kandidaten und damit die selbsttätige Herausstellung von Führerpersönlichkeiten ist ausgeschlossen. Kurzum, durch die Einführung der Verhältniswahl ist wiederum »ein Moment der eigentümlichen schöpferischen Dialektik« der Parlaments-

---

[1]) Smend aaO. 8; das letztere Zitat im Anschluß an Gneist. Ferner etwa noch Stein, Soz. Bewegung aaO. II S. 41 ff.; III S. 58 ff., 85 f. Weitere Literaturnachweise bei Smend aaO. 20 f.

[2]) Näher vor allem Smend, Festgabe für Bergbohm aaO. 281 ff.; vgl. schon Maßstäbe aaO. 12.

[3]) So Ziegler, Archiv f. Sozialwissenschaft und Sozialpolitik Bd. 55 S. 489.

wahl (so Smend) [1]), die usrprünglich dem Repräsentativsystem eigen war, verloren gegangen [2]).

Diese Verschärfung der Krise hängt mit der mit dem Verhältniswahlsystem zwangsläufig verbundenen Atomisierung der Gesellschaftsinteressen zusammen. Durch diese erhalten die im Parlament wirkenden, gesellschaftlichen Kräfte zugleich einen plebiszitären Einschlag. Soll, wie Mirabeau wollte und andere noch heute wünschen, das Parlament ein die einzelnen Wahlstimmen getreu und »gerecht« wiedergebendes »Spiegelbild« der politischen Gruppierung der Bevölkerung sein, so wird ein zwischen Wähler oder Partei und Gewähltem bestehendes, »unmittelbar demokratisches« Verhältnis voraussetzt, das abweichend von dem typisch-repräsentativen Verhältnis von Volk und Parlament auch einer zahlenmäßigen Berechnung zugänglich ist [3]). Aus diesem Grunde gehört tendenzmäßig der Proporz auch zum radikal- und nicht liberal egalitären Demokratismus [4]).

---

[1]) Festgabe aaO. 283.

[2]) Auch die plebiszitäre, ursprünglich im Hinblick auf die Regierungsbildung rein alternative Funktion der Parlamentswahl erfährt durch das Verhältniswahlrecht einen Strukturwandel. Der Wahlakt, der jetzt ausschließlich von den in den Parteiorganisationen zum Ausdruck kommenden, gesellschaftlichen Interessen beherrscht wird, enthält nur noch mittelbar und oft schwer ablesbar eine Entscheidung über die künftige Führung der Regierungspolitik. Nur soweit bei einem Mehrparteienstaat das Koalitionensystem sich eingespielt hat und bestimmte, zur Regierungsleitung qualifizierte Gruppierungen, die auch die jeweiligen Oppositionsparteien umfassen, berechenbar geworden sind, kann man noch in einem gewissen Sinn von einer durch die Parteien vermittelten, plebiszitären Entscheidungsfunktion der Parlamentswahl sprechen.

[3]) Durch das in Deutschland zurzeit geltende, sogenannte automatische System besteht z. B. nahezu die Möglichkeit, die durch die einzelnen Abgeordneten und daher auch die durch das Parlament vertretenen Wähler zahlenmäßig zu erfassen. Vollends besteht diese Möglichkeit auch hier nicht. Denn jedes Proportionalwahlverfahren muß, um das Parlament arbeitsfähig zu erhalten, in der Tendenz gegen das Aufkommen lebensunfähiger Splitterparteien gerichtet sein; vgl. in diesem Sinne z. B. die §§ 31 und 32 des gegenwärtigen Reichswahlgesetzes.

[4]) Zu diesem Begriff vor allem Thoma, Erinnerungsgabe f. M. Weber II S. 39 f. Auch nach Thoma liegt das Verhältniswahlrecht in der Richtung eines konsequenten Demokratismus (43).

Diese radikal egalitäre Tendenz bezieht sich aber nicht auf das der repräsentativen Demokratie geläufige, allgemeine und gleiche Wahlrecht. In diesem kommt nicht so sehr die atomistische als vielmehr die dem demokratischen Gleichheitsbegriff immanente Tendenz, sich selbst zu radikalisieren, zu einem formalisierten, letztgültigen, wenn auch nur relativen Ausdruck — letztgültig deshalb, weil die Wahlberechtigung durch Heranziehung immer breiterer sozialer Schichten eine Ausdehnung erfahren hat, die die äußerste Grenze des Praktisch-Möglichen

Die Unebenmäßigkeit, die rechtsatzmäßig darin besteht, daß sich zum Teil Verfassungen wie z. B. die deutsche Reichsverfassung gleichzeitig zum Repräsentativsystem und dem plebiszitären Verhältniswahlsystem bekennen, erklärt sich aus der ursprünglich unzulänglichen Abschätzung der Konsequenzen des Proporzes für das Repräsentativsystem durch den Verfassungsgesetzgeber. Gerade die dem Proportionalwahlverfahren allgemein gegenüber rückläufige Bewegung, die auch schon teilweise, so etwa in Frankreich [1]) und Italien [2]), von Erfolg begleitet gewesen ist [3]), beweist zur Genüge, daß auch der Verfassungsgesetzgeber sich der für das Repräsentativsystem gefährlichen Konsequenzen des Proporzes bewußt zu werden beginnt, und daß gegenüber seinem grundsätzlichen Bekenntnis zum Repräsentativsystem der Einführung des Verhältniswahlsystems nur eine sekundäre, nämlich eine nur organisationstechnische und nicht im Sinne der unmittelbaren Demokratie strukturwandelnde Bedeutung zukommen sollte [4]). Der gleichen Auffassung ist im übrigen auch die Theorie [5]), die ganz überwiegend bei dem Kampf

---

darstellt und innerhalb der Grenzen der Demokratie eine sozial rückläufige Wahlrechtsbewegung ausschließt.

[1]) Vgl. das Gesetz »portant rétablissement du scrutin uninominal pour l'élection des députés« v. 21. Juli 1927 i. Journal Officiel S. 7547.

[2]) Hier ist das erst 1919 eingeführte Proportionalwahlverfahren schon durch das indessen wieder aufgehobene, berüchtigte, fascistische Wahlgesetz vom November 1923 beseitigt worden. In ähnlicher Weise hat man auch in Rumänien das Verhältniswahlrecht aufgehoben; dazu näher Braunias, Zeitschrift f. Politik Bd. 17 S. 50 f.

[3]) Zur Diskussion über die künftige Gestaltung des Wahlverfahrens in Deutschland etwa Thoma, Reform des Wahlrechts S. 2 f. und in Recht und Staat i. neuen Deutschland I S. 106 f.; Tecklenburg, Der Wille des Wählers und das Maß seiner Verwirklichung in Schmollers Jahrbuch Bd. 50 S. 941 f.; W. Jellinek, Verhältniswahl und Führerauslese i. Archiv d. öffentlichen Rechts N. F. Bd. 11 S. 71 ff.; Gerland, Zur Wahlreform i. d. D. Jur. Zeit. 1928 Sp. 759 f. Die im Text angedeuteten Tendenzen und Konsequenzen des Proporzes hindern natürlich nicht, daß man auf Grund anderer Erwägungen, etwa auf Grund der rationalen, unmittelbar demokratischen Organisationsstruktur unseres öffentlichen Lebens für die grundsätzliche Beibehaltung des Verhältniswahlrechts eintritt.

[4]) Über die nicht von Erfolg begleiteten Bestrebungen des letzten Jahrhunderts, das Verhältniswahlsystem auch in den Vereinigten Staaten zur Einführung zu bringen, näher etwa Merriam, American Political Ideas 1920 S. 116 f. — Auch in England ist heute noch das relative Mehrheitswahlsystem in Geltung.

[5]) Statt vieler z. B. I. St. Mill, repres. governm. aaO. Chap. 7 S. 53 ff.; Saripolos, La Démocratie etc. II insbes S. 113 f., 134 f.; Naville, La Démocratie représentative 1881 S. 6 ff. (aaO. 15: »La proportionnalité est le principe

um die Einführung des Verhältniswahlrechts nicht den Bestand des Repräsentativsystems selbst irgendwie zur Diskussion stellen wollte.

Aufzuwerfen bleibt in diesem Zusammenhang schließlich noch die Frage, wie der zwischen Recht und Wirklichkeit — trotz der heute gesetzlichen Anerkennung der Parteiorganisationen [1]) — in unverminderter Schärfe weiter bestehende Gegensatz möglicherweise behoben werden kann.

Am naheliegendsten erscheint die Lösung, nach der die Parteienherrschaft selbst [2]) im Sinne einer Annäherung des geschriebenen Rechts an die Rechtswirklichkeit durch die Verfassungen rechtsatzmäßig anerkannt wird, so wie es etwa in England schon im 18. Jahrhundert [3]), in Frankreich [4]) und Deutschland [5]) im 19. Jahrhundert des öfteren projektiert worden war. Hiernach würden die Abgeordneten als Angehörige einer bestimmten Partei das Volksganze ebensowenig repräsentieren wie die Regierung, die dann in Wirklichkeit nur noch ein Exekutivausschuß der verfassungsmäßig jeweils zur Regierung berufenen Parteien und Fraktionen sein würde [6]). In diesem Sinne hat jüngst Köttgen folgerichtig als letzte Konsequenz des heutigen Systems die auch offizielle Anerkennung des Parteiministers gefordert [7]). Damit würden die repräsentativen Grundlagen — jedenfalls von Parlament und Regierung — endgültig in Fortfall geraten sein.

Um auch die letzten Konsequenzen einer solchen verfassungsmäßigen Legalisierung der heutigen Parteienherrschaft aufzuzeigen,

de la représentation); Cicarelli, Atti Parlamentari, Camera dei Deputati 1919 Bd. 18 S. 19 865; Salemi, Rivista di Diritto Pubblico 1921 S. 44.

[1]) Dazu näher Triepel, Staatsverfassung aaO. 21 ff.

[2]) Über den repräsentativen Charakter einer möglicherweise in den Gesetzgebungsprozeß eingeflochtenen Ersten Kammer wird noch unten S. 153 f., 162 zu sprechen sein.

[3]) Der erste Versuch, die Herrschaft der plutokratischen Aristokratie in England rechtlich festzulegen, datiert aus dem Jahre 1744; dazu Th. E. May, Constit. History aaO. II S. 70.

[4]) Dazu näher etwa Philipon, Mandat impératif 98 f., 123 ff.; Dandurant, Mandat impératif 127 ff.; Briot, Mandat législatif 120 f.; Barthélémy-Duez, Traité élémentaire aaO. 109.

[5]) In dieser Richtung bewegen sich auch die Vorschläge von Kelsen, Das Problem des Parlamentarismus 1926 S. 13 f., der die Aufhebung der Immunität, Verlust des »Mandates« bei Parteiaustritt, Abberufung der Abgeordneten durch die Partei fordert und somit in der Tendenz das Parlament seines repräsentativen Charakters zu entkleiden sucht.

[6]) Näher hierzu oben S. 82 f., 98 f., 104.

[7]) Köttgen, Berufsbeamtentum aaO. 54 f.

muß klargestellt werden, wohin verfassungstheoretisch der Parteienstaat gehört, und welches Konstitutionsprinzip hier zur Bildung der volonté générale führt.

Der heutige Parteienstaat ist bei Lichte besehen eine Erscheinungsform der unmittelbaren Demokratie. Es besteht kein innerer Unterschied, ob die Aktivbürgerschaft selbst wie etwa bei der Volksinitiative und dem Volksreferendum oder eine unmittelbar von der Wählerschaft oder den Parteiorganisationen abhängige Volksvertretung die maßgeblichen politischen Entscheidungen trifft [1]). Auch das Abhängigkeitsverhältnis der Abgeordneten von den Parteihierarchien, denen sich die Wähler etwa im Sinne eines Vereins zugehörig fühlen, begründet eine Einflußmöglichkeit der Aktivbürgerschaft auf die Volksvertretung. Die Einschaltung der zentralistischen Partei als des »Sprachrohrs des organisierten Volkes« [2]) ist in den Massendemokratien der großen Flächenstaaten, in denen eine Repräsentation nicht stattfindet, fast zwangsläufig. Durch sie werden die Wählermassen erst zu politisch wirklich aktionsfähigen Gruppen zusammengeschlossen. Jedenfalls ist ihre Bildung unentbehrlich für ein Volk, dem die eigene, feste Traditionssubstanz fehlt, die es zu klaren, den Verfassungsmechanismus nicht lahmlegenden Entscheidungen befähigt [3]). Auch unter der Herrschaft des üblichen Parteiensystems würde »le corps législatif ne ... plus dans la chambre«, sondern »au dehors«, d. h. im Volke selber liegen [4]).

Ist der moderne »Parteienstaat« nur eine Abart der unmittel-

---

[1]) Ganz abwegig Steffen, Das Problem der Demokratie aaO., der das imperative Mandat, dem er mit Recht Volksinitiative und Referendum zur Seite stellt (94 f.), als »undemokratisch« (93) und das Parteiensystem nur als eine »außerordentlich unvollkommene Demokratie« (95) bezeichnet.

[2]) Vgl. Triepel, Staatsverfassung aaO. 33; Hellpach, Krise des Parlamentarismus S. 5; in bezug auf England auch E. Kaufmann, Die Westmark 1921 S. 208.

[3]) Die zentralistische Partei ist z. B. in Deutschland geeigneter zur Herausstellung einheitlicher Zielsetzungen von größerem, politischen Format als die vielfach an lokalen Sonderinteressen maßgeblich orientierte Wählermasse. Diese Einsicht würde z. B. für die Beibehaltung des Proporzes sprechen. Denn insoweit würde die Führerauslese besser durch die Parteien — man denke etwa an die Nominierung von Kapazitäten auf der Reichsliste — als durch die Wähler gewährleistet sein. Über die elektiven Funktionen der Verhältniswahl näher Ziegler, Arch. f. Sozialwissenschaft u. Soz. Pol. Bd. 55 S. 477 ff.

[4]) So Le Moniteur Universel 1846 S. 2307. Vgl. etwa schon Robespierre Arch. Parlem. Bd. IX S. 82; Marty aaO. 16, 31; Th. E. May, Const. History aaO. II S. 71.

baren Demokratie, so kann, soweit die Aktivbürgerschaft, die von dieser oder den Parteien abhängige Volksvertretung oder schließlich die wiederum in ihren Entschließungen maßgeblich durch die Parteien bestimmte Regierung an der staatlichen Willensbildung teilnehmen, auch nur das der Demokratie zugrunde liegende Konstitutionsprinzip, das Prinzip der die demokratische Gleichheit funktionell wendenden Identität, auf dessen grundlegende verfassungstheoretische Bedeutung jüngst mit vollem Recht von C. Schmitt [1]) erneut hingewiesen worden ist, zur Gemeinwillensbildung führen. Der Parteienmehrheitswille muß vom Volke mit der volonté générale, dem überparteilichen Gesamtwillen, identifiziert werden [2]), um die Einheit des nationalen Ganzen und damit des Staates begründen zu können. Innerhalb dieses Identifizierungsprozesses wird das Volk als politisch ideelle Einheit nicht repräsentiert. So wird bei der auf der Aktivbürgerschaft wie bei der auf den Parteien beruhenden Demokratie das Volksganze weder durch den einzelnen, stimmberechtigten Bürger noch durch die Summe der aktiv wirkenden Staatsgenossen dargestellt. Ebensowenig kann das Prinzip der Identität, das wie das der Repräsentation eine eigengesetzliche, spezifisch geistige Struktur besitzt [3]), empirisch-realistisch gewendet und von dieser Einstellung aus etwa die Existenz eines im Sinne der Identität wirkenden, das ganze Volk repräsentierenden Individuums behauptet werden [4]).

In dem Gegensatz der beiden funktionell den Staat zur Einheit integrierenden Konstitutionsprinzipien, des willensvereinheitlichend wirkenden Repräsentations- und Identitätsprinzips, liegt zugleich der

[1]) Verfassungslehre 204 ff. und Text oben S. 30. Doch wird der verfassungstheoretische Geltungsbereich des Identitätsprinzips von C. Schmitt noch zu sehr eingeengt (dazu Anm. 4). Auch wird das Identitätsprinzip geltungsmäßig nicht auf die von den Anweisungen der Wähler abhängigen Abgeordneten bezogen (262).

[2]) Leugnet man die Existenz eines Gesamtwillens und bezeichnet ihn wie z. B. Kelsen, Vom Wert und Wesen der Demokratie² S 23 als eine Fiktion, so kann man natürlich die verfassungstheoretische Bedeutung des Identitätsprinzips ignorieren.

[3]) Dazu schon oben S. 28 f.

[4]) Eine Repräsentation des Volksganzen durch den einzelnen, stimmberechtigten Bürger sowie die Summe der Aktivbürgerschaft behauptet im Gegensatz zum Text auch C. Schmitt, Verfassungslehre 206 f., 215 f., 262, trotzdem er selbst S. 216 sehr richtig bemerkt, daß die Beteiligung der Staatsbürger in der Demokratie »nicht den Sinn des Repräsentierens, sondern der Herstellung der Identität des anwesenden Volkes mit sich selbst als politischer Einheit hat« und weiter mehrfach (z. B. 218, 262) ausdrücklich erklärt, daß der Gedanke der Repräsentation dem demokratischen Prinzip der Identität widerspreche.

Unterschied der plebiszitären von der repräsentativen Demokratie beschlossen [1]). Gewiß können wie z. B. rechtsatzmäßig in der Weimarer Reichsverfassung auf dem Gedanken der Identität beruhende, plebiszitäre Einrichtungen [2]) mit einer grundsätzlich repräsentativen Verfassung verbunden sein [3]), indem man etwa in der Form der Initiative oder des ratifizierenden Referendums [4]) oder beiderlei Form zugleich die Aktivbürgerschaft an der staatlichen Willensbildung beteiligt. In diesen Fällen wird, insoweit die Volksanteilnahme reicht, das Prinzip der Repräsentation zugunsten der rein demokratischen Identität aufgehoben, d. h. die zur Gesetzgebung berufene, parlamentarische Körperschaft ihrer repräsentativen Qualitäten zugunsten der Aktivbürgerschaft beraubt. Dagegen kann man nicht Strukturelemente der unmittelbaren und repräsentativen Demokratie in der Weise miteinander verbinden, daß man wie etwa beim Zweikammersystem Aktivbürgerschaft und repräsentierendes Parlament gleichwertig an den politischen Entscheidungen für die Volksgemeinschaft teilnehmen läßt [5]). Man würde einen staats- und verfassungstheore-

---

[1]) Die staatsrechtliche Literatur beschränkt sich in der Regel, die Unabhängigkeit der Repräsentanten als das Kriterium zu bezeichnen, das die repräsentative von der unmittelbaren Demokratie unterscheidet. In diesem Sinne z. B. Sieyès, Arch. Parlem. Bd. VIII S. 594; Seidler, Grünhuts Zeitschrift f. d. Privatrecht u. öffentl. Recht Bd. 24 S. 126; Laband, Arch. d. öff. Rechts Bd. 12 S. 281; Tezner, Die Volksvertretung S. 626; Carré de Malberg aaO. II S. 346.

[2]) Über deren praktisches Funktionieren etwa Thoma, Zeitschrift f. öffentliches Recht 1928 S. 489 ff.

[3]) Vgl. in diesem Sinne schon aus der mittelalterlichen Literatur Marsilio Patavino (v. Padua), Defensor Pacis 1612 I cap. 12—13 S. 45 ff. und zu den Projekten während der französischen Revolution Loewenstein aaO. 138, 265 ff. Umgekehrt sind in der Regel auch repräsentative Tatbestände in irgendeiner Form (z. B. der der Regierung) der grundsätzlich auf dem Identitätsprincip beruhenden, unmittelbaren Demokratie beigemischt. Dies berechtigt aber nicht zu der Annahme, daß letzten Endes das Identitätsprinzip überhaupt nicht ohne Zuhilfenahme repräsentativer Elemente und umgekehrt das Repräsentationsprinzip nicht ohne Einführung von Identitätsvorstellungen erklärt werden können soll (so C. Schmitt aaO. 205 f.).

[4]) Dazu schon die von Marat verfaßte »La Constitution ou Projet de déclaration des Droits de l'homme ou du citoyen etc.«. Über eine weitere Rechteerklärung in diesem Sinne Rees, Die außerparlamentarische Entstehungsgeschichte der Menschenrechte von 1789 Diss. 1910, S. 54, 57. In diesen Zusammenhang gehört auch das von Rousseau empfohlene »gouvernement semi-représentatif«, in dem dem Volk ausdrücklich die Sanktion zu den parlamentarischen Beschlüssen vorbehalten war; dazu aus dem Contrat social L. II Chap. 7 S. 85 f. und L. III. Chap. 15 S. 216.

[5]) Technisch kann man natürlich Einrichtungen der unmittelbaren und

tischen Nonsens sanktionieren, wenn man in dieser Weise die beiden Strukturprinzipien, mit deren Hilfe sich der Volkswille in der Demokratie möglicherweise konstituieren kann, miteinander kombinieren wollte. Vielmehr kann die Frage, welches Organisationsprinzip in concreto bei der Willensbildung innerhalb der Gemeinschaft zur Anwendung gelangt, sinnhaft nur alternativ aufgeworfen werden. Nur die mit dem Volk identische Aktivbürgerschaft oder das Parlament, nicht aber Volk und Parlament können in der Demokratie gleichwertig letzgültig autoritative Entscheidungen fällen.

Von dieser grundsätzlichen Einstellung aus wird erst verständlich, warum ein Parlament auch in der Demokratie [1]) nicht notwendigerweise das Volksganze zu repräsentieren braucht. Die parlamentarische Körperschaft kann nämlich auch die Stätte sein, in der der Gemeinwille der modernen Massendemokratie sich ebenso wie in der sog. unmittelbaren Demokratie mit Hilfe des Identitätsprinzips bildet. Aus dem gleichen Grunde gibt es auch Regierungen, die nicht das Volk als politisch ideelle Einheit repräsentieren, nämlich die in diesen Massendemokratien verfassungsmäßig zur Regierung berufenen, wechselnden Parteien und Parteienmehrheiten, die dadurch, daß sie die Regierungsgeschäfte übernehmen, noch nicht zu einer Repräsentation des Volksganzen werden. Die jeweils herausgestellten »Parteiminister« sind in diesem Fall lediglich das ausführende Organ der zur Staatsleitung erkorenen Parteien, von deren Anweisungen sie abhängig bleiben. Anderenfalls würden sie unter der Hand wieder zu unabhängigen Repräsentanten werden. Damit würden aber die Parteien, die als eine unmittelbar demokratische Organisation der Wählermassen die repräsentativen Grundlagen des modernen Staates haben bekämpfen und letzten Endes beseitigen wollen, in Bezug auf die Regierung zu diesen in veränderter Gestalt wieder zurückkehren.

Das grundsätzliche Bedenken, das gegenüber dieser am nächst liegenden Lösung, der Annäherung des geschriebenen Verfassungsrechtes an die Rechtswirklichkeit, zu erheben ist, besteht darin, daß

---

repräsentativen Demokratie in diesem Sinne miteinander verkoppeln. So hat z. B. in der französischen Revolution der Entwurf Gonzil de Préfeln, Arch. Parl. Bd. VIII S. 551 zur Entkräftung des Vetorechtes des Königs einen Beschluß der Primärversammlungen und des Parlaments mit je 3/4 Stimmenmehrheit verlangt.

[1]) In den Diktaturen ergibt sich der nicht repräsentative Charakter der parlamentarischen Körperschaften aus anderen Gründen; dazu S. 163, 177.

es, zum mindesten in der Gegenwart, infolge des fortschreitenden gesellschaftlichen Zersetzungsprozesses innerhalb der Parteien problematisch geworden ist, ob das Identitätsprinzip im Volksbewußtsein noch in der Intensität lebendig ist, daß dieses die Vorstellung von der Einheit des Parteienmehrheitswillens mit der volonté générale der Volksgemeinschaft zu vollziehen vermag. In den modernen Massendemokratien liegen die Verhältnisse sehr viel komplizierter als etwa in den rein plebiszitär fundierten Schweizer Kantonen, insofern als in diesen das willensbildend gewendete Gleichheitsprinzip den Völkern noch als etwas ganz Elementares, Urwüchsiges, fast Selbstverständliches erscheint. Der fast allgemein gewordene, herrschende Sprachgebrauch, nach dem es in den Flächenstaaten nur einen Parteienstaat, eine Parteienherrschaft, ein Parteiensystem gibt, kennzeichnet symptomatisch die problematisch gewordene Situation. Man zweifelt an der Identität von Partei und Staat. Gelingen aber diese täglich neu notwendig werdenden Identifizierungen nicht, so würde die verfassungsmäßige Legitimierung der Parteienherrschaft nicht zur Massendemokratie, sondern entweder zu einer in der Form wieder repräsentativen und zwar autoritär repräsentativen Diktatur einer Partei [1]) oder charismatisch legitimierten Persönlichkeit im Sinne der heute Europa geläufig gewordenen Diktaturen oder zur Auflösung des modernen Staates führen, dessen Existenz willensmäßig eben von der lebendig wirkenden Kraft eines der erwähnten verfassungsrechtlichen Strukturprinzipien abhängt [2]). Wenn die Verfassungen daher noch heute an den demokratisch-repräsentativen Fundamenten des modernen Staats festhalten und in diesem Sinne motivierend auf Ab-

---

[1]) Nach Koellreutter, Die politischen Parteien S. 87 z. B. ist das Ergebnis der heutigen Entwicklung »die Diktatur des Parteiführers im modernen Staate«. Auch nach Wieser, Gesetz der Macht aaO. 433 würde die »Überantwortung des Staates an die politischen Parteien«, die »Parteienregierung«, in der Regel die Parteidiktatur zur Folge haben, da man in ihr zu dem Identitätsprinzip der unmittelbaren Demokratie nicht zurückkehren kann. Abweichend dagegen Thoma, Erinnerungsgabe aaO. II S. 63, dessen »auf Volksbewilligung oder -duldung... der jeweils herrschenden Parteiorganisationen« beruhende, ideelle »Staatswille der Demokratie« auf der einheitsbildenden Kraft des demokratischen Identitätsprinzipes beruht.

[2]) Die gesellschaftlichen, vor allem also die wirtschaftlichen Kräfte sind nicht imstande, die einheitliche Willensbildung im Staate zu gewährleisten und den Staat in seiner einheitlichen Struktur zu erhalten. Abweichend Triepel, Staatsverfassung 35 f., der von einem allmählichen sich Durchsetzen der »organisch« gesellschaftlichen Mächte sich die Überwindung des Parteienstaates verspricht. Näher noch hierzu Kapitel VIII.

geordnete und Regierung wirken wollen und bei verantwortungsbewußten Persönlichkeiten, vor allem innerhalb der Regierung, auch tatsächlich noch motivierend wirken, so geschieht dies nicht, um antiquierte liberalistische Reminiszenzen in der Gegenwart lebendig zu halten. Der tiefere Sinn der autoritativen Absage an den heutigen, die unmittelbare Demokratie surrogierenden Parteienstaat ist vielmehr, nach Möglichkeit eine Entwicklung hintanzuhalten, von der man nicht mit Gewißheit vorher sagen kann, ob sie sich tatsächlich letzten Endes demokratisch staatserhaltend bewähren wird, oder ob sie nicht vielmehr umgekehrt zu einer undemokratischen, revolutionären Umschichtung der Rechtsordnung nach der repräsentativen Seite hin oder sogar zu einer allmählichen Zersetzung der in den letzten Jahrhunderten mühsam errungenen, staatlichen Einheit führen wird.

Fünftes Kapitel.

Repräsentation und Organschaft.

Wenn das, was bisher über das Wesen der Repräsentation, vor allem der politischen Repräsentation gesagt worden ist, der staats- und verfassungstheoretischen Publizistik nicht geläufig ist, so liegt dies — jedenfalls innerhalb des Bereichs der deutschen Sprachgrenzen — vor allem an der Gestalt, in der die »Organlehre« üblicherweise verstanden und vorgetragen wird. Das Problem der Repräsentation besteht für die heute herrschende Lehre von den Staatsorganen nämlich insofern nicht, als nach ihr alle Repräsentanten, der König und der Präsident in der Republik z. B. ebenso wie etwa das Parlament und der einzelne Abgeordnete als Staatsorgane bezeichnet und so mit allen für die Gemeinschaft handelnden Individuen, die »Organqualität« besitzen, auf die gleiche rechtliche Stufe gestellt werden.

Diese Auffassung geht in ihrer positivistischen Prägung auf die zwar erschütterte, aber noch keineswegs überwundene Lehre von den Staatselementen zurück [1]), nach der das Volk nur ein Element des Staates, nämlich Staatsvolk, der sich zugleich aus anderen Elementen zusammensetzende, staatliche Verband selbst aber »eine im Wege der Synthese zusammengefaßte Einheit«, eine Abstraktion sein soll [2]). Volk und Staat sind nach dieser Auffassung nicht sich deckende Begriffe. Der Staat ist — so definiert ihn jüngst Thoma — ein Verband, in dem »das Volk und das von diesem bewohnte, von angebbaren

---

[1]) Zu dem räumlich statischen Denken, das dieser Lehre zugrunde liegt, die wertvollen Erörterungen bei Smend, Verfassung insbes. S. 8 ff.; zur Elementenlehre auch noch S. 87.

[2]) Dazu aus der neuesten Literatur etwa Thoma, Art. Staat i. Handwörterbuch d. Staatswissenschaften 1926 Bd. VII S. 753, 754; Liermann, Volk als Rechtsbegriff aaO. 72: »Der Staat ist ein gedankliches Gebilde, konstruiert aus Volk, Gebiet und Gewalt« (vgl. auch 77); Waldecker, Allgemeine Staatslehre 1927 S. 215, der in dem Staat einen Hilfsbegriff oder eine Arbeitshypothese sieht.

Grenzen umzogene Land unter einer eigenen, planmäßig auf die Dauer angelegten und sich regelmäßig durchsetzenden Herrschaftsorganisation steht«[1]).

Soll dieser staatliche Verband juristisch als Person begriffen werden, so wird er überwiegend mit Hilfe des Körperschaftsbegriffes »als Körperschaft des in ihm zusammengeschlossenen Volkes« und zwar als Gebietskörperschaft bezeichnet[2]). Die so mit Rechtssubjektivität begabte Staatskörperschaft soll als sinnvolle Einheit nach außen lediglich in ihren Organen, durch die sie ihren Willen kundgibt, in Erscheinung treten. Der Organwille soll unmittelbar Staatswille sein. Nur in den Organen soll der Staat leben. Insoweit stimmen Gierke, Laband und G. Jellinek überein. Von dieser grundsätzlichen Einstellung aus wird folgerichtig z. B. das Parlament ebenso wie der einzelne Abgeordnete als Staatsorgan und zwar unmittelbares Staatsorgan bezeichnet[3]), da Parlament und Abgeordnete auf Grund der Verfassung ebenso wie alle anderen unmittelbaren Organe an der Willensbildung des Staates — und zwar in der modernen Demokratie in hervorragendem Maße — beteiligt sind[4]).

---

[1]) So Thoma aaO. 753 (vgl. auch 724 ff. u. Erinnerungsgabe f. M. Weber II S. 47 f., 55); Stier-Somlo, Reichs- und Landesstaatsrecht I S. 43 f., insbes. 49; Liermann aaO. 68 ff., 100 f.; Waldecker, Staatslehre aaO. 201 ff.

[2]) Hierzu näher statt aller Thoma aaO. 748 f.

[3]) In diesem Sinn z. B. Orlando, Revue du droit public III S. 24; Laband, Staatsrecht aaO. I S. 296/297 und Archiv d. öff. Rechts Bd. 12 S. 279; G. Jellinek, System der subjektiven öffentlichen Rechte S. 167 f. und Staatslehre aaO. 566 f. (dazu oben S. 110 f.); Gierke, Das Genossenschaftsrecht Bd. I S. 824/825 und Schmollers Jahrbuch 1883 S. 1142. Ferner schon Gerber, Grundzüge eines Systems des deutschen Staatsrechts 1865 S. 71; Mohl, Staatsrecht aaO. I S. 11; Haenel, Deutsches Staatsrecht 1892 Bd. I S. 336; Seidler, Grünhuts Zeitschrift f. das private und öffentliche Recht Bd. 24 S. 127 und Allgemeines Staatsrecht 107; Saripolos, Démocratie aaO. II S. 85 ff., 98 ff.; Redslob, Staatstheorien aaO. 129; Loewenstein, Volk und Parlament 201; Michoud, La Théorie de la Personnalité morale I S. 314; aus der neuen, deutschen, verfassungsrechtlichen Literatur etwa Anschütz, Kommentar zur Reichsverfassung S. 114/115; Giese, Handbuch der Politik 1921 Bd. III S. 63; Liermann, Volk als Rechtsbegriff 69/70.

[4]) Unrichtig Rieker, Rechtliche Natur der modernen Volksvertretung S. 38 f., der von dem Ausgangspunkt der herrschenden Lehre zwischen Demokratien und Monarchien unterscheidet und hier nur dem Monarchen, dort nur dem Parlament Organqualität zuschreibt. Denn in der Monarchie soll der Staatswille allein vom Monarchen gebildet werden, während die Volksvertretung nur »einen gesetzlich bestimmten Einfluß auf die Bildung des Staatswillens« haben soll (Rieker 40). In Wirklichkeit besteht dieser gesetzlich bestimmte Einfluß gerade in der Beteiligung an der Staatswillensbildung. In diesem

Unberechtigt ist von den Voraussetzungen dieser Betrachtungsweise aus nur die Annahme, daß diese unmittelbaren Staatsorgane des Abstraktums Staat das Volk nicht sollen repräsentieren können [1]). Die Terminologie der Verfassungen, die in diesem Zusammenhange häufig, insbesondere bei der Repräsentation des Volkes durch das Parlament, von einer »Vertretung« des Volkes sprechen und somit ausdrücklich Staat und Volk als zwei verschiedene Einheiten anzuerkennen scheinen, weist geradezu darauf hin. Wenn man diese Konsequenz in der deutschen Staatsrechtslehre nicht hat ziehen wollen,

---

Sinne wurde in den auf dem monarchischen Prinzip beruhenden Verfassungen wie etwa der preußischen Verfassungsurkunde von 1850 die Gesetzgebungsgewalt ausdrücklich gemeinschaftlich dem König und den beiden Kammern zugewiesen (Art. 62). Die grundsätzliche Tendenz des konstitutionellen Obrigkeitsstaates geht geradezu dahin, den Dualismus von Krone und Volksvertretung durch die gleichzeitige Beteiligung beider an der Staatswillensbildung zu überbrücken. Es ist eine petitio principii, wenn Rieker auf Grund des unrichtigen Satzes, daß nicht zwei im Staate herrschen können — dieser Satz beruht auf einer Verwechselung des Souveränitäts- mit dem Organbegriff — den Monarchen als den Alleinbildner des Staatswillens bezeichnet und nur ihm Organqualität zuschreibt. Was die Volksvertretung, die als ein »anorganisches Element im Leben des Staates«, »als ein fremder Bestandteil in seinem Körper« (45) bezeichnet wird, ihrem Wesen und ihrer rechtlichen Bedeutung nach eigentlich sein soll, bleibt bei dieser Umschreibung völlig im Unklaren.

In Wirklichkeit sucht Rieker durch diese Argumentation die Stellung des Monarchen gegenüber der Volksvertretung über das rechtsatzmäßig jenem zukommende Maß hinaus zu steigern. Der Monarch soll in entscheidenden Augenblicken auch dann nach seiner Ansicht handeln dürfen, wenn diese mit der der Parlamentsmehrheit kollidiert (Rieker 43), und daher gegebenenfalls sogar verfassungsmäßig berechtigt sein, auf die erforderliche Zustimmung der Stände zu verzichten und verfassungswidrig zu regieren. Zu dieser maßgeblich durch politische Erwägungen bestimmten Betrachtungsweise, die der Mitte des letzten Jahrhunderts durchaus geläufig war (vgl. z. B. Stahl, Philosophie des Rechts Bd. II 2. Abteil. S. 383 f.; Mohl in seinen früheren Schriften z. B. Geschichte und Literatur der Staatswissenschaften I S. 281 f.; Schmitthenner, Staatsrecht aaO. 574, 581; wohl auch Seydel, Bayrisches Staatsrecht 1887 II S. 5 f.), vor allem Lukas, Die rechtliche Stellung des Parlamentes in der Gesetzgebung Österreichs 1901 aaO. insbes. S. 85 Anm. 2, S. 90 f., nach dem in der konstitutionellen Monarchie trotz rechtssatzmäßiger Koordination von Monarch und Parlament die politische Prärogative — dies ist in Wahrheit die Souveränität — dem Monarchen zukam (218 f.); vgl. ferner Orlando aaO. 14 f., 24, der seine eigene Lehre von der Organqualität des Parlamentes vor allem im Hinblick auf die von ihm bekämpfte Rieker'sche Theorie entwickelt hat; gegen Rieker endlich noch etwa Meyer-Anschütz, Lehrbuch des deutschen Staatsrechts § 96 Anm. 5 S. 330 f. und Preuß, Reich und Länder S. 266 f.

[1]) Diese Annahme beruht auf der üblichen Gegenüberstellung von Organschaft und Vertretung, mit der die Repräsentation identifiziert wird; zu diesem angeblichen Gegensatz näher S. 133 f.

da das »gesamte deutsche Volk keine vom deutschen Reich verschiedene und ihm gegenüber selbständige Persönlichkeit habe, kein Rechtssubjekt sei und juristisch keinen Willen habe« [1]), so wird übersehen, daß der Begriff der Repräsentation nicht wie der Begriff des Organs die Rechtssubjektivität einer verbandsmäßig organisierten Einheit voraussetzt. Es gibt auch repräsentationsfähige ideelle Einheiten, die wie z. B. das Volk oder eine nationale Minderheit repräsentiert werden können, ohne zugleich als Rechtssubjekte von der Rechtsordnung anerkannt werden zu müssen [2]). Von der Auffassung aus, daß das Volk nur eines der Elemente des Staates ist, somit außerhalb des Staates steht, muß man daher zu dem nur vereinzelt anerkannten Satz gelangen, daß jedenfalls möglicherweise die unmittelbaren Staatsorgane das Volksganze repräsentieren [3]). Nur darf man nicht diesen Gedanken z. B. in Bezug auf das Parlament in die Form kleiden, daß dieses juristisch unabhängiges Staatsorgan, politisch dagegen eine Vertretung des Volkes (im Sinne von Repräsentation) sei [4]), da ja gerade nicht politische, sondern rechtliche Erwägungen zu der Annahme einer Repräsentation des Volkes durch das Parlament nötigen.

Folgerichtig ist es dagegen von der grundsätzlichen Einstellung der herrschenden Lehre aus, daß diese unmittelbaren Staatsorgane, vor allem also wiederum das Parlament, nicht als Organe des Volkes bezeichnet werden [5]). Denn unvollziehbar ist die Vorstellung,

---

[1]) So Laband, Staatsrecht I S. 296.

[2]) Für die Minderheiten, die Rechtssubjektivität nicht besitzen, ist diese Feststellung von besonderer, verfassungsrechtlicher wie völkerrechtlicher Bedeutung.

[3]) So in Bezug auf das Parlament etwa H. Schulze, Staatsrecht aaO. I S. 457, 460; Hauriou, Droit Constitutionnel[1] 207. Gegen die herrschende Lehre auch Jellinek, Staatslehre 581/582, der zwar aaO. 566 ff. von repräsentativen Organen spricht, selbst aber noch infolge des von ihm eingeführten Begriffes des sekundären Organs im wesentlichen in der traditionellen Lehre von den Staatsorganen befangen bleibt.

[4]) Z. B. Seidler, Die Immunität der Mitglieder der Vertretungskörper nach österreichischem Recht 1891 S. 74; Hubrich, Die parlamentarische Redefreiheit und Disziplin 1899 S. 333.

[5]) So statt vieler z. B. Rieker, Volksvertretung 50 f.; Liermann aaO. 70 f. Immerhin wird vereinzelt, meist im Widerspruch zu den eigenen Voraussetzungen, das Parlament auch als Volksorgan bezeichnet; in diesem Sinne etwa Bluntschli, Volk und Souverän 71 (Organ des Volkswillens); Schmitthenner, Staatsrecht aaO. 576; Mohl, Geschichte und Literatur d. Staatswiss. I S. 298; Meyr, Art. Abgeordneter i. Staatslexikon herausgeg. v. Bruder 1889 Bd. I S. 14 (Organ des Volksethos); Tezner, Volksvertretung 724; vereinzelt

daß das außerhalb des Staates stehende Volk selbst noch ein mit selbständiger Rechtspersönlichkeit begabter Verband ist, der einen eigenen Verbandswillen soll erzeugen und einer eigenen rechtlichen Organisation soll fähig sein können. Gehört aber zu den wesensmäßigen Voraussetzungen des Organbegriffs die Rechtssubjektivität des Verbandes, für die das Organ willensmäßig handelt, so kann das das Volk repräsentierende, unmittelbare Staatsorgan ebensowenig als Organ des Volkes fungieren wie etwa ein Staatsorgan Organ eines anderen Staatsorgans, etwa in Preußen der Landrat Organ des Regierungspräsidenten sein kann [1]).

Der tiefere Grund allerdings, der Aufschluß gibt, warum man nicht von einer eigenen Rechtssubjektivität des Volkes neben der des Staates, daher auch nicht von Organen des Volkes, sprechen kann, liegt in der Erkenntnis beschlossen, daß Staat und Volk überhaupt nicht im Sinn der herrschenden Lehre gespalten werden können, da das Volk als politisch ideelle Einheit [2]) seine rechtliche Organisation im Staate gefunden hat [3]). Das Volk ist in Wirklichkeit nicht Element des Staates, »Staatsvolk«, sondern eine politisch ideelle Wertgemeinschaft, die den Staat, mit dem sie identisch ist, nicht nur zu einer tatsächlichen gegebenen, sondern auch geistigen Wirklichkeit macht [4]).

---

auch Jellinek, Staatslehre 582 f.; Zenker, Parlamentarismus S. 83, 119; Romano, Diritto Costituzionale² S. 191; MacIver, Modern State 143.

[1]) Zu einer solchen Annahme führt die Unterscheidung Jellinek's in primäre und sekundäre Staatsorgane (so Staatslehre 546, 582 f.; dazu Text S. 110 f.); im Sinne Jellinek's ferner etwa Hatschek, Allg. Staatsrecht I S. 71; Fischbach, Allgemeines Staatsrecht 1923 Bd. I S. 50. Auch der Gesetzgeber spricht vereinzelt von einem Organ eines anderen Organs; so bezeichnet z. B. der § 90 der preußischen Landgemeindeordnung den Gemeindevorsteher als Organ des Amtsvorstehers.

[2]) In dem oben S. 46 ff. näher umschriebenen Sinne.

[3]) In diesem Sinne etwa schon Gierke, Genossenschaftsrecht I S. 830/831; Preuß, Das deutsche Volk u. d. Politik 1916 z. B. S. 110, 113, 199 u. Der deutsche Nationalstaat 1924 S. 131 f.; Anschütz, Kommentar zur Reichsverf. S. 32/33; Esmein, Droit Constitutionnel I S. 1; Carré de Malberg, Théorie générale aaO. II S. 331 f.; Michoud, Théorie de la Personnal. Morale I S. 313; C. Schmitt, Verfassungslehre S. 3 ff., der den Staat als den »politischen Status« der Volkseinheit bezeichnet (aaO. 49) und von dieser Einstellung aus den absoluten Verfassungsbegriff (die Verfassung als einheitliches Ganzes) entwickelt.

[4]) Daß auch die anderen juristischen Verbände, insbes. die Selbstverwaltungskörper, nicht Abstraktionen oder Fiktionen sind, hat schon mit Recht Gierke (etwa Deutsches Privatrecht 1895 I S. 469 ff.) hervorgehoben, nach dem jene ebenso wie der Staat reale Verbandspersönlichkeiten sind.

Ist aber die staatliche Rechtssubjektivität nur der Ausdruck der Rechtssubjektivität des Volkes, so darf man mit dem gleichen Recht wie von Staatsorganen auch von Organen des staatlich organisierten Volkes sprechen.

Dieses gilt nicht nur von der modernen Demokratie, sondern jeder politisch staatlichen Organisation des Volkes, vor allem also auch der absoluten Monarchie und dem konstitutionellen, auf dem monarchischen Prinzip beruhenden Verfassungsstaat. Der Satz der absoluten Monarchie: »L'État, c'est moi«[1]) bedeutet nicht Identität des absoluten Monarchen mit dem souverän gedachten Staat und Trennung von Staat und Volk, sondern in Wahrheit lediglich, daß der mit dem Volk identische Staat absorptiv durch den souveränen Landesfürsten repräsentiert wird[2]). Dieser steht als souveräner Repräsentant des Volksganzen innerhalb, nicht außerhalb der staatlich organisierten Volksgemeinschaft[3]).

Wenn diese Identität von Staat und Volk in der konstitutionellen Monarchie der staatstheoretischen Publizistik weitgehend problematisch geworden ist, so lag dies vor allem daran, daß hier das Volk neben dem Monarchen zugleich auch durch die Volksvertretung dem Monarchen gegenüber repräsentiert wurde und der Monarch als Adressat der Repräsentation doch offenbar nicht wiederum zu dem von der Volksvertretung repräsentierten Volke gehören konnte. So entstand in der Doktrin die fast allgemeine Vorstellung, daß der Staat, die Nation als die »ideale« Gesamtpersönlichkeit den zwischen Fürst und Volk, Regierung und Regierten bestehenden Gegensatz in sich

---

[1]) Diese Äußerung in gesteigerter Form (»Moi, je suis l'État«) noch bei Bismarck zu Schweinitz, April 1884 in Denkwürdigkeiten des Botschafters von Schweinitz 1927 Bd. II S. 270. Sie wäre in dieser Form auch in den heutigen Diktaturen möglich, in denen die verfassungstheoretische Situation ähnlich der der absoluten Monarchien ist; dazu etwa Mirkine-Guetzevitch, Théorie générale de l'État soviétique S. 47; mein fascistisches Verfassungsrecht S. 23 f.

[2]) In diesem Sinne wohl auch C. Schmitt, Verfassungslehre S. 205.

[3]) Die Richtigkeit dieses Satzes wird am besten durch die eindrückliche Darstellung von E. Kaufmann, Studien zur Staatslehre des monarchischen Prinzipes 1906 S. 10 ff. belegt, der in Übereinstimmung mit der neueren Geschichtsforschung die früher herrschende Auffassung, nach der allein das monarchische Prinzip der Träger des modernen Staates ist, vor allem für den preußischen Staat berichtigt hat. In diesem Sinne zur Charakterisierung der absoluten Monarchie auch schon Gierke, Das deutsche Genossenschaftsrecht 1873 Bd. II S. 860 f.

als der höheren Einheit aufzuheben berufen sei [1]). In Wirklichkeit gehören zu der von den Repräsentanten jeweils repräsentierten Volkseinheit auch die Repräsentanten selbst, somit auch die Monarchen — allerdings nur in ihrer nicht repräsentativen Qualifikation. Ein Repräsentant kann in seiner Eigenschaft als Repräsentant nicht wiederum von anderen Repräsentanten repräsentiert werden [2]). Der Monarch wird somit als Repräsentant durch die Abgeordneten ebensowenig repräsentiert wie die Abgeordneten als Repräsentanten durch den Monarchen oder in der modernen Demokratie durch den republikanischen Präsidenten. Dagegen ist eine Repräsentation möglich, soweit etwa die Abgeordneten kompetenzmäßig nicht zur Repräsentation des Volkes berufen sind oder ihre repräsentativen Qualitäten z. B. infolge Nichtwiederwahl verloren haben, soweit etwa der Monarch auf die Ausübung seiner Funktionen verzichtet oder seine Berechtigung infolge Zeitablaufes wie etwa bei der auf Zeit beschränkten Wahlmonarchie verloren hat [3]).

---

[1]) Typisch z. B. die Äußerung bei Rotteck, Ges. und nachgel. Schriften 1841 Bd. III S. 260f., nach der »Regierung und Landtag, obschon in ihrer Wechselwirkung als zwei verschiedene, ja sich gegenüberstehende Persönlichkeiten erscheinend, gleichwohl in einer höheren Gesamtpersönlichkeit, nämlich in jener des Staatsganzen oder der Nation, als in ihrer gemeinschaftlichen Wurzel ideal vereinigt sind«. Weitere Nachweise bei Gerber aaO. 73 f., 121; aus der Zeit der franz. Revolution z. B. schon Crenière, Arch. Parlem. VIII S. 319 Sp. 1 Anm. 2. Soweit man in diesem Sinne Fürst und Volk einander als selbständig berechtigte Persönlichkeiten gegenübergestellt hat, kann man naturgemäß konstruktiv nicht zur Einheit von Staat und Volk gelangen.

Ähnlich wie die konstitutionelle Verfassungsdoktrin hat schon zuvor das Naturrecht zwei Personen, das Volk und die Herrscherpersönlichkeit, bei dem Ur-, Grund- oder Unterwerfungsvertrage als Kontrahenten einander gegenübergestellt. Auch hier mußte man, selbst wenn man wie z. B. die Monarchomachen (dazu etwa Junius Brutus, Vindiciae contra tyrannos 1631 Qu. III S. 143 ff. 292 ff.; weitere Nachweise bei Gierke, Genossenschaftsrecht IV S. 311 Anm. 102) Volk und Staat miteinander identifiziert hat, die so begründete Einheit wieder zerreißen. Denn trat der Herrscher als selbständige Vertragspartei dem Volke gegenüber, um mit diesem durch den Vertragsabschluß den Staat zu gründen, so mußte der Herrscher außerhalb des Volkes und damit außerhalb des Staates gestellt werden, wenn jenes mit diesem eins sein sollte; näher Gierke, Genossenschaftsrecht IV S. 313 f. und Treumann, Die Monarchomachen 1895 S. 57f.

[2]) Sonst müßte man auch die Möglichkeit einer Repräsentation sich selbst gegenüber zugeben. Es müßte dann z. B. in der konstitutionellen Monarchie der durch die Volksvertretung repräsentierte Monarch zugleich sich selbst gegenüber repräsentiert werden können.

[3]) Auch in der Republik wird der plebiszitär gewählte, das Volk repräsentierende Präsident, trotzdem er teilweise als Gegenspieler des Parlamentes fungiert (z. B. bei der Parlamentsauflösung), als »citoyen« in gleicher Weise

Vollzieht man zu Unrecht die Identitätsvorstellung von Staat und Volk als politisch ideeller Einheit nicht, sondern bezeichnet, wie die Elementenlehre will, das »Staatsvolk« nur als eines der den Staat bildenden Elemente, so verschließt man sich — es kann dies in dem Zusammenhang nur angedeutet werden — der befriedigenden Erkenntnis einer Reihe der wichtigsten, verfassungstheoretischen Probleme. Bezeichnet man z. B. im Sinn der traditionellen Lehre den Staat in seiner heutigen Gestalt als souverän, so kann der mit Recht meist von den demokratischen Verfassungen an die Spitze gestellte, das Prinzip der Volkssouveränität proklamierende Satz, nach dem alle Staatsgewalt vom Volke ausgeht, nicht eine seiner Bedeutung entsprechende Bewertung erfahren. Diese Bestimmung, die in Wirklichkeit das ganze Verfassungsleben in den Demokratien auch nach der völkerrechtlichen Seite hin trägt und immer wieder von der Seite des Volksganzen her erneuert, muß bei der dualistischen Auffassung von Staat und Volk — bei Lichte besehen sind Volks- und Staatssouveränität in den Demokratien ebenso synonym zu denkende Begriffe wie ihr gegensätzliches Korrelat, die Staats- und Fürstensouveränität in der absoluten Monarchie [1]) — ihre grundsätzliche Bedeutung zugunsten des allein als souverän erklärten Staates völlig einbüßen. Und in Bezug auf die Repräsentation führt diese Staat und Volk differenzierende Auffassung wohl zu der Annahme einer Repräsentation des Staates (im Sinne von Organschaft), zugleich aber, wie schon erwähnt, folgerichtig zu einer Leugnung der Repräsentation des Volkes, daß als außerhalb des Abstraktums Staat stehend möglichst aus der staatsrechtlichen Betrachtung überhaupt zu eliminieren gesucht werden muß.

Aber auch dann, wenn man durch die Ineinssetzung von Staat und Volk als politisch ideeller Einheit den staats- und verfassungsrechtlich verhältnismäßig einfach liegenden Tatbestand nicht unnötigerweise kompliziert, bleibt die Frage offen, ob und inwieweit etwa die Lehre von den Staatsorganen in ihrer heutigen Gestalt der wesensmäßigen Erkenntnis der Repräsentation entgegensteht.

---

durch das Parlament repräsentiert wie jeder andere, politisch wertakzentuierte Staatsbürger.

[1]) Es läßt sich also, wenn man den Staat als souverän bezeichnet, nicht ohne weiteres sagen, wer innerhalb des Staates das wirkliche Souveränitätssubjekt ist; abweichend Heller, Souveränität S. 73, nach dem mit der Staatssouveränität immer zugleich irgendwie die Volks- und nicht die Fürstensouveränität verbunden ist. Über souveräne Repräsentation noch oben S. 76.

Wenn man im Sinne der Organlehre [1]) — gleichgültig ob man Staat und Volk miteinander identifiziert oder nicht — alles Handeln für den mit Rechtssubjektivität begabten, staatlichen Verband als ein staatsorganschaftliches und den »Willen des Organträgers innerhalb der ihm zugewiesenen Schranken kraft verfassungsmäßiger oder gesetzlicher Normierung als Staatswillen« bezeichnet [2]), so ergibt sich mit dieser Feststellung noch nichts über die besondere Tätigkeit, die das einzelne Staatsorgan in concreto tatsächlich ausübt. Mit der traditionellen Organlehre ist fast zwangsläufig ein gleichförmiger Unifizierungsprozeß der gesamten rechtsgeschäftlichen Staatstätigkeit verbunden. Dieser Prozeß führt z. B. dazu, daß das das Volk repräsentierende Parlament seine nach der üblichen Auffassung wesentlichste Eigenschaft, nämlich seine Organqualität, mit allen anderen für den Staat handelnden Organen teilt und letzten Endes sogar mit der Aktivbürgerschaft auf der gleichen rechtlichen Stufe steht, die als Wählerschaft nach der herrschenden Lehre auch als Organ, nämlich als Kreationsorgan des Parlamentes, fungiert [3]). Tatsächlich ist die Tätigkeit der »Organe« für den Staat eine inhaltlich so verschiedene, daß mit der allgemeinen Feststellung, eine Person oder Personengruppe handle als unmittelbares oder mittelbares Organ [4]) gerade die besondere, verfassungstheoretisch vor allem interessante Wesensart nicht deutlich zum Ausdruck gelangt, in der das »Organ« jeweils gehandelt hat, und durch die sich dieses Organ von anderen

---

[1]) Die, wie von Smend, Verfassung aaO. 88 f. grundsätzlich klargestellt worden ist, zugleich auch immer ein Bestandteil der »Soziallehre des Staates« ist.

[2]) So Jellinek, Subj. öffentliche Rechte aaO. 224; vgl. etwa auch Gierke, Schmollers Jahrbuch 1883 S. 1139.

[3]) Hiergegen schon Triepel, Wahlrecht und Wahlpflicht S. 10 und Zeitschrift für Politik Bd. IV S. 602, der mit Recht bemerkt, daß ein Handeln im Interesse des Staates wie z. B. das Wählen jedenfalls noch nicht genügt, um die Staatsorganqualität zu begründen. Weitere einschränkende Bemerkungen gegen eine zu weit gehende Anwendung des Organbegriffes auch bei Spiegel, Grünhuts Zeitschrift f. d. Privat- und öffentliche Recht der Gegenwart Bd. 24 S. 179 und Binding, Zum Werden und Leben der Staaten 1920 S. 325 f. (dazu noch S. 135 An. 3).

[4]) Mittelbare Staatsorgane sind nach der herrschenden Lehre solche, »deren Organstellung nicht unmittelbar auf der Verfassung, sondern auf einem individuellen, an sie gerichteten Auftrage beruht«; so Jellinek, Staatslehre 557; ferner etwa Gierke, Genossenschaftsrecht I S. 829/830; Schmollers Jahrbuch 1883 S. 1142 f.; Privatrecht I S. 497: hier werden aus der Reihe der gewöhnlichen Organe die »Hauptorgane« und aus der Reihe der Hauptorgane wieder deren oberste Organe herausgehoben.

Organen und Organgruppen unterscheidet [1]). Auch eine integrierende Betrachtungsweise, die es entscheidend auf die Verschiedenheit der Integrationsaufgaben der Staatsorgane und ihrer Beteiligung am Integrationssystem abstellt [2]), ist nicht möglich, wenn im Sinn der herrschenden Lehre durch die Einführung des Organbegriffs als eines Oberbegriffs die zwischen den einzelnen Organen und Organgruppen bestehenden Wesensunterschiede ignoriert werden.

Der eigentliche Grund, warum die Lehre von den Staatsorganen in ihrer heutigen, mehr technisch juristischen Gestalt zu dieser schematischen Unifizierung der für den staatlischen Verband handelnden Personen getrieben wird, liegt in der m. E. verfehlten, wesensmäßigen Gegenüberstellung von Organschaft und Vertretung [3]) und der durch diese zwangsläufig bedingten, inhaltlichen Bestimmung des Organbegriffs. Ist der staatliche Verband, wie die Organismuslehre im Sinne Gierke's immer schon betont hat, nur die rechtliche Organisation der dieser real zugrundeliegenden Volksgemeinschaft, so darf man vor allem nicht irgendwie von einer »Aufsaugung« der Verbandsperson durch das Organ sprechen, ohne zugleich zwei heterogene Dinge und Probleme, nämlich die Existenz des »Organismus« und dessen Organisation, in unzulässiger Weise miteinander zu vermengen. Verband und Organ sind nicht in dem Sinne eine Einheit, daß das in dem Verband verkörperte Kollektivphänomen sich nur in dessen Organen unmittelbar zu manifestieren vermag [4]). Vielmehr ist

---

[1]) Bedenken aus ähnlichen Gründen äußert gegen die herrschende Organlehre auch Köttgen, Berufsbeamtentum aaO. 11 f., 16.

[2]) Zur Integrationswirkung der Staatsorgane Smend, Verfassung aaO., vor allem S. 90 ff.

[3]) Vgl etwa Laband, Archiv f. zivilistische Praxis Bd. 73 S. 187 f.; Jellinek, Staatslehre 560 f. und subj. öff. Rechte aaO. 224 f.; Saripolos, Démocratie aaO. II S. 75 f.; Grosch, Organschaft und Stellvertretung in Schmollers Jahrbuch Bd. 39 (1915) S. 143 ff. Von Vertretern der organischen Staatslehre etwa Gierke, Genossenschaftsrecht I S. 827 f. und Schmollers Jahrbuch 1883 S. 1139 f.; Michoud, Personnal. morale aaO. I S. 138 f.; Carré de Malberg aaO. II S. 285 ff. — Gegen diese Gegenüberstellung von Vertretung und Organschaft schon Rehm, Staatslehre aaO. 180; Schloßmann, Organ und Stellvertreter i. Iherings Jahrbuch 1902 Bd. 44 S. 289 ff.; wohl auch Otto Mayer, Deutsches Verwaltungsrecht3 1924 Bd. II S. 143 f.; Kelsen, Hauptprobleme aaO. 693 ff.; Horváth, Staatsorgantheorie 1926 S. 115 ff.

[4]) Nach der herrschenden Lehre soll dies sogar bei den mittelbaren Staatsorganen der Fall sein. Denn die Unterscheidung zwischen unmittelbaren und mittelbaren Organen betrifft nicht »die Organschaft selbst« (Jellinek, System 223). Auch der Wille des mittelbaren Organs ist »Wille des Staates«, der durch

das Organ, hier also das Staatsorgan, nur Träger der politisch bereits existenten, ideellen Volkseinheit. Damit stimmt überein, daß es jeweils vom Willen der Organe abhängt, ob diese durch ihre Handlungen sich persönlich oder die hinter ihnen stehende, juristische Verbandsperson berechtigen oder verpflichten wollen und weiter, daß auch gegenseitige Rechtsbeziehungen zwischen dem Organ und der hinter ihr stehenden juristischen Person (wie z. B. beim Beamtenverhältnis) denkbar und auch positivrechtlich anerkannt sind. Ebenso wie bei der Vertretung der Vertreter kann also auch möglicherweise das Organ als selbständiger Träger von Rechten und Pflichten fungieren, die sich unter Umständen gegen den Verbandsorganismus selber richten können [1]). Auch bleibt der juristische Verband wie z. B. der Staat bestehen, wenn sämtliche Organe des Verbandes in Fortfall geraten sein sollten und zwar, wie hinzugefügt werden muß, auch in seiner Rechtssubjektivität [2]). Die etwaige Behauptung des Gegenteils [3]) geht entweder auf die schon zurückgewiesene Vorstellung zurück, daß die juristischen Personen rein gedanklich fiktive Gebilde sind, denen durch Wegfall der Organe nicht nur ihre Handlungsfähigkeit, sondern zugleich auch ihre Rechtssubjektivität genommen wird, oder, soweit das Gegenteil von der organischen Staatslehre selbst vorgetragen wird, auf die ebenfalls bereits erwähnte, unzulässige Verquickung der

---

jene handelt. Damit verschließt man sich der Möglichkeit, die erwähnte Unterscheidung wirklich fruchtbar verwerten zu können. Konsequent läßt sich im übrigen diese Lehre von dem unmittelbar durch das mittelbare Organ handelnden Staat selbst nicht von Jellinek durchführen, nach dem z. B. eine künstlerische oder wissenschaftliche Arbeit auch vom Staat nicht soll vollzogen werden können (so Jellinek, System 224).

[1]) Dieser Konsequenz hat man konstruktiv damit zu begegnen versucht, daß man den Begriff des Organträgers oder der Organpersönlichkeit eingeführt und das zwischen dieser und dem Verband bestehende Rechtsverhältnis als »ein organisches« bezeichnet hat. Den Begriff der Organpersönlichkeit hat vor allem Preuß (insbesondere Über Organpersönlichkeit in Schmollers Jahrbuch 1902 S. 103 ff.; vgl. auch Städtisches Amtsrecht 1902 S. 11 f.) tiefer zu begründen gesucht; zuvor schon Gierke, Schmollers Jahrbuch 1883 S. 1143 (Das Individuum hat die Bedeutung einer »Organpersönlichkeit in der Gesamtpersönlichkeit«) und Genossenschaftstheorie aaO. 173/4, 683. Vgl. auch noch Jellinek, Staatslehre S. 562 und Michoud aaO. 135 f.

[2]) Auch im Privatrecht gibt es Fälle, in denen Personen (wie z. B. die Minderjährigen) ihre Handlungsfähigkeit verlieren können, ohne damit zugleich ihre Rechtsfähigkeit einbüßen zu müssen.

[3]) Statt vieler Jellinek, System aaO. 225 und Staatslehre 560; Grosch, Schmollers Jahrbuch Bd. 39 S. 150 f.; dagegen aber schon Michoud aaO. I S. 136 f.

»Organismuslehre« mit dem organisationstechnischen Problem. Hiernach ist das Organ eine vom Verbande verschiedene Persönlichkeit und, technisch juristisch gesehen, ebenso wie der Vertreter ein selbständiges, für fremde Interessen handelndes Individuum — mit dem selbstverständlichen Unterschied, daß von der Rechtsordnung die Handlungen des Vertreters dem Vertretenen, die des Organs dem juristischen Verband zugerechnet werden. [1]).

Ebensowenig wie eine Wesensgegensätzlichkeit zwischen dem Begriff des Organs und dem des Vertretres nachweisbar ist, besteht eine solche zwischen Organschaft und Repräsentation [2]). Das »Organ« kann in Wirklichkeit ebenso Funktionen eines Vertreters wie möglicherweise eines Repräsentanten ausüben. Das der Begriff des Organs der Repräsentation erkenntnismäßig entgegensteht, ergibt sich schon zwangsläufig daraus, daß nach der Organlehre die durch die politische Repräsentation bedingte Duplizität der Volksexistenz bei einer konstruktiven Umdeutung des Repräsentanten in ein Staatsorgan gar nicht zum Ausdruck kommen kann, da ja nach der herrschenden Auffassung der hinter dem Organ stehende Verband unmittelbar durch dieses soll handeln, ja erst zur Existenz soll kommen können.

Es ist nun interessant zu sehen, wie vielfach aus einem instinktiv richtigen Grundgefühl heraus, um der Gefahr einer schablonenhaften Typisierung der für den Staat willensmäßig handelnden Personen zu entgehen, die Lehre von den Staatsorganen zu modifizieren gesucht worden ist. So hat man z. B. abgesehen von der Unterscheidung zwischen unmittelbaren und mittelbaren Organen, die in der gleichen Richtung liegt, in die staatsrechtliche Literatur den Begriff des repräsentativen Organs einzuführen gesucht [3]). Dieser an sich mögliche

[1]) Zutreffend bereits Kelsen, Hauptprobleme aaO. 707; Schloßmann aaO. 315; Horváth, Staatsorgantheorie S. 120 f. — Auch die sonst gelegentlich namhaft gemachten, formalen Kriterien, die die Organschaft von der Vertretung unterscheiden sollen wie z. B. das von Preuß (Stellvertretung oder Organschaft? in Iherings Jahrbuch 44 S. 469) hervorgehobene Herrschaftsverhältnis, das zwischen Verband und Organ im Gegensatz zu dem koordinationsrechtlichen Verhältnis bei der Vertretung bestehen soll, oder das von Haenel (Staatsrecht I S. 88) für die Organschaft als charakteristisch bezeichnete Bestehen einer Verfassung sind nicht von so essentiell unterschiedlicher Bedeutung, um Organschaft und Vertretung brauchbar voneinander abgrenzen zu können.

[2]) Gegen die Verwendung des Wortes »Organ« in diesem Zusammenhang auch C. Schmitt, Verfassungslehre S. 213.

[3]) Vgl. vor allem Jellinek, Staatslehre S. 566 f., 17. Kap. »Repräsentation und repräsentative Organe«; ferner Gierke, Privatrecht I S. 510/511; Romano, Diritto Costituzionale[2] S. 103; Waldecker, Staatslehre 691; die Nach-

und, falls man den Organbegriff akzeptiert, notwendige Begriff[1]) ist vom Standpunkt der herrschenden Lehre aus, die den Organbegriff in einen wesensmäßigen Gegensatz zum Begriff der Vertretung stellt, geradezu widerspruchsvoll. Denn sind, wie überwiegend angenommen wird, Repräsentation und Vertretung miteinander identisch, so kann es nicht repräsentative Organe geben, da mit der Identifizierung von Vertretung und Repräsentation zugleich auch für die herrschende Lehre zwangsläufig die Gegensätzlichkeit von Organschaft und Repräsentation bezeugt wird[2]).

Ebenso weist der neuerdings in der Literatur vereinzelt verwendete Begriff der »Verkörperung« darauf hin[3]), daß man den Begriff der Repräsentation trotz der Organlehre aus der staatsrechtlichen Betrachtung nicht eliminieren kann. Man rekurriert auf diesen Begriff, weil man sich bewußt geworden ist, daß der angeblich der Vertretung und damit auch der Repräsentation gegensätzliche Begriff des Organs die wichtigsten publizistischen Verhältnisse nicht ausreichend zu erklären vermag.

Will man nach alledem den Begriff des Staatsorgans in Zukunft

---

weise S. 127 An. 3. — Umgekehrt hat Binding, Zum Werden und Leben der Staaten S. 325 f. gerade den Repräsentanten, also vor allem dem Monarchen und der Volksvertretung, die Organqualität abgesprochen, um durch diese Verengung des Organbegriffes die herrschende Lehre zu berichtigen.

[1]) Dazu S. 126 f.

[2]) Von repräsentativen Organen kann — wenn überhaupt — nach dem im Text Gesagten nur gesprochen werden, wenn man einmal die behauptete Gegensätzlichkeit von Vertretung und Organschaft aufgibt, weiter zwischen Vertretung und Repräsentation unterscheidet und schließlich in dem Organbegriff nichts anderes wie einen Sammelbegriff der verschiedenen, für den rechtlichen Verband handelnden Individuen sieht; dazu noch S. 137. — Von der Einstellung der herrschenden Lehre aus haben, soweit ich sehe, nur Saripolos II S. 85 und Carré de Malberg aaO. S. 340 f. (»les qualités d'organe et de représentation s'excluent... l'une l'autre« An.) den Begriff des repräsentativen Organs folgerichtig abgelehnt.

[3]) Vgl. vor allem Smend, Verfassung aaO. 28 f., 78 f., 113, 166 insbesondere unter Hinweis auf die Stellung der Staatshäupter. Ferner etwa noch Liermann, Volk als Rechtsbegriff 188 f., 195 in Bezug auf die Stellung des Reichspräsidenten; dazu oben S. 56 f. An. 2. Von einer »Verkörperung des Einheitswillens der Nation« ist auch in der Kundgebung Hindenburgs an das Volk v. 12. Mai 1925, von einer »Verkörperung der Volkssouveränität« in der an den Reichstag gerichteten Ansprache die Rede (dazu die Vossische Zeitung v. 12. Mai 1925 Abendausgabe Nr. 223 und Smend aaO. 139). Ähnlich schließlich auch noch v. Hippel, D. Jur. Zeit. Bd. 34 (1928) Sp. 535 f., der von einer Selbstdarstellung des Volkes durch den Reichspräsidenten spricht, und Waldecker, Staatslehre aaO. 571 im Hinblick auf die Volksvertretung. Zur Unterscheidung von Symbol und Repräsentation näher oben S. 36 f.

beibehalten, so wird man dies nur unter einem doppelten Vorbehalt tun dürfen. Man wird einmal sich von der Vorstellung frei machen müssen, als ob in jedem Staatsorgan das Volk als politisch ideelle Einheit unmittelbar handelnd in Erscheinung tritt und weiterhin zuzugeben haben, daß der Begriff des Staatsorgans in seiner heutigen Gestalt nur ein Oberbegriff ist, der die wesensmäßigen Unterschiede zwischen den verschiedenen Kategorien der für die Staats- und Volksgemeinschaft handelnden Personen und Personenmehrheiten nicht zu erfassen vermag. Um diesen verfassungstheoretisch wichtigen Unterschieden wiederum gerecht werden zu können, wird man zweckmäßigerweise an ältere, einfachere und brauchbarere Unterscheidungen anknüpfen müssen, etwa an die der französischen Verfassungslehre, die an der grundsätzlichen, durch Rousseau [1]) und die große Revolution [2]) eingeführten Unterscheidung zwischen den politisch selbständig dezidierenden (neuerdings gelegentlich auch als Organe bezeichneten) Repräsentanten und den »simples agents« oder »fonctionnaires de l'État« bis zum heutigen Tage überwiegend festgehalten hat [3]). »Ce qui distingue le représentant de celui qui

---

1) Dazu schon die Nachweise bei C. Schmitt, Verfassungslehre S. 213.

2) Vgl. vor allem Titre III Chap. IV Section II Art. 2 d. franz. Verfassung v. 1791, die ausdrücklich von »agens« spricht, die »n'ont aucun caractère de représentation«. Zu der Unterscheidung zwischen »pouvoirs« und »fonctions« noch Robespierre, Archiv. Parlem. Bd. 29 S. 326 und Thouret ebenda S. 329 und zur Gegenüberstellung von »pouvoir représentatif« und »pouvoir commis« noch Roederer ebenda 323 f.

3) Dazu etwa Hauriou, Droit Constitutionnel² S. 212f.; Précis élémentaire de Droit administratif 1926 S. 34; Duguit, Traité aaO. II S. 539 ff., 552 ff., 559 ff., der möglichst den Organbegriff überhaupt eliminieren und nur zwischen »gouvernants« und »agents« unterscheiden will; dazu noch die weitere Differenzierung der »agents« in Leçons de Droit public générale 1926 S. 232f.; Carré de Malberg, Théorie générale aaO. II S. 263 f., 393 f.; Saripolos, Démocratie aaO. II S. 77 ff., der die mittelbaren Staatsorgane als »représentants« der »organes direct de l'État« bezeichnet, somit auch zwischen Organschaft (im Sinne von Repräsentation) und »représentation« (im Sinne von Geschäftsbesorgung) unterscheidet.

Auch in Spanien hat man, soweit ich sehe, die Organlehre nur vereinzelt (z. B. P. Bermejo Cerezo, Derecho Político 1928 (?) S. 127 f., 135) übernommen. Der Staat soll technisch juristisch nicht durch Organe, sondern durch »representantes« handeln, unter denen man verschiedene »clases« unterscheidet; dazu etwa Costa, Teoria del hecho juridico individual y social 1880 § 14; Posada, Tratado de derecho politico 1923 Bd. I S. 491 f. Hiergegen unter dem Gesichtspunkt der technischen Repräsentation schon zutreffend Diezma i. d. Rev. Gener. de Legislación y Jurisprud. Bd. 89 S. 16 f.

Im übrigen haben schon die Glossatoren (dazu näher Gierke, Genossen-

n'est que simple fonctionnaire public, c'est qu'il est dans certains cas chargé de vouloir pour la nation, tandis que le simple fonctionnaire public n'est jamais chargé que d'agir pour elle«[1]).

Man wird hiernach etwa folgende Kategorien unter den im Interesse des Staates tätig werdenden Personen, den Organen im Sinne der herrschenden Lehre, unterscheiden müssen: einmal die nicht repräsentierende, mit dem Volk als politisch ideeller Einheit auf Grund des willensbildend gewendeten Gleichheitsprinzips identische Aktivbürgerschaft, die als mehr oder weniger großer Bruchteil der Bevölkerung unmittelbar selbsttätig oder mittelbar durch die Parteiorganisationen an der Willensbildung des Staates teilnimmt, sodann die typischen Repräsentanten des Volksganzen wie etwa die Monarchen, Präsidenten, in der Regel auch die Regierungen und Parlamente[2]).

Dieser den Staat funktionell zur politischen Einheit integrierenden Gruppe stehen die in ihrer Gesamtheit nicht integrierend wirkenden Personenkategorien gegenüber: die Agenten, die Funktionäre, die Beamten, die im Sinne der integrierend wirkenden, personellen Einheiten tätig zu sein[3]), den Staat somit nur zu vertreten, also nicht zu repräsentieren haben[4]) und schließlich, — diese Hervorhebung ist gegenüber der letzterwähnten Gruppe von »Organen« erforderlich —, die Personen, die im Auftrage der erwähnten Kategorien innerhalb

---

schaftsrecht III S. 224 f.) mit Hilfe der Fiktionstheorie zwischen Handlungen der universitas selbst und solchen Handlungen unterschieden, bei denen die »universitas per alios« agierte und ein gegenseitiges Rechtsverhältnis zwischen universitas und den für sie handelnden Personen möglich war.

[1]) So Barnave, Arch. Parlem. Bd. 29 S. 331.

[2]) Wem das jus repraesentationis tatsächlich jeweils zusteht, läßt sich immer nur auf Grund einer besonderen Untersuchung des zu analysierenden, konkreten Verfassungsrechtes sagen; dazu noch oben S. 72.

[3]) Ihnen fehlt die zu jeder politisch entscheidenden Repräsentation erforderliche Unabhängigkeit. Sie sind, wie Jellinek, System S. 177 ganz richtig bemerkt, »Personen, welche kraft eines auf sie gerichteten individuellen staatlichen Aktes einem anderen Organ dienstlich untergeordnet sind«.

[4]) Hierher gehören auch die »Vertreter« von Repräsentanten, die ihrerseits nicht das Volksganze repräsentieren. Terminologisch sprechen Verfassungen und Gesetze in diesem Sinne meist ganz korrekt von Stellvertretung oder Vertretung; besonders deutlich etwa das Gesetz betr. die Stellvertretung des Reichskanzlers v. 17. März 1878 (RGBl. S. 7) und Art. 51 Abs. 1 der Weimarer Reichsverf. Vgl. in diesem Zusammenhang auch noch Grosch, Schmollers Jahrbuch Bd. 39 S. 163 f.

eines bestimmten Aufgabenkreises für das Ganze, nicht aber in dessen Namen zu handeln haben [1]).

---

[1]) Smend, Verfassung aaO. 94 unterscheidet in Übereinstimmung mit C. Schmitt, Volksentscheid aaO. 49 lediglich zwischen Repräsentation der politischen Einheit und technischer Geschäftsbesorgung. In der gleichen Richtung etwa auch noch Hasbach, Die parlamentarische Kabinettsregierung 1919 S. 260 und Moreau, Précis Elémentaire de Droit Constitutionnel 1928 S. 41.

Sechstes Kapitel.

Die Legitimierung der Repräsentation.

So wie jeder, vor allem aber der unmittelbar tätige und dezidierende Repräsentant innerhalb seines konkreten Zuständigkeitsbereiches im eigentlichen Sinne des Wortes »Herr« ist [1]), so ist jede Repräsentation personeller Einheiten, vor allem also die einer Gemeinschaft — auch das gehört zum Wesen dieses Phänomens [2]) — »Herrschaft« und jedes Wirken der zur Repräsentation einer Gemeinschaft Berufenen »Herrschaftsausübung«. Am deutlichsten wird dies vielleicht an Hand der absoluten Monarchie, in der die universale Entscheidungsgewalt allein in Händen des souveränen Repräsentanten, »des Herrschers«, liegt und nicht wie im modern-repräsentativen Verfassungsstaat dadurch gebrochen ist, daß die einzelnen Staatsfunktionen einer Vielheit von Repräsentanten zur Ausübung anvertraut sind.

Jede Herrschaft strebt nach Legitimität, d. h. technisch juristisch gesehen danach, sich dem Grunde nach als zu Recht bestehend zu erweisen. Der tiefere Sinn dieses Strebens, die Herrschaft zu legitimieren, ist in der Regel, diese auf eine repräsentative Grundlage zu stellen. Eine Herrschaft, die darauf verzichtet, sich durch etwas anderes wie die Gewalt zu legitimieren, ist jedenfalls nicht eine repräsentative. Deshalb sind reine Gewaltherrschaften wie z. B. die antiken Despotien, die Sklavenstaaten ebensowenig repräsentative Gemeinwesen wie etwa die vom Feinde völlig okkupierten und beherrschten Länder [3]).

---

[1]) Dazu näher S. 64, 73.

[2]) Jedenfalls soweit es personelle Einheiten zum Bezugsobjekt hat. Werden ideelle Werte repräsentiert, so darf man das im Text Gesagte nur in einem übertragenen Sinne verstehen. Einer Legitimierung bedürfen aber diese repräsentativen Tatbestände grundsätzlich auch.

[3]) In diesem Sinne schon Kant, Lose Blätter aus seinem Nachlaß herausgeg. v. Reicke 1895 H. 2 S. 182, nach dem es autokratisch-despotisch oder repräsentativ regierte Staaten gibt und die repräsentativen Staaten wiederum in Monarchien, Aristokratien und Demokratien zerfallen.

Zu jeder Legitimierung einer repräsentativen Herrschaft gehört ein doppeltes: ein Anspruch, auf Grund dessen eine Person oder Personenmehrheit eine Gemeinschaft oder ein Individuum zu repräsentieren behauptet und sich als Repräsentant dieser Einheiten zu gerieren vermag, sowie die Anerkennung dieses Anspruches durch die Repräsentierten oder, wenn diese nicht personell faßbar sein sollten [1]), durch die von der Repräsentation zweck- und richtungsbetroffenen, personellen Einheiten. Versagen die Menschen dem konkreten Herrschaftstatbestande die Anerkennung, fühlen sie sich dem »Herrscher« gegenüber nicht gebunden, so gibt es auch keine Repräsentation und keine repräsentative Herrschaft [2]).

Der Anspruch, auf Grund dessen ein Individuum sich zur Repräsentation legitimiert fühlen kann, kann dem Repräsentierten gegenüber transzendent wie immanent begründet werden. Transzendent ist dieser Anspruch in der politischen Geschichte, wie am besten die Entwicklung des französischen Königtums beweist [3]), unter Berufung auf Gott oder Gott-Vater begründet worden [4]). Noch in den konstitutionellen Monarchien überwiegt, wie schon aus den Präambeln der Verfassungen hervorgeht, dieser dem Repräsentierten gegenüber religiös begründete Legitimitätsanspruch der Re-

---

[1]) Wie z. B. bei der Regentschaft (dazu oben S. 38) oder der Repräsentation ideeller Werte.

[2]) Erst eine gehörig legitimierte Herrschaft setzt innerhalb der Gemeinschaft den Repräsentanten instand, zugleich auch die die repräsentierte Gemeinschaft zusammenhaltenden Werte zu verwirklichen und diese damit auch von der sachlichen Seite her zur Einheit zu integrieren. In dieser sachlich integrierenden Wirkung der Repräsentation liegt nach Smend, Verfassung etwa S. 52, 95 offenbar die Hauptbedeutung des ganzen Legitimierungsproblems; dazu meine Bemerkungen oben S. 47. In diesem Kapitel handelt es sich nur um den Versuch einer Typisierung und verfassungstheoretischen Erklärung der repräsentativen Herrschaftstatbestände.

[3]) Zu den verschiedenen, theoretischen Begründungen der absoluten Monarchie in Frankreich etwa Bigne de Villeneuve, Traité Général de l'État 1929 S. 270 ff.

[4]) C. Schmitt, der in der Verfassungslehre S. 282 f. die verschiedenen Begründungsformen der Monarchie zusammengestellt hat, bemerkt mit Recht, daß es abgesehen von der religiösen und der mit der religiösen aufs engste zusammenhängenden, patriarchalischen Begründungsform der Monarchie nur nicht spezifisch mit der monarchischen Lehre zusammenhängende Rechtfertigungen der Monarchie gibt. Rein feudal oder patrimonial kann eine Monarchie niemals begründet werden. Der feudale Gefolgsherr wird z. B. ebenso wie etwa der wirtschaftlich mächtigste Eigentümer zum souveränen Repräsentanten der politisch ideellen Volkseinheit nur unter entscheidender Mitwirkung religiöser Vorstellungen.

präsentanten. Immanent ist die typische Begründungsform der Repräsentation der Wille der zu repräsentierenden, personellen Einheiten, innerhalb der zivilisierten Staatenwelt heute somit die volonté générale der politisch ideellen Volkseinheit. Dieses gilt auch von den diktaturförmig souveränen Repräsentationen, die sich wesensmäßig von den antiken Despotien gerade dadurch unterscheiden, daß sie sich jedenfalls ideologisch auf den Willen der Nationen zurückführen, die die Herrschaft des Diktators, wenn auch unter Anwendung von Zwang und Gewalt — das ist das Despotische jeder Diktatur — tatsächlich als eine repräsentative Volksherrschaft anerkennen [1]).

Müssen diese beiden denkmöglichen Begründungsformen der Repräsentation, damit der Legitimierungsprozeß sich erfolgreich abzuwickeln vermag, auch von dem Glauben der repräsentierten, personellen Einheiten getragen sein [2]), muß z. B., damit das Volk repräsentiert werden kann, im Volksbewußtsein die Vorstellung lebendig sein, daß die sich als repräsentative Bildner des Volkswillens berufen fühlenden Instanzen das ganze Volk in neuer, sinnlich greifbarer Gestalt produzieren und existentiell machen, so fragt es sich, welche konkreten Umstände es denkbarerweise sein können, die in dem Repräsentierten jeweils diese Vorstellung von der Repräsentation, diesen »Glauben« an sie zu erzeugen und lebendig zu halten vermögen. In dieser Richtung darf auf die von Max Weber überzeugend herausgestellten Idealtypen legitimer Herrschaft verwiesen werden [3]), die von der Seite des Repräsentierten her gesehen zugleich Idealtypen repräsentativer Herrschaftsausübung sind. Die

---

[1]) Zur fascistischen Diktatur etwa mein fascistisches Verfassungsrecht 22, 61.

[2]) Den folgenden Ausführungen ist der Einfachheit halber, um die Darstellung nicht unnötigerweise zu komplizieren, der Regelfall unterstellt, daß der Repräsentierte personell faßbar ist.

[3]) Dazu Wirtschaft und Gesellschaft 122 f. — Der Begriff des Idealtypus ist aber nicht, wie Weber will, ein der wertfreien Wirklichkeit entnommener Begriff. Jede Erkenntnis innerhalb der Kulturwirklichkeit, somit auch innerhalb der Sozialwissenschaften, ist nur durch Wertbeziehungen möglich. So enthält auch der rational konstruierte Begriff des Idealtypus eine Objektivierung, die mit einer Wertordnung, d. h. einer »Erfahrung« von Werten, im engsten Zusammenhang steht. Eine nähere Begründung ist in diesem Zusammenhang nicht möglich. In dieser Richtung etwa auch schon die kritischen Bemerkungen von Grab, Der Begriff des Rationalen in der Soziologie Max Webers 1927 aaO. insbes. S. 14 f.

immanent oder transzendent begründete Repräsentation kann hiernach im Einzelfall traditional, charismatisch oder rational unterbaut sein.

Traditional unterbaut ist die Repräsentation dann, wenn sie von dem Vertrauen in die Gültigkeit einer zeitlich schon lange geltenden Ordnung und dem Glauben an die rechtliche Verpflichtungskraft dieser Herrschaftsordnung getragen wird [1]). Charismatisch gerechtfertigt wird die Repräsentation dem Repräsentierten gegenüber, wenn der Glaube an die Repräsentation auf der durch körperliche oder geistig-intellektuelle Qualitäten ausgezeichneten Persönlichkeit des Führers und der durch ihn geschaffenen Ordnung beruht [2]). Rational vollzieht sich die Repräsentation schließlich dann, wenn die Legalität der Herrschaftsausübung gewährleistet ist und durch die jeweils gesetzte Ordnung die zur Entscheidung berufenen Individuen glaubensmäßig als Repräsentanten legitimiert werden [3]).

Diese hier im einzelnen herausgestellten, idealtypischen Elemente des Legitimierungsprozesses werden in der politischen Wirklichkeit meist in irgendeiner Form miteinander kombiniert sein. Der Legitimitätsanspruch des Repräsentanten wird häufig, insbesondere in Übergangszeiten, in denen die bisherigen Grundlagen der Legitimität problematisch zu werden beginnen, zugleich transzendent wie immanent begründet werden. Ebenso werden bei der Vollziehung der Legitimierung durch die repräsentierte, politische Einheit mit der Zeit die Tatbestände überwiegen, in denen die ursprünglich »rein« nachweisbaren traditionalen, charismatischen, rationalen Elemente sich in irgendeiner Form miteinander verbinden [4]). So beruht z. B.

---

1) Hierzu näher Weber aaO. 130 f.

2) Näher Weber aaO. 140 f.

3) Nach Weber aaO. 124 beruht die legale Herrschaft auf dem Glauben »an die Legalität gesetzter Ordnungen und des Anweisungsrechtes der durch sie zur Ausübung Berufenen«. Die angelsächsische Theorie unterscheidet vielfach zwischen actual und virtual representation, die z. B. von Burke (Works IV S. 293) definiert wird als eine representation »in which there is a communion of interests and a sympathy in feelings and desires between those, who act in the name of any description of people, and the people, in whose name they act, though the trustees are not actually chosen by them«. Die virtuelle Repräsentation würde hiernach im Sinne des Textes Fälle einer charismatisch, traditional oder rational (mit Ausnahme einer durch Wahlen) legitimierten Repräsentation umfassen können. Für eine Differenzierung der repräsentativen, soziologischen Typen ist dieses Kriterium zu formal.

4) Zu diesen »gemischt«-legitimierten Herrschaftsformen und den Möglichkeiten ihrer systematischen Klassifizierung ebenfalls Weber aaO. 124 ff.

die von Max Weber sog. appropriierte Repräsentation [1]), etwa die eines souveränen Leiters in einem Herrschaftsverbande, ursprünglich auf der von der repräsentierten Gesamtheit stillschweigend vollzogenen Anerkennung der persönlichen Qualitäten des Führers, dessen Repräsentationsbefugnis meist transzendent begründet wird, und seiner »Bewährung«. Mit dem Erblichwerden dieses Herrschaftsrechtes verbinden sich zwangsläufig mit der bisher charismatischen Legitimierung der Repräsentation durch das Volk traditionale Elemente. Der Repräsentant wird nicht mehr durch den Verlust seines Charisma, sondern erst durch den Bruch der traditionellen Legitimitätsvorstellungen seines repräsentativen Charakters entkleidet. So ist z. B. der nicht charismatisch legitimierte Erbmonarch nur solange Repräsentant des Volksganzen, als dessen traditionaler Legitimitätsglaube ihm dieses Herrschaftsrecht leiht. In der Regel schreitet die Entwicklung dann noch weiter zu einer Legalisierung des nur noch traditional legitimierten Repräsentanten. So wird die ursprünglich auf der Anerkennung des religiös begründeten Charisma beruhende Stellung des »appropriierten Repräsentanten« durch allmähliche Traditionalisierung legalisiert und zu einer rational legitimierten umgebildet.

Die Entwicklung führt überhaupt, soweit man eine verallgemeinernde Behauptung wagen darf, von einer ursprünglich transzendent fundierten, charismatisch-traditionalen Legitimierung der Repräsentation zu einer vorwiegend immanent-rationalen. Dieser Umbildungsprozeß geht in der Neuzeit vor allem auf den inhaltlich in den verschiedensten Formen abgewandelten Gesellschaftsvertrag zurück, durch den rational faßbar die repräsentative Stellung des Monarchen vor dem Volk gerechtfertigt [2]) und immanent auf dessen

[1]) Weber aaO. 171 zugleich mit einer Reihe von Belegen. Er unterscheidet dort aaO. vier Formen der Repräsentation, die appropriierte, ständische, gebundene und freie Repräsentation. In Wirklichkeit gehören lediglich die appropriierte und freie Repräsentation zu den typisch-repräsentativen Tatbeständen. Die »ständische und gebundene Repräsentation« gehören in Wahrheit nicht zur Kategorie Repräsentation, sondern Vertretung. Dazu näher Text aaO. Weber bezeichnet S. 172 die gebundenen Repräsentanten als »Beamte der von ihnen Repräsentierten« und hebt damit selber in dem im Text gekennzeichneten Sinne den spezifisch repräsentativen Charakter dieser »Repräsentanten« auf.

[2]) Auch die deutschen Liberalen im Anfang des 19. Jahrhunderts griffen auf diese Konstruktion des Gesellschafts- oder Grundvertrages zurück, um — jetzt allerdings mit einer gegen den Monarchen gerichteten Spitze — zugleich

Willen zurückgeführt werden sollte [1]). Diese Funktion des Gesellschaftsvertrages hat in der Folge im modern demokratischen Verfassungsstaat das geschriebene Verfassungsrecht übernommen.

Diese roh skizzierte und typisierte Entwicklung schließt natürlich nicht aus, daß es z. B. auch in der Gegenwart noch immanent begründete Repräsentationen gibt, die auf dem Charisma des Führers (z. B. Fascismus) beruhen oder traditional unterbaut sind ebenso wie umgekehrt vor allem in der Geschichte Repräsentationen in Fülle nachweisbar sind, die trotz ihrer transzendent religiösen Fundierung rational gerechtfertigt worden sind.

Innerhalb der verfassungsmäßig rationalen, gleichgültig ob transzendent oder immanent begründeten Legitimierung der Repräsentation sind nun wiederum Wandlungen möglich. Eine bestimmte rationale Legitimierungsform der Repräsentation kann dem Volk problematisch werden, trotzdem sie in der Vergangenheit legitimierend gewirkt hat, und umgekehrt braucht der in der Gegenwart zur Legitimierung der Repräsentation dienende Modus diese Funktion nicht auch zwangsläufig in Zukunft zu erfüllen.

So fing z. B. die repräsentative Stellung des Monarchen, der schon nach der mittelalterlichen Doktrin [2]) als Träger der ihm zugewiesenen Dignitas Reich und Volk und später im absoluten Staat als Souverän die Nation zu repräsentieren hatte, erst von dem Zeitpunkt an problematisch zu werden, als das Volk, von dem Gefühl seiner Eigenberechtigung und seines Eigenwertes durchdrungen, an der inneren Berechtigung des von dem Monarchen beanspruchten, transzendenten Titels und dessen usrprünglich mehr charismatischer, dann mehr traditional-rationaler Rechtfertigung zu zweifeln begann. Damit mußte — ähnlich wie im Mittelalter der Kampf um die Repräsentation der Kirche zwischen Papst und Konzil [3]) — der Kampf

---

auch die Repräsentationsbefugnis der ständischen Versammlungen begründen zu können; dazu etwa Aretin-Rotteck, constit-Staatsrecht aaO. I S. 148 f. und Rotteck in Rotteck-Welcker, Staatslexikon IV S. 96 f.

[1]) Dazu auch E. Kaufmann, Staatslehre d. monarchischen Prinzips S. 30.

[2]) Die Literaturnachweise bei Gierke, Genossenschaftsrecht III S. 595 f. und Anm. 212 f. Auch hat man im Mittelalter die Kurfürsten im Hinblick auf die Kaiserwahl als Repräsentanten des Reichsvolks bezeichnet, das ohne das Kurfürstenkollegium die Wahl selbst zu vollziehen gehabt hätte.

[3]) Der ganze Gegensatz zwischen Papal- und Episkopalsystem dreht sich letzten Endes entscheidend um die Frage, wer der höchste Repräsentant der katholischen Christenheit ist: ob der Papst »intuitu dignitatis« die Gesamtheit der Kirche absorptiv repräsentiert (die näheren Literaturnachweise bei Gierke,

um die Repräsentation des Volkes im Staate entbrennen. Die verfassungspolitischen Kämpfe der letzten Jahrhunderte, die in England bereits Ende des Mittelalters begannen, in Frankreich seit Mitte und Ende des 18. Jahrhunderts und in Preußen-Deutschland in der ersten Hälfte des 19. Jahrhunderts ausgefochten wurden [1]), kann man geradezu unter diesem Aspekte betrachten: auf der einen Seite der Monarch, der gestützt auf das Erbe der Jahrhunderte, seines auf Gottes Gnade beruhenden Rechtstitels und seiner bisher unbestrittenen, durch die Gewohnheit und das Recht geheiligten, politischen Autorität sich als den alleinigen, legitimen Repräsentanten des Volkes betrachtete, auf der anderen Seite die Volksvertretung, die ihren repräsentativen Legitimitätsanspruch immanent auf den Volkswillen gründete und ihn zwar nicht wie der Monarch auf eine legitime Norm, aber doch auch auf einen rationalen Legitimationsmodus, nämlich die »Volkswahlen«, stützen konnte [2]). Der König

---

Genossenschaftsrecht III aaO. 596 Anm. 214) oder nur innerhalb bestimmter Schranken zur Repräsentation berechtigt ist, die volle Repräsentation aber dem Konzil gebührt. In diesem Sinne vor allem Nicolaus v. Cues, De concordantia catholica, I c. 14 f. II. c. 18, 28 f. und De auctoritate praesidendi in concilio generali bei Düx, Der deutsche Kardinal Nicolaus v. Cusa 1847 I S. 475 f.; weitere Nachweise bei Gierke aaO. 596 Anm. 215. Vermittelnd Occam, Dialogus V. c. 25 f. ed. Goldast II 1614 S. 494 f., der dem Papst wie dem Konzil eine beschränkte, repräsentative Stellung innerhalb der »communitas fidelium« einräumt. Die bereits auf dem 5. Laterankonzil erkämpfte, souveräne Repräsentantenstellung hat sich das Papsttum trotz späterer episkopalistischer Strömungen und im Gegensatz zu der modern-politischen Verfassungsentwicklung (dazu Text) bis in die jüngste Gegenwart hinein erhalten. Das Vatikanische Konzil hat diese päpstliche Stellung durch die Unfehlbarkeit und das Universalepiskopat des Papstes nur noch rechtsatzmäßig unterbaut und gesteigert. Im übrigen zeigen sich zwischen Konzil und Gesamtheit der Gläubigen gelegentlich ähnliche Spannungen wie in der späteren Geschichte zwischen Volk und Parlament. Dabei geht die Parallelität sogar so weit, daß man die gleichen Mittel und Beschränkungen wie gegenüber dem politischen Parlament auch dem Konzil gegenüber (z. B. Auflösung des Konzils, Widerstandsrecht der Gemeinschaft) zur Anwendung bringen wollte.

[1]) Der Unterschied zwischen der angelsächsischen und kontinentaleuropäischen Verfassungsgeschichte besteht bei dem Kampf um die Repräsentation der politisch ideellen Volkseinheit im Staate vor allem darin, daß jener im Kontinent nicht nur gegen die Krone, sondern zugleich auch gegen die erstarkten, privilegierten Schichten geführt werden mußte. Denn die feudalen Stände erwiesen sich hier im Gegensatz zu der Entwicklung in England nicht minder als ein Hindernis für eine parlamentarische Repräsentation des Volkes als die Krone. Dieser Kampf findet literarisch seinen klassischen Ausdruck etwa in der gegen Adel und Klerus gerichteten Streitschrift des Abt Sieyès über den Tiers-Etat.

[2]) Dazu noch S. 160 ff.

mußte bei diesem Kampfe, um seine bisherige, absorptiv repräsentative Stellung zu behaupten und das auf dieser beruhende, monarchische Prinzip zu verteidigen, im Gegensatz zu der konstitutionellen Doktrin, nach der die repräsentative Stellung des Monarchen geschwächt, nicht aber aufgehoben werden sollte [1]), versuchen, der »Volksvertretung« den von ihr behaupteten, repräsentativen Charakter abzusprechen, d. h. sie entweder vollends zu beseitigen [2]) oder, wie auch schon C. Schmitt bemerkt hat [3]), zu einer Interessenvertretung zu degradieren, die nicht mit dem Anspruch, das Volk zu repräsentieren, aufzutreten vermochte [4]). Dieses Ringen zwischen Krone und Volksvertretung um die auf verschiedene Legitimitätsansprüche und verschiedene, wenn auch beiderseits rational unterbaute Legitimationsgrundlagen gestützte, autoritativeRepräsentation desVolkes kenn-

---

[1]) Der repräsentierte Monarch sollte neben, nicht unter noch über der repräsentativen Volksvertretung stehen. Auch nach der französischen Nationalversammlung, in der über die Einräumung des königlichen Vetorechtes gestritten wurde, sollte der König als Repräsentant der Nation der ebenfalls repräsentativen, legislativen Körperschaft selbständig gegenübertreten können. Und zwar sprachen die Befürworter einer Prärogative des Königs ebenso wie etwa Mirabeau und seine Anhänger, die die Nation als Schiedsrichterin über das Parlament und den König stellen wollten, ausdrücklich von dem repräsentativen Charakter des Königs. Dazu etwa Mirabeau, Arch. Parlem. VIII S. 539; Mounier ebenda 561; Sieyès ebenda 592, 593; Malouet ebenda 535; de Jèze ebenda 564; Titre III Art. II der Const. v. 3. Sept. 1791, in der als die Repräsentanten der Nation »le corps législatif et le roi« bezeichnet werden. Über den Vetostreit ausführlich Loewenstein aaO. 225 ff. und über die Vetodebatte aaO. 287 ff.

[2]) Ludwig XV. hat so z. B. Mitte des 18. Jahrhunderts, als die Kämpfe in Frankreich begannen und die Gerichtsparlamente eine materielle Beteiligung an der Gesetzgebung erstrebten, unter Berufung auf seine souveräne Repräsentationsbefugnis gegenüber der Nation dieses Ansinnen mit Erfolg zurückweisen können; näher hierzu etwa Wahl, Politische Ansichten des offiziellen Frankreichs im 18. Jahrhundert 1903 aaO. insbes. S. 18 ff., 29 f.

[3]) Vgl. Parlamentarismus² S. 44 Anm.; vor allem jetzt Verfassungslehre S. 211.

[4]) So tatsächlich z. B. Wieser, Gesetz der Macht 442 f., nach dem im konstitutionellen System der Fürst im Gegensatz zu den Parteien, von denen »jede nur eine einzelne Interessengruppe im Volk vertrat«, alleiniger Repräsentant des Volkes (»Vertreter im tieferen Sinne«) war. Nach Stahl beruht der innere Unterschied zwischen Fürst und Ständen, die beide gemeinsam die Nation repräsentieren, »auf der verschiedenen Art, wie sie die Nation repräsentieren«. »Der Fürst soll den Staat, die ethische Ordnung, die über den Menschen bestehen soll, also die Nation in ihrem Berufe, solche Ordnung zu handhaben, repräsentieren«, während »die Stände (d. h. nach Stahl die ständisch gegliederte Volksvertretung) das Volk, d. i. die Nation in ihrem Berufe dieser Ordnung zu gehorchen, repräsentieren« (Philos. des Rechts II 2. Abt. S. 318 Anm.) sollen.

zeichnet das konstitutionelle System. Heute erscheint dieses in seiner balancierend ausgleichenden, dualistischen Gestalt, das Monarch und Volksvertretung gemeinsam als nahezu gleichwertige, repräsentative Faktoren am funktionellen Integrationsprozeß des Staates beteiligen wollte, als ein Übergangsstadium, das zur politischen Befriedung nicht führen konnte. Denn unklar blieb bei diesem System, wer von den Repräsentanten, der Monarch oder das Parlament, das politische Übergewicht haben und im Konfliktsfall die maßgebliche Entscheidung treffen sollte. Es ist eine mit der geschichtlichen Entwicklung geradezu zwangsläufig verbundene Konsequenz, daß sich im Sinne der repräsentativen oder unmittelbaren Demokratie das Parlament allmählich immer mehr als die einzig entscheidende Instanz im Staat betrachten und monistisch alle Gewalt in sich zu vereinigen suchen mußte [1]), ebenso wie umgekehrt daß mit der Zeit die repräsentativ-monarchische Spitze ihrer Machtstellung völlig entkleidet oder sogar beseitigt wurde [2]).

Von jener grundsätzlichen Einstellung aus, nach der ein bestimmter, legitimierend wirkender, rationaler Modus seine Legitimationskraft einbüßen kann, wird erst verständlich, warum eine positive, bestimmte Personen rechtsatzmäßig zu Repräsentanten stempelnde Vorschrift (etwa im Sinne des Art. 21 RV.) im Hinblick auf die Repräsentation konstitutive Bedeutung haben kann, nicht aber zwangsläufig haben muß. Eine solche Bestimmung vermittelt einer Person wie z. B. dem Monarchen oder einer Personenmehrheit wie z. B. einer an Real- oder Personalprivilegien anknüpfenden Körperschaft den repräsentativen Charakter, wenn der Glaube der Repräsentierten an die rational gesetzte Norm von einer solchen Intensität ist, daß er repräsentationserzeugend zu wirken vermag, — nur in diesem Fall deckt sich Legitimierung und normative Legitimität der Repräsentation [3]) —, und sie vermittelt diesen repräsentativen Charakter nicht,

---

[1]) Zu dieser monistischen Gewaltenvereinigung im parlamentarischen Regierungssystem näher Thoma, Recht und Staat in neuem Deutschland Bd. I S. 100 f.

[2]) Die grundsätzlich gleiche Auffassung auch bei C. Schmitt, Verfassungslehre S. 211. Dieser Kampf zwischen König und Parlament war in England schon nach der Revolution von 1688 zugunsten des letzteren entschieden. Dazu noch oben S. 55 An. 3 und Dicey, Law of the Constitution aaO. 80 f.

[3]) Zu weitgehend C. Schmitt, Verfassungslehre 212, nach dem eine Legitimität auf normativer Grundlage niemals repräsentationsbegründend wirken soll.

wenn das Volk der Norm nicht oder nicht mehr die rational legitimierende Wirkung zuerkennt. Eine Verfassungsvorschrift kann somit nicht schlechthin ein zwischen personellen Einheiten bestehendes Beziehungsverhältnis zu einem repräsentativen oder nicht repräsentativen machen. Schreibt sich eine Norm diese Kraft in einem Falle zu, in dem sie ihr von vornherein nicht zukommen kann oder nachträglich nicht mehr zukommt, so ist sie in Wirklichkeit eine Fiktion, die unbehebbare Spannungen zwischen Recht und Wirklichkeit erzeugt, möglicherweise sogar revolutionäre Bewegungen zur Folge haben [1]) und erkenntnismäßig nur einer Mystifizierung [2]) des Wesens der Repräsentation den Weg ebnen kann.

Die im Gegensatz zu dieser Auffassung stehende, auch der Staatsrechtslehre geläufige, fiktiv formalistische Betrachtungsweise [3]), nach der generell im Verhältnis zwischen Volk und Repräsentanten, insbesondere Volk und Parlament, dem Gesetzgeber die maßgebliche Entscheidungsbefugnis über den repräsentativen Charakter der für die Gemeinschaft handelnden Personen zusteht [4]), führt zu un-

---

[1]) Die insbesondere durch Sorel z. B. Matériaux d'une théorie du prolétariat² 1921 S. 118 genährte, leidenschaftliche Kritik des Fascismus an dem parlamentarischen System geht z. B. auf die These von dem ausschließlich fiktiven Charakter des Repräsentativsystems zurück.

[2]) Von einer Mystik des Repräsentativsystemes spricht geradezu Stoerk, Jur. Blätter Bd. 10 S. 198, 212.

[3]) Die Fiktion soll vor allem dazu dienen, die Repräsentation des ganzen Volkes durch das Parlament zu erklären, da doch auf Grund der Wahlen von einer atomistischen Einstellung aus nur ein bestimmter Bruchteil der Bevölkerung als vertreten gedacht werden kann; dazu näher schon oben S. 50 f.

[4]) So etwa Fürst zu Solms-Lich, Deutschland und die Repräsentativverfassungen S. 18, 44; Zöpfl, Grundsätze des gemeinen deutschen Staatsrechts⁵, 1863 Bd. II S. 254: »Die Ständeversammlung ist eine wahre Stellvertretung (Repräsentation) des gesamten Volkes — und zwar in der Art, daß kraft gesetzlicher Bestimmung, also kraft einer Rechtsfiktion alles... als Meinungs- und Willenserklärung sämtlicher Staatsangehöriger gelten muß«; Rieker, Volksvertretung aaO. 7 ff., 53 f nach dem das »aus den Untertanen gebildete Kollegium kraft gesetzlicher Fiktion das ganze Volk, die Gesamtheit der Untertanen, ist« (53); Koch, Beiträge zur Geschichte der politischen Ideen und der Regierungspraxis 1896 Bd. II S. 135; Bornhak, Allgemeine Staatslehre 1909 S. 113, 116, Preußisches Staatsrecht 1911 S. 386 f. und Ständetum und Konstitutionalismus i. Zeitschr. für Politik 1914 Bd. 7 S. 132 (fiktive gesetzliche Vertretung); Zenker, Parlamentarismus S. 96; Schelcher; Archiv d. öffentlichen Rechts N. F. Bd. II S. 280 f.; Loewenstein, Volk und Parlament aaO. 69.

Hierher gehört aber auch die mit dem Organbegriff arbeitende Staatsrechtslehre, selbst soweit sie sich gegen den Fiktionalismus wendet. Denn hier wie dort schöpft der Repräsentant seine Rechte und Pflichten ausschließlich aus

haltbaren, geradezu absurden Konsequenzen. Wenn der Gesetzgeber z. B. jede beliebige Körperschaft mittels des Verfassungsrechtssatzes,

---

der Verfassung. Es ist sachlich gleich und nur konstruktiv unterschiedlich, ob ein Verfassungsrechtssatz z. B. das Parlament zu einer »Vertretung« des Volkes oder zum Staatsorgan macht. Die allgemein herrschende Gierke-Labandsche Organlehre (dazu näher Text S. 124 ff.) ist in Wirklichkeit letzten Endes auf dem gleichen Boden erwachsen wie die Lehre von der Fiktion. Jellinek, Staatslehre 581 wendet sich bereits gegen diese positivistische Einstellung, ohne sie allerdings von sich aus mit seiner eigenen, komplizierten Lehre von den Staatsorganen überwinden zu können (dazu oben s. S. 110f.); in der Kritik übereinstimmend ferner Preuß, Reich und Länder S. 243 f., nach dem aber auch stets und ausschließlich die Verfassung das letzte Wort über die Repräsentantenqualität der »Staatsorgane« haben soll (z. B. S. 245, 246). — Aus der ausländischen Literatur etwa im Sinne der herrschenden Lehre Marty, Mandat législ. 26/27; Miceli, Diritto Costituzionale S. 298; Domenico de Martino, Il Rapporto giuridico tra il Deputato e lo Stato z. B. S. 154, 160, 178, 263; Willoughby-Rogers, Problem of Government 167.

Kelsen kommt trotz seiner rechtspositivistischen Grundeinstellung zu einem von der herrschenden Lehre abweichenden Ergebnis. Dazu vor allem Staatslehre S. 310 bis 319; Vom Wesen und Wert der Demokratie² S. 30 f.; Problem des Parlamentarismus S. 8 f.; Verhandlungen des 5. deutschen Soziologentages 1927 S. 45.

Die Repräsentation, die nach Kelsen mit der Vertretung (z. B. Staatslehre 313) identisch ist, wird folgerichtig von den gleichen Voraussetzungen, »die auch bei der Stellvertretung das Urteil begründen, daß der Wille des Stellvertreters als Wille der Vertretenen zu »gelten« habe« (313), abhängig gemacht. Vertretung selbst ist für Kelsen nichts anderes wie daß auf Grund einer nicht fiktiv zu deutenden, positiv-rechtlichen Bestimmung »ein von B gesetzter Tatbestand unter bestimmten Bedingungen ausnahmsweise dieselben Rechtsfolgen hat wie ein von A gesetzter« (311). Würde man diese Sätze auf das Verhältnis von Volk und Parlament, von dem Kelsen fast ausschließlich spricht, anwenden wollen, so würde man dazu gelangen, daß nach dem das Repräsentativsystem verbürgenden, nicht fiktiven Rechtssatz der vom Parlament gesetzte Tatbestand die gleichen Rechtsfolgen wie ein vom Volk unmittelbar gesetzter haben würde und das Parlament als Vertreter des Volkes ebenso wie etwa der Vormund als Vertreter eines Minderjährigen fungieren würde. Insoweit hätte der von Kelsen der herrschenden Lehre gegenüber geltend gemachte Einwand lediglich konstruktive Bedeutung, da auch nach seiner Theorie das Parlament als ein Vertretung des Volkes zu bezeichnen sein würde.

Kelsen hat diese Konsequenz im Verhältnis zwischen Volk und Parlament aber nicht gezogen. Er verlangt vielmehr eine besondere Rechtsregel, »die im allgemeinen den Beschlüssen des Volkes die Wirkung von Gesetzen gibt, ausnahmsweise aber »dem Parlament das Beschlußfassungsrecht anheimgibt, »mit solcher Wirkung... als ob sie (die Beschlüsse) vom Volke selbst gesetzt worden wären« (313). Eine solche Regel ist nach Kelsen wohl in manchen unmittelbaren Demokratien, in denen man daher auch in einem technischen Sinne von einer »stellvertretenden Gesetzgebung« sprechen könne, nicht aber in den typisch-repräsentativen Demokratien nachweisbar. Wenn hier die herrschende Lehre von einer Vertretung des Volkes durch das Parlament spreche, so sei das eine mit der Rechtswirklichkeit, d. h. mit dem

der deren Mitglieder zu Vertretern des ganzen Volkes erklärt,

positiven Rechtsmaterial nicht vereinbare Fiktion, die auf einer politischen Voraussetzung, dem Dogma der Volkssouveränität, beruhe. In Wirklichkeit knüpft auch in den repräsentativen Demokratien die Behauptung von der Vertretung des Volkes entscheidend an den positiven, die Abgeordneten zu Vertretern des ganzen Volkes stempelnden Rechtssatz an, der jedenfalls nicht von einer so radikal-positivistischen Grundeinstellung aus wie der Kelsens willkürlich ignoriert werden kann.

Die Forderung Kelsen's nach einer besonderen, die Repräsentation im Sinne von positivrechtlicher Vertretung anerkennenden Regel erklärt sich aus seiner rechtstheoretischen Unterscheidung der Rechtswesensbeziehung von dem positiv-rechtlichen, d. h. dem rechtsinhaltlichen Verhältnis. Infolge der Identifizierung von Staats- und Rechtsordnung (dazu Kelsen, Der soziologische und juristische Staatsbegriff 1922 aaO.) ist die dem Staate (gleich Einheit der Rechtsordnung) gegenüber erfolgende Zurechnung der sich »auf die das System aller Tatbestände konstituierende Ordnung« (313) beziehenden Organschaft eine sich aus der sogen. Rechtswesensbeziehung ergebende Folgerung, die keiner näheren positiv-rechtlichen Fundierung bedarf, während alle anderen Tatbestände, die nicht in dieser unmittelbaren Beziehung zum Staate, d. h. zur Rechtsordnung stehen — dazu gehört auch das Verhältnis des Parlaments zum Volk — ein positiv-rechtliches sein soll. Nur darf bei dieser rechtstheoretischen Unterscheidung nicht die mit der Vertretung gleichgesetzte Repräsentation, wie Kelsen, Staatslehre z. B. S. 310 will, auch mit dem Organbegriff identifiziert werden. Denn wenn Vertretung synonym mit Repräsentation verwendet und Repräsentation mit Organschaft gleichgesetzt wird, so müßte auch Vertretung und Organschaft miteinander identifiziert werden. Durch eine solche Gleichsetzung würde aber die Gegensätzlichkeit zwischen der Rechtswesensbeziehung und den positivrechtlichen Relationen — und damit auch zur Vertretung und Repräsentation — aufgehoben werden.

Im einzelnen zur reinen Rechtslehre kritisch Stellung zu nehmen, liegt nicht im Plane der Arbeit. Ich verweise statt dessen auf die in meiner Gleichheit vor dem Gesetz 138 Anm. 2 näher zit. E. Kaufmann, C. Schmitt, v. Hippel, Heck, Binder; neuerdings noch Heller, Arch. f. Sozialwiss. Bd. 55 S. 289 ff.; Hold-Ferneck, Der Staat als Übermensch 1926 (dazu Oppenheimer, Jur. Wochenschau 1926 S. 2517); Triepel, Staatsrecht und Politik S. 17 f.; Schwind Grundlagen und Grundfragen des Rechts 1928 S. 26 ff., 68 ff. — Sicher ist jedenfalls, daß, wenn sich die theoretischen Voraussetzungen der reinen Rechtslehre als unfähig erweisen, als die Grundlage einer nicht nur formallogistischen Betrachtungsweise zu dienen und weiter die Unzulänglichkeit dieser Betrachtungsweise selbst dargetan ist, das ganze System und damit auch die Unterscheidung von Rechtswesensbeziehung (Verhältnis des Organs zum Staat) und postivrechtlichem, d. h. rechtsinhaltlichem Verhältnis (z. B. Verhältnis eines Organs zum anderen Organ) in sich zusammenfallen muß. Daß der logistische rechtstheoretische Positivismus nicht in der Lage ist, die Stoffülle der empirisch historischen Gegebenheiten zu meistern oder auch nur zur Klärung des geistigen Sinngehaltes gerade auch rechtswissenschaftlicher Probleme und Begriffe beizutragen, dürften die Bemerkungen Kelsen's zum Begriff der Repräsentation, dessen Wesensstruktur und Problematik überhaupt nicht — und von der grundsätzlichen rechtstheoretischen Einstellung zu Recht — zur Diskussion gestellt worden ist, wiederum deutlich gemacht haben.

zu einer parlamentarischen Repräsentation stempeln wie umgekehrt einer solchen autoritativ den repräsentativen Charakter absprechen können soll, würde die repräsentative Volkskammer rechtlich nicht nur einer ersten Kammer, sondern etwa auch einer von einem Diktator nach Gutdünken zusammengesetzten, durch eine Norm legitimierten Körperschaft wie schließlich auch einer Person oder Personenmehrheit gleichgesetzt werden, die sich in den Formen der Verfassungsänderung selbst rechtssatzmäßig für eine mehr oder weniger große Zeitspanne zum legitimen Repräsentanten des Volkes erklären würde [1]). Diesen normativen Fiktionalismus [2]), der auf einer Verwechslung der strukturmäßig zum Begriff der Repräsentation gehörenden Legitimierung mit der nicht notwendigen, rechtssatzmäßigen Legitimität beruht, hat schon Orlando [3]) zutreffend gekennzeichnet, als er von ihm bemerkte, daß er nur die Unzulänglichkeit der Erklärung der »réalité« beweise. Auch hier zeigt sich wieder die Richtigkeit des Satzes, daß eine Verfassungstheorie, die den gesamten Prozeß

---

[1]) Ein lehrreiches Beispiel bietet die englische Parlamentsgeschichte. Durch die Septennial Act verlängerte 1716 das an sich auf 3 Jahre gewählte Parlament aus Furcht vor Neuwahlen auf Veranlassung von Krone und Regierung seine Legislaturperiode auf weitere 4, im ganzen also 7 Jahre. Schon zu dieser Zeit wurde die Verfassungsmäßigkeit der Septennial Act und die Repräsentantenqualität des Parlamentes in Zweifel gezogen. So spricht z. B. Priestley, On Government 1771 S. 20 von einer »direct usurpation of the rights of the people« durch das Parlament. Über den Protest der 31 Pears E. Th. Rogers A Complete Collection of the Protests of the Lords 1875 Bd. I S. 228: »The House of Commons must be chosen by the people, and when so chosen, they are truly the representatives of the people, which they cannot be so properly said to be, when continued for a longer time than that for which they were chosen; for after that time they are chosen by the Parliament and not the people, who are thereby deprived of the only remedy, which they have against those«. A. A. etwa Dicey, Study of the Law of the Const. aaO. 45 mit dem nicht überzeugenden Hinweis auf die »Parliamentary Sovereignty«.

[2]) Die Fiktionstheorie ist allgemein im Hinblick auf den Tatbestand der Repräsentation schon von der Glosse entwickelt worden; die näheren Nachweise bei Gierke, Genossenschaftsrecht III S. 220 Anm. 103 und etwa die Sammlung d. Hugolinus § 75 i. Dissensiones Dominorum... ed. Haenel 1834 S. 318. Diese Lehre spielte in der Folge auch bei den Legisten eine Rolle z. B. bei Albertus de Gandino, Libellus super maleficiis 1551 S. 203 Nr. 15: »quamvis id quod fit per illos, quibus res publica gubernari commissa est, fingatur per jura sciri et fieri per omnes de civitate, tamen in rei veritate non omnes ordinant nec omnes sunt culpabiles«. Weitere Nachweise bei Gierke, Genossenschaftsrecht III S. 394 Anm. 171. Über die Aufnahme der Fiktionstheorie in Deutschland und ihre Anwendung in der Praxis ebenfalls näher Gierke ebenda S. 733.

[3]) Revue du Droit public III S. 12, 15.

staatlicher Integration wesensanalytisch zu erfassen sucht, über das geschriebene Normensystem hinausgehen und die diesem zugrunde liegenden Begriffe und Institutionen in ihrer Apriorität umfassen muß.

So wird erst klar, warum in den auf dem Zweikammersystem beruhenden Verfassungen das Verhältnis der einzelnen Kammern zu der politisch ideellen Volkseinheit selbst dann ein verschiedenes sein kann, wenn wie z. B. im Art. 83 der früheren preußischen Verfassung rechtssatzmäßig bestimmt ist, daß »die Mitglieder beider Häuser des Landtages Vertreter des ganzen Volkes sind«. Eine solche rationale Verfassungsvorschrift kann möglicherweise — wie tatsächlich zeitweise in der Vergangenheit — die Oberhäuser zu Repräsentanten legitimieren. In der Gegenwart genügt aber meist eine nur legale Legitimität nicht mehr, um den Völkern den Glauben an die repräsentativen Qualitäten solcher Körperschaften zu erhalten. Eine Kammer muß, um das Volk repräsentieren zu können, wie schon Rotteck sagt [1]), dieses »in Natur und Wahrheit, mithin unabhängig von positiver Festsetzung oder Dichtung« darstellen oder, wie es in der Literatur, psychologisch gewendet, immer wieder heißt, von dem Vertrauen des repräsentierten Volkes getragen sein [2]). Es muß bei der Repräsentation »a contact«, eine »correspondence« zwischen dem Repräsentanten und Repräsentierten bestehen, der eben gerade für die Oberhäuser dem angeblich repräsentierten Volk gegenüber — heute jedenfalls — nicht nachweisbar ist.

Es ist so kein Zufall, sondern ein nur zwangsläufig sich aus dem

---

[1]) Vgl. z. B. Rotteck, Vernunftrecht aaO. II 236/237. Ähnlich noch Meyr, Staatslexikon der Görres-Ges. Bd. I S. 17 nach dem »die Natur nicht durch ein künstliches Machwerk ersetzt sein, kein Falsum das Wählerkollegium und die Abgeordneten voneinander trennen darf, mit einem Worte, die Stellung der Abgeordneten dem Wählerkollegium gegenüber auf Wahrheit beruhen muß.«

[2]) In diesem Sinne etwa Rehberg, Untersuchungen über die französische Revolution 1793 Bd. I S. 137; Bentham, Tactique des Assemblées législatives etc. 1816 Bd. I S. 3 Anm.; Burke, Works aaO. II S. 281, Hegel, Rechtsphilosophie § 309 S. 252 und insbes. Zusatz zu § 309 S. 366; Bluntschli Staatswörterbuch aaO. VIII S. 587, 590; Naville Démocratie représentative S. 3; May, Const. History aaO. 1882 II S. 71; Marty, Mand. législat. aaO. 33, Austin, Lectures on Jurisprudence I S. 246; Carré de Malberg aaO. II S. 221; Duguit, Traité aaO. II S. 545 ff., 549; Hauriou Droit Constitutionnel[1] S. 158 f.; H. Holt, Principles of Modern Government 11; Ford, Repres. Government 146, 148; Laski, Grammar of Politics S. 265; Romano, Diritto Costitutionale[1] S. 168; G. García, La Soberanía del Parlamento Inglés 1927 S. 110, 113.

mangelnden, repräsentativen Charakter der Oberhäuser ergebende Konsequenz, daß sich in den meisten der auf dem Zweikammersystem beruhenden Staaten im Laufe der Zeit das politische und staatsrechtliche Schwergewicht zugunsten der an Einfluß gewinnenden »Volkskammer« verschoben hat[1]). Besonders deutlich wird diese Verschiebung bei den unmittelbar in das Vermögen der Staatsgenossen eingreifenden Finanzgesetzen[2]), vor allem dem Staatshaushaltsetat[3]). Entweder werden die »Volkskammern« wie z. B. in dem früheren Preußen[4]) und Österreich-Ungarn[5]) und heute in Frankreich[6]) gegenüber den ersten Kammern in der Weise privilegiert, daß man ihnen das Prioritätsrecht bei der Beratung und Beschlußfassung über die Finanzgesetze einräumt, oder die Entwicklung führt weitergehend wie z. B. in England und den sich an das englische Verfassungsrecht anlehnenden Staaten[7]) dazu, daß man das Amendierungsrecht zu den Finanzgesetzen den Oberhäusern überhaupt nimmt, um sie auf eine »en bloc« -Annahme oder -Ablehnung der Geldgesetze zu be-

---

[1]) In Italien ist diese Entwicklung mit dem fascistischen Umsturz zum Stillstand gekommen. Bereits in den ersten Kammerreden hat Mussolini gesucht, gerade umgekehrt Stellung und Ansehen des Senats gegenüber der Deputiertenkammer zu heben, und bei dieser unterschiedlichen Behandlung ist es auch in den folgenden Jahren geblieben. Dazu Mussolini, La Nuova Politica dell' Italia 1923 Bd. I S. 9 f., 17 f. und mein fascistisches Verfassungsrecht S. 25, 63 f. Wie sich das Verhältnis zwischen der neuen korporativen Kammer und dem Senat gestalten wird, liegt noch im Dunkeln, zumal da auch die Reformpläne hinsichtlich des Senates nicht aufgegeben sind; eine Zusammenstellung dieser Projekte etwa bei Orrei, Il Diritto Costituzionale e lo Stato giuridico S. 127 ff.

[2]) Näher etwa G. Jellinek, Der Anteil der ersten Kammern an der Finanzgesetzgebung in der Festgabe für Laband 1908 Bd. I S. 97 ff., der allerdings den tieferen Grund, der zu der allmählichen Depossedierung der Oberhäuser geführt hat, nicht hat sehen können, da er als selbstverständlich unterstellt (z. B. S. 100, 111), daß die Oberhäuser in gleicher Weise wie die »Volkskammern« das Volk repräsentieren.

[3]) Aber auch bei anderen, tiefer in die Persönlichkeitssphäre eingreifenden Materien zeigt sich die gleiche Tendenz. So war z. B. in Österreich-Ungarn den Finanzvorlagen ausdrücklich das Rekrutengesetz gleichgestellt.

[4]) Art. 62 d. früh. preuß. Verfassung.

[5]) § 5 der ehemaligen österreichischen Geschäftsordnung für den Reichsrat v. 1873.

[6]) Art. 8 § 2 d. französ. Verfassungsgesetzes v. 24. Februar 1875. Überwiegend wird in Frankreich auf Grund einer extensiven Interpretation dieser Bestimmung dem Senat bei der Zweitvorlage auch das Initiativrecht zu den Finanzgesetzen abgesprochen.

[7]) Näher Jellinek aaO. 100 f., 109 f.

schränken [1]). In England [2]) ist diese letzte Schranke durch die Parlamentsakte von 1911 gefallen, nach der über Money bills zu entscheiden allein Sache des Unterhauses ist [3]). So sind fast allgemein allmählich die Oberhäuser politisch sterile Institutionen geworden [4]) und in den meisten jüngeren europäischen Verfassungen völlig verschwunden [5]).

Aus dem gleichen Grunde mehren sich mit Recht ständig die Stimmen, die im Sinne schon von Montesquieu [6]) den nur rechtsatzmäßig legitimierten oder zwar dieser Rechtsgrundlage entbehrenden, aber doch mit den gleichen Intentionen auftretenden Oberhäusern [7]) den repräsentativen Charakter absprechen [8]).

---

[1]) Dies galt auch früher für Preußen in Bezug auf den Staatshaushaltsetat. Insofern war der Art. 62 dem englischen Verfassungsrecht nachgebildet.

[2]) In den Vereinigten Staaten gehen nach Art. 1 § 7 der Bundesverfassung die »Bills for raising revenue« ausschließlich vom Repräsentantenhaus aus (originate). Die Praxis hat dieses Recht auch auf die Ausgabengesetze ausgedehnt. Der Senat kann nur »propose or concur with amendments«.

[3]) Näher etwa Anson, The Law and Custom of the Constitution5 1922 Bd. I S. 281 ff. und mit weiteren Literaturnachweisen C. Schmitt, Volksentscheid aaO. 26 f. zugleich mit dem Hinweis auf die neben dieser Entwicklung laufende Tendenz, das Initiativrecht der Volksvertretung bei Finanzgesetzen zugunsten der Exekutive einzuschränken.

[4]) Nach Low, The Governance of England 1922 S. 218 ff. liegt z. B. die »strength« des englischen Oberhauses »in its weakness«. Die englische Arbeiterpartei will daher (vgl. z. B. das offizielle Manifest der Labour Party von 1918) das Oberhaus gänzlich beseitigen. Hiergegen allerdings die traditionsmäßig stark gebundene und bewußt an den bewährten Institutionen der Vergangenheit festhaltende, bürgerliche Mehrheit; statt vieler Marriott, Second Chambers 1927 z. B. S. 237 f.

[5]) Ein Einbau nicht repräsentativer Einrichtungen ist nämlich für einen geordneten Verfassungsbetrieb nur hinderlich und störend. Im übrigen sucht man den noch bestehenden Oberhäusern in der Gegenwart vielfach durch Veränderung ihrer Grundlagen und Zusammensetzung den repräsentativen Charakter zu erhalten oder ihnen wieder neu zu vermitteln; dazu etwa näher Temperley, Senates and Upper Chambers 1910 S. 141 ff.

[6]) Montesquieu, Esprit des Lois, L. 11, Chap. VI S. 38: »La puissance législative sera confiée et au corps des nobles et au corps qui sera choisi, pour représenter le peuple, qui auront chacun leurs assemblées et leurs délibérations...« Nur die Wahlkammer ist hiernach eine Volksrepräsentation.

[7]) Das letztere war durchaus üblich; so z. B. auch in dem früheren Österreich-Ungarn (dazu Tezner, Volksvertretung 619), in dem ebenfalls eine die Repräsentantenqualität der Mitglieder der ersten Kammer festlegende Vorschrift gefehlt hat.

[8]) Aus der neueren französischen Literatur etwa Barthélemy-Duez, Droit Constitutionnel S. 97/98, der eine Repräsentation des Volkes durch König oder Erste Kammer schlechthin für eine Fiktion erklärt; Duguit, Traité aaO. II S. 652; Esmein, Elements aaO. I S. 313, der von dem Mißbrauch einer »fiction légale« spricht.

All dem gegenüber ist es unerheblich, ob die Erste, gleichgültig wie organisierte Kammer sachlich qualifiziertere Arbeit als die aus Volkswahlen hervorgegangene leistet oder geleistet hat [1]). Denn ist das Volk sich erst einmal seines politischen Eigenwertes bewußt geworden, so sind jene Erwägungen, die jedes andere, auch das absolute Regime rechtfertigen könnten, nicht imstande, die mangelnde Legitimationsgrundlage der Repräsentation zu ersetzen [2]). Das Volk muß sich heute, um sich repräsentiert zu wissen, selbst in irgendeiner Form an der Zusammensetzung der repräsentativen Körperschaft beteiligen [3]). Eine nur normative Legitimität, mag sie auch wie bei den Oberhäusern durch die Verfassungen selbst unterbaut sein, genügt in der Gegenwart zu einer ausreichenden Legitimierung der Repräsentation nicht mehr [4]).

In Preußen wurde vor allem zur Zeit des Verfassungskonfliktes das Abgeordnetenhaus als die allein »wahre Vertretung« des preußischen Volkes bezeichnet; hierzu z. B. die Äußerung des Präsidenten des Abgeordnetenhauses Grabow, Stenograph. Berichte, 1863, Bd. I S. 5 und H. Lehmann, Die Geschichte des Repräsentativsystems und seine Anwendung in der preußischen Volksvertretung. Dissert. S. 39 f., der auch dem früheren preußischen Herrenhaus den repräsentativen Charakter abgesprochen hat.

Auch in England ist der repräsentative Charakter des Oberhauses umstritten. Schon Blackstone, Commentaries aaO. I Chap. 2 S. 155/156 will durch die Beschlüsse des Oberhauses lediglich die beiden Stände der Lords gebunden wissen. Ferner ablehnend de Lolme, Const. de l'Angleterre 1793 I S. 221; Mac Iver, Modern State S. 354; weitere Literaturnachweise bei Esmein, La Chambre des Lords et la Démocratie 1910 S. 16 ff. Trotz gewichtiger Bedenken für den repräsentativen Charakter des Oberhauses etwa Burgess, Political Science aaO. II S. 68. Zweifelnd Marriott, The Mechanism of the Modern State 1927 S. 422.

Auch nach Krabbe, Staatsrechtl. Opstellen I S. 163 würde bei einem Zweikammersystem »de Kamers in ongelijke mate het vertegenwoordiging karakter« haben.

[1]) Vgl. Mosca, Elementi di Scienza Politica 1923 S. 499.

[2]) So richtig die auf das Westminster-Parlament gemünzte Äußerung Hopkins (zit. nach Merriam, American Political Theories S. 53): »one who is bound to obey the will of another is as really a slave, though he have good, as if he had a bad one«.

[3]) Zu den parlamentarischen Körperschaften in den modernen Diktaturen unten S. 163 An. 3.

[4]) Eine Staatenrepräsentation im Bundesstaat wie z. B. der Senat in den Vereinigten Staaten und der Ständerat in der Schweiz ist kein Oberhaus im technischen Sinne. Denn der repräsentative Charakter dieser Körperschaften beruht entscheidend nicht auf einer Norm des Gesamtstaates, sondern auf einem unmittelbar oder mittelbar (Wahl durch die Parlamente der Einzelstaaten) plebiszitären Kreationsmodus. Zutreffend im Hinblick auf den Senat der Vereinigten Staaten etwa Bryce, The American Commonwealth 1922, Bd. I S. 216; vgl. auch noch etwa Ford, Repres. Government 279 f.

Daß die Spannungen zwischen einer rechtsatzmäßigen Repräsentation des Volksganzen und einer repräsentationslosen, politischen Wirklichkeit tatsächlich zu revolutionären Entladungen führen können, zeigt sich in der neueren Geschichte wohl am deutlichsten an Hand des Unabhängigkeitskampfes der Vereinigten Staaten von Amerika [1]).

Dieser ist bei Lichte besehen entscheidend darauf zurückzuführen, daß die Kolonien als Bestandteile des Mutterlandes zwar rechtlich der Prärogative des englischen Königs wie der Herrschaft des englischen Parlaments unterstellt, ihre Bewohner aber nicht irgendwie — weder als Aktivwahlberechtigte noch als Angehörige einer englischen communitas — an der Kreation des »Westminster-Parlaments« beteiligt waren. Die Kolonisten, die als freie Bürger ebenso wie die des Mutterlandes ihre Pflichten erfüllten, vor allem ihre Steuern zahlten, sahen nicht ein, warum gerade sie von der Bildung der an der funktionellen Integration des englischen Staates hervorragend beteiligten, parlamentarischen Körperschaft, die das ganze Volk repräsentieren sollte, radikal ausgeschlossen waren. Die vielfach gebrauchte Wendung »taxation without representation is tyranny« kennzeichnete symptomatisch die Lage. Sie ist zum Schlachtruf der amerikanischen Revolution geworden [2]). »The principle of consent to taxation and lawmaking in general was the strateging point« [3]) des Befreiungskrieges. Die ursprünglich virtuelle Repräsentation wurde infolge der dem Volke immer intensiver zum Bewußtsein kommenden, kontinuierlichen Spannung zwischen Recht und Wirklichkeit zu einer »imaginary representation« [4]). So verlor das Westminster-Parlament allmählich das »Vertrauen« und damit zugleich die rechtliche Grundlage, um noch als Repräsentation des ganzen eng-

---

[1]) Zu diesem etwa näher Bancroft, History of the United States 1852. Bd. V aaO.; Koch, Geschichte d. pol. Ideen aaO. II S. 134 ff.; Loewenstein, Volk und Parlament 67 ff.; Merriam, A History of American Political Theories 1924 S. 51 ff.

[2]) Dazu Merriam Pol. Theories aaO. 51 f. und die dort zit. Äußerungen von John Adams, Dickinson, Hamilton (aaO. 52, 53 Anm. 2). Über die verschiedene Bedeutung des Satzes »no taxation without representation« in England und den Vereinigten Staaten noch näher Channing, History of the United States 1926 Bd. III S. 76.

[3]) Merriam aaO. 52.

[4]) Ausdruck von Jenyns bei Bancroft 232. Vgl. noch die Debatte über die »virtual representation« der Vereinigten Staaten im Westminster-Parlament bei Bancroft aaO. 382 ff., insbesondere die Äußerung von Pitt 385: »America being neither really not virtually represented in Westminster«.

lischen Volkes fungieren zu können [1]). Unter diesem Gesichtspunkt ist der amerikanische Unabhängigkeitskampf nichts anderes wie ein Ringen eines Volkes um eine »echte«, ihres fiktiven Charakters zu entkleidende Repräsentation.

Dieser Kampf um die Repräsentation des gesamten englischen Volkes ist auch heute nach der Loslösung der Vereinigten Staaten aus dem englischen Herrschaftsverbande nicht abgeschlossen. Die ganzen inneren Auseinandersetzungen zwischen Mutterland und ehemaligen Kolonien, die in der Reichskonferenz von 1926 ihren vorläufigen Abschluß gefunden haben [2]), drehen sich geradezu entscheidend um dieses Problem.

Nur dank der »Conventions of the Constituions« [3]) ist ein Zerfall des Reiches bis heute vermieden worden. Durch diese konnten nämlich die de lege bestehenden, sich auf alle britischen Besitzungen

---

[1]) Diese historische Erfahrung des amerikanischen Volkes hat zu den überwiegend plebiszitären Tendenzen des amerikanischen Unabhängigkeitskampfes geführt, die auch in den stereotypen Wendungen der Unabhängigkeitsdeklarationen zum Ausdruck kommen. Damit wird auch verständlich, warum in den Vereinigten Staaten die Freiheitsrechte im Gegensatz zu der Entwicklung im Mutterland zu Menschenrechten erklärt werden und so zugleich eine überparlamentarische, wenn nicht geradezu antiparlamentarische Struktur erhalten konnten. In dieser Gestalt sind die Rechteerklärungen auch auf die französischen Revolutionskämpfe von gewissem Einfluß gewesen; dazu Loewenstein aaO. 79 ff. und oben S. 66 f. insbesondere An. 4.

[2]) Aus der jüngsten Literatur zu dem Verhältnis von Mutterland und Dominien etwa Loewenstein, Die Magna Carta des britischen Weltreiches i. Arch. d. öff. Rechts N. F. Bd. 12 S. 255 ff.; Heck, Der Aufbau des britischen Weltreiches 1927 aaO. mit ausführlichen Literaturnachweisen; Mückenberger, Die britische Reichskonferenz und das Verfassungsproblem 1927 aaO. insbes. S. 69 ff.,; Kordt, Die Stellung der britischen Dominien zum Mutterland nach Recht und Verfassungskonvention 1928 aaO.; E. Buchet, Le »Status« des Dominions Britanniques 1928 aaO.; Mazzolini, L'odierno Impero Britannico 1928 aaO.

[3]) Die Lehre von der »unwritten or conventional Constitution« ist zuerst wohl von Freeman, The Growth of the English Constitution 1898 S. 111 ff. entwickelt worden. Weiter ausgebaut wurde sie vor allem von Dicey, Law of Constitution S. 413 ff. und Keith, The Constitution, Administration and Laws of the Empire 1924 S. 5 ff. Zu den Verfassungskonventionen auch Duncan Hall, The British Commonwealth of Nations 1920 S. 230 ff.; Heck aaO. 11 f.; Kordt aaO. 9ff. Gegen den Begriff der Konventionalregeln aber Koellreutter, Verwaltungsrecht und Verwaltungsrechtsprechung im modernen England 1912 S. 120 ff. und Archiv f. öff. Recht N. F. Bd. 14 S. 131 f., nach dem — jedenfalls heute — die Konventionalregeln vollwertiges, positives Recht darstellen. Von dieser Einstellung aus müßte den im Text bezeichneten Legalbefugnissen von Krone und Parlament die rechtlich verbindliche Kraft in der Gegenwart überhaupt abgesprochen werden.

erstreckenden Kompetenzen der Krone und des Parlamentes immer mehr zugunsten der sich tatsächlich selbst regierenden Dominien beschränkt werden. So stellt z. B. der Balfour Bericht, um nur das Wichtigste hervorzuheben, zur Gesetzgebungskompetenz des Westminster-Parlaments ausdrücklich fest, »that legislation by the Parliament at Westminster applying to a Dominion would only be passed with the consent of the Dominion concerned« [1]). Auch darf der Gouverneur das Vetorecht des Königs heute nicht mehr, wie es dem bisher geltenden, positiven Rechte entsprechen würde, im Widerspruch zu der Dominien-Regierung gegenüber den von den einzelnen territorialen Parlamenten beschlossenen Gesetzen ausüben [2]). Ebenso ist im Hinblick auf die Exekutive die de jure bestehende Befehlsgewalt der Londoner Zentrale weitgehend zugunsten der Dominien beschränkt worden [3]). Mutterland und Dominien stehen kurzum nicht mehr in einem Herrschaftsverhältnis zueinander, sondern verkehren auf bündischer Grundlage, vor allem auf der eine Staatenmajorisierung ausschließenden Reichskonferenz wie gleichberechtigte, sich selbst repräsentierende Staaten [4]), die nur noch nach außen völkerrechtlich durch die Einheit der repräsentativen Spitze, das Staatsoberhaupt, zusammengehalten werden [5]). So sind durch die Verfassungskonventionen die nach Selbständigkeit strebenden Dominions in den Stand gesetzt worden, eine völlige Um-

---

1) Report of Inter-Imperial Relations Committee IV c. Auch haben heute die Dominien tatsächlich und zwar ohne Zustimmung des Mutterlandes die Möglichkeit, ihre Verfassung zu ändern.

2) Vgl. Report aaO. IV c.; Loewenstein aaO. 263. Zur allgemeinen Stellung der Gouverneure noch Buchet 97 f.

3) Näher Heck 18 f.

4) Dazu Heck aaO. 14; Loewenstein aaO. 259, 272; Mückenberger aaO. 110; Mazzolini aaO. 127 und zur Entwicklung der Reichskonferenz überhaupt noch Kordt aaO. 59 ff.

5) Nach außen tritt nämlich grundsätzlich (Ausnahme Völkerbund) das britische Reich als die durch den König repräsentierte, politische Einheit in Erscheinung, der zwar vor allen außenpolitisch wichtigen Entscheidungen wie etwa Krieg und Frieden sich zuvor verfassungsrechtlich mit den Dominien zu verständigen hat, — auch hier zeigt sich wieder die Tendenz, die Londoner Zentralinstanz zugunsten der Dominien zu schwächen —, aber diese völkerrechtlich auch dann verpflichten kann, wenn die verfassungsrechtlichen Pflichten von ihm verletzt werden. Das englische Weltreich weicht damit vom Typus insofern ab, als völkerrechtlich und staatsrechtlich nicht gleiche, sondern verschiedene, repräsentative Instanzen bestehen — eine in dieser Grundsätzlichkeit auf dem europäischen Kontinent nicht mögliche Gegensätzlichkeit. Näher hierzu Report aaO. V; ferner auch Heck aaO. 34 ff.; Mückenberger aaO. 113 f.; Keith, Constitution aaO. 43 ff.; Kordt aaO. 76 ff.; Buchet aaO. 103 ff.; Mazzolini aaO. 131 ff.

bildung der repräsentativen Struktur des Weltreiches herbeizuführen und an die Stelle repräsentativer Londoner Zentralinstanzen eigene repräsentative Körper und »Organe« zu setzen.

Die Feststellung, daß jede Repräsentation einer konkreten, inhaltlich wandlungsfähigen Legitimierung bedarf, hat zugleich auch Bedeutung für die Erörterung der Frage, in welchem Verhältnis der jeweilige Kreationsmodus der Repräsentanten zum Tatbestand der Repräsentation steht, und welches die Beziehungen zwischen Kreation und Legitimierung der Repräsentation sind.

Gewiß ist möglich, daß der Repräsentant das »Kreationsorgan« repräsentiert. Aber diese Verknüpfung zwischen Repräsentation und Kreation ist nicht eine notwendige. Die Regel bildet geradezu, daß der Repräsentant nicht das ihn kreierende Organ, sondern eine von diesem verschiedene, personelle Einheit repräsentiert. So repräsentiert z. B. der Papst nicht das ihn wählende Kardinalskollegium, sondern die in der Kirche organisierte gesamte katholische Christenheit. So repräsentiert der französische Präsident nicht das ihn wählende Parlament, sondern ebenso wie der Monarch das Volk als politisch ideelle Einheit, das an der Kreation dieses Repräsentanten in der Monarchie ebenfalls nicht aktiv tätig irgendwie beteiligt ist.

Daß Repräsentation und Kreation meist in Bezug auf das Objekt der Repräsentation (d. i. das Subjekt der Kreation) sich nicht decken, wird im Verhältnis zwischen Volk und Parlament wiederum besonders deutlich. Denn die »Volkswahlen«, die vielfach von der Literatur als zum Wesen des Repräsentativsystems gehörig bezeichnet werden [1]), vermögen, wie schon des näheren gezeigt ist [2]), die Tatsache der Repräsentation nicht ausreichend zu erklären. Dazu

[1]) In diesem Sinne etwa Roederer, Arch. Parlem. Bd. 29, S. 323; Guizot, Gouvernement représentatif I S. 103 f., II S. 11; B. Constant, Politique Constitutionnelle I S. 203 f., insbesondere 215; Marty, Mandat législatif 9; Duguit, Traité aaO. II S. 547 f.; Barthélemy-Duez, Droit Constitutionnel aaO. 97/98; Barthélemy, Revue du Droit public etc. Bd. 45 S. 586; wohl auch Hauriou, Droit Constitutionnel² S. 147. Ferner Lord Brougham, British Constit. S. 89 f. (popular choice is an essential condition); Willoughby-Rogers, Problem of Government 154, 156; wohl auch Chimienti, Archivio Giuridico Bd. 78 S. 156 ff. Aus der deutschen konstitutionellen Literatur Gentz in Klüber-Welcker, Wichtige Urkunden aaO. 224; Rotteck, Ideen über Landstände 10, 76 ff. und Lehrbuch des Vernunftrechts II S. 260; Biedermann, Repräsentativverfassungen aaO. 270, 272 f.; weitere Belege bei Gerber aaO. 152 f. Vgl. ferner J. Jacoby, Schriften und Reden Bd. II S. 196 f.; Blume, Handbuch der Politik Bd. I S. 375.

[2]) S. 50 f.

ist der Begriff der Volkswahlen zu unklar. Auch die früher der ständischen und heute der Interessenvertretung geläufigen Tatbestände haben die Bestellung der abhängigen Delegierten häufig an einen Wahlakt geknüpft [1]). Auch geht aus einem so allgemeinen Begriff wie dem der Volkswahlen nicht hervor, wie im einzelnen das Wahlrecht gestaltet, wie weit die Wahlberechtigung ausgedehnt, wie das Wahlverfahren geregelt werden soll. Schon durch die Geschichte des parlamentarischen Wahlrechts wird zur Genüge bezeugt, daß eine Volksrepräsentation auf ganz verschiedenen Wahlsystemen beruhen kann. In England ist die parlamentarische Repräsentation auf einen ausgesprochen aristokratisch-plutokratischen Boden erwachsen und aktives [2]) wie passives [3]) Wahlrecht jahrhundertelang an einen Wahlzensus gebunden gewesen. Und die deutsche Staatstheorie hat in der ersten Hälfte des letzten Jahrhunderts und zwar gerade im Hinblick auf das Repräsentativssystem ebenfalls eine Beschränkung des Wahlrechts auf bestimmte Personenkreise und die Bindung des Wahlrechts an ein bestimmtes Vermögen oder Einkommen für zulässig gehalten [4]). Umgekehrt hat dagegen etwa Sieyès in seiner Schrift über den Tiers-Etat das Wahlrecht gerade nur den nicht privilegierten Schichten, nicht also dem Adel und Klerus einräumen wollen [5])

Das parlamentarische Repräsentativsystem läßt sich hiernach »an sich« mit den verschiedensten Wahlrechtssystemen verbinden [6]).

---

[1]) Auch die privatrechtliche Vollmacht enthält, wenn der Mandant die Wahl hat, wen er mit der Wahrnehmung seiner Interessen betrauen soll, bereits ein elektives Element.

[2]) Seit 1429 war das Aktivwahlrecht an einen 30 sh Zensus des Ertrages aus Grundbesitz geknüpft. Über die Entwicklung des Wahlverfahrens bis zur ersten Reformbill etwa Loewenstein i. d. Erinnerungsgabe für M. Weber Bd. II S. 95 f.; Hatschek, Englische Verfassungsgeschichte S. 626 f. und Englisches Staatsrecht S. 250 ff. Über die Entwicklung des Wahlrechts in den Vereinigten Staaten noch Story, Commentaries on the Constitution of the United States 1873 Bd. I S. 411 f.

[3]) Voraussetzung der Wählbarkeit war ein jährliches Einkommen von 300 (in Städten und Flecken), resp. 600 Pfund (später in Grafschaften).

[4]) Dazu die Nachweise S. 173 f. Zur außerdeutschen Staatstheorie, die ebenfalls im Widerspruch mit der égalité der französischen Revolution ein plutokratisches Zensuswahlrecht gefordert hat, noch Schneider, Der Wahlzensus in rechtsgeschichtlicher und rechtsvergleichender Betrachtung i. Arch. d. öff. Rechts (1910) Bd. 26 S. 193 ff., 200 ff., 214 ff., 233 ff., 264 ff., 275 ff.

[5]) Chap. VI S. 178.

[6]) Auch sind nicht nur unmittelbare, sondern mittelbare Wahlen mit dem Repräsentativsystem für vereinbar gehalten worden. In Preußen sollten z. B. nach § 3 der Verordnung vom 22. Mai 1815 über die Einführung einer Repräsentation des Volkes die Landesrepräsentanten aus den Provinzialständen

Ein nach der politischen Gewichtigkeit der Staatsbürger abgestuftes, dynamisches Wahlverfahren kann unter Umständen ebenso wie das heute der Staatenpraxis geläufige, mathematisch-atomistische, allgemeine und gleiche Wahlrecht [1]) eine Repräsentation des Volkes durch das Parlament begründen [2]). Aber auch dann, wenn die Wahlberechtigung in so weitgehendem Maße auf die politisch bisher nicht hervorgetretenen, sozial gedrückten Schichten ausgedehnt wird, kann mit dem Hinweis auf die Wahlen die Repräsentation des Volkes nicht erklärt werden, da am Wahlakt immer nur ein, wenn auch verhältnismäßig hoher Bruchteil der Bevölkerung teilnimmt, das Parlament aber das Volk und nicht die Wählerschaft zu repräsentieren behauptet. So hat es denn von jeher repräsentative Körperschaften gegeben und gibt es auch in der Gegenwart noch, die wie z. B. der deutsche Reichswirtschaftsrat [3]) nicht auf »Volkswahlen« beruhen. Einem Individuum kann somit die Repräsentationseigenschaft — allerdings nur unter gewissen Umständen und in bestimmten Situationen — auch etwa durch persönliche Eigenschaften, Ernennung durch den Monarchen oder die Regierung — so vor allem bei den Oberhäusern —, durch das Los oder unmittelbaren Zuruf wie durch Bekleidung eines öffentlichen Amtes [4]) vermittelt werden [5]).

---

gewählt werden. Sogar die Liberalen haben sich auf diese Gesetzesbestimmung bei dem Kampf um die Einführung einer parlamentarischen Repräsentation gelegentlich berufen; so z. B. noch Jacoby, Gesammelte Schriften 1872 Bd. I S. 137 f., 309.

[1]) Zwischen dynamischer und mathematischer Repräsentationsweise unterscheidet schon H. A. Zachariae, Staatsrecht aaO. I S. 95 und zuvor Krug, Das Repräsentativsystem aaO. 296 ff.

[2]) In der Allgemeinheit der Formulierung daher unrichtig Garner, Political Science and Government 317, 625 f. und Meyr, Staatslexikon aaO. I. S. 18, nach dem »nur eine auf der Grundlage des allgemeinen, gleichen, geheimen und direkten Wahlrechts aufgebaute Volksvertretung eine wahre Repräsentation gewährleistet«. — Nach Duguit, Traité aaO. II. S. 548 soll sogar nur das Verhältniswahlsystem mit dem Begriff der »représentation« vereinbar sein; dazu auch noch II. S. 726 ff.

[3]) Dazu näher noch S. 191 ff.

[4]) In allen diesen Fällen besteht die Möglichkeit, daß die etwaige Repräsentation zugleich rechtsatzmäßig unterbaut ist. Über die rechtsatzmäßige Legitimität der Repräsentation ist schon S. 148 ff. gesprochen worden.

[5]) Schon Bluntschli, Volk und Souverän S. 87 hat vor der Verwechslung zwischen der Art, »wie die Repräsentanten bestellt werden, und dem Wesen der Repräsentation« gewarnt. Auch Mohl, Staatsrecht aaO. I. S. 12 bezeichnet »nichts als unrichtiger ... als Repräsentation und Wahl als unzertrennlich verbundene Einrichtungen, die letztere als den einzigen erlaubten Weg zu jener anzunehmen«. Ferner in diesem Sinne etwa noch J. St. Mill,

Daß tatsächlich in der Gegenwart auf diesen Grundlagen eine das Volk repräsentierende Körperschaft weitgehend nicht mehr gebildet werden kann, hängt damit zusammen, daß gegenüber den politisch maßgeblichen, parlamentarischen Entscheidungsinstanzen, die auf Grund eines immanenten Legitimitätsanspruches rational durch das Volk legitimiert werden müssen, Wahlrecht und Wahlverfahren fast ausschließlich die Funktion übernommen haben, jene als Volksrepräsentationen zu legitimieren. Der in seiner Struktur rationale Wahlmodus vermittelt heute den Parlamenten ihre repräsentative Legitimität. Damit wird erst verständlich, warum zurzeit eine auf anderer Kreationsgrundlage, etwa auf Grund von Ernennungen oder in Anknüpfung an die Bekleidung bestimmter Staatsämter oder persönliche Eigenschaften gebildete Körperschaft nicht als Volksrepräsentation bezeichnet werden kann [1]. Die deutschen Liberalen der vorkonstitutionellen Zeit hatten so schon Recht, als sie verlangten, daß der König sich in die Bildung des Landtages nicht einmischen dürfe, da sonst der repräsentative Charakter des Landtages zerstört und er zu einem »künstlichen Organ«, einem »Teil der Regierung« gemacht werden würde [2]. Deshalb sind auch die vor allem auf dem Ernennungsmodus beruhenden, sich gern als repräsentativ bezeichnenden, parlamentarischen Körperschaften der heute diktaturförmig regierten Länder in Wahrheit keine Repräsentationen mehr [3].

Repres. Government aaO. S. 34; Gierke, Genossenschaftsrecht I. S. 824; Rieker, Volksvertretung S. 8; Orlando, Revue du droit publ. III. 25 f.; Saripolos, Démocratie aaO. II. S. 82 ff.; Fouillée, Démocr. polit. et sociale aaO. 41 f., der in der »confusion« von Stimmrecht und »représentation effective ... une des plus grandes erreurs des démocraties individualistes« sieht; Jellinek, Das Verhältnis des Abgeordneten zur Wählerschaft i. Ausgewählte Schriften u. Reden 1911 Bd. II. S. 374; Hasbach, Die parlamentarische Kabinettsregierung S. 259.

[1]) Zu den Oberhäusern schon S. 153 f.

[2]) In diesem Sinn etwa Brendel, Nationalrepräsentation II. S. 291 und Rotteck, Ideen über Landstände S. 4, 10 und Vernunftsrecht II. S. 260; hier heißt es geradezu, daß ein unter dem Einfluß der Regierung gebildeter Landstand »eine Aufhebung, ja eine Verhöhnung alles vernünftigen Begriffes von Volksrepräsentation enthält«.

[3]) Nach der Riforma della rappresentanza politica vom 17. Mai 1928 werden die Parlamentsmitglieder durch den völlig unter dem Einfluß Mussolinis stehenden Gran Consiglio »ernannt«. Nichts anderes bedeutet die »Designation« durch den Großen Rat. Die Abstimmung (votazione) selbst ist ein im Ausgang nicht zweifelhaftes Plebiszit und bei Lichte besehen nur ein der Erhaltung der Diktatur dienender und sie stützender, ornamentaler Formalakt. Dazu näher mein fascistisches Verfassungsrecht S. 27 f., 64 f., 87 f.

Darüber hinausgehend wird zugleich klar, warum einem Wahlverfahren, das vielleicht in einer bestimmten, historischen Situation die Funktion der Legitimierung der Repräsentation gegenüber einer Volksvertretung übernommen hat, — man denke etwa an ein plutokratisches Zensus- oder ausgesprochenes Klassen- oder Standeswahlrecht —, heute die Kraft fehlen kann und regelmäßig auch fehlen wird, eine parlamentarische Körperschaft zu einer Volksrepräsentation zu »machen«[1]). Denn dem Volksbewußtsein können, wenn die an ihm partizipierenden Wertvorstellungen eine Veränderung erfahren, im Laufe der Zeit auch die bisher geltenden parlamentarischen Wahlrechtsmaßstäbe in ihrem die Repräsentation rechtlich sicherstellenden Bestande problematisch werden. Insofern ist die Geschichte des parlamentarischen Wahlrechts zugleich ein Stück Geschichte des Repräsentativsystems und hängt, wie schon Ancillon bemerkt hat[2]), in den

Zu dem plebiszitären Charakter der »Parlamentswahl« insbes. dort noch die Nachweise S. 66 An. 148 f.; ferner Alessio, Riforma Costituzionale i. Popolo d'Italia v. 29. 2. 28 und jüngst C. Schmitt, Schmollers Jahrbuch Bd. 53 S. 109.

Auch in Sowjetrußland sind die rechtsatzmäßig unterbauten Wahlen in Wirklichkeit heute nur eine undiskutable »mehr oder weniger feierliche Proklamierung der Vorentscheidung der Partei« (Timaschew, Archiv d. öff. Rechts N. F. Bd. 16 S. 102 ff.). Es handelt sich bei ihnen in Wahrheit um »la nomination des membres du parti communiste«. Und zwar »l'ordre de nomination du député n'est point un détail, mais la substance juridique même de la représentation«; so Mirkine-Guetzevitch, Théorie générale de l'État soviétique S. 56 f., 58, der daher mit Recht bemerkt (59) »que la Russie soviétique n'a point de représentation ..., le régime soviétique est étranger à l'idée de représentation«.

Das Gleiche gilt schließlich auch noch für die spanische Nationalversammlung, die sogar rechtsatzmäßig nicht gewählt wird, sondern sich nach Art. 16 des Real decreto convocando la Asamblea Consultiva v. 12. Sept. 1927 in Gaceta de Madrid 1927 S. 1500 lediglich aus ernannten Staatsbeamten, Inhabern bestimmter, hoher Ämter und leitender Stellungen, Delegierten der offiziellen Unión Patriotica, Vertretern der Stadt- und Provinzialorganisationen wie wissenschaftlicher Korporationen und wirtschaftlicher Verbände zusammensetzt. Das Dekret bezeichnet die Mitglieder der Nationalversammlung selbst mit Recht nicht als Repräsentanten und ihr Präsident Yanguas erklärte in der Eröffnungssitzung ausdrücklich, daß die Nationalversammlung nicht ein Parlament im traditionellen Sinne, sondern etwas ganz neues, nämlich »ein konsultativer und fiskalisierender Organismus« sei (zit. nach der Vossischen Zeitung v. 19. Oktober 1927).

[1]) So würde z. B. heute einer auf dem Dreiklassenwahlsystem beruhenden, parlamentarischen Körperschaft der repräsentative Charakter abzusprechen sein; so schon in Bezug auf das frühere preußische Abgeordnetenhaus Lehmann, Geschichte des Repräsentativsystems aaO. S. 44 f.

[2]) Geist der Staatsverfassungen S. 129.

Repräsentativverfassungen tatsächlich alles von der Natur der Wahlgesetze ab. Hiernach steht — und diese Feststellung bezieht sich auf alle repräsentativen Tatbestände — der Kreationsmodus an sich nicht in einem wesensnotwendigen Zusammenhange mit der Repräsentation; nur dann, wenn er zugleich an der Legitimierung der Repräsentation entscheidend teilnimmt wie etwa auch in der Wahlmonarchie oder bei der plebiszitären Präsidentschaft der Republik [1]), gewinnt er für diese grundsätzliche Bedeutung.

[1]) Auch in diesen Fällen hat der Wahlmodus über den Kreationsakt hinaus die Bedeutung, den Monarchen oder Präsidenten als Repräsentanten des Volksganzen zu legitimieren. — In ähnlicher Weise leitete man auch (dazu vor allem Nicol. v. Cues, De concord. catholica etwa I. c. 15, II. c. 18, III. c. 25) die Repräsentationsbefugnis des mittelalterlichen Konzils gegenüber der Gesamtheit der in der Kirche organisierten Christenheit, der universalis ecclesia, aus den Wahlen zum Konzil her; dazu näher etwa Gierke, Althusius aaO. S. 213.

Siebentes Kapitel.

Die Auslesefunktion und die Publizität der Repräsentation.

Jeder Repräsentant erhält dadurch, daß das Repräsentierte in einer substantiell ideellen Wertsphäre eingebettet ist, für seine Person — auch das gehört zum Wesen der Repräsentation — einen ganz bestimmten, personalen Eigenwert.[1] Dieser den Repräsentanten durch den jeweils repräsentierten Wertgehalt verschieden stark vermittelte »degree of sanctity«[2] bestimmt das ganze Wesen und die Haltung der repräsentierenden Persönlichkeiten. Im Verhältnis zwischen Volk und politischen Repräsentanten ist es die durch die Repräsentation des Volksganzen bestimmte, selbständige politische Würde der Repräsentanten, — in der französischen Nationalversammlung hieß es mit Recht: »Le peuple français nous a revêtus de sa puissance; notre autorité est la sienne«[3] —, die die Repräsentanten wesensmäßig zu einer ausgesprochen integrierenden Funktion des Staatsganzen befähigt.[4]. Der politische Repräsentant ist zum mindesten der Idee nach eine besonders qualifizierte Persönlichkeit, »Führer« im eigentlichen Sinne des Wortes, der nicht nur eine — heute meist inhaltlich begrenzte — Staatstätigkeit technisch zu erfüllen, sondern sich auch als »Führer der von ihm Geführten zu bewähren«[5] und selbst seinerseits belebend auf die Gemeinschaft zurückzuwirken hat[6]. Repräsentation und Elite sind hiernach aufs engste zueinander gehörende Begriffe.

---

[1]) Dazu schon S. 73.

[2]) Burke, Works aaO. II. S. 287.

[3]) So de Castellane, Arch. Parlem. Bd. VIII S. 552; vgl. auch noch Frochot ebenda Bd. XXX S. 96 und ferner in diesem Zusammenhang Hallam, The Constitutional History of England 1867 Bd. I. S. 266.

[4]) Im Sinne von Smend, Verfassung S. 25 ff. Zu dem von Smend entwickelten Gegensatz von integrierend und nur technisch wirkenden Persönlichkeiten insbesondere dort S. 29 f.

[5]) Smend aaO. 27.

[6]) Dies ist am Beispiel der Monarchie von Smend S. 27 f. besonders eindrücklich dargetan.

Jede politisch lebenskräftige Elite wird dahin tendieren, das Volk als politisch ideelle Einheit selbständig zu repräsentieren, und jede Repräsentation des Volksganzen wird sich umgekehrt nach Möglichkeit aus der Elite, der »Aristokratie« des Volkes, aus den nicht durch Geburt, sondern durch »Geist, Scharfsinn und Bildung ausgezeichneten Persönlichkeiten« zu rekrutieren suchen.

Daß die Repräsentation des Volksganzen elektiv wirkt [1]) und die Repräsentanten persönlich integrierend als Führer auch auf das Ganze zurückwirken, ist besonders deutlich wiederum an Hand des Repräsentativsystems von den Liberalen entwickelt und begründet worden. In dem politischen Aufbau der tatsächlich das Volksganze repräsentierenden Parlamente kommt diese Funktion der Repräsentation vor allem in der organisationstechnischen Sicherung der Stellung der Abgeordneten zum Ausdruck.

Das »Gefühl von menschlicher Würde« [2]) in der Person der Repräsentanten wird nach den liberalistischen Vorstellungen im Repräsentativsystem in erster Linie durch dessen Sinnprinzip erzeugt, nach dem das Parlament der Idee der Freiheit und Gerechtigkeit, nicht aber der Willkür zu dienen hat [3]). In diesem Sinne spricht innerhalb der deutschen Sprachgrenzen vor allem Bluntschli davon, daß »die Tugend in der Repräsentativdemokratie zum politischen Prinzip erhoben worden sei« [4]), und daß die Repräsentativdemokratie »eine durch die Wahl der Besten als Repräsentanten des Volkes, d. h. durch eine aristokratische Unterscheidung veredelte Demokratie sei« [5]).

---

[1]) Dies ergibt sich auch schon aus technischen Erwägungen, da doch stets — auch bei einer aus einer Vielheit von Individuen bestehenden Körperschaft — nur eine ganz begrenzte Anzahl von Personen das Volksganze repräsentieren kann.

[2]) So schon Brendel, Nationalrepräsentation aaO. II. S. 280.

[3]) Näher S. 67 ff.

[4]) Staatslehre 1886 S. 551.

[5]) So Bluntschli, Staatslehre aaO. S. 546, 551 f. (dazu noch mein Fichte aaO. 11 f.). Staatslehre 1852 S. 287 bezeichnet schon die Volkskammer als »staatliche Qualität der volksmäßigen Quantität«. Noch früher bereits Volk und Souverän S. 59 f., 76 ff.: Nach dem Repräsentativsystem steht die Gesetzgebung Versammlungen zu, »in denen soviel wie möglich die Einsichten und Interessen des Volkes konzentriert sind« (aaO. S. 61), und in denen »das wichtigste Erfordernis für alle Repräsentanten Bildung des Geistes ist« (aaO. S. 62). Ebenso schließlich noch Bluntschli, Art. Repräsentativsystem im Staatswörterbuch VIII S. 592.

Neben Bluntschli aus der vorrevolutionären Zeit vor allem noch K. S. Zachariae, Vierzig Bücher vom Staat Bd. III Buch 18 S. 206: »Die Repräsentativverfassung hat... den Sinn und Zweck, die Demokratie durch

Entsprechend wird in den angelsächsischen Ländern erklärt, daß »the representative system in its best form will realise to a substantial extent the principle of aristocracy in combination with the principle of democracy«[1]). Und in den romanischen Staaten wird häufig das Charakteristische des Repräsentativsystems geradezu in der Sicherung dieser Auslesefunktion erblickt. So bezeichnet man in einem technisch gewordenen Sinne hier das Repräsentativsystem wesensmäßig als das Regierungssystem, daß die »désignation de capacités (oder »designazione di capacità«) am besten gewährleistet[2]). Die Herausstellung Höchstqualifizierter ist hiernach die

---

eine Wahlaristokratie zu mäßigen«; ebenso Zachariae, Allgemeine politische Annalen Bd. IX S. 217 f. Vgl. ferner noch etwa Ancillon, Zur Vermittlung der Extreme in den Meinungen 1828 I S. 162; Hegel, Rechtsphilosophie Zusatz zu § 315 S. 367 und die württembergischen Landstände in Bd. VII der Ges. Werke S. 218; v. Blume i. Handbuch der Politik Bd. I S 381; C. Schmitt, Verfassungslehre S. 310 f. mit weiteren Hinweisen, vor allem auf Guizot und Renan.

Die repräsentative Demokratie ist aber trotz dieses antiegalitären und damit antiplebiszitären Einschlages Demokratie. So schon etwa Steffen, Problem der Demokratie S. 96 f., 101; vor allem aber Thoma, Erinnerungsgabe für M. Weber Bd. II S. 39 ff. Denn auch in ihr ist das Volk souverän, d. h. oberste, all-umfassende »Gebietsentscheidungs- und Wirkungseinheit« (so Heller, Souveränität S. 161). Nur das Prinzip der Gemeinwillensbildung (Repräsentation-Identität) unterscheidet die repräsentative von der plebiszitären Demokratie. Abweichend allerdings C. Schmitt, Verfassungslehre S. 218, trotzdem nach ihm die Willensbildung auch in der auf dem Identitätsprinzip basierenden, unmittelbaren Demokratie ohne Zuhilfenahme repräsentativer Strukturelemente nicht möglich sein soll; dazu oben S. 119.

1) So Sidgwick, Elements of Politics S. 618; vgl. auch S. 558, 617. Ferner Lord Brougham, British Constitution S. 60; Story, Constitution of the United States Bd. I S. 466.

2) Dazu etwa Orlando, Revue du droit public III S. 31, 32; Principii di Diritto Costituzionale S. 89; Salandra, La dottrina della rappresentanza personale i. Archivio Giuridico Bd. XV S. 201 f.; Brunialti, Il diritto costituzionale e la politica 1896 Bd. I S. 554; Ponti, Rappres. proporzionale aaO. S. 24 f.; Domenico de Martino, Rapporto Giuridico aaO. z. B. S. 172; Finzi, Il mandato imperativo in Critica sociale 1921 S. 22; Ranelletti, La Rappresentanza nel nuovo ordinamento politico i. Rivista di Diritto pubblico Bd. 21 (1929) S. 203, 205; Saripolos, La Démocratie aaO. II S. 131; Briot, mandat législ. aaO. S. 89 f.; Carré de Malberg, Théorie générale aaO. II S. 219 f., 230, 345; Giraud, Crise de la Démocratie S. 60. — Auch soweit Repräsentation und Organschaft wie etwa in der deutschen Literatur miteinander identifiziert werden, schwingt dieser Gedanke mit; so etwa bei Jellinek, System d. subj. öffentlichen Rechte S. 159; Gareis, Allgemeines Staatsrecht in Marquardsen's Handbuch d. öff. Rechts 1883 S. 70; Affolter, Arch. öff. Recht Bd. 30 S. 539; früher bereits bei v. Mohl, Staatsrecht, Völkerrecht aaO. I S. 23/24.

Voraussetzung, ohne die sich das Repräsentativsystem nicht zu entwickeln vermag. Damit stellt sich dieses der Idee nach zugleich in den Dienst der Erziehung und politischen Bildung des Volkes überhaupt. Erst die Volksvertretung — so bemerkt schon Brendel im Anfang des 19. Jahrhunderts — »entwickelt den politischen Charakter und ohne sie bleibt es (das Volk) größtenteils stumm«[1]).

In der Geschichte des Repräsentativsystems ist die jeder Repräsentation immanente Auslesetendenz vor allem in England bei der Abschaffung der Residenzpflicht, die sich hier als ein Residuum des ständisch-korporativen Staates[2]) bis zum Jahre 1744 noch als Voraussetzung des passiven Wahlrechts erhalten hatte, im positiven Sinne wirksam gewesen. Mit Berufung auf das Elektionsprinzip haben die boroughs in England bereits im 16. Jahrhundert entgegen dem positiven Recht »non resident burgesses« in das Parlament gewählt und eine 1571 zur Diskussion gestellte, allerdings nicht zum Gesetz erhobene Bill, die diese Praxis rechtlich festlegen wollte, ist hauptsächlich mit dem Hinweis befürwortet worden, daß die Residenzpflicht den lediglich nach qualitativen Gesichtspunkten zu bestimmenden Anforderungen, die an die Repräsentanten zu stellen seien, widerstreite[3]).

Organisationstechnisch kommt die Auslesefunktion der Repräsentation besonders klar in den Repräsentativdemokratien in den die Abgeordneten privilegierenden Bestimmungen zum Ausdruck[4]),

---

[1]) So Brendel, Nationalrepräsentation aaO. II S. 280. Im gleichen Sinn etwa Hegel, Rechtsphilosophie § 315 S. 257 u. Zus. zu § 315 S. 367 (dazu auch noch Schmitt, Parlamentarismus aaO. 36); I. St. Mill, représ. governm. aaO. Chap. IV S. 28 f.; Todd, Parliam. Government aaO. I S. 14; Story, Constitution of the United States I § 576 S. 410; Sidgwick, Elements aaO. S. 374 f.

[2]) Ursprünglich waren nur die einzelnen Grafschaftsverbände vertretungsberechtigt.

[3]) Näher Hallam, Const. History of England I S. 266. Daß eine örtliche Gebundenheit der Wahlkandidaten auch heute in den angelsächsischen Ländern noch gefordert wird, geht aus den Wahlen zu dem Kongreß und den einzelnen Staatslegislaturen in den Vereinigten Staaten mit Deutlichkeit hervor. Hier werden entgegen einem »constitutional principle« grundsätzlich nur »local residents« gewählt. Näher Bryce, The American Commonwealth Bd. I Chap. 40 S. 486 f.; Ford, Representative Government S. 165 f.; Beck, Die Verfassung der Vereinigten Staaten 1926 S. 340.

[4]) Z. B. Art. 36 bis 40 der deutschen Reichsverfassung; eine Zusammenstellung der geltenden Immunitätsvorschriften bei Domke, Die Immunität der Volksvertreter in rechtsvergleichender Darstellung, Dissert. 1926 S. 4 f., 70 ff. Zur historischen Entwicklung des Immunitätsrechts Seidler, Immunität

durch die die Volksvertreter weitgehend von der aus der Gebundenheit an die staatlichen Normen resultierenden Verantwortlichkeit befreit werden. Diese in den Verfassungen meist einen sehr umfänglichen Raum beanspruchenden Sätze scheinen heute nichts anderes wie antiquierte liberalistische Reminiszenzen zu sein. Auch hierin offenbart sich die Krise des Repräsentativsystems. Nach dem ihnen zugrundeliegenden, ursprünglichen, meist in Vergessenheit geratenen Sinn [1]) sollen die Repräsentanten, die als die Träger eines hohen Wertes und der nationalen Bildung über den täglichen Interessenkämpfen und -gegensätzen stehen sollen [2]), auch eine besondere, sie vor den anderen Staatsbürgern auszeichnende Behandlung erfahren [3]). Das Immunitätsrecht ist — auch in republikanischen Staaten, in denen eine Eingriffsmöglichkeit von dynastischer Seite aus nicht besteht [4]) — ursprünglich als eine Ergänzung der Repräsentation des Volkes durch

der Mitglieder der Vertretungskörper S. 3 ff.; zur Entwicklung der Privilegien der Abgeordneten im englischen Parlament, die — entsprechend der geschichtlichen Entwicklung des Repräsentativsystems in England — denen der Grafschaftsrichter nachgebildet sind, vor allem Th. E. May, The Law, Privileges, Proceedings and Usage of Parliament [13] 1924 S. 70 ff., 104 f. 110 ff.

[1]) Die heute herrschende Staatsrechtslehre begründet die privilegierte Rechtsstellung der Abgeordneten meist mit dem Hinweis, daß die Abgeordneten in der »Ausübung ihres Berufes« oder ihrer »Funktionen« geschützt werden müssen; so etwa Seidler, Immunität aaO. S. 76; Hubrich, Parlamentarische Redefreiheit S. 335; Breuling, Immunität und Republik 1927 S. 17 f. Mit dieser »versachlichten« Begründung wird aber die Frage nicht beantwortet, warum gerade den Volksvertretern der erhöhte Rechtsschutz zur Seite steht und nicht grundsätzlich auch anderen, gleich gewichtige Funktionen erfüllenden »Organen«.

[2]) Insbesondere in Frankreich und Belgien wird der Repräsentant des souveränen Volkes als ebenso heilig und unverletzlich wie die Nation selbst betrachtet. — Aus der deutschen vorkonstitutionellen Literatur in diesem Sinne etwa K. S. Zachariae, Archiv für zivilistische Praxis 1834 Bd. 17 S. 198: Es »gilt von ihnen (den Volksvertretern), insofern sie in dieser Eigenschaft handeln und zu handeln berechtigt sind, dasselbe, was von dem Volke d. i. dem Souverän selbst gilt. Princeps legibus solutus«.

[3]) Deshalb werden nach dem Grundgedanken des parlamentarischen Immunitätsrechts die Abgeordneten nicht nur von der Verwirklichung einer an sich bestehenden Verantwortlichkeit, wie Breuling aaO. 9 f. und im Anschluß an ihn Bilfinger, Archiv d. öff. Rechts N. F. Bd. 15 S. 458 wollen, sondern auch von der Verantwortung selbst befreit.

[4]) Unrichtig Breuling, aaO. 14, nach dem die Immunität »ihrem Sinn nach die Freiheit von willkürlichen Zugriffen der rivalisierenden Macht des Monarchen aus politischen Gründen ist«. Dies trifft wohl für die beschränkten Freiheiten der landständischen Stimme zu, nicht aber für die Abgeordneten, die als Repräsentanten des Volkes den Monarchen mit grundsätzlich gleichen Intentionen gegenübertreten.

das Parlament gedacht gewesen. Ohne Immunität würde der Abgeordnete zu einem »gewöhnlichen« Staatsbürger gestempelt werden, würde vor allem die Selbständigkeit, die gerade zum Wesen der politisch dezidierenden, repräsentativen Volksvertretung gehört, verlorengehen und die Publizität der Repräsentation in Frage gestellt werden [1]). So ist es nur folgerichtig, wenn ausdrücklich erklärt wird, daß der Volksvertreter »wegen seiner Abstimmung oder wegen der in Ausübung seines Berufes getanen Äußerungen« (so z. B. Art. 36 RV.) nicht straf- oder zivilrechtlich zur Verantwortung gezogen werden kann.

Diese Immunität, die dem Abgeordneten im Repräsentativsystem zukommt und in ähnlicher Gestalt — man denke vor allem etwa an die völkerrechtliche Immunität und die monarchischen Ehrenrechte — auch anderen repräsentativen Tatbeständen geläufig ist, gehört aber nicht zwangsläufig im Sinne eines formalen Kriteriums zum Begriff der Repräsentation. Sie ist nur ein accidens, nicht ein essentiale und hat nur rechtsgrundsätzliche Bedeutung. Nur so erklärt es sich, daß es auch Repräsentanten (wie z. B. die Regierungen) gibt, die dieses erhöhten Rechtsschutzes entbehren, und umgekehrt Personengruppen einen ähnlichen privilegierten Rechtsschutz genießen, trotzdem ihnen der repräsentative Charakter fehlt [2]).

Umgekehrt darf aber auch nicht die in der Person des Repräsentanten vorausgesetzte Würde und Autorität durch das Verhalten der Repräsentanten in Frage gestellt werden [3]). Wird z. B. das parlamentarische Leben durch ein alltägliches, vielleicht sogar würdeloses Gebaren der Volksvertreter diskreditiert, so muß zwangsläufig damit allmählich der Glaube und das Vertrauen zum Repräsentativsystem schwinden. Der heutige Verfall des Führertums und die gegenwärtige Krise des Repräsentativsystems sind nicht zufällig gleichzeitig zu konstatierende Erscheinungen [4]).

---

[1]) Dazu S. 176 ff.

[2]) So ist z. B. der Kreis der völkerrechtlich immunen d. h. der von der Zwangsgewalt des fremden Aufenthaltsstaates befreiten Personen sehr viel größer als der wirklich den Staat repräsentierenden Persönlichkeiten.

[3]) So etwa im Hinblick auf die Abgeordneten auch Spengler, Neubau des Deutschen Reiches 1924 S. 26 f.; Bell, Staatslexikon von Sacher Bd. I Sp. 15.

[4]) Dazu schon I. St. Mill, Repres. governm. Chap. VI S. 44 f. Besonders im Hinblick auf die Vereinigten Staaten Beck, Verfassung d. Vereinigten Staaten S. 350 ff. und Bryce, Democracies aaO. II S. 632. Zur Me-

Um einem solchen Verfall des Führertums nach Möglichkeit zu begegnen, wird — und zwar nach dem der Repräsentation zugrundeliegenden Gedanken mit Recht — von den repräsentativen Körperschaften gegenüber den Parlamentsmitgliedern die Disziplinargewalt ausgeübt, die sich in einzelnen Staaten sogar auf das außerparlamentarische Verhalten der Abgeordneten erstreckt [1]), und in der Regel die Immunität der Abgeordneten aufgehoben, wenn gegen sie der Vorwurf eines gemeinen Verbrechens oder des Hochverrats erhoben wird [2]). Auf die gleiche Motivierung sind auch die Bestrebungen zurückzuführen, die auf die Begründung einer mehr oder weniger weitgehenden Inkompatibilität der Stellung der Abgeordneten mit bestimmten anderen Stellungen [3]), insbesondere in wirtschaftlichen Unternehmungen [4]) hinzielen, und wird weiter verständlich, warum

---

thode der Führerauslese in der repräsentativ-parlamentarischen Demokratie auch noch Bonn, Interparlamentarisches Bulletin 1927 Bd. 7 S. 237 f.

[1]) Insbesondere in den angelsächsischen Ländern wird (dazu Hubrich, Parl. Redefreiheit S. 28, 38) auch jede das Ansehen und die Würde des Parlaments beeinträchtigende, außerberufliche Handlung der Abgeordneten durch die Volksvertretung geahndet. Gelegentlich wird sogar die Strafgewalt auch auf außenstehende Nichtparlamentarier erstreckt; dazu Hubrich aaO. 14, 28, 41, 107, 135. Zum neuen deutschen Verfassungsrecht noch Vogler, Die Ordnungsgewalt der deutschen Parlamente (Abhdlg. u. Mitt. a. d. Hamburger Seminar f. öff. Recht Nr. 16) 1926 S. 9 ff.

[2]) Zur deutschen Praxis des Immunitätsrechtes etwa v. Freytag-Loringhofen, Reichsverfassung u. Staatspraxis i. d. Zeitschrift f. Politik Bd. 15 (1926) S. 247 ff. Einer Aufhebung der Immunität der Abgeordneten bedarf es nach dem Wortlaut des Art. 36 RV. insbesondere auch bei einer etwaigen Bestechung der Volksvertreter, trotzdem die §§ 102, 105 d. amtl. Entwurfes eines allgemeinen deutschen Strafgesetzbuches von 1925, um nach Möglichkeit ein unlauteres und damit würdeloses Gebaren der Abgeordneten zu verhüten, die Bestechung auch in der Person des Abgeordneten für strafbar erklärt haben. Insoweit ist der Art. 36 RV. revisionsbedürftig (vgl. auch Breuling aaO. 37 f.). Denn dem Sinn des Imunitätsrechts entspricht nicht die Exemption der Abgeordneten von den gemeinen, völlig unpolitischen Verbrechen.

[3]) Dazu schon S. 94.

[4]) Denn bei der Verknüpfung von Abgeordnetenberuf und wirtschaftlicher Tätigkeit wird möglicherweise — abgesehen von der Gefährdung der Unabhängigkeit der Repräsentanten — Gesamt- und Individualinteresse in einer der Würde dieser Persönlichkeiten abträglichen Weise miteinander verknüpft. Auch verstößt ein Inkompatibilitätsgesetz wie etwa das der Tschechoslovakei v. 18. Juni 1924 i. d. Slg. d. G. u. V. 1924 S. 958 f. § 1 bis 6 oder das österreichische Unvereinbarkeitsgesetz v. 30. Juli 1925 i. Bundesgesetzblatt 1925 S. 1018 f. (insbes. § 2) oder der Art. 88 des französischen Staatshaushaltsgesetzes für 1929 (Journal Officiel 1928 S. 13666) nicht gegen den demokratischen Satz der Gleichheit aller Staatsbürger vor dem Gesetz (so z. B. C. Schmitt, Verfassungslehre S. 255), da aus den angeführten Gründen von einer unsachlich

der Abgeordnete ebenso wie jeder andere Repräsentant im Gegensatz zu dem typischen Vertreter — hier tritt der Gegensatz der beiden Tatbestände wiederum besonders deutlich hervor — seine Tätigkeit höchstpersönlich ausüben muß. Wäre der Repräsentant nur ein einfacher »Volksvertreter«, so wäre dieser im Zweifel zu weiteren Substitutionen berechtigt, da bei einer so umfänglichen »Vollmacht« in der Regel das Interesse des »Vollmachtgebers« nicht durch die nicht höchstpersönliche Ausführung des Geschäfts seitens des »Bevollmächtigten« beeinträchtigt werden würde.

Unter dem Gesichtspunkt einer möglichst hohen, personell-ideellen Qualifikation der zur politischen Leitung Berufenen rechtfertigen sich für das Repräsentativsystem auch die an sich möglichen Beschränkungen des aktiven und passiven Wahlrechts, die die Anforderungen an Wähler und Abgeordnete oder auch etwa einen plebiszitären Präsidenten zu erhöhen suchen. So ist z. B. die Differenzierung des Wahlrechts nach äußeren Kriterien, etwa durch das Erfordernis eines höheren Alters, eines bestimmten Vermögenszensus oder Bildungsgrades mit dem Repräsentativsystem an sich vereinbar — soweit diese Beschränkungen nicht die erforderliche Legitimierung der Repräsentation durch das repräsentierte Volk aufheben —, weil nach der Ideologie des liberalistisch-rechtstaatlich denkenden Bürgertums das Vorhandensein von Alter, Bildung und Besitz [1]) die Annahme rechtfertigt, daß die zur

---

willkürlichen Motivation des Gesetzgebers — es handelt sich in Wahrheit um ein Sonder-, nicht um ein Ausnahmegesetz — nicht gesprochen werden kann.

In Deutschland haben die Bestrebungen nach Begründung einer »wirtschaftlichen Inkompatibilität« vorerst nur in einem beschränkten Ausmaße und nur in einzelnen Landesverfassungen (z. B. Anhalt § 23, Mecklenburg Schwerin § 39) Erfolg gehabt. In diesen haben die Landtage jedenfalls das Recht u. a. auch wegen Bestechung der Abgeordneten die Anklage vor dem Staatsgerichtshof zu erheben, der möglicherweise auch auf den Verlust des Mandates erkennen kann. Wichtiger ist das zur Abänderung des § 41 d. bayr. Verf. ergangene bayrische Gesetz v. 17. Juni 1925. Nach diesem werden bestimmte wirtschaftliche Betätigungen nicht von vornherein als mit der Ausübung des Abgeordnetenberufes für unvereinbar erklärt, sondern das Gesetz beschränkt sich auf die Bestimmung, daß gegen Abgeordnete, die »in gewinnsüchtiger Absicht ihren Einfluß als Abgeordnete in einer die Ehre und das Ansehen der Volksvertretung gröblich gefährdenden Weise mißbraucht haben«, auf Verlust der Mitgliedschaft zu erkennen ist. Näher zu dem bayrischen Abänderungsgesetz v. Jan, Archiv d. öff. Rechts N. F. Bd. 9 S. 314 ff. Über den Stand der gleichen Frage im Reich s. die Nachweise bei Poetzsch-Heffter, Kommentar S. 162 Anm. 5.

[1]) Das an den Besitz anknüpfende Zensuswahlrecht soll der Idee nach im Repräsentativsystem auch der Führerauslese dienen und nicht der Bildung einer Interessenvertretung, zu der die Repräsentation nur dann un-

Wahl berufenen Personen einen höheren Wert besitzen als die Masse der Staatsgenossen, denen diese Eigenschaften fehlen, und daß daher durch sie eine größere Gewähr für die durch das Repräsentativsystem zu realisierende Herrschaft der Freiheit, Gerechtigkeit und Vernunft gegeben ist [1]). Aus dem gleichen Grunde darf auch die Wählbarkeit an schwerer zu erfüllende Voraussetzungen geknüpft werden als das Aktivwahlrecht. In diesem Sinn hat z. B., damit möglichst qualifizierte, staatsmännisch begabte Persönlichkeiten in die Volksvertretung gelangen, die deutsche Wahlrechtstheorie in der ersten Hälfte des 19. Jahrhunderts ganz allgemein Beschränkungen der erwähnten Art mit dem Repräsentativsystem für vereinbar, ja sogar darüber hinaus für wesensnotwendig gehalten [2]). Und in der englischen Verfassungspraxis funktionierte das Repräsentativsystem tatsächlich zu der Zeit am besten, als das Wahlrecht der Masse nach der Reformbill von 1832 plutokratisch gebunden war. Dabei ist der rationalistische Glaube an die Güte des Repräsentativsystems und die ihm immanente Tendenz zur Auslese einer »Geistesaristokratie« meist so stark gewesen, daß ein Irrtum des sich in dem plebiszitären Wahlakt entfaltenden »Volksgeistes« ausgeschlossen erschien [3]).

Der ideelle Wert, der zu jeder politischen Repräsentation gehört und dem Repräsentanten den bestimmten, nach Möglichkeit auch noch organisationstechnisch gesicherten, personalen Eigenwert leiht, kommt auch in dem ganzen Wirken der Repräsentanten zum Ausdruck. Die Argumente, die den einzelnen Repräsen-

---

zulässigerweise wird (verallgemeinernd C. Schmitt, Verfassungslehre S. 311), wenn der an sich nicht repräsentationsfähige Besitz tatsächlich das Objekt der Repräsentation ist.

[1]) Daß das modern-parlamentarische Wahlrecht nicht mehr diesem Idealbild des Repräsentativsystems entspricht, ist schon S. 113 ff. gesagt worden.

[2]) In diesem Sinne etwa Brendel, Nationalrepräsentation aaO. II S. 288 f.; Ancillon, Über den Geist der Staatsverfassungen S. 129 f.; Bluntschli, Volk und Souverän 65; Klüber, Öffentl. Recht des teutschen Bundes 326, 395; L. Fürst zu Solms-Lich, Deutschland und die Repräsentativverfassung 16 f.; v. Marschall in Klüber-Welcker, Wichtige Urkunden aaO. 277. Weitere Literaturnachweise bei Smend, Maßstäbe des parlamentarischen Wahlrechts S. 17 f.

[3]) Vgl. z. B. noch Ford, Repres. Government aaO. 160: »Ought people to be allowed to choose a bad man as their representative? The proper answer to this is that it is of the essence of the representative government that the people themselves shall be the judge in that case. What looks good to them is just the good which the representative system seeks, no matter how bad it looks to other people«.

tanten überzeugen sollen, sollen von besonderem Gewicht sein ebenso wie die Gegengründe, die etwa den dissentierenden Volksvertreter bestimmen, an seiner bisher vertretenen Auffassung festzuhalten. Hierdurch erhält z. B. der jeder Mehrheitsentscheidung zugrundeliegende, auf demokratische Vorstellungen zurückgehende Gedanke [1]), daß eine Mehrzahl von Personen eine größere Gewähr für die Richtigkeit der von ihnen zu treffenden Entscheidung bietet als das einzelne Individuum, für das Repräsentativsystem noch einen besonderen Sinn [2]), der gerade auch für die integrierende Bedeutung des Mehrheitsprinzips [3]) von Wichtigkeit ist. Wenn die Mehrheit des Parlamentes nach Diskussion und wechselseitigem Meinungsaustausch mit der Minderheit in irgendeiner Form zu einer Entscheidung gelangt, so soll nach der Idee des Repräsentativsystems ein sicherer Rückschluß auf die Qualität der parlamentarischen Entscheidung im Sinne inhaltlicher Richtigkeit gegeben sein [4]), weil hier die Entscheidung der Mehrheit von einem personell besonders qualifizierten Kollegium getragen wird. Hierdurch wird letzthin erst [5]) die dem Staatsrechtsdenken lange Zeit, teilweise sogar noch bis in die Gegenwart hinein geläufige Vorstellung verständlich, die nicht nur die Repräsentanten, sondern auch darüber hinaus deren Entschließungen mit einem besonderen Werte, oft geradezu mit einem Heiligenschein

---

[1]) Hierzu etwa näher Haymann, Die Mehrheitsentscheidung i. d. Festgabe f. Stammler S. 395 ff. insbesondere etwa 397, 463, 468.

[2]) Sinn und Rechtfertigung des Majoritätsprinzips sind hier zu unterscheiden. Der Geltungsgrund des Mehrheitsprinzips innerhalb des Parlaments beruht darauf, daß dieses Mehrheit und Minderheit trotz ihrer Gegensätzlichkeit in sich als einer höheren Einheit wiederum gemeinschaftsmäßig zusammenfaßt. Die Zugehörigkeit auch der grundsätzlich dissentierenden, oppositionellen Parteien zu dieser höheren parlamentarischen Einheit kommt in der Teilnahme an den allgemein parlamentarischen Geschäften wie Diskussion, Abstimmung und vor allem in der Respektierung der Mehrheitsentscheidung selbst zum Ausdruck. Ohne eine solche Kooperation führt die Geltung des Majoritätsprinzipes zu einer nur durch die Gewalt legitimierten Herrschaft der Mehrheit, die im parlamentarischen Leben meist eine Obstruktion der Minderheitsparteien wie z. B. der Iren in England Ende des letzten Jahrhunderts oder der Tschechen in dem früheren Österreich-Ungarn zur Folge hat. Näher hierzu noch meine Gleichheit aaO. 146 f.

[3]) Zu dieser schon Smend, Verfassung aaO. 35.

[4]) Schon nach Ancillon, Geist der Staatsverfassungen 128 führen »die Beratschlagungen, die den wichtigsten Vorteil der repräsentativen Verfassungen« darstellen »zur Wahrheit«.

[5]) Neben anderen Gründen, die in diesem Zusammenhang nicht zu erörtern sind.

umkleidet und die Parlamentsakte vor den anderen staatlichen Willensäußerungen (Justiz und Verwaltung) wertmäßig privilegiert hat. Es ist so kein Zufall, daß der Glaube an den besonderen Wert des Gesetzes gerade heute zu einer Zeit verloren geht, in der die Parlamente tatsächlich weitgehend aufgehört haben, als Repräsentationen des Volksganzen zu fungieren.

Auch die der Repräsentation immanente grundsätzliche Tendenz zur Publizität erklärt sich aus der ideellen Wertbezogenheit der Repräsentation. Das Wirken der Repräsentanten könnte — hierauf hat neuerdings vor allem wiederum C. Schmitt hingewiesen [1]) —, nicht den ihm eigenen Wert beanspruchen, wenn es hermetisch von der Außenwelt abgeschlossen sein und sich wie in der privaten Interessensphäre nur im Geheimen abspielen würde. Der Repräsentierte könnte nicht noch einmal durch den Repräsentanten gegenwärtig gemacht werden, wenn dessen Wirken, dessen Existenz grundsätzlich nicht jedermann gegenüber sichtbar sein, d. h. eben in der Öffentlichkeit liegen würde. Auch eine Legitimierung der Repräsentation wäre bei einem Fehlen jeglicher Publizität ausgeschlossen, da ohne diese der »Glaube« an die Repräsentation nicht entwicklungsfähig wäre, der »Kontakt«, die »correspondence« zwischen Repräsentanten und Repräsentierten nicht hergestellt werden könnte [2]). Erst durch die Öffentlichkeit werden Repräsentant und Repräsentierter« zu einem einigen, von einem Leben durchdrungenem Ganzen verbunden« [3]). Selbst der Diktator und der absolute Landesfürst könnten sich nicht als Repräsentanten der politisch ideellen Volkseinheit gerieren, wenn sie nicht jedenfalls in Bezug auf ihre Person und den durch sie repräsentierten Wertgehalt die öffentliche Meinung — wenn auch unter physischer Überwältigung der dissentierenden Minderheit — in ihren Dienst stellen und für sich arbeiten lassen würden. So wird in den heutigen Diktaturen die öffentliche Meinung nicht etwa schlechthin, was auf die Dauer nicht möglich sein würde, beseitigt, sondern nur in einem ganz bestimmten, durch die Diktatur allerdings eindeutig festgelegten Sinne autoritativ geregelt.

Aber nur die grundsätzliche Tendenz zur Publizität, aus der

---

[1]) Katholizismus aaO. 60 und Verfassungslehre 208.

[2]) Dazu S. 153.

[3]) So Wilda, Art. Landstände in Rechtslexikon herausgegeben v. Weiske 1845 Bd. 6 S. 924.

auch die öffentlichrechtliche Struktur aller politisch repräsentativen Tatbestände folgt, gehört zum Wesen der Repräsentation. Daher ist es sehr wohl möglich, daß sich gelegentlich in bestimmten Situationen das Wirken der Repräsentanten dem Lichte der Öffentlichkeit entzieht, und daß auch unter Umständen politisch weittragende Fragen durch die zur Repräsentation berufenen Persönlichkeiten hinter verschlossenen Türen für die Volksgemeinschaft verpflichtend entschieden werden [1]).

Für die parlamentarischen Repräsentationen hat die Publizität — die ständischen Vertretungen des Mittelalters waren umgekehrt gerade durch den Ausschluß der Öffentlichkeit charakterisiert — noch eine besondere Bedeutung. Dies hängt damit zusammen, daß im Repräsentativsystem die Wahl der entscheidende und einzige Modus ist, der die Abgeordneten zu Repräsentanten legitimiert [2]), und die Wahlfreiheit, somit die Voraussetzung der parlamentarischen Repräsentation des Volkes, nur gewährleistet ist, wenn zugleich auch die anderen liberalistischen Volksfreiheitsrechte wie etwa Rede-Diskussions-Meinungsfreiheit gesichert sind. Jeder Eingriff in diese Rechte würde zugleich — zum mindesten mittelbar — zu einer Beeinträchtigung der Wahlfreiheit und damit der repräsentativen Grundlagen des Parlaments führen. In den Diktaturen können z. B. heute die parlamentarischen Körperschaften schon deshalb nicht mehr das Volksganze repräsentieren, weil sich infolge der weitgehenden Beseitigung der zum Repräsentativsystem gehörigen Publizität des politischen Lebens [3]), vor allem der Auflösung der diktaturfeindlichen Organisationen, der vollkommenen Aufhebung der Preß-, Vereins-Versammlungs-Redefreiheit, eine sich unter der Kontrolle der Öffentlichkeit vollziehende, freie Parlamentswahl nicht ermöglichen läßt [4]).

---

[1]) Deshalb darf aber noch nicht mit Glum, Reichswirtschaftsrat S. 28 f., 64, der selbst die öffentlichrechtliche Seite der politischen Repräsentation mit Recht hervorhebt, die Publizität ganz allgemein aus dem Begriff der Repräsentation eliminiert werden.

[2]) Dazu näher S. 163.

[3]) Daß deshalb das Repräsentativsystem in Italien seinen Sinn verloren hat, hat schon Juli 1923 in einer Kammerrede zu dem indessen wieder beseitigten Wahlgesetz von 1923 Labriola, Polemica Antifascista 1925 S. 161 ff. unter dem Titel: In morte del regime rappresentativo bemerkt.

[4]) In diesem Sinne z. B. auch die Äußerung von Giolitti zur fascistischen Parlamentsreform i. d. Deputiertenkammer v. 16. 3. 1928: Die neue Kammer kann »non costituire una vera e propria rappresentanza nazionale. Affinchè

Die Publizität des Repräsentativsystems beschränkt sich hiernach grundsätzlich nicht nur auf die in England schon durch den Art. 9 der Declaration of rights von 1689 gewährleistete Redefreiheit [1]) und die Öffentlichkeit der Verhandlungen innerhalb des Parlaments, d. h. die Möglichkeit für Außenstehende den Parlamentsverhandlungen beizuwohnen und in wahrheitsgetreuer Form über sie zu berichten [2]), sondern verlangt darüber hinaus schlechthin Herrschaft der »Öffentlichen Meinung« [3]) im liberalistischen Sinne, d. h. auch Wahl- Vereins- und Versammlungsfreiheit, Preß- und Gewissensfreiheit,

---

un assemblea possa essere la rappresentante della Nazione, ritengo necessario, che i componenti di questa assemblea siano eletti in piena libertà direttamente dagli elettori« (zit. n. La Tribuna v. 17. März 1928).

[1]) Hierzu vor allem Hubrich, Parlamentarische Redefreiheit und Disziplin aaO. mit weiteren Literaturnachweisen und Parlamentarische Immunität und Beamtendisziplin 1901 S. 4 f. Über die grundsätzliche Bedeutung der Redefreiheit im englischen Verfassungsrecht noch insbesondere Redlich, Recht und Technik des englischen Parlamentarismus 1905 S. 586 ff. Die Rede ist hier geradezu das Mittel parlamentarischer Regierung, die in einer knappen Formel auch einfach als »Government by talking« bezeichnet wird.

[2]) Durch die Berichterstattung werden erst die Parlamentsverhandlungen der Masse des Volkes zugänglich gemacht. »Les journalistes élargissent l'enceinte, où le public est admis; ils font jouir la France entière d'un droit que tout le public ne peut exercer matériellement... Le journal n'est qu'un instrument de la publication autorisée, et en quelque sorte le portevoix des débats et des séances de la Chambre« (so Guizot, Archiv. Parl. Série II Bd. 23 S. 720). In diesem Sinne wird auch heute in allen parlamentarischen Repräsentativverfassungen die Berichterstattung gewährleistet. Vgl. z. B. Art. 30 d. RV. Aus der Einsicht, daß die wahrheitsgetreue Berichterstattung über die Parlamentsverhandlungen nur eine Konsequenz der grundsätzlich zum Repräsentativsystem gehörenden Publizität ist (so etwa auch Hubrich, Die Immunität der parlamentarischen Berichterstattung i. d. Annalen d. deutschen Rechts 1897 S. 25 ff.; Merg, Die Öffentlichkeit der Parlamentsverhandlung 1920 S. 1 f.; Georgi, Das Privileg der wahrheitsgetreuen Berichterstattung Gött. Diss. 1927) ergibt sich zugleich, daß die mit der Berichterstattung verbundene Verantwortungsfreiheit, die rechtlich von der Literatur ganz verschieden bewertet wird (Privileg des Publikums, des Parlaments, der Presse bzw. des Berichterstatters), regelmäßiges und nicht regelwidriges Recht darstellt, somit keinen Privilegcharakter hat. Von einem Ausnahmerecht kann man nur sprechen, sofern die Berichterstattung zwar wahrheitsgetreu, aber bewußt mala fide erfolgt, da diese insoweit nicht in einem wesensmäßigen Zusammenhang mit dem Repräsentativsystem steht.

[3]) Näher insbesondere Tönnies, Kritik der öffentlichen Meinung 1922 vor allem S. 322 ff. Dazu noch C. Schmitt, Parlamentarismus[1] S. 25, nach dem nicht so sehr die öffentliche Meinung als die Öffentlichkeit der Meinung zu betonen ist; ebenso Sultan, Archiv für Sozialwissenschaft Bd. 55 S. 124. Tatsächlich sind »Öffentlichkeit« und »Meinung« gleichwertige Faktoren. So schon Lowell, Public Opinion aaO. 4 ff.; Posada, Tratado de derecho politico Bd. I S. 497.

Gewährleistung des Petitionsrechtes. Durch diese weitgehende Publizität des Repräsentativsystems soll die Kenntnis des Volksdenkens und -wollens dem Repräsentanten vermittelt und zugleich sein gesamtes, im Dienste der Freiheit und der Gerechtigkeit stehendesWirken unter die Kontrolle des durch die periodisch sich wiederholenden Wahlen über sie urteilenden Volkes gestellt worden [1]).

Dieser innere Zusammenhang zwischen Repräsentativsystem und Publizität des politischen Lebens wird in der Literatur häufig [2]), besonders klar etwa in den deutschen vorrevolutionären Verfassungskämpfen [3]) betont, in denen Konservative wie Liberale wußten, daß das teils propagierte, teils befehdete Repräsentativsystem in die politische Wirklichkeit nur eingeführt werden konnte, wenn

---

1) Dazu etwa Guizot, Gouvernement représentatif etc. Bd. I S. 83 f.: »La publicité des débats dans les chambres soumet les pouvoirs à l'obligation de chercher la justice et la raison sous les yeux de tous, afin que chaque citoyen soit convaincu que cette recherche a été faite avec bonne foi et intelligence«. Zur Kontrollfunktion der öffentlichen Meinung ferner noch Todd, On Parliamentary Government aaO. Bd. I S. 14; Mac Iver, Modern State aaO. 144. — Die gleiche Kontrollfunktion hat im übrigen auch der Grundsatz der »Öffentlichkeit der Verhandlung« im Gerichtsverfassungssystem.

2) Aus der französischen Literatur etwa B. Constant, Pol. Constit. II S. 21; Guizot, Gouvernement représentatif Bd. I S. 104 f.; II S. 10/11; Barthélémy-Duez, Traité élémentaire S. 116 f.; Hauriou, Précis de Droit Constitutionnel² 159 f.; Souveraineté nationale 121 f. Aus der deutschen Literatur (vgl. auch noch nächste Anm.) etwa Hegel, Rechtsphilosophie § 316 f. S. 256 f. und Zusatz zu § 315 S. 367; Fürst v. Hardenberg i. die »Zeitgenossen« 1821 Bd. VI H. 2 S. 61 f.; Bluntschli, Volk und Souverän 89; Art. Repräsentativverfassung im Staatswörterbuch Bd. VIII S. 593; Krug, Das Repräsentativsystem aaO. 315; Biedermann, Die Repräsentativverfassungen aaO. 254 f.; Dahlmann, Die Politik § 139 S. 124. Von jüngeren noch etwa Rönne, Das Staatsrecht der preußischen Monarchie⁵ 1899 Bd. I S. 395; Zenker, Parlamentarismus S. 55 ff. insbes. S. 67; Preuß, Reich und Länder S. 244 f., nach dem das Wesen des Repräsentativsystems geradezu in der rechtlichen Organisation der öffentlichen Meinung besteht; Wittmayer, Demokratie und Parlamentarismus 1928 S. 28 f. Aus der englischen Literatur etwa schon Hare, The Election of Representatives 1865 S. 250 und heute vor allem Dicey, Law and Public Opinion in England (i. 19. Jahrh.) 1924 aaO. Im übrigen noch etwa Mosca, Elementi di Scienza politica S.145; Posada, Tratado aaO. I S. 495 f., insbes. 501.

3) Vgl. etwa Rotteck, Lehrbuch des Vernunftrechts II S. 277; Aretin-Rotteck, const. Staatsrecht aaO. III S. 153, besonders deutlich 197 f.: z. B. »Ein Landtag hinter verschlossenen Türen ist Zernichtung der Repräsentation.« Ferner Rotteck-Welcker, Art. Constitution i. Staatslexikon 1860 Bd. IV S. 103; Klüber, Öffentliches Recht d. teutsch. Bundes § 300 S. 456; Gentz in Klüber-Welcker, Wichtige Urkunden aaO. S. 226; v. Winzingerode ebenda 252; K. S. Zachariae, 40 Bücher vom Staat 1840 Bd. III Buch 18 S. 208 f. Weitere Nachweise bei Gerber aaO. 167 f.

zugleich auch die Herrschaft der öffentlichen Meinung in dem hier gekennzeichneten Umfang sichergestellt wurde. Die Redefreiheit erschien sogar als ein so notwendiger Bestandteil des Repräsentativsystems, daß man gelegentlich behauptete, sie wäre stets vorbehaltlich eines ausdrücklich entgegenstehenden Verfassungssatzes als durch die Verfassung gewährleistet anzusehen [1]). Die besondere Betonung der Preßfreiheit [2]) erklärt sich weiter aus der Bedeutung der Presse, die intensiver als Rede und Versammlung entscheidend die öffentliche Meinung beeinflußt, ja sie geradezu, vor allem in den modernen Demokratien, erst schafft, und umgekehrt aus der Bedeutung der öffentlichen Meinung, die ihrerseits wieder in der Presse ihren sichtbarsten und wirksamsten Ausdruck findet [3]). Diese umfassende Publizität des parlamentarischen Wirkens macht zugleich verständlich, warum es zum Wesen des Parlamentarismus gehört, daß der »dynamisch-dialektische Auseinandersetzungsprozeß« innerhalb des Parlaments sich in voller Öffentlichkeit vollziehen muß [4]), da der Parlamentarismus sich in seiner klassischen Gestalt an Hand des Repräsentativsystems entwickelt hat [5]).

---

[1]) So vor allem K. S. Zachariae, Archiv f. d. zivilistische Praxis Bd. 17 S. 208 f. Nach der 4. Auslegungsregel (aaO. 211 f.) sollten ferner die Kammermitglieder, auch wenn sie selbst verfassungsmäßig für ihre Äußerungen verantwortlich sind, »gleichwohl nicht verantwortlich sein, wann und inwiefern ihnen die Pflichten, die sie als Mitglieder ihrer Kammer gegen den Fürsten und gegen das Volk auf sich haben, gebothen«, — und hierfür spricht eine praesumptio juris — »eine Meinung zu äußern, welche von einem anderen nicht geäußert werden durfte« (aaO. 212). Ebenso wie Zachariae Welcker, Art. Verantwortlichkeit der Landstände und der Mitglieder der Landstände im Staatslexikon v. Rotteck-Welcker 1866 Bd. XIV S. 342 f. Über die deutsche Gerichtspraxis und die verhältnismäßig erst spät einsetzende Opposition gegen die Annahme eines solchen, fast absoluten Rechtes auf Redefreiheit Hubrich, Redefreiheit aaO. 259 ff.

[2]) Dazu etwa Guizot aaO. II S. 10, 11 und Mohl, Staatsrecht, Völkerrecht und Politik I S. 61; Welcker, Die vollkommene und ganze Preßfreiheit 1830 aaO., insbes. S. 42 f.; Aretin-Rotteck, const. Staatsrecht aaO. III S. 198; Ancillon, Zur Vermittlung der Extreme in den Meinungen I S. 139 ff., nach dem aber die Repräsentativverfassung auch »sehr gut ohne eine unbeschränkte Preßfreiheit bestehen und gedeihen könnte« (163).

[3]) Zu der inneren Verbundenheit von freier Meinungsäußerung und Preßfreiheit noch Rothenbücher, Veröffentl. d. Staatsrechtslehrervereinigung 1928 H. 4 S. 14; über Presse und Massenurteil noch Münzer, Öffentliche Meinung und Presse 1928 S. 87 ff.

[4]) Hierzu Smend i. d. Festgabe f. Kahl 1923, III S. 22 und C. Schmitt, Parlamentarismus[1] aaO. 22.

[5]) Dazu schon S. 103.

Im übrigen zeigt sich auch hier die Richtigkeit des Satzes, daß die Tendenz zur Publizität nur eine grundsätzliche ist. Auch unter der Herrschaft des Repräsentativsystems können die Abgeordenten zeitweise hinter verschlossenen Türen verhandeln, ohne daß sie zugleich ihren repräsentativen Charakter verlieren, können die liberalistischen Freiheitsrechte gewissen Beschränkungen unterworfen oder vorübergehend wie z. B. im Kriege [1]) gänzlich aufgehoben sein. Im 17. und 18. Jahrhundert war z. B. das englische Parlament ganz allgemein, obwohl die liberalistischen Grundrechte grundsätzlich respektiert waren, von der nach außen wirkenden Öffentlichkeit (durch Ausschluß der Presse sowie Fremder vom Parlamentsbesuch, nicht dagegen der Redefreiheit innerhalb des Parlaments) abgeschlossen gewesen [2]) — ein atypischer, auf besondere Umstände zurückzuführender Fall [3]), der die grundsätzliche Richtigkeit des hier Gesagten nicht in Frage zu stellen vermag.

---

[1]) So war z. B. die Presse während des Weltkrieges in allen kriegführenden Staaten einer Zensur unterworfen, war die Vereins- und Versammlungsfreiheit weitgehend beschränkt, waren die parlamentarischen Verhandlungen zum Teil unter Ausschluß der Öffentlichkeit geführt worden.

[2]) Näher Redlich, Recht und Technik d. engl. Parlaments S. 280 ff. Der gegenwärtige Rechtszustand unterscheidet sich schon seit langer Zeit nicht mehr von dem anderer Staaten (the reason ist, such reports are part of the ordinary business of Parliamentary life; so Paterson, The Liberty of the press 1880 S. 198), trotzdem auch heute noch formal die Publikation der Parlamentsverhandlungen einen Privilegienbruch darstellt.

[3]) Während der puritanischen Revolution mußte man die parlamentarischen Debatten geheim halten, weil das Repräsentativsystem noch nicht gegenüber Eingriffen von seiten der Krone geschützt war. Nach seiner Festigung im 18. Jahrhundert waren es vor allem die das Repräsentativsystem gefährdenden Erscheinungen (z. B. Bestechung, Wahlbeeinflussung), die das Parlament bestimmen mußten, sich im »Dunkeln« und »Geheimen« zu halten. Dies war um so leichter möglich, als sich das Unterhaus lediglich aus den zur Repräsentation des ganzen Volkes berufenen, aristokratisch-plutokratischen Schicht rekrutierte. Die anderen Bevölkerungskreise waren von der mangelnden Publizität des politischen Lebens weniger betroffen und hatten umgekehrt an deren Aufrechterhaltung ein minder großes Interesse, als es etwa im 19. Jahrhundert der Fall gewesen wäre und in der Gegenwart der Fall sein würde. Näher über die öffentliche Meinung in England im 18. Jahrhundert etwa Loewenstein, Erinnerungsgabe f. M. Weber II S. 103 f. und über diese nach der großen Reformbill im 19. Jahrhundert zur Zeit der sog. Parliamentary Sovereignty Archiv f. Sozialwiss. u. Sozialpolitik Bd. 51, S. 680 f.

Achtes Kapitel.

Repräsentation und berufsständische Interessenvertretung [1].

Aus der Analyse der Bedeutung der Repräsentation des Volksganzen für die staatliche Integration ergibt sich zugleich eine für das Problem der berufsständischen Interessenvertretung grundsätzlich wichtige Feststellung, nämlich die Erkenntnis, daß der Struktur nach Volksrepräsentation und berufsständische oder organische Vertretung [2], die gedankenmäßig vor allem ihre Entstehung der Opposition gegenüber der Herrschaft der parlamentarisch-repräsentativen, schlechthin negativ als individualistisch-atomistisch gekennzeichneten Demokratie [3] verdankt, auch wesensmäßig Gegen-

---

[1]) Die geschichtliche Entwicklung des berufsständischen Gedankens wird — abgesehen von den weiter unten noch zu nennenden Arbeiten — etwa durch folgende Namen und Schriften gekennzeichnet. Preußen-Deutschland: Liebe, Der Grundadel und die neueren Verfassungen 1844; Ahrens, Organische Staatslehre 1850; Winter, Die Volksvertretung in Deutschlands Zukunft 1852; Konst. Frantz, Der Föderalismus als das leitende Prinzip für soziale, staatliche und internationale Organisation 1879. Schweiz: Sismondi, Etudes sur les constitutions des peuples libres 1836. Belgien: Prins, La Démocratie et le régime parlementaire 1884; de Greef, La constituante et le regime représentatif 1920. Frankreich: Benoist, La Crise de l'État moderne 1895, insbesondere S. 155 ff.; Sorel, Matériaux d'une théorie du prolétariat S. 78 ff.; Duguit, L'État des gouvernants et les agents 1903 S. 329 f.; Le Droit social et le Droit individuel 1922 S. 121 ff. Italien: Romagnosi, Scienza delle Costituzioni 1848; Persico, Rappresentanze polit. ed amministrative S. 199 ff., 206 ff. und L'organismo dello Stato moderno i. d. Atti della R. Academia di Scienze morali e politiche« Bd. 29; Boggiano, L'organizzazione professionale et la rappresentanza di classe 1903; S. Romano, Lo stato moderno e la sua crisi i. Riv. di Diritto pubblico 1910 II S. 97 f.; Pannunzio, z. B. Stato nazionale e sindacati 1924. England: Gray, Essays of Political Science 1853; Russel, English government and constitution; Vereinigte Staaten: neuestens Beard, The economic Basis of Politics 1924.

[2]) Die Pluralisten (wie z. B. Webb, Cole, Laski) bezeichnen sie zu Unrecht als »funktionelle Repräsentation«; die näheren Nachweise in den folgenden Anmerkungen.

[3]) Insbesondere das Verhältniswahlsystem wird als der nicht mehr zu überbietende Höhepunkt dieser als atomistisch verketzerten Demokratie bezeichnet, obwohl man gerade den Proporz unter syndikalistisch-korporativen

sätze sind. Denn nach dem der fachlich beruflichen, nicht notwendig ausschließlich wirtschaftlichen Interessenvertretung [1]) zugrundeliegenden Gedanken sollen im Gegensatz zur Repräsentation, die stets der Idee nach vom Volk als Einheit und nicht als Vielheit ausgeht, bestimmte partikulare Interessen — in der gröbsten Form die Interessen der Produzenten und Konsumenten [2]) — sachkundig vertreten werden. Aus der Summation der besonderen Interessen und der partikularen Willen organischer Lebenskreise kann sich aber niemals ein »Allgemeininteresse« ergeben oder eine »volonté générale« bilden [3]).

Eine staatliche Integration durch die berufsständische Interessenvertretung wäre nur mit Hilfe der erwähnten politischen Konstitutions-

---

Gesichtspunkten als das Mittel zur allmählichen Verwirklichung des berufsständischen Gedankens betrachten könnte. In diesem Sinn, soweit ich sehe, nur Pergolesi, Rappresentanza corporativa S. 151 und mit Nachdruck Krabbe in Staatsrechtelijke Opstellen Bd. I S. 159 ff.: »Het organisch kiesrecht... is de kiesrechtregeling die uit de toepassing van het stelsel van proportioneele vertegenwoordiging voortvloeit« (so z. B. S. 160; ebenso 161).

Im übrigen wird die übliche berufsständische Bewertung des Repräsentativsystems unbeschadet dessen korrekturbedürftiger und vielleicht auch korrekturfähiger Fundierung nicht dessen staatstheoretischem Bedeutungsgehalt gerecht. Denn unverlierbar bleibt jedenfalls, sofern man nicht zu den Surrogaten der unmittelbaren Demokratie zurückkehrt, die geradezu typisch gewordene Verbindung eines sich seines eigenen, konkreten Wertes bewußt gewordenen und sich als Nation zur Herrschaft legitimiert fühlenden geistigen Ganzen mit dem monistisch-repräsentativen Staat. Zum Sinngehalt des Repräsentativsystems selbst noch S. 67 ff.

[1]) In der Literatur ist streitig, ob nur die wirtschaftlichen Interessen und welche von diesen oder auch andere, insbesondere geistige Interessen in der berufsständischen Körperschaft vertreten sein sollen (im letzteren Sinne z. B. Tatarin-Tarnheyden, Die Berufsstände 1922 S. 237 f.; Lavergne, Suffrage universel et suffrage collectif i. L'Année politique 1926 S. 362 ff.), und wie die vertretungsberechtigten Interessentengruppen bei der Verteilung der Sitze zahlenmäßig erfaßt werden sollen; dazu etwa noch Rossi, Rappresentanza politica aaO. 86; Pergolesi, Rappresent. corporativa aaO. 91 f.

[2]) Diese Gegenüberstellung vor allem bei den Pluralisten; zur Kritik dieser Unterscheidung wie überhaupt des Pluralismus vor allem Hsiao, Political Pluralism 1927 S. 71 ff.

[3]) Hierzu auch Rossi, Rappresentanza politica S. 119 f., nach dem, wenn »i vari interessi della società... la loro voce più o meno intensa nell' assemblea« erheben, »i rappresentanti di questi interessi devono... non dirsi rappresentanti della nazione«; ferner etwa Hsiao, Political Pluralism 75 f. und MacIver, Modern State S. 465 f., der zwischen »the reprentation of interests« und »of the other men« unterscheidet, und nach dem bei der »representation of interests«... »the unity of their individual lives is inexpressed, no less than the unity of society« (466).

prinzipien möglich [1]), die aber in der syndikalistischen Sphäre nicht willensvereinheitlichend zu wirken vermögen. Denn das Volksganze wird weder durch die Berufsstände repräsentiert noch mit den Berufsständen oder nach Einführung des Mehrheitsprinzips mit der Mehrheit der Berufsstände willensmäßig – hierdurch unterscheidet sich der berufsständische Staat vom reinen Parteienstaat [2]) — »identifiziert«. Es ist ein fast die ganze berufsständische Literatur durchziehender, schwerwiegender verfassungstheoretischer Irrtum, zu glauben, als ob die staatliche »Einheit in der Vielheit« wie durch ein Wunder aus der mechanisierten Gesellschaft hervorgezaubert werden könnte [3]), in der sich doch tatsächlich nur die rein egoistischen Interessen- und Berufsverbände rücksichtslos bekämpfen und bekämpfen müssen, solange sie ausschließlich zur Wahrnehmung bestimmter Interessen berufen sind.

Ein »Social Parliament« im berufsständischen Sinne wird somit niemals Trägerin der maßgeblichen, politischen Entscheidungen in einem Staate sein können. Daher kann auch die berufsständische Kammer nicht in irgendeiner Gestalt an die Stelle des politischen Parlamentes treten. Jeder solche Versuch würde die in der politischen Sphäre monistische Struktur des modernen Staates sprengen [4]) und

[1]) Dazu insbesondere etwa S. 57 f., 118 f.

[2]) Zu diesem näher S. 98 ff., 117f. Funktionell integrierend kann das Identitätsprinzip bei einer berufsständischen Interessenvertretung nicht wirken, weil die Berufsstände im Gegensatz zu den Parteien keine politischen Organisationen sind. Theoretisch denkbar wäre ein Zurückgehen auf dieses willensvereinheitlichend wirkende Strukturprinzip nur, wenn das Politische, etwa im Sinne der marxistischen Klassenideologie, ein Überbau der Wirtschaft sein würde, die Politik somit ökonomisiert wäre. Dann, aber nur dann würde ein Unterschied zwischen einer politischen Staatsverfassung und einer berufsständischen Wirtschaftsverfassung nicht bestehen.

[3]) Auch noch nach Tatarin-Tarnheyden, Berufsstände S. 241 wird ein berufsständisches Parlament dann zum »Organ der Gesamtheit«, »wenn in ihm alle Berufsstände vertreten sind, so daß ein jegliches Volksinteresse zu Worte kommt«. Ähnlich auch die durchaus herrschende, fascistische Literatur, nach der, wenn nur alle im Volk vorhandenen, produktiven Kräfte an der Staatswillensbildung »organisch« beteiligt sind, sich das Gesamtinteresse »von selbst« ergeben soll. Damit wird aber das im Text angedeutete, verfassungstheoretische Problem umgangen. Die Konsequenzen einer berufsständischen Vertretung werden in Italien heute nur von wenigen richtig beurteilt; so z. B. von Menotti de Francesco, Rappresentanza politica e rappresentanza sindacale nella scienza del Diritto pubblico i. d. Rivista di Diritto pubblico 1925 S. 277 ff. nach dem ein korporativer Vertreter ein »mandatario del sindacato che lo elegge in quanto è organizzato« und »interprete d'un interesse particolare« ist.

[4]) So auch MacIver, Modern State 426: »The state would fall to pieces«... »The state is retained in name, but disappears in fact«; Hsiao, Political Pluralism S. 77.

die Entwicklung sogar hinter den dualistisch-mittelalterlichen Ständestaat zurückführen müssen. Denn die Stände im weitesten Sinn sind in ihrer gegenwärtigen Gestalt im Gegensatz zu denen des Mittelalters lediglich durch gemeinsame, materielle oder berufliche Interessen zusammengehaltene Erwerbs- oder Berufsstände [1]), denen das tiefere, innere Zusammengehörigkeitsgefühl fehlt, das sich im Mittelalter noch in der gemeinsamen Lebenshaltung, Lebensauffassung, ja sogar in den Äußerlichkeiten des täglichen Lebens bekundet hat [2]).

Auch die Organisation der berufsständischen Interessenvertretung ist, mag man eine begutachtendberatende [3]), eine zweite politisch-mitbeschließende [4]) oder eine politisch allein entscheidende, berufsständische Kammer [5]) propagieren, der Idee nach in ihren

---

[1]) Erwerbs- und Berufsstände sind begrifflich heute nicht scharf voneinander zu scheiden, da der Beruf weitgehend durch den gemeinsamen Erwerb bestimmt wird.

[2]) Näher etwa Haller, Gesellschaft und Staatsform 1927 S. 16 f., nach dem die heutigen Erwerbsstände sich innerlich umbilden (24 f.) und wieder das Bewußtsein erhalten sollen, »als sozialer Stand ein organisches Glied am Leib der Nation zu sein« (mit eigenem Standesbewußtsein, Standesehre und Standespflicht). Eine solche Umbildung liegt aber nicht in der Richtung der fortschreitenden, aromantischen Rationalisierung des gesamten Lebensprozesses.

[3]) So aus der jüngeren deutschen Literatur etwa Herrfahrdt, Das Problem der berufsständischen Vertretung 1921 S. 168 f.

[4]) So etwa Duguit, Droit constitutionnel II S. 753; Tatarin-Tarnheyden, Berufsstände S. 243 ff.; Pergolesi, Rappresentanza Corporativa i. d. Rivista Internazionale di Filosofia del Diritto 1924 S. 134 f.; von Pluralisten etwa S. u. B. Webb, A Constitution for the Socialist Commonwealth of Great Britain 1920 S. 110 ff. Auch ist — zum mindesten nach der fascistischen Ideologie — in diesem Zusammenhang noch die neben dem Senat stehende »rappresentanza corporativa« zu erwähnen, die alle beruflichen Interessen »organisch« in sich vereinigen soll; typisch etwa Pannunzio, Stato nazionale S. 55 f. (weitere Nachweise i. meinem fascistischen Verfassungsrecht S. 50 Anm. 51) und Text noch S. 190 f.

[5]) So etwa Spann, Der wahre Staat 1921 S. 285 f., 289. Vereinzelt wird auch wie z. B. von den Pluralisten ein wirtschaftlich-klassenmäßiger, aber verschiedener Aufbau mehrerer Körperschaften gefordert; dazu etwa Laski, The Foundations of Sovereignty 1921 S. VII f.; Authority in the Modern State 1919 S. 88 f.; Cole, Social Theory 1920 S. 66 ff., 134. Darüber hinausgehend wird teilweise gefordert, daß der Staat nicht nur in der Zentrale bei der Ausübung der politischen Funktionen, vor allem der Gesetzgebung, sondern auch in den unteren Verwaltungskörpern (Provinzen, Kommunen) berufsständisch organisiert sein soll; in diesem Sinne für eine restlose Verwirklichung des berufsständischen Gedankens etwa Persico, Rappres. pol. aaO. 219; Boggiano aaO. 239. Eine nähere Zusammenstellung der verschiedenen Projekte der berufsständischen Interessenvertretung noch bei Menotti de Francesco, Rivista di Diritto pubblico 1925 S. 273 ff. und Sabini, Precedenti e presupposti della rappres. pol. dei sindacati ebenda 1926 S. 387 f.

Möglichkeiten — und zwar im Gegensatz zu denen der Repräsentation — eindeutig festgelegt [1]). Denn sollen im Sinne der Interessenvertretung wirtschaftliche oder auch andere berufliche Interessen sachkundig wahrgenommen werden, so müssen vor allem die Interessenverbände über den Akt der Kreation hinaus maßgeblich die Wirkungssphäre der von ihnen berufenen Delegierten beeinflussen können. D. h. die Selbständigkeit der Entscheidung muß den berufsständischen Vertretern genommen und den hinter ihnen stehenden Interessenorganisationen anvertraut werden. Damit würde die Begründung einer Verantwortungspflicht der Delegierten sowie einer Abberufungsmöglichkeit seitens der delegationsberechtigten Verbände aufs engste zusammenhängen. Auch würde bei einer Interessenvertretung ein über den allgemeinen, strafrechtlichen Schutz hinausgehendes, besonderes Immunitätsrecht ebenso des Sinnes entbehren [2]) wie etwa das Verlangen nach einer höchstpersönlichen Ausübung der Tätigkeit des partikularen Interessenvertreters oder die Entrichtung einer Aufwandsentschädigung an die richtigerweise allein durch die Berufsverbände zu bezahlenden Verbandsdelegierten, deren Stellung eben kurzum strukturmäßig von der eines repräsentierenden Parlamentsabgeordneten völlig verschieden ist.

Würde man die rechtliche Stellung der Delegierten organisationstechnisch nicht in dieser Weise, sondern mehr im Sinne einer parlamentarischen Repräsentation gestalten, würde man ihnen also etwa ein freies Entschließungsrecht einräumen wie sie auch sonst selbständig stellen, so würde keine Gewähr dafür bestehen, daß tatsächlich die partikularen Berufs-, Standes- und Klasseninteressen in der betreffenden staatlichen Körperschaft zum Ausdruck gelangen. Ein zur »Vertretung« des ganzen Volkes berufener Interessenvertreter würde sogar rechtssatzmäßig verpflichtet sein, die partikularen Interessen dem Allgemeininteresse gegenüber hintanzustellen. Eine solche berufsständische Interessenvertretung wäre in Wirklichkeit,

---

[1]) Dies tritt allerdings in dem sehr umfangreichen und bunten Material, das in dem letzten Jahrhundert von der Literatur und in dem letzten Jahrzehnt von der Praxis herausgestellt worden ist, nicht immer deutlich zutage. Vielfach sind die konkret-propagierten, berufsständischen Kammern in Wahrheit politische Repräsentationen. Deshalb bedarf jeder Vorschlag zu seiner systematischen Klassifizierung zuvor einer besonderen Prüfung. Beispiel S. 189 f.

[2]) Bei uns würde z. B. als durchaus ausreichender Schutz der allen Staatsbürgern zur Seite stehende § 193 StGB. genügen; so schon mit Recht C. Schmitt, Verfassungslehre S. 317.

vorausgesetzt daß ihr Zuständigkeitsbereich dem der Volksvertretung entsprechen würde, eine politische Repräsentation [1]) in einer dem Repräsentativsystem ähnlichen Weise. Sie würde sich von der geläufigen, repräsentativ-parlamentarischen Körperschaft nur dadurch unterscheiden, daß der als Akt der Kundgabe des Vertrauens dienende, die Abgeordneten zu Repräsentanten legitimierende Wahlmodus durch die Nominierung der Berufsverbände ersetzt wäre [2]), die damit an Stelle der Wähler und Parteien die Stelle des Kreationsorgans im Jellinek'schen Sinne übernommen hätten. Damit würde aber der der Interessenvertretung zugrunde liegende Gedanke zugunsten einer Repräsentation des Volksganzen inhaltlich verfälscht sein.

Auch praktisch würde eine solche Lösung nicht befreiend wirken, da durch sie nur die heute zwischen Recht und Wirklichkeit ohnehin bestehenden Spannungen nach der Seite der Interessenvertretung eine erhebliche Steigerung erfahren würden. Insoweit hat man mit Recht in der Literatur die Berufsstände als »ein höchst unvollkommenes und unwirksames Surrogat für die politische Partei bezeichnet« [3]).

Um solchen vom Standpunkt einer Interessenvertretung skrukturwidrigen Konsequenzen zu entgehen, hat man vor allem in soziologischen Schriften die Delegierten der Berufsorganisationen ausdrücklich auf die Wahrnehmung partikularer Interessen beschränken und weiterhin, sofern man das Problem der Willensbildung überhaupt zur Diskussion gestellt hat, den Interessentenverbänden einen weitgehenden Einfluß auf die Entschließungen der Verbandsdelegierten einräumen wollen [4]). In der staatsrechtlichen Literatur kommt der

---

[1]) Dazu auch Bonn Auflösung des modernen Staates 1921 S. 26/27; Menotti de Francesco, Rivista di Diritto pubblico aaO. 287.

[2]) Ob eine Rechtsnorm zusammen mit der Benennung der Mitglieder durch die delegationsberechtigten Verbände zur Legitimierung der Repräsentationaus reicht, lasse ich in diesem Zusammenhang dahingestellt. Das S. 153 ff. zu den Oberhäusern Gesagte kann wegen der Verschiedenheit des Kreationsmodus jedenfalls nicht unmittelbar analog auf die berufsständischen, rechtsatzmäßig aber repräsentativen Körperschaften bezogen werden.

[3]) So v. Savigny, Das parlamentarische Wahlrecht im Reich und in Preußen 1907 S. 65. Im gleichen Sinne etwa noch G. Meyer, Das parlamentarische Wahlrecht 1901 S. 432 f.; Menotti de Francesco aaO. 286; Mosca, Elementi di scienza politica S. 499 und Interparlamentarisches Bulletin 1927 Bd. VII S. 229; Hauriou, Droit Constitutionnel[2] S. 559.

[4]) Die Volksrepräsentation, die bestehen bleiben soll, wird dabei aber gelegentlich unrichtig als eine statt durch den Beruf durch das Territorium, die Nachbarschaft zusammengehaltene Interessenvertretung bezeichnet; vgl.

Gedanke, daß man willensmäßig mit Hilfe einer berufständischen Vertretung nicht zur politischen Einheit des Staates gelangen kann, vor allem in den Projekten zum Ausdruck, die in irgendeiner Form neben die berufsständische Interessenvertretung eine Volksrepräsentation stellen wollen [1]). Denn hierdurch soll den »besonderen Interessen« gegenüber ein Ausgleich durch »eine Vertretung des allgemeinen Interesses« geschaffen werden [2]). In diesem Sinne hat schon Ahrens seine Forderung nach einer neben der berufsständischen Vertretung stehenden, zweiten Kammer »auf die Unterscheidung gegründet einerseits der allgemeinen öffentlichen Rechts- und Staatsordnung, andererseits der besonderen öffentlichrechtlichen ständischen Gliederungen« [3]). Neuerdings hat diese Forderung wiederum etwa Herrfahrdt [4]) belebt, der ausdrücklich die berufsständische Vertretung auf die Wahrnehmung von Sonderinteressen beschränkt hat, die auch »in ihrer vollkommensten Zusammenfassung und Ausgleichung niemals das Staatsinteresse ergeben« [5]), und der neben eine solche Körperschaft das Parlament in seiner repräsentativen, nunmehr »gereinigten« Gestalt gesetzt wissen will.

---

etwa Barnes, Sociology and political theory 1923 VII Z. 3 u. Overstreet, The Government of Tomorrow i. the Forum Bd. 54 S. 7, 11, 16 f. Der Unterschied liegt in Wirklichkeit erheblich tiefer; dazu Text aaO.

[1]) So propagiert z. B. Schäffle, Bau und Leben des sozialen Körpers 1896 Bd. II insbesondere S. 463 und Deutsche Kern- und Zeitfragen 1894 Bd. I S. 120 f., 132 f. und 1895 N. F. S. 55f. eine einzige, aus Abgeordneten und Berufsständen gemeinsam gebildete Kammer. Ähnlich Levita, Die Volksvertretung in ihrer organischen Zusammensetzung im repräsentativen Staat 1850 S. 260 und Lavergne, L'Année politique 1926 S. 362 f., 386 f., nach dem die Kammern zur Hälfte nach dem allgemeinen Wahlrecht, zur Hälfte von den »corps sociaux, corps scientifiques« und den »Economiques associations d'intérêt général« gewählt werden sollen.

[2]) So Levita aaO. 260.

[3]) So Juristische Encyklopädie S. 778. Vgl. auch 780: »So wird also die Vertretung eine wahrhaft organische sein, in welcher sowohl die Einheit des Volkes — als auch die Besonderheit der Stände ihre Beachtung finden«. Zu Stahl und Hegel noch S. 49 An. 1 v. S. 48.

[4]) Berufsständische Vertretung S. 163 f.

[5]) So Herrfahrdt aaO. 165. Der gleiche, richtige Gedanke ferner noch etwa bei Majork, Die Gestaltung der Volksvertretung nach dem Prinzip der Interessenvertretung. Leipziger Dissertation 1900, insbes. S. 32, 35 f.; in Frankreich etwa bei Lambert, L'organisation du Suffrage universel et la Représentation des Fonctions Sociales i. d. Revue politique et parlementaire 1909 Bd. 60 S. 69; Esmein, Eléments aaO. I S. 314; Giraud, Crise de la Démocratie 188 f.; in Belgien etwa bei Pottier, La morale catholique et les questions sociales d'aujourd'hui 1921 Bd. II S. 104 f.; in Italien etwa bei Rossi, Rappresentanza politica S. 119/120.

Soweit man aber schließlich doch in Theorie und Praxis versucht hat, die politische Einheit des Staates folgerichtig von der syndikalistischen Seite her zu begründen, zeigt sich die essentiell gegensätzliche Struktur der berufsständischen Interessenvertretung und politischen Repräsentation in den von einem berufsständischen Ausgangspunkt nicht zu erklärenden Widersprüchen, zu denen man bei der konkreten Durchführung der gemachten Vorschläge zwangsläufig getrieben wird. Dieses soll im folgenden noch an Hand einer Reihe zufällig herausgegriffener, aber in ihrer Bedeutung doch typischer Beispiele verdeutlicht werden.

Nach dem z. B. von Mohl [1]) in der Mitte des letzten Jahrhunderts entworfenen Verfassungsprojekt, durch das die Volksvertretung beseitigt und der Staat von unten her neu auf berufsständischer Grundlage aufgebaut werden sollte, sollte der geistige, materielle und aus dem territorialen Zusammenleben gebildete »Interessenkreis« je eine Sonderinteressenvertretung erhalten [2]). Darüber hinaus sollten aus Ausschüssen der Sondervertretungen gebildete »zusammengesetzte Vertretungen« über die mehrere Interessenkreise berührenden Angelegenheiten und eine in der gleichen Weise gebildete, aber von den zusammengesetzten Vertretungen getrennte »Gesamtvertretung« über die Angelegenheiten der Gesamtheit zu entscheiden haben [3]). Sollten nach diesem Plane die Kompetenzen unter die einzelnen Vertretungskörper verteilt werden, ohne daß der funktionelle Staatsbetrieb selbst leiden sollte, so mußte die Stellung der Gesamtvertretung gegenüber den Sondervertretungen gehoben werden. So sollten tatsächlich z. B., um nur das Wichtigste hervorzuheben, die Beschlüsse der Gesamtvertretung endgültig sein und von keiner Ständeversammlung in Zweifel gezogen werden dürfen, während die Gesamtvertretung umgekehrt ihrerseits gegenüber den Beschlüssen der Ständevertretung ein Vetorecht haben sollte [4]). In der gleichen

---

[1]) Das Repräsentativsystem, seine Mängel und Heilmittel in Staatsrecht, Völkerrecht und Polit'k I S. 416 ff., 435 ff. Vgl. auch schon Geschichte und Literatur der Staatswissenschaften Bd. I S. 285 f.

[2]) Auch Giraud, Crise de la Démocratie S. 196f. fordert in ähnlicher Weise eine Mehrzahl von »Conseils professionnels«, die aber nur eine »voix consultative« haben sollen.

[3]) Zur Kritik dieser und ähnlicher Projekte etwa auch Menotti de Francesco aaO. 282 f.; Ranelletti, Il sindicalismo nella pubblica amministrazione in Riv. di Diritto pubbl. 1920 S. 442 f.

[4]) Mohl, Staatsrecht 418 f., 439.

Richtung liegt es, daß auch die Mitglieder der Gesamtvertretung, um ihre Aufgaben erfüllen zu können, bei ihren Entschließungen frei von Instruktionen stimmen sollten [1]. So würde in der politischen Wirklichkeit die von Mohl propagierte Gesamtvertretung zum entscheidenden Faktor des gesamten Staatslebens werden, die in Wahrheit in der gleichen Weise wie das Parlament im Repräsentativsystem das Volk repräsentieren und im Gegensatz zu der Mohl'schen Forderung nicht einzelne »Interessenkreise« vertreten würde.

Auch in der Staatenpraxis hat naturgemäß nirgends, so oft auch literarisch das Gegenteil behauptet worden ist, die staatlich politische Einheit auf einer berufsständischen Interessenorganisation aufgebaut werden können.

Selbst der fascistische Staat, der geradezu als »stato corporativo« [2] bezeichnet wird, wird in Wahrheit nicht durch die verschiedenen, syndikalistisch-korporativen Organisationen und die neue berufsständische Kammer, die im übrigen vom Fascismus selbst gerne in eine Repräsentation umgedeutet wird [3], sondern allein durch den cäsaristisch soveränen Repräsentanten, den »Chef der Exekutive«, willensmäßig zur Einheit integriert [4]. Der korporative Syndikalis-

---

[1] Mohl aaO. 417.

[2] »The corporate State is simply the synthesis of the productive activities of the nation«; so die zutreffende Umschreibung bei H. W. Schneider, Making the Fascist State 1928 S. 205.

[3] Aus dem richtigen Gefühl heraus, daß die politische Einheit des Staates nicht berufsständisch begründet werden kann. Sehr deutlich kommt dies in der Erklärung des Gran Consiglio v. 11. November 1927 (zit. nach La Tribuna v. 12. November 1927; im gleichen Sinn noch die Literaturnachweise in meinem fascistischen Verfassungsrecht S. 65 Anm. 146) zum Ausdruck. Hier wird das Abänderungsrecht des Großen Rates, das sich auf die von den Interessenverbänden eingereichten, die Namen der Parlamentskandidaten enthaltenden Listen bezieht, mit dem Hinweis gerechtfertigt, daß die Eignung der Bewerber noch immer daraufhin geprüft werden müsse, ob diese »non soltanto i determinati interessi delle categorie da cui proviene, ma gli interessi generali e superiori della Nazione e del Regime« wahrnehmen können. Erst hierdurch wird der Gefahr, »di creare una rappresentanza a base esclusiva di interesse, che avrebbe potuto spezzare l'unità economica, politica, spirituale del Regime« vorgebeugt. In Wirklichkeit erhält durch diese Nominierung der Parlamentskandidaten die korporative Kammer nicht den Charakter einer repräsentativen Volksvertretung, sondern vielmehr den eines ernannten Oberhauses mit berufsständischem Einschlag. Dazu oben S. 163 f. An. 3.

[4] Diese Richtung der Repräsentation ist, sofern eine repräsentative oder mit dem Volke »identische« Kammer fehlt, eine geradezu zwangsläufige; näher mein fasc. Verfassungsrecht S. 22 f., 61 f. In der gleichen Richtung etwa auch aus der neuesten Literatur Ferrari, Le Regime Fascist Italien 1928 S. 280 ff.

mus, der — schon in vorfascistischer Zeit von den verschiedensten, politischen Parteien gefordert [1]) — heute mit entscheidend zu den sachlichen Legitimationsgrundlagen des fascistischen Staates gehört, ist in seiner gegenwärtigen Gestalt rein dekorativ. Erst wenn die den Staat funktionell zur Einheit integrierende, souveräne Diktatur in Fortfall geraten und eine andere willensvereinheitlichend wirkende, repräsentative Instanz nicht an die Stelle des Diktators treten würde, — hier ist wenn nicht an einen neuen Diktator oder den Monarchen vor allem an den Gran Consiglio zu denken —, könnte die neue Kammer nach einer Veränderung ihrer Grundlagen wiederum eine Repräsentation werden und damit eine politisch entscheidende Rolle spielen.

Was das deutsche Verfassungsrecht anbelangt, so ist nach diesem — das Gleiche gilt von den anderen modernen Demokratien, die sich zu dem Repräsentativsystem in seiner traditionellen Gestalt bekennen — die politisch entscheidende Instanz das Parlament. Der neben diesem stehende Reichswirtschaftsrat, der der berufsständischen Interessenvertretung dienen soll [2]), spielt demgegenüber infolge seines nur beschränkten Kompetenzkreises und des ihm fehlenden Entscheidungsrechtes politisch und rechtlich nur eine geringe Rolle. Dies wird auch in Zukunft — unbeschadet einer etwaigen Mehrung seiner Machtbefugnisse [3]) — sich nicht wesentlich ändern können, da, wie gezeigt

---

und Schneider, Fascist State 205; vgl. mit Hinweis auf den Fascismus auch Hauriou, Droit Constitutionnel² S. 559, nach dem »une organisation politique syndicale n'est possible que dans un régime politique extrêmement autoritaire, où les assemblées n'auront plus qu'un rôle consultatif (wie z. B. rechtsatzmäßig in Spanien, nicht aber Italien), et où toute la décision sera aux mains d'un pouvoir exécutif très fort«.

[1]) So z. B. von den Popolari (Don Sturzo), den Syndikalisten (Pannunzio), den Nationalisten (Corradini, Rocca). Zu der Entwicklung des berufsständischen Gedankens bis 1924 näher etwa Marschak, Archiv für Sozialwiss. u. Sozialpolitik Bd. 52 S. 695 ff., Bd. 53 S. 83 ff. Zu dem positiven, syndakal-korporativen Unterbau des fascistischen Staates insbesondere Costamagna, Diritto Corporativo italiano² 1928; Cioffi, Organizzazione sindacale 1927; Balella, Lezioni di Legislazione del Lavoro 1927; Salemi, Studi di Diritto Corporativo 1929; in deutscher Sprache etwa Beckerath, Fascistischer Staat aaO. S. 123 ff. und mein fasc. Verfassungsrecht S. 14 ff., 50 ff.

[2]) Dies bestreitet Glum, Reichswirtschaftsrat S. 49 mit dem Hinweis, daß nach den berufsständischen Projekten grundsätzlich immer die Berufsverbände an die Stelle der politischen Parteien treten sollen. Dies ist aber nur die radikalste Form, in der die Verwirklichung des berufsständischen Gedankens angestrebt wird, und die nicht berechtigt, die weniger weitgehenden und besonneneren Pläne, die die Wirtschaft dem Ganzen in einer anderen Form nutzbar zu machen suchen, nicht auf den gleichen Grundgedanken zurückzuführen.

[3]) Zu erwähnen ist hier vor allem die projektierte Erweiterung des Ini-

ist, eine grundsätzlich berufsständische Körperschaft wie der Reichswirtschaftsrat niemals das Parlament in seiner politisch verfassungsrechtlichen Bedeutung wird ersetzen können.

Auch leidet — und nur hierauf soll in diesem Zusammenhang hingewiesen werden — der Reichswirtschaftsrat heute in seiner staatsrechtlichen Stellung und Organisation an einem inneren Widerspruch Der Reichswirtschaftsrat ist in seiner gegenwärtigen Gestalt nicht eine Interessenvertretung, sondern rechtssatzmäßig eine Repräsentation des Volksganzen [1]) ebenso wie das Parlament und diesem nachgebildet [2]). Die Interessenvertreter sind in diesem Sinne heute normmäßig ebenso wie die Abgeordneten Repräsentanten der politisch ideellen Volkseinheit, »nur ihrem Gewissen unterworfen und an Aufträge nicht gebunden«. [3]). Damit ist zugleich gesagt, daß sie nicht,

---

tiativrechts des Reichswirtschaftsrats (§ 4 d. Entwurfes eines Gesetzes über den Reichswirtschaftsrat) sowie das zukünftige Recht desselben, selbständig wirtschaftliche und soziale Erhebungen vorzunehmen (§ 36 d. Entw. eines Ausführungsgesetzes über den Reichswirtschaftsrat). Näher zu der künftigen Gestaltung des Reichswirtschaftsrats Glum, Reichswirtschaftsrat S. 15 ff.

[1]) Dazu S. 193 An. 1.

[2]) Man denke nur etwa an das künftige Enquête- und Immunitätsrecht sowie das Recht, über den eigenen Zusammentritt zu beschließen und die Anwesenheit von Regierungsvertretern zu fordern. Vgl. etwa auch Glum, Selbstverwaltung der Wirtschaft 1925 S. 146 f.

[3]) In dem Dekret über den französischen »Conseil national économique« v. 17. Januar 1925 (Journal Officiel 1925 S. 698 f.), dessen Rechte noch erheblich schwächer sind als die des deutschen Reichswirtschaftsrates und der im ganzen mehr die Stellung eines »technischen Beirates der Regierung« hat (in diesem Sinne näher Glum aaO. 20 ff., 58 ff.; Lautaux-Poudenx, La Réprésentation Professionnelle 1927 S. 130 ff. aaO., deutlich S. 249), ist eine Bestimmung, nach der die Delegierten der Berufsstände Vertreter der ganzen Nation sind, nicht enthalten. Vielmehr heißt es in dem dem Dekret vorangestellten Rapport ausdrücklich, daß dieser Conseil nicht den Charakter eines Parlamentes, allerdings auch nicht den einer berufsständischen Kammer erhalten solle (S. 699). Doch verspricht man sich auch hier in der Literatur, daß innerhalb des Conseil National aus der »combinaison des intérêts particuliers l'intérêt synthétique et actuel du pays« hervorgehen werde; so z. B. Scelle, Le Conseil National Economique i. d. Revue politique et parlem. 1924 Bd. 121 S. 101, 103 und unter demselben Titel Revue des Etudes Coopératives 1925 Nr. 14 S. 109 f.; Moyitch, Le Parlement Economique 1927 S. 87. Hiergegen schon zutreffend Lavergne, L'Année Politique aaO. 34 ff., nach dem »la somme des intérêts corporatifs est normalement contraire et non pareille à l'intérêt général«.

Im Gegensatz zu dem bisherigen Rechtzustand ist in dem neuen Gesetzentwurf über den Conseil national économique (Art. 19) eine Bestimmung enthalten, nach der die einzelnen Mitglieder des Wirtschaftsrats »ne relèvent que de leur conscience et ne peuvent recevoir aucun mandat

wie man — zum mindesten terminologisch — mißverständlich gemeint hat, »Vertreter der wirtschaftlichen Interessen des ganzen Volkes« [1]) sind, sowie daß es nicht angängig ist, den Reichswirtschaftsrat als eine »Repräsentation der Wirtschaft gegenüber dem Staat« (so Glum) [2]) zu bezeichnen.

Das dem Reichswirtschaftsrat zugrundeliegende repräsentative Prinzip widerspricht grundsätzlich auch dem in der Verfassung verbrieften Prinzip der berufsständischen Interessenvertretung. Denn wenn nach Art. 165 Abs. 3 die einzelnen »Berufsgruppen entsprechend

---

impératif des organisations, qui les ont désignés«. Trotzdem spricht Glum aaO. 61 f. dem französischen Conseil national zwar nicht die repräsentativen Tendenzen, wohl aber und auch für die Zukunft den repräsentativen Charakter ab, weil der Volkswirtschaftsrat bei der Ausübung seiner Zuständigkeiten von einer anderen Repräsentation, nämlich der französischen Regierung abhängig, somit nicht selbständig sei. Überzeugend ist m. E. diese Begründung nicht. Denn sind die Mitglieder des Conseil national bei der Ausübung ihrer Tätigkeit an keine Instruktionen gebunden, sind sie in ihrem Handeln, vor allem ihren Entschließungen frei, so sollen sie als Sachwalter nationaler und nicht partikularer, wirtschaftlicher Interessen fungieren, kurzum Repräsentanten der Nation sein. Bei dieser Feststellung kommt es nicht entscheidend auf den Umfang des Zuständigkeitsbereiches sowie die Voraussetzungen an, unter denen die Körperschaft ihre Funktionen auszuüben vermag.

Zu den Wirtschaftsräten in den anderen europäischen Ländern s. Lautaud-Poudenx, Répresentation profess. S. 95 ff.

[1]) So Art. 5 der Verordnung über den vorläufigen Reichswirtschaftsrat v. 4. Mai 1920 und § 16 Abs. 1 des Entwurfes eines Ausführungsgesetzes über den RWR. Hierdurch soll lediglich der Wirkungskreis der Mitglieder des Reichswirtschaftsrates entsprechend dessen verfassungsrechtlicher Stellung näher gegenständlich gekennzeichnet werden. Aus dem gleichen Grunde handelt es sich, wenn man wie vor allem in Frankreich von einer »représentation des intérêts professionnels généraux« (besonders deutlich etwa Carrière, La Représentation des Intérêts professionnels 1917 S. 254 f., 275 ff.) spricht, um eine Repräsentation der politisch ideellen Volkseinheit und nicht um eine berufsständische Interessenvertretung, vorausgesetzt daß die Abgeordneten auch in ihren Entschließungen frei sind.

[2]) So Glum, Reichswirtschaftsrat S. 45 ff. Diese Vorstellung einer Repräsentation der Wirtschaft gegenüber dem Staat ist schon deshalb nicht möglich, weil die Wirtschaft als solche überhaupt nicht (dazu oben S. 32) und sicher nicht »gegenüber« dem Staat repräsentiert werden kann. Nicht klar ist auch der Satz, daß die Mitglieder des Reichswirtschaftsrats als Repräsentanten der Wirtschaft »keine Interessen zu vertreten haben, auch nicht die wirtschaftlichen Interessen des ganzen Volkes« (S. 51; vgl. auch S. 47 oben), zumal da daneben sehr richtig auch als Aufgabe des Reichswirtschaftsrats bezeichnet wird, »sein Votum nur auf das allgemeine Beste, das Wohl der Gesamtwirtschaft, der Volkswirtschaft zu richten« (S. 47 unten) und die »politische Einheit des Reiches mitzurepräsentieren« (so S. 51).

ihrer wirtschaftlichen und sozialen Stellung« vertreten sein sollen [1]), so ist es mit dem Willen wie mit dem Sinn dieser verfassungsrechtlichen Bestimmung nicht vereinbar, daß ein einfacher Rechtssatz die Vertreter der Sonderinteressen zu Repräsentanten stempelt [2]).

Der innere Widerspruch zwischen den Organisationsprinzipien der Repräsentation des Volksganzen und der berufsständischen Interessenvertretung zeigt sich bei dem Reichswirtschaftsrat auch in dessen konkret-technischer Ausgestaltung. So widerspricht es z. B. — jedenfalls organisationstechnisch — dem repräsentativen Charakter des Parlaments, daß auf Antrag der benennenden Körperschaft die Einberufung eines Mitgliedes zum Reichswirtschaftsrat widerrufen werden kann (§ 11) [3]). Der recall gehört eben der grundsätzlichen Tendenz nach mehr zu einer berufsständischen als zu einer repräsentativen Körperschaft [4]). In berufsständischer Richtung liegt weiterhin auch, daß in Zukunft das Institut der nichtständigen, stimmberechtigten Mitglieder in den Reichswirtschaftsrat eingeführt werden

---

[1]) Auch der neue Entwurf hebt diesen Gesichtspunkt hervor.

[2]) Vgl. auch Kandeler, Die Stellung der Berufsverbände im öffentlichen Recht 1927 S. 85. Nach C. Schmitt, Archiv d. öffentl. Rechtes N. F. Bd. 16 S. 233, wirkt der Art. 5 d. Verord., der in seiner heutigen Gestalt, wie mit Recht hervorgehoben wird, den Pluralismus des gesellschaftlichen Lebens mit der politischen Einheit des Ganzen zu verknüpfen sucht, lediglich als »leere Fiktion«.

[3]) Auch diese Bestimmung der Verordnung wird vom Entwurf d. Ausf.-Ges. z. RWR. (§ 12) beibehalten.

[4]) Von der Widerrufsbefugnis wird, wie die Begründung zum Entwurf zu § 12 selbst bemerkt, insbesondere Gebrauch gemacht werden, wenn der »von einem Verband als Mitglied benannte Geschäftsführer zu einem anderen Verband, der andere, vielleicht sogar entgegengesetzte Interessen vertritt, übergegangen ist«. Ein derartiger Wechsel der Verbandsangehörigkeit vermag die Abberufung des Delegierten aber gerade dann nicht zu rechtfertigen, wenn dieser als Repräsentant zu fungieren hat, da er in dieser Eigenschaft stets in gleicher Weise das Gesamtinteresse wahrnehmen muß.

Nicht überzeugend ist ferner der weitere, sich auf die Repräsentantenqualität der Mitglieder des Reichswirtschaftsrates beziehende Satz, daß diese »nur dann, wenn sie frei von allem Zwang ihre Entscheidung im Reichswirtschaftsrat treffen, als wirkliche Sachverständige gelten« können. Denn entscheidend ist, als wessen Sachverständige sie gelten sollen. Sollen sachverständig bestimmte, partikulare und nicht allgemeine Interessen wahrgenommen werden, so besteht eine größere Gewähr für deren Vertretung, wenn die Delegierten der Interessentenverbände deren Ansichten vortragen, als wenn sie selbständig entscheiden und evtl. den Weisungen ihrer Organisationen zuwiderhandeln.

wird[1]), sowie daß dieser tatsächlich schon seit Jahren nur noch in seinen Ausschüssen und nicht mehr im Plenum selbst aktiv tätig wird[2]). Diese Unebenmäßigkeiten im Aufbau des Reichswirtschaftsrates sind die Folge des Versuches, eine Interessenvertretung rechtsatzmäßig zu einer Repräsentation des Volksganzen umzubiegen. Auch wenn sich dies aus der plötzlichen Umschichtung der Rechtsordnung, bei der man den Reichswirtschaftsrat möglichst getreu nach dem vorhandenen, parlamentarischen Vorbild, dem Reichstag, formen zu können glaubte, erklären läßt, so hätte man doch bei einer künftigen Neuregelung der Stellung dieser Körperschaft eine derartige Verquickung der auf ganz verschiedenen Voraussetzungen aufbauenden Organisationsprinzipien vermeiden können und sollen.

---

[1]) Vgl. § 2 Abs. 3 des Entwurfes und § 7, 24 d. Entw. d. Ausführungsgesetzes z. RWR.

[2]) Diese Praxis (näher etwa Hauschild, Der vorläufige Reichswirtschaftsrat 1920—1926 1926 S. 12 ff.) soll — jedenfalls grundsätzlich — auch die des künftigen Reichswirtschaftsrates sein. Das Plenum soll nur in Ausnahmefällen zusammentreten. Näher § 30 d. Entw. des Ausf.-Ges. z. RWR.

Neuntes Kapitel.

Zur Repräsentation im Völkerrecht und im Bundesstaatsrecht.

Im Völkerrecht zeigt sich die Bedeutung der integrierenden Funktion der Repräsentation in der Regel auch bei den Staaten, deren Willensbildung — wie z. B. in den reinen Demokratien — landesrechtlich auf dem Identitätsprinzip als dem alleinigen politischen Konstitutionsprinzip beruht. Hier zeigt sich besonders deutlich, daß praktisch beim Aufbau eines politischen Gemeinwesens die repräsentativen Elemente nicht entbehrt werden können.

In diesem Zusammenhang interessiert lediglich die Frage, welche Personen oder Personengruppen als völkerrechtliche Repräsentanten für die im Staate geeinte Volksgemeinschaft zu handeln berechtigt sind. Über diese Frage entscheidet letzten Endes ebenso wie im Staatsrecht im Völkerrecht die verfassungsrechtliche Kompetenzordnung eines Landes, die sich nicht mit dem geschriebenen Normenbestand zu decken braucht [1]). Aus dieser lassen sich die Persönlichkeiten ermitteln, die als Repräsentanten der Volksgemeinschaft rechtswirksam das Ganze dritten Staaten gegenüber verpflichten können. Aus ihr ergeben sich zugleich die Voraussetzungen und Beschränkungen, unter denen die als Repräsentanten zu qualifizierenden Personen nach »außen« hin zu handeln berechtigt sind [2]).

In der absoluten Monarchie, in der die Verhältnisse am einfachsten liegen, ist nach dem Landesrecht der Monarch als souveräner Repräsentant zugleich die Persönlichkeit, die auch völkerrechtlich

---

[1]) Zum folgenden statt aller Triepel, Völkerrecht und Landesrecht 1899 S. 236 ff., 376 ff. Aus der neueren Literatur etwa Schön, Art. Staatsverträge i. Wörterb. des Völkerrechts u. d. Diplomatie 1925 Bd. II S. 658 f.

[2]) Triepel aaO. 239 f. macht mit Recht darauf aufmerksam, daß unter den völkerrechtlich relevanten, landesrechtlichen Kompetenz- oder, wie ich sie hier nennen möchte, Repräsentationsbeschränkungen nicht die Verfassungsklauseln fallen, die lediglich ein Verbot an die Exekutive ohne Nichtigkeitsfolge im Falle der Zuwiderhandlung enthalten oder lediglich die Frage der Gültigkeit der zur Ausführung eines Vertrages erlassenen, landesrechtlichen Vorschriften betreffen.

die von ihm repräsentierte Gesamtheit allein berechtigen und verpflichten kann [1]). In der konstitutionellen Monarchie, in der die Volksvertretung in einem gewissen Umfang bereits in den Prozeß der völkerrechtlichen Willensbildung eingeflochten, der Abschluß eines Staatsvertrages etwa schon von der parlamentarischen Genehmigung abhängig gemacht ist, ist außer dem Monarchen auch das Parlament völkerrechtlich relevanter Repräsentant des Staates [2]), da ohne das selbständig gemeinschaftliche Zusammenwirken von Monarch und Volksvertretung eine die Gesamtheit völkerrechtlich verpflichtende Erklärung nicht vollzogen werden kann. Und wird schließlich wie in der repräsentativen Demokratie die Freiheit der Exekutive noch weiter eingeengt, vielleicht sogar auf ihre entscheidende Mitwirkung an der rechtsgeschäftlichen Staatswillensbildung zugunsten einer Erweiterung der Machtsphäre der Volksvertretung überhaupt verzichtet, so ist jedenfalls in Bezug auf die politisch maßgeblichen Entscheidungen das Parlament alleiniger, völkerrechtlicher Repräsentant der politisch ideellen Volkseinheit [3]).

---

1) Daß auch nicht für die absolute Monarchie die von Heilborn, Das System des Völkerrechts 1896 S. 143 ff. belebte Lehre vom jus repraesentationis omnimodae des Staatsoberhauptes zutrifft, haben schon sehr richtig Triepel aaO. 237 und Schön aaO. 659 bemerkt.

2) Abweichend allerdings überwiegend die Staatsrechtslehre der konstitutionellen Monarchie; dazu die Nachweise der früheren deutschen, landesverfassungsrechtlichen Bestimmungen und der Literatur bei Meyer-Anschütz, Staatsrecht aaO. 813 f., der ebenfalls in der Genehmigung der Volksvertretung grundsätzlich nur einen staatsrechtlichen Akt erblickt. Vgl. auch noch die ähnlichen Bestimmungen in Belgien (Art. 68 d. Verf. v. 1831) und Italien (Art. 5 S. 3 d. Verf. v. 1848, der auch nach der neuen fascistischen Gesetzgebung noch in Geltung ist); zu den französ. Verfassungen näher C. Schmitt, Verfassungslehre S. 270.

3) Dagegen kann man von völkerrechtlicher Repräsentation nicht mehr sprechen, wenn das Volk selbst das letzte Wort über die völkerrechtliche Verbindlichkeit von Staatsverträgen hat, da die Aktivbürgerschaft in der unmittelbaren Demokratie das Volk in seiner Gesamtheit überhaupt nicht repräsentiert. So wird z. B. ein der Volksabstimmung unterstellter Vertrag neben einer etwaigen Repräsentation durch andere »Organe« wie z. B. das Staatsoberhaupt oder das Parlament völkerrechtlich nur verbindlich, wenn ergänzend neben dem Repräsentations- noch das Identitätsprinzip seine willensvereinheitlichende Funktion erfüllt. Dies war z. B. der Fall, als auf Grund der Partialrevision des § 89 Abs. 3 Bundesverfassung v. 16. April 1921 (Eidgenössische Gesetzsammlung N. F. Bd. 37 S. 306) der schweizerisch-französische Vertrag v. 7. August 1921 über die Genfer Zonenfrage (über sie etwa H. Smend i. Wörterbuch d. Völkerrechts u. d. Diplomatie 1924 Bd. I S. 383 f.; vgl. auch schon C. Schmitt, Verfassungslehre S. 270 f.) durch Referendum v. 18. Februar 1927 von seiten der Schweiz abgelehnt wurde. Damit ist aber die Anwendung

Nach der Weimarer Reichsverfassung erfolgt z. B. »Kriegserklärung und Friedensschluß durch Reichsgesetz« (Art. 45 Abs. 2). D. h. nicht der Reichspräsident, sondern das Parlament besitzt insoweit materiell verfassungsrechtlich allein die völkerrechtliche Repräsentationsbefugnis. Da nach deutschem Verfassungsrecht weiter das Parlament auch bei Bündnissen und Verträgen, die sich auf die Reichsgesetzgebung beziehen, zur Mitwirkung, d. h. materiell zur völkerrechtlichen Repräsentation des Volksganzen berufen ist [1]), so ist hinsichtlich der tiefer in das Leben des Volkes eingreifenden Entscheidungen tatsächlich die in Art. 45 Abs. 1 RV. grundsätzlich proklamierte, völkerrechtliche Repräsentationsbefugnis des Reichspräsidenten weitgehend aufgehoben. Sie zeigt sich in der Gegenwart bei uns vor allem in den mehr formellen Rechtshandlungen, so z. B. im völkerrechtlichen Verkehr mit fremden Staatsoberhäuptern und Gesandten, beim formellen Abschluß von Verträgen, bei den notifikatorischen Akten [2]).

Nach dem bisher Gesagten läßt sich auch die Frage beantworten, ob und inwieweit die bei einem ausländischen Staat akkreditierten Gesandten, die ihnen durch die Wiener Kongreßakte von 1815 gleichgestellten Personen [3]) und die zu einer diplomatischen Konferenz

---

des Begriffes der völkerrechtlichen Ratifikation, die ebenso wie auf das Handeln der Repräsentanten auch auf die mit dem Volk als Einheit »identische« Summe der stimmberechtigten Bürgerschaft bezogen werden kann, nicht ausgeschlossen.

[1]) Über die vor allem völkerrechtliche Bedeutung der Zustimmung des Reichstages nach Art. 45 Abs. 3 RV. etwa Heckel, Verträge des Reiches und der Länder mit auswärtigen Staaten n. d. RV. i. Arch. d. öff. Rechts N. F. Bd. 7 S. 221; Anschütz, Kommentar zum Art. 45, Z. 7b S. 164; Wenzel, Juristische Grundprobleme 1920 I. S. 491. — Dem entsprechenden Art. 11 Abs. 3 d. früheren RV. wurde von der herrschenden Lehre dagegen die völkerrechtliche Bedeutung abgesprochen; dazu näher Meyer-Anschütz, Staatsrecht aaO. S. 818, insbes. dort Anm. 9 über den literarischen Streitstand, und C. Schmitt, Verfassungslehre S. 270.

Streit herrscht heute vor allem darüber, ob auf Grund des Art. 45 Abs. 3 RV. eine Volksabstimmung angeordnet werden kann. Soweit man eine solche (wie z. B. Anschütz, Kommentar aaO. 164 und Triepel, Archiv d. öff. Rechts Bd. 39 S. 506) für zulässig hält, wird zur Begründung auf den gleichzeitig staatsrechtlichen Charakter dieses Aktes verwiesen. Die völkerrechtliche Verpflichtungskraft der einmal durch das Parlament erteilten Zustimmung bleibt aber bestehen, auch wenn nachträglich evtl. der Volksentscheid negativ ausfallen sollte. Um einen hiernach möglichen Konflikt zwischen Landes- und Völkerrecht zu entgehen, ist es m. E. überhaupt richtiger, die Zustimmung nicht als legislatorischen Akt aufzufassen; so z. B. auch Heckel aaO. 221.

[2]) Dazu schon S. 63.

[3]) Dazu Règlement sur le Rang entre les agents diplomatiques du 19

(oder einem internationalen Kongreß), z. B. der Völkerbundsversammlung, entsandten Regierungsmitglieder und Delegierten eines Landes repräsentativen Charakter besitzen. Dies ist insoweit der Fall, als sich mit ihrer Existenz, ihrer Anwesenheit, ihrem Handeln die Vorstellung der Präsenz des repräsentierten Monarchen [1]) oder der repräsentierten Volkseinheit verbindet. Dadurch erhält der Gesandte einen Teil der Würde und des Wertes, der dem Repräsentierten selber zukommt [2]) und zugleich auch das gesamte, völkerrechtliche Immunitätsrecht, durch das wie bei der Volksvertretung die Unabhängigkeit der Repräsentanten gesichert werden soll [3]), seine sinnhafte Grundlage und Rechtfertigung [4]).

Diese Repräsentantenqualität der Gesandten [5]) schließt aber nicht aus, daß sie zugleich auch als Beamte oder Kommissare fungieren können. Vor allem, wenn sich die Gesandten nicht mehr in der rein statischen Sphäre der Repräsentation bewegen, sondern in mehr rechtsgeschäftlichem Sinne tätig sind und materiell politische Entscheidungen zu treffen haben, sind sie nicht Repräsentanten. Denn insoweit sind sie nicht frei, sondern von Instruktionen abhängig, die in den konstitutionellen Staaten vom Ressortminister oder Gesamtministerium erteilt werden, so daß nur die in ihrer Beant-

---

mars 1815, Art. 2 Abs. 1: »Les ambassadeurs, légats ou nonces ont seuls le caractère représentatif«.

[1]) So auch C. Schmitt, Verfassungslehre S. 210 im Hinblick auf den Botschafter des Königs.

[2]) Dazu etwa de Sinner, L'immunité judiciaire civile des agents diplomatiques étrangers, Dissert. Lausanne 1906 S. 29 f. und die Nachweise bei Hothorn, Die völkerrechtliche Sonderstellung der Gesandten 1928 S. 28 f.

[3]) Nach Art. 7 Abs. 4 des Völkerbundsstatutes findet das völkerrechtliche, diplomatische Immunitätsrecht ausdrücklich auch auf »les Représentants des Membres de la Société« wie auf die »agents« des Völkerbundes Anwendung. Die »agents« des Völkerbundes sind aber im Gegensatz zu den Delegierten der Länder (zu diesen Text aaO.), wie schon aus dem sorgfältig abgestimmten Wortlaut des Artikels hervorgeht, niemals Repräsentanten. Zu ihnen gehören, wie auch der Kommentar von Schücking-Wehberg, Die Satzung des Völkerbundes 1924 S. 383 mit Recht hervorhebt, nur die vom Völkerbund ernannten Personen, die auch weiterhin bei ihrer Tätigkeit von dem Bunde abhängig sind, nicht aber die selbständig und unter eigener Verantwortung handelnden Personen. Zu den mit Art. 7 Abs. 4 Völkerbundssatzung verbundenen Fragen jetzt vor allem noch Secretan, Les Immunités Diplomatiques des Représentants des États Membres et des Agents de la Société des Nations 1928 aaO.

[4]) Völlig unzulänglich die sich an Beling anlehnende »Widerlegung« der das Immunitätsrecht begründenden Repräsentationstheorie bei Hothorn aaO. 30 f.

[5]) Und der diesen gleichgestellten Personen.

wortung wiederum von dem im einzelnen geltenden Verfassungsrecht abhängige Frage auftauchen kann, ob die hinter den unmittelbar tätigen Personen stehenden Instanzen, vor allem also die Regierung in ihrer Gesamtheit, etwa als völkerrechtliche Repräsentanten anzusehen sind. Handeln aber wie insbesondere bei politisch weniger weittragenden Fragen die Gesandten wie die ihnen gleichgestellten Personen nach ihrem freien Ermessen und auf eigene Gefahr, so sind sie, vorausgesetzt daß sie nicht ihre verfassungsrechtlichen Kompetenzen überschreiten, insoweit wiederum völkerrechtliche Repräsentanten. So gehört es z. B. zu den durchaus geläufigen Verhandlungsmethoden des Völkerbundes, daß die auf den Tagungen anwesenden Chefs der auswärtigen Politik unter Einsatz ihrer Persönlichkeit selbständig, d. h. repräsentativ Politik »machen«[1]) und hierfür die Verantwortung dem Gesamtkabinett wie dem Parlament gegenüber übernehmen

Sind die Gesandten hiernach, soweit sie in den rechtsgeschäftlichen Willensbildungsprozeß des Staates eingeflochten sind, grundsätzlich nicht Repräsentanten, so läßt sich auch der Unterschied erklären, der für das Bundesstaatsrecht zwischen Staatenhaus- und Bundesratssystem entwickelt worden ist. Dieser besteht in Bezug auf die Willensbildung des Gesamtstaates wesensmäßig darin, daß in jenem die Gliedstaaten repräsentiert, in diesem vertreten werden[2]). Freiheit oder Bindung der Mitglieder der Staatenkammer ist das für die Qualifizierung der föderalistischen Systeme Entscheidende. Gegenüber dieser Gegensätzlichkeit treten die sonst von der Literatur[3]) hervorgehobenen, mehr nach der technischen Seite hin tendierenden Unterschiedlichkeiten an Bedeutung zurück.

So werden z. B. in den Vereinigten Staaten im Gegensatz zum alten Kongreß des alten Staatenbundes von 1789 die Gliedstaaten

[1]) Ein solches freies Handeln der Ressortminister ist nicht nur bei allgemein gehaltenen, politischen Erklärungen, sondern auch bei der Übernahme völkerrechtlicher Verpflichtungen nicht unüblich.

[2]) Vgl. die Gegenüberstellung von Gesandten und Repräsentanten schon bei Montesquieu, Esprit des Lois L. XI Chap. VI. Bd. II S. 37; Burke aaO. II S. 96 (»Parliament is not a congress of ambassadors«); v. Stein, Denkschrift über Deutschlands künftige Verfassung v. 10. März 1814 in Pertz, Das Leben des Ministers Freiherrn von Stein 1851 Bd. III S. 719.

[3]) Dazu etwa Anschütz, Deutsche Jur. Zeit. 1919 Sp. 118 f., 202 f.; Kommentar z. RV. S. 111; Heyland, Zur Lehre von der staatsrechtlichen Stellung der Reichsratsmitglieder 1 ff.

im Senat repräsentiert und nicht vertreten [1]). Die Senatoren stimmen, trotzdem es vor allem in den ersten Jahrzehnten nach der Unabhängigkeitserklärung nicht an Versuchen der Staatslegislaturen gefehlt hat, durch Instruktionen auf die Senatsmitglieder einzuwirken und ihnen die »quality of ambassadors« zu leihen [2]), grundsätzlich ebenso frei und unabhängig wie die Abgeordneten der Parlamente [3]). »The vote a senator gives is his own and not that of his state« [4]).

So erklärt sich die der Verfassungspraxis der Vereinigten Staaten geläufige Erscheinung [5]), daß die jeweils den Einzelstaat repräsentierenden Abgeordneten verschiedenen politischen Parteien angehören und sich deren Stimmen aufheben können. So wird weiter die große, politische Bedeutung der Senatswahlen verständlich. Die parlamentarischen Arbeiten waren in den Gliedstaaten bis zu der Reform von 1913, die an die Stelle der die Senatoren wählenden Staatslegislaturen die Aktivbürgerschaft der Einzelstaaten setzte [6]), durch die Senatswahlen, die ihrerseits sogar auf die einzelstaatlichen Parlamentswahlen zurückwirkten, des öfteren ernsthaft gefährdet gewesen [7]). Durch die neue Reformbill suchte man vor allem den illegitimen Einflüssen zu begegnen, insbesondere dem Bestechungswesen zu steuern, das die Unabhängigkeit des Staatenhauses beeinträchtigte und aus dem Senator ebenso wie dem Mitglied des Repräsentantenhauses einen Interessenvertreter zu machen drohte [8]).

---

[1]) Das gleiche gilt von einer Reihe südamerikanischer Staaten wie z. B. Brasilien und Mexiko. Über den Senat der Einzelstaaten in den Vereinigten Staaten, der ursprünglich als korporative Interessenvertretung gedacht war, in Wirklichkeit aber das Prinzip seiner Vertretung im Sinne einer Repräsentation des Volkes dem des gliedstaatlichen Repräsentantenhauses angepaßt hat, näher Thorpe, Le principe de Représentation dans la Démocratie en Amérique (übers. v. Saleilles) i. Revue du Droit public II S. 36 f., 43 f.

[2]) Nachweise bei Carpenter, Democracy and Representation S. 58 An. 29.

[3]) In diesem Sinne etwa Story, Constitution of the United States I S. 498; Burgess, Political Science and Comp. Const. Law I. S. 50; Willoughby-Rogers, Problem of Government S. 164.

[4]) So Bryce, American Commonwealth I S. 102.

[5]) Dazu Bryce aaO. 102.

[6]) Vgl. d. XVII Amendment zur Verfassung. Die Reformvorschläge gehen schon auf das Jahr 1826 zurück; näher Rogers, The American Senate 1926 S. 112 f.

[7]) Freund, Das öffentliche Recht der Vereinigten Staaten von Amerika 1911 S. 106. Über die Mißstände bei den Senatswahlen insbes. näher noch G. H. Haynes, The Election of Senators 1912 aaO.

[8]) Näher etwa Rogers, American Senate S. 101 f.; Willoughby-Rogers,

Man glaubte — ob mit Erfolg, kann heute mit Sicherheit noch nicht gesagt werden [1]) — durch die Änderung des Wahlverfahrens die Freiheit, Würde und Autorität, kurzum die Repräsentantenqualität der Senatoren, erhalten und so der »demoralization« des Senats Einhalt gebieten zu können.

Auch dem Ständerat in der Schweiz, der in Wirklichkeit eine neben der Repräsentation des Gesamtvolkes stehende Repräsentation der Kantone ist, wird mit Recht der Charakter einer Vertretung abgesprochen [2]). Die Bundesverfassung sichert ausdrücklich die Entschlußfreiheit den Mitgliedern des Ständerates zu, indem sie diese ebenso wie die Nationalratsabgeordneten ohne Instruktionen stimmen läßt [3]). Damit bringt der Verfassungsgesetzgeber zugleich zum Ausdruck, daß die etwaige Begründung eines Abhängigkeitsverhältnisses, vor allem die Statuierung einer Verantwortungspflicht gegenüber den kantonalen Kreationsorganen [4]), nicht im Sinne seiner Intentionen liegt.

Abweichend von dem Verfassungsrecht der Schweiz wie der Vereinigten Staaten wirkte sich nach früherem deutschen Reichsstaatsrecht und wirkt sich heute bei uns der einzelstaatliche Einfluß auf die Willensbildung des Gesamtstaates aus.

Das deutsche Reich bestand bis 1918, soweit es bündisch organisiert war, aus den die Einzelstaaten repräsentierenden Mitgliedern des Bundes [5]), d. h. den das Volk als politisch ideelle Einheit

---

Government S. 166; Merriam, Political Ideas S. 114 f.; ferner auch Bryce aaO. 100; Freund aaO. 106.

[1]) Vgl. Bryce aaO. 101; Rogers aaO. 114 f.

[2]) So Burckhardt, Kommentar zur Schweizerischen Bundesverfassung 1914 S. 725; Fleiner, Schweizerisches Bundesstaatsrecht 1923 S. 154; Veith, Der rechtliche Einfluß d. Kantone auf die Bundesgewalt S. 75, 81 f., nach dem die Kantone im Ständerat juristisch zwar nicht als Staaten, aber als Organe des Bundes in ihrer Gesamtheit repräsentiert werden: »Der Ständerat ist (im Sinne G. Jellinek's; dazu oben S. 110 f.) Organ eines Organs, Repräsentativorgan der Gesamtheit der Kantone« (82).

[3]) Art. 91 BV. Vgl. schon Art. 1 Abs. 2 d. Bundesges. über die Verantwortlichkeit d. eidgen. Behörden i. d. Slg. d. Bundesgesetze 1851 Bd. II S. 149. Auch nach dem österreichischen Bundesverfassungsgesetz (§ 56) sind die Mitglieder des Bundesrats ebenso wie die des Nationalrats »an keinen Auftrag gebunden«. Vgl. auch noch § 96 der Verfassung des deutschen Reiches v. 28. März 1849.

[4]) Die Wahlen zum Ständerat finden in der Regel durch die Volksvertretungen der Kantone, vereinzelt auch durch das Volk selbst statt.

[5]) Schon in einem bei Seydel, Kommentar zur Verfassungsurkunde für das Deutsche Reich[2] 1897 S. 132 zit. Antrag Preußens (Drucks. des Bundes-

repräsentierenden Monarchen und Senaten, die auch daher zu Recht in der Präambel der norddeutschen Bundes- und früheren Reichsverfassung allein als vertragschließende Kontrahenten aufgeführt waren [1]). Es war somit nur folgerichtig und korrekt, wenn Art. 6 aRV. [2]) davon sprach, daß der Bundesrat »aus den Vertretern der Mitglieder des Bundes« besteht. Diese »Vertreter« waren, wie es dem Typus des völkerrechtlichen Gesandtenkongresses entspricht [3]), dem das sogenannte Bundesratssystem entlehnt ist, in Bezug auf die Willensbildung des Gesamtstaates nicht Repräsentanten, sondern bevollmächtigte Funktionäre. Diese konnten an der Beschlußfassung des Bundesrats somit nur mitwirken, wenn sie Instruktionen besaßen, die ihnen von den Mitgliedern des Bundes erteilt waren [4]). »Nicht instruierte Stimmen« wurden »nicht gezählt« [5]). Die oft

rats, Session 1879/80) hieß es: »Mitglieder des Bundes sind nur die Souveräne, welche den Bund, der das Reich bildet, geschlossen haben«. Ebenso Bismarck, Politische Reden herausgeg. von H. Kohl 1893 Bd. V S. 41: »Die Souveränität ruht nicht beim Kaiser, sie ruht bei der Gesamtheit der verbündetenRegierungen.« Hierzu sehr richtig der Satz von Anschütz, Enzyklopädie der Rechtswissenschaft 1914 Bd. IV S. 96, nach dem »der Einzelstaat im Verhältnis zum Reich durch seine Regierung als voll repräsentiert gilt und diese Repräsentationsmacht auch durch kein Landesgesetz dem Reich gegenüber beschränkt werden kann«.

[1]) Nach der früher herrschenden Lehre waren Mitglieder des Bundes nicht die das Volk repräsentierenden Monarchen und Senate, sondern die Einzelstaaten; vgl. die Nachweise bei Meyer-Anschütz, Staatsrecht7 S. 483 An. 3. Die richtige, m. E. von Anschütz hier zu Unrecht bekämpfte Auffassung hatte in den früheren Auflagen G. Meyer vertreten. Die Anschütz'sche Unterscheidung von Inhaberschaft des Rechts auf Vertretung im Bundesrat und Ausübung desselben ist auf zivilistische Vorstellungen zurückzuführen, die m. E. jedenfalls in diesem Zusammenhang für die staatsrechtliche Betrachtung nicht fruchtbar verwertet werden können.

[2]) aRV. gleich alte Reichsverfassung.

[3]) Typisch etwa Art. 8 d. Wiener Schlußakte (H. A. Zachariae, Die deutschen Verfassungsgesetze der Gegenwart 1855 S. 18): »Die einzelnen Bevollmächtigten am Bundestage sind von ihren Kommittenten unbedingt abhängig und diesen allein wegen treuer Befolgung der ihnen erteilten Instruktionen sowie wegen ihrer Geschäftsführung überhaupt verantwortlich«.

Typische Gesandtenkongresse sind im übrigen, wie z. B. die Delegiertenversammlungen der Stadtbünde beweisen, schon dem Altertum bekannt gewesen. Über den Delischen Bund insbes. näher Ed. Meyer, Geschichte des Altertums 1915 Bd. III § 274 f. S. 489 f.

[4]) Dazu näher Vogels, Die staatsrechtliche Stellung der Bundesratsbevollmächtigten i. d. Abhdlg. v. Zorn und Stier-Somlo 1911 S. 9 f.

[5]) So Art. 7 Abs. 3 aRV. Vgl. ferner Art. 6 Abs. 2 u. Art. 9 aRV., auf die man sich ebenfalls berufen könnte und berufen hat, um die Notwendigkeit von Instruktionen für die früheren Bundesratsbevollmächtigten nachzuweisen.

zitierten Worte Bismarck's[1]) »Dort (in der Erfurter Verfassung) stimmte nicht der Staat, sondern das Individuum ... So leicht wiegen die Stimmen im Bundesrat nicht; da stimmt nicht der Freiherr v. Friesen, sondern der König von Sachsen stimmt durch ihn« kennzeichneten richtig die staatsrechtliche Lage. Der König, Großherzog, Herzog war es, der als Repräsentant seines Staates innerhalb des gesamtdeutschen Verbandes — jedenfalls äußerlich selbständig — die Entscheidungen fällte, um sie dann im Bundesrat durch seine Gehilfen zur Ausführung bringen zu lassen[2]). So war das Votum des einzelnen Bundesratsbevollmächtigten »destilliert aus all den Kräften, die zum öffentlichen Leben (in den einzelnen Bundesstaaten) mitwirkten; in dem Votum war die Diagonale aller der Kräfte enthalten, die ... tätig waren, um das Staatswesen zu bilden«[3]). Diese Abhängigkeit der Bundesratsdelegierten von den Instruktionen war das wichtigste Mittel, durch das sich der monarchische Bundesstaat immer wieder von der Seite der Glieder her in der Verfassung zu erneuern und sich der Gesamtstaat mit seinem besonderen Wertgehalt und seiner konkreten Legitimität immer von neuem durchzusetzen vermochte. Ohne sie hätte »die Irrationalität der geschichtlich politischen Eigenart der Einzelstaaten« (so Smend)[4]), hätten die »geschichtlich legitimen Staatsindividualitäten«[5]) schwerlich so entscheidend das Wesen des vorrevolutionären deutschen Bundesstaates bestimmen können.

Die Struktur des föderalistischen Reichsrates nach der Weimarer Reichsverfassung weicht von der des Bundesrats zum Teil erheblich ab. Nach dem unverbindlichen Verfassungstext des Art. 63 Abs. 1 S. 1 RV. ... können die Länder im Reichsrat durch Mitglieder ihrer

---

1) Politische Reden aaO. Bd. V S. 39.

2) Die Bundesratsbevollmächtigten waren ebenso wie die Botschafter und Gesandten nur insoweit Repräsentanten, als sie nicht an dem spezifisch rechtsgeschäftlichen, funktionellen Integrationsprozeß des Staates, der sich vor allem im Bundesrate vollzog, beteiligt waren. Die ihnen durch Art. 10 aRV. zugesicherte, privilegierte Rechtsstellung war entscheidend nicht durch ihre Agenten-, sondern ihre repräsentativen Qualitäten bedingt.

3) So Bismarck, Politische Reden Bd. V S. 39 (die zit. Worte Bismarcks sind im Text im Imperfekt verwendet); mißverständlich dagegen seine letzten Worte, nach denen es sich »also recht eigentlich um das Votum eines Staates, ein Votum in einem Staatenhaus« handelt.

4) Ungeschriebenes Verfassungsrecht im monarchischen Bundesstaat i. d. Festgabe f. Otto Mayer 1916 S. 269.

5) So Smend, Verfassung S. 168; zum Text außerdem noch dort S. 121 ff.

Regierungen [1]) ebenso gut repräsentiert [2]) wie im technischen Sinn vertreten werden.

Etwas Gegenteiliges kann auch nicht aus Art. 17 Abs. 1 S. 3 RV. hergeleitet werden, selbst wenn man in dieser Bestimmung die reichsverfassungsmäßige Festlegung des parlamentarischen Regierungssystems und der mit diesem verbundenen, parlamentarischen Ministerverantwortlichkeit sehen wollte. Denn oben ist gezeigt [3]), daß die Verantwortungspflicht eine Repräsentation nicht ausschließt und das parlamentarische System der Regierung die Selbständigkeit der Entscheidung ebenso überläßt wie jedes andere Regierungssystem. Daher kann man nicht, wie vor allem Bilfinger will [4]), die verfassungsmäßige Geltung des »Instituts der bindenden Instruktion der Reichsratsbevollmächtigten« auf den parlamentarischen Grundsatz des Art. 17 RV. stützen. Vielmehr würde nach der Verfassung auch ein Landesgesetz zulässig sein, das den Reichsratsmitgliedern eines Landes die Repräsentantenqualität, d. h. also selbständige Stimmabgabe nach freier Entschließung leihen [5]), etwa selbst die jeweils zur Repräsentation des Landes im Reichsrat berufenen Regierungsmitglieder bezeichnen würde, wenn nur — jedenfalls bei der Auslegung des Art. 17 im technisch parlamentarischen Sinne — die Möglichkeit besteht, diese Delegierten für ihre selbständig gefällten Entscheidungen vor dem Parlament zur Verantwortung zu ziehen.

Von dieser reichsverfassungsrechtlichen Befugnis werden die

---

[1]) In Frage kommen Minister (dazu etwa Bilfinger, Archiv des öffentlichen Rechts N. F. Bd. 8 S. 184; J. Held, Der Reichsrat, Dissert. 1926 S. 23; ausführlich Heyland aaO. 13 ff.) oder in Anlehnung an die bereits früher bekannte, auch von der neuen Verfassungspraxis übernommene Übung sog. stellvertretende Reichsratsmitglieder; näher Heyland aaO. 25 ff.; Meyer-Luerssen, Die rechtliche Stellung der Reichsratsbevollmächtigten 1924 S. 17 f.; Poetzsch-Heffter, Kommentar3 S. 284. Für das frühere Recht Perels, Stellvertretende Bevollmächtigte zum Bundesrat i. d. Festgabe f. Haenel 1907 S. 255 f.

[2]) Dies kommt nur für die Minister, nicht die Reichsrats- und Substitutionsbevollmächtigten in Frage, die stets Vertreter und niemals Repräsentanten sind. Zur repräsentativen Stellung der Provinzialvertreter unten S. 208 f.

[3]) S. 81 f., 92 f.

[4]) Archiv des öffentlichen Rechts aaO. 189.

[5]) Abweichend die wohl herrschende Lehre; außer Bilfinger aaO. 187 noch etwa Heyland aaO. 110; Anschütz, Kommentar 205; Becker, Föderalistische Tendenzen im deutschen Staatsleben seit dem Umsturz der Bismarck'schen Verfassung 1928 S. 142 f.; Hummel, Preußen und seine Provinzen im Reichsrat 1928 S. 30 mit weiteren Literaturnachweisen.

Länder allerdings wohl auch in Zukunft keinen Gebrauch machen, weil es ihrem eigenen wohlverstandenen Interesse widersprechen würde, sich durch unabhängig stimmende Delegierte im Reichsrat repräsentieren zu lassen, da hierdurch der einzelstaatliche Einfluß auf die Willensbildung des Reiches eine Schwächung erfahren, möglicherweise sogar völlig aufgehoben werden würde. Die Verfassungspraxis bietet heute jedenfalls geradezu das fast einhellige Bild, daß die in den Reichsrat entsandten Regierungsmitglieder auf Grund einer landesverfassungsrechtlichen Norm die Beschlüsse ihres Gesamtministeriums zur Ausführung bringen. Diese Pflicht ergibt sich entweder aus den Zuständigkeitsnormen [1]), nach denen das Gesamtministerium zur Vertretung des Landes nach außen, also auch und vor allem gegenüber dem Reiche, berufen ist [2]). Oder sie folgt daraus, daß nach den Landesverfassungen Fragen von allgemeinpolitischer Bedeutung vom Gesamtministerium zu entscheiden sind oder der Ministerpräsident die allgemeinen Richtlinien der Politik zu bestimmen hat. Mit dieser Abhängigkeit der Ressortminister vom Gesamtministerium stimmt es auch überein, daß die Landesverfassungen das Ernennungs- wie das Abberufungsrecht ausdrücklich oder stillschweigend dem Staatsministerium eingeräumt haben [3]).

Nur landesverfassungsrechtlich ist somit dafür Sorge getragen, daß die Reichsratsmitglieder ihre Stimmen im Reichsrat einheitlich abgeben [4]). Weiter ergibt sich aus dem Mangel reichsverfassungs-

---

[1]) Dazu näher Heyland aaO. 130 f.

[2]) Nach Art. 63 Abs. 1 RV. ist allerdings nicht schlechthin das Gesamtministerium, sondern nur die sich aus Art. 61 ergebende Anzahl von Regierungsmitgliedern, die sich in der Regel mit der des Gesamtministeriums nicht deckt, zur Vertretung der Länder im Reichsrat berechtigt. Damit werden aber die landesrechtlichen Vorschriften, insoweit sie eine Zuständigkeit des Gesamtministeriums zu materiellen, von den Delegierten im Reichsrat zu befolgenden Entscheidungen begründen, nicht derogiert.

[3]) Z. B. Art. 53 pr. Verf.; näher Heyland aaO. 226 f.

[4]) So auch Meyer-Luerssen aaO. 8 f., 11; Zeimann, Der Reichsrat Dissert. 1920 S. 59; Anschütz, Kommentar S. 205; abweichend etwa Heyland aaO. 90 f.; Art. 21 S. 2 d. IV. Entwurfes, der ausdrücklich eine einheitliche Stimmabgabe vorsah und damit ein Instruktionsrecht durch das Staatsministerium oder den Ministerpräsidenten implizierte (Prot. d. Verf.-Aussch. S. 124). Diese Bestimmung ist aber gerade deshalb fallen gelassen worden, weil man die Frage der Erteilung bindender Instruktionen als »landesrechtliches Internum« betrachtete; vgl. etwa Beyerle, Prot. d. Verf. Aussch. 152; Koch ebenda 446; v. Preger ebenda 447. — Nach Heyland aaO. 93 ist im übrigen eine einheitliche Stimmabgabe auch ohne instruktionelle Bindung möglich, da sich ja die Landesdelegierten über die einheitliche Stimmabgabe einigen können.

rechtlicher Normen, daß ein Reichsratsdelegierter, der die Beschlüsse des Gesamtministeriums im Reichsrat nicht zur Ausführung bringt, zwar seine Beamtenpflichten verletzt, sich auch möglicherweise gegenüber der Volksvertretung verantwortlich macht [1]), aber nicht gegen die Reichsverfassung verstößt. Aus dem gleichen Grunde muß ferner — auch heute noch — dem Reichsrat das Nachprüfungsrecht in Bezug auf die Instruktionen seiner Mitglieder abgesprochen werden [2]) und wird verständlich, warum die Landesregierungen frei darüber entscheiden können, ob sie im Einzelfall bindende Anweisungen an die sie im Reichsrat vertretenden Regierungsmitglieder erteilen wollen oder nicht [3]).

Werden hiernach bei der Willensbildung innerhalb des Gesamtstaates — ebenso wie früher im Bundesrat — heute im Reichsrat die Länder grundsätzlich vertreten und nicht repräsentiert, so gilt dies für Preußen doch nur mit der Ausnahme der sog. Provinzialvertreter des Art. 63 Abs. 1 S. 2 RV., die in Wirklichkeit das Land Preußen im Reichsrat repräsentieren. Aus der der Auslegung zugrundezulegenden Zweckbestimmung dieser Vorschrift, durch die das Stimmgewicht Preußens im Reichsrat geschmälert werden sollte, ergibt sich zunächst, daß die Provinzialvertreter nicht von Instruktionen des Staatsministeriums abhängig gemacht werden dürfen. Ein preußisches Gesetz (etwa im Sinne des Entwurfes vom Januar 1926), das dem Staatsministerium einen maßgeblichen Einfluß auf

---

Eine solche Einigung wäre aber nur — und hierfür fehlen die Voraussetzungen — denkbar, wenn beim Fehlen von Instruktionen eine Rechtspflicht zur Einigung unter den Delegierten bestehen und der Beschluß der Majorität auch die dissentierende Minderheit binden würde.

[1]) Diese evtl. parlamentarische Verantwortlichkeit wird in der Regel zu einer Veränderung in der personellen Zusammensetzung des Staatsministeriums führen, da keine Parlamentsmehrheit mit einer Zersplitterung der Landesstimmen im Reichsrat ihr Einverständnis erklären wird. Auch kann der dissentierende Reichsratsdelegierte jederzeit von seinem Posten durch das Staatsministerium abberufen werden. Über das Verhältnis von Gesamtministerium und Reichsratsmitgliedern noch Bilfinger aaO. 179; Heyland aaO. 112.

[2]) Wäre das Institut der bindenden Instruktionen der Reichsratsbevollmächtigten von der Reichsverfassung tatsächlich anerkannt worden, so sollte das Prüfungsrecht des Reichsrats nicht in Abrede gestellt werden, da diese Fragen innerlich zusammengehören und die Reichsverfassung selbst für die allerdings mögliche, getrennte Behandlung dieser Fragen einen Anhalt nicht liefert.

[3]) Einzelne Beispiele bei Bilfinger, Einfluß der Einzelstaaten auf die Willensbildung des Reiches 1923 S. 100.

die Stimmabgabe der Provinzialdelegierten einräumen würde, würde hiernach als reichsverfassungswidrig zu disqualifizieren sein [1]).

Weiter ergibt sich aus dieser verfassungsrechtlichen Bestimmung, daß ein preußisches Gesetz die »Provinzialstimmen« auch nicht den Instruktionen der Provinzialverwaltungen unterwerfen darf [2]). Denn im Reichsrat sollen nur Länder, nicht aber Selbstverwaltungskörper vertreten werden (Art. 60, 63 Abs. 1 S. 1 RV.). Hiermit in Übereinstimmung spricht auch Art. 63 Abs. 1 S. 2 terminologisch korrekt, daß die Hälfte der preußischen Stimmen von den preußischen Provinzialverwaltungen zu »bestellen« ist [3]). Diese sollen somit nur als »Kreationsorgane« des Fünftels der Reichsratsdelegierten fungieren, die als Repräsentanten Preußens auch nur Preußens Belange und nicht die partikularen Interessen einzelner Provinzen im Reichsrat wahrzunehmen haben [4]).

---

[1]) Wie hier auch die herrschende Lehre; vgl. etwa Lammers, Preuß. Verwaltungsblatt Bd. 44 S. 2/3; Wittmayer, Die Weimarer Reichsverfassung 1922 S. 286 u. Preußen i. Reichsrat i. d. Zeitschrift f. öff. Recht Bd. V S. 292 f.; Triepel, Der Föderalismus und die Weimarer Reichsverfassung i. d. Zeitschrift für Politik Bd. 14 S. 224; Meyer-Luerssen aaO. 38/39; R. Schmidt, Einführung in die Rechtswissenschaft 1923 S. 112 u. Zeitschrift f. Politik Bd. 16 S. 236; Anschütz, Kommentar z. Art. 63 S. 203/204; Düesberg, Arch. d. öff. Rechts N. F. Bd. 12 S. 340 f., 356; Heyland aaO. 53 f.; Becker, Föderalistische Tendenzen 147 f. Von der gleichen Auffassung ist man auch bei der Redaktion des preußischen Gesetzes v. 1921 in den Beratungen des Verfassungsausschusses ausgegangen. — Abweichend z. B. Poetzsch-Heffter, Kommentar3 S. 285/286; Hummel aaO. 73 f., 139 f.; dort auch 77 f. weitere Literaturnachweise.

[2]) Damit weiche ich von der herrschenden Lehre ab. Wie hier wohl auch Koellreutter, Der deutsche Staat als Bundesstaat u. als Parteienstaat S. 18.

[3]) Man kann auch nicht mit Anschütz, Preußen und Reichsrat i. d. Frankf. Zeit. v. 24. Januar 1926 aus der Verwendung des Ausdrucks »Stimmen« schließen, daß nach der RV. nicht nur die Vertreter, sondern auch die »Stimmen« von den Provinzen zu bestellen seien. »Stimme« ist im Sinne von Stimmvertreter zu verstehen; so schon Poetzsch, Preußens Stimmrecht i. Reichsrat i. d. Jur. Zeit. 1926 Sp. 269/270.

[4]) Als »Vertreter« Preußens werden die Provinzialdelegierten auch bezeichnet von Lammers, Preuß. Verw.bl. Bd. 44 S. 2; Poetzsch-Heffter, Kommentar z. RV.3 Art. 63 S. 284; Meyer-Lüerssen aaO. 43 f.; Wittmayer, Zeitschrift f. öff. Recht Bd. V S. 294; Düesberg, Archiv d. öff. Rechts N. F. 12 S. 336 f.; Corbach, Die staatsrechtliche Stellung der Provinzialvertreter im Reichsrat, Diss. 1926 S. 30; Arndt, Kommentar3 S. 185; Hummel, Preußen aaO. 56 f., 64. In dieser Richtung ferner die §§ 4 und 6 d. Gesch. Ord. d. Reichsrats vom 14. Dez. 1921, die Staatspraxis, nach der die Provinzialdelegierten unmittelbar hinter den preußischen Regierungsdelegierten stimmen und § 9 des Preuß. Ges. v. 3. Juni 1921 in Verbindung mit der Preuß. Verordn. v. 7. Nov.

Hiernach hat das Preußische Gesetz vom 3. Juni 1921 nur einer reichsverfassungsrechtlichen Pflicht genügt, als dieses ausdrücklich das freie Entschließungsrecht der als Repräsentanten Preußens fungierenden »Provinzialvertreter« festlegte, diese von der Verantwortungspflicht den Provinzialverwaltungen gegenüber befreite und bestimmte, daß diese während der Dauer der Session der Provinzialausschüsse ihrem Wirkungskreis nicht entzogen werden könnten [1]).

Daß dieses Nebeneinander von Vertretung und Repräsentation, von Bundesrats- und Staatenhaussystem [2]) im Reichsrat eine Sinnwidrigkeit darstellt [3]), ist unbestritten. Um sie zu verhüten,

---

1922, nach der die Provinzialvertreter durch den preußischen Staat entschädigt werden.

Trotzdem wird von der herrschenden Lehre fast einmütig dem Landesgesetzgeber die Befugnis zugesprochen, die Provinzialvertreter von Instruktionen der sie wählenden Provinzialverwaltungen abhängig zu machen. Ein preußischer Reichsratsdelegierter würde hiernach unter Umständen provinzielle Interessen, die mit den preußischen leicht kollidieren können, im Reichsrat vertreten müssen. Meyer-Luerssen aaO. 40 betont sogar geradezu, daß die Provinzialdelegierten als Vertreter des Landes Preußen provinzielle Interessen wahrzunehmen haben. Ähnlich auch Düesberg aaO. 345, 346; Hummel aaO. 58. Gegen diesen inneren Widerspruch schon mit Recht Heyland aaO. 60. Denn sollen Provinzialinteressen vertreten werden, so handelt es sich reichsverfassungsrechtlich gesehen nicht um Vertreter Preußens, sondern um solche der preußischen Provinzen.

Wären nach der Reichsverfassung die Reichsratsmitglieder tatsächlich »Vertreter« der Provinzen — auf die in sich unklare Entstehungsgeschichte kann man sich bei dieser Annahme ebensowenig berufen wie auf den Wortlaut des Art. 63 Abs. 1 S. 2 —, so hätte der Landesgesetzgeber freie Hand, ob er den Provinzialverwaltungen einen Einfluß auf die von ihnen bestellten Personen einräumen wollte. Jene wären dann in Wirklichkeit heute Repräsentanten der preußischen Provinzen, etwa in dem Sinne, in dem sie auch im preußischen Staatsrat nach Art. 34 d. Verf. die Provinzen repräsentieren. Über die Unterschiede zwischen Staats- und Reichsrat R. Schmidt, Einführung aaO. 164/165.

[1]) § 5 d. Preußischen Gesetzes vom 3. Juni 1921.

[2]) Auch noch eine Reihe anderer verfassungsrechtlicher Bestimmungen liegen mehr in der Richtung des Staatenhaus- als des Bundesratssystems; dazu die Hinweise bei Hatschek, Deutsches und Preußisches Staatsrecht 1922 Bd. I S. 706 und Heyland aaO. 11. Hervorzuheben ist insbesondere Art. 66 Abs. 3. RV. (Öffentlichkeit d. Reichsratsverhandlungen im Gegensatz zu denen des Bundesrats), in dem die der Repräsentation eigene Tendenz zur Publizität zum Ausdruck gelangt. Art. 61 RV., der als Maßstab für die Bemessung des Stimmgewichts im Reichsrat die Bevölkerungszahl einführt, kann hier nicht angeführt werden. Ist doch dieser Maßstab gerade umgekehrt von einer Reihe von Bundesstaaten, die das Staatenhaussystem ihrer Verfassung zugrunde gelegt haben, nicht angenommen worden.

[3]) Dazu auch Bilfinger, Der deutsche Föderalismus i. Staatsrechtslehrervereinigung I S. 56. Diese Sinnwidrigkeit zeigt sich besonders bei den Reichsratsausschüssen. Es besteht theoretisch z. B. die Möglichkeit, daß das preußische

hatte Preuß im Verfassungsausschuß mehrfach Einsprache gegen dieses Institut der Provinzialdelegierten erhoben, das er ganz richtig als eine Konzession an das Staatenhaussystem kennzeichnete [1]). Wenn ungeachtet dieser Mahnung diese strukturmäßig verschiedenen Organisationssysteme im Hinblick auf Preußen vom Verfassungsgesetzgeber miteinander verbunden worden sind, so kann dieser innere Widerspruch in der Organisation des Reichsrates nicht konstruktiv, etwa dadurch, daß man die Provinzen als Länder fingiert [2]), sondern nur durch eine Änderung der Reichsverfassung, d. h. durch eine Beseitigung des Art. 63 Abs. 1 S. 2 behoben werden.

Staatsministerium auch einen »Provinzialvertreter« mit der Führung der preußischen Stimme betraut, der in diesem Fall nach den Weisungen der preußischen Regierung zu stimmen hätte; näher Düesberg aaO. 369 f. Noch widerspruchsvoller die herrschende Lehre, da nach ihr der Provinzialvertreter gezwungen wird, provinzielle, also ev. antipreußische Politik zu treiben; auch diese Konsequenz weist darauf hin, daß die Provinzialvertreter in Wirklichkeit Preußen und nicht die Provinzen zu repräsentieren haben. Auch nach Art. 33 Abs. 2 S. 2 RV. können Provinzialvertreter als von den Weisungen der preußischen Regierung abhängige Bevollmächtigte Preußens auftreten; auch hierzu Düesberg aaO. 371 f.; Meyer-Lüerssen aaO. 60.

[1]) Näher Preuß, Protokolle des Verfassungsausschusses 119 f., 150, 153 f. Ähnlich wie Preuß trotz seines völlig abweichenden, auch mit der herrschenden Lehre nicht übereinstimmenden Ergebnisses Anschütz, Kommentar aaO. 206, nach dem das Institut freistimmender Provinzialdelegierter nur im Staatenhaussystem möglich ist. Da dieses der Reichsverfassung nach Anschütz auch in Bezug auf die »Provinzialvertreter« nicht zugrunde liegt, sollen Bestimmungen wie z. B. § 8 Abs. 2 d. preuß. Gesetzes (sofern man diese nicht im Anschützschen Sinn umdeutet) verfassungswidrig und die Provinzialdelegierten reichsverfassungsrechtlich an die Weisungen der Provinzialverwaltungen ebenso wie die anderen Reichsratsmitglieder an die Instruktionen ihrer Regierungen gebunden sein. Vgl. auch Anschütz, Frankf. Zeitung v. 24. 6. 1926 und R. Schmidt, Zeitschr. f. Politik Bd. 16 S. 235 Anm. 42.

Diese Konstruktion scheitert schon daran, daß nach der Reichsverfassung die Provinzialvertreter preußische Reichsratsdelegierte sind und daher reichsverfassungsrechtlich überhaupt nicht von Instruktionen abhängig gemacht werden dürfen. Vom Standpunkt der herrschenden Lehre gegen Anschütz Heyland aaO. 121, 154.

[2]) In diesem Sinne vor allem Heyland aaO. z. B. 59 f., 121 f. Diese Lehre von der Fiktion der Provinzen als Länder, d. h. der Durchbrechung der Regel, daß nur Länder im Reichsrat vertretungsberechtigt sind, zugunsten der preußischen Provinzen findet aber in der Verfassung keinen Anhaltspunkt. Übereinstimmend Arndt, Kommentar[3] S. 185.

DER GESTALTWANDEL DER DEMOKRATIE IM 20. JAHRHUNDERT[1])

I

Die geistigen Mächte, die Europa und das Bewußtsein der europäischen Einheit geformt haben — vor allem also das Christentum und der humanistische Klassizismus — haben das traditionelle, westlich-demokratische Denken maßgeblich mitbestimmt. Es ist daher kein Zufall, daß z.B. zu Zeiten Cromwells die Demokratie als »a religious and moral principle« und »the translation into nontheological language of the spiritual priesthood of all believers« bezeichnet worden ist, und daß die Puritaner in den Vereinigten Staaten ihre »Covenants« auch im politischen Bereich unter die Souveränität Gottes gestellt hatten[1a]).

Immerhin hat das demokratische Denken, soweit es in den letzten zwei Jahrhunderten seine politische Mächtigkeit entfaltet hat, sich in säkularen Formen materialisiert. Geschriebene Verfassungen haben nicht zufällig seit der Französischen Revolution bis hinein in die Gegenwart[2]) auf die Anrufung Gottes verzichtet. Nur in England, das keine geschriebene Verfassung besitzt, hat sich die anglikanische Kirche als eine staatliche Institution erhalten und die Krone ihre ursprüngliche religiöse Legitimität bewahren können. Im übrigen sind die ursprünglich religiösen Begriffe in der politischen Sphäre säkularisiert worden: man denke z.B. an die Souveränität Gottes, die durch die Souveränität des Volkes replaciert, oder an den Satz von der Gleichheit aller Menschen vor Gott, der durch den Satz von der Gleichheit aller Menschen vor dem Gesetz, also einem von Menschen gesetzten Willensakt, ersetzt worden ist.

Aber auch im säkularisierten, westlich-demokratischen Denken ist die christliche Tradition von lebendiger Mächtigkeit gewesen. Sie hat letzthin den Hintergrund für das humanistisch-klassizistische Weltbild, die Renaissance, die Aufklärung und das Naturrecht gebildet.

[1]) Vgl. Vorwort zur 2. Auflage.

[1a]) Näher zum Gottesstaat der Puritaner, jetzt H. K. Keller, Die Wurzeln der amerikanischen Demokratie 1958 S. 29f.

[2]) Eine Ausnahme machen etwa die Präambeln des Bonner Grundgesetzes und einzelner westdeutscher Landesverfassungen; dazu die Nachweise in meinen Strukturprobleme der Modernen Demokratie, 1958, S. 69f. Anmerkung.

Und es ist ein Irrtum, zu vermeinen, wie Historiker der Renaissance und der Aufklärung zuweilen behaupten, daß das neue Weltbild die Vitalität der christlichen Tradition schlechthin gebrochen habe.

Man denke z. B. nur an die als grundsätzlich unverzichtbar, unverjährbar und vorstaatlich gedachten Grund- und Menschenrechte, hinter denen letzthin der christliche Glaube stand und steht, daß der Mensch trotz seines kreatürlichen Gefallenseins ein Ebenbild Gottes ist. Den klassisch-politischen Ausdruck hatte dieser Glaube schon lange vor der Kodifizierung der Grund- und Menschenrechte durch Locke in seiner für das englische politische Denken repräsentativen Schrift über die Regierung erhalten. Die Grundrechte auf Freiheit, Leben und Eigentum sind hier als wechselseitig voneinander abhängig gedacht. Der Mensch kann sich nicht in Freiheit bewegen, wenn ihm das Leben möglicherweise genommen werden kann. Umgekehrt hat die Sicherung des Lebens zur Konsequenz, daß, wenn das Leben lebenswert sein soll, es in Freiheit geführt werden muß. Sind aber Leben und Freiheit geschützt, so muß auch das Eigentum an diesem Schutze teilnehmen, dessen Existenz diese Rechte voraussetzt. In den Erklärungen der Grund- und Menschenrechte sind später diese Freiheitsrechte im einzelnen nur noch nach den verschiedensten Richtungen weiterentwickelt, formalisiert und in den traditionellen Formen kanonisiert worden.

Dieser Glaube an die vorstaatlichen Rechte des Einzelnen auf Leben und Freiheit, der sogar das Individuum unter Umständen berechtigt, ein etwaiges despotisches Regime zu beseitigen und an dessen Stelle ein konstitutionelles zu setzen, ist letzten Endes getragen von dem Glauben, der dem Humanismus, dem Rationalismus, der Aufklärung und dem Naturrecht in gleicher Weise gemein ist, nämlich dem Glauben an den Menschen, an die Vernunft, an die allen Menschen gemeinsame Natur, ein Glaube, der alles politisch kollektive Denken, mag dieses sich im einzelnen an dem Phänomen des Staates, der Nation oder des Volkes orientieren, transzendiert. Ist aber der Mensch ein primär-rationales Wesen, so kann er den Anspruch erheben, daß seine Meinungen grundsätzlich auch von dem Andersdenkenden respektiert werden, ebenso wie er den Meinungen der »dissenters« Respekt zollen muß. Denn in dem Respekt, den ich dem andern entgegenbringe, auch wenn ich von seinen Auffassungen abweiche, kommt doch letzten Endes nichts anderes als der Respekt vor der Ratio zum Ausdruck, die sich des anderen Menschen nur als eines besonderen Gefäßes bedient, um sich in ihm zu offenbaren. Daher gehört zu diesem Glauben der Glaube an die schöpferische Kraft der Diskussion, des Arguments und Gegenarguments, der positiven Kritik und des konstruktiven Kompromisses. Der einer Diskussion zugrunde liegende Gedanke ist, daß die Gesprächspartner dadurch, daß sie sich von der Vernunft leiten lassen, vernünftigen Erwägungen zugänglich sind und sich daher von den jeweils vernünftigeren Argumenten überzeugen lassen, und daß die Diskussion schließlich zu einem konstruktiven Kompromiß führt, der die unter den obwaltenden Umständen vernünftigste Lösung enthält. Es ist dieser Glaube an die wechselseitige vernünftige Aussprache, der dem Parlamentarismus sein geistesgeschichtliches Prinzip und dem englischen Parlament einmal seine Größe vermittelt hat.

Daß ein solches Parlament an seinen Verhandlungen sozusagen das ganze Volk teilnehmen läßt, ist nur konsequent. Argument und Gegenargument sollen durch das Licht der Öffentlichkeit in ihrem Gewicht gesteigert werden. Ihr Edukationseffekt soll durch die Öffentlichkeit erhöht werden. Durch die Öffentlichkeit soll dem Volke der Glaube vermittelt werden, daß eine wirklich schöpferische und konstruktive Diskussion stattfindet. Eine vernünftige Diskussion im Lichte der Öffentlichkeit soll so die fortschreitende Verwirklichung des Reiches der Vernunft garantieren.

Ebenso glaubte man, daß man auch auf den anderen Lebensgebieten, wenn man nur das vernünftige Individuum in Freiheit walten lasse, am besten eine richtige und damit vernünftige Gesamtlösung sichern könnte. Das wirtschaftliche Prinzip des »laisser faire, laisser aller«, das das Selbstinteresse als die alleinige Triebkraft und regulative Norm wirtschaftlichen Handelns betrachtet, ist so nur ein, wenn auch sehr wichtiger Ausdruck dieser allgemeinen Haltung des Geltenlassens wie des Glaubens, daß eine auf das Eigeninteresse eingestellte Wirtschaft die beste Garantie für das Funktionieren derselben sein würde.

Politisch hat dieses liberal-demokratische Denken seinen Ausdruck gefunden in dem, was man gemeinhin die parlamentarisch-repräsentative Demokratie nennt. In einer solchen dürfen die einzelnen Abgeordneten vor dem Volke nicht eine capitis diminutio dadurch erfahren, daß ihre Entschließungen durch Wählergruppen oder andere Organisationen entscheidend beeinflußt werden. Die Entschließungsfreiheit gehört geradezu zum Wesen des parlamentarischen Repräsentativsystems, und es ist daher nur folgerichtig, wenn sich seit der Französischen Revolution bis zum Bonner Grundgesetz in allen geschriebenen

Verfassungen der Fundamentalsatz findet, daß die Abgeordneten nicht an Aufträge und Weisungen gebunden sind. Diesem, in der Literatur nach den verschiedenen Richtungen hin ventilierten Satz liegt die zutreffende Vorstellung zugrunde, daß ein der selbständigen Entscheidungsgewalt beraubter, vom Willen eines Auftraggebers abhängiger Abgeordneter zum Sendboten degradiert und damit seiner eigenen Werthaftigkeit und seines repräsentativen Charakters entkleidet werden würde.

Aus diesem Grunde widerspricht auch das sogenannte imperative Mandat, gleichgültig in welcher Form und von wem (Wähler, Parteien) es in Anspruch genommen wird, den Vorstellungen des liberal-parlamentarischen Repräsentativsystems. Wie Burke es einmal in seiner berühmten Rede an die Wähler von Bristol formuliert hat: »Authoritative Instructions, Mandates issued . . . are things utterly unknown to the laws of this land, and which arise from a fundamental mistake of the whole order and tenor of our constitution«. Daher ist es auch nicht möglich, wie es verschiedentlich versucht worden ist, das imperative Mandat in irgendeiner Form mit dem parlamentarischen Repräsentativsystem zu versöhnen. Der Begriff der Repräsentation gehört zu den politischen Wesensbegriffen. Repräsentation und imperatives Mandat schließen sich aus.

Hiermit stimmt überein, daß man in allen liberalen repräsentativen Verfassungen, ob sie demokratischen Charakter besessen haben oder nicht, die politische Rechenschaftspflicht und Verantwortung der Abgeordneten gegenüber Wählern und sonstigen politischen Organisationen verneint und als den Maßstab, an dem der Abgeordnete seine Entscheidungen orientieren soll, das Gewissen bezeichnet hat, das allein die Legitimität der von den Repräsentanten zu fällenden politischen Entscheidungen gewährleistet. Mit dem Wegfall einer konkreten politischen Verantwortung wird im Rahmen des repräsentativen Parlamentarismus zugleich der Einführung des recall in allen seinen möglichen Erscheinungsformen die innere Berechtigung entzogen.

Ein freier Abgeordneter kann aber, wie es in allen geschriebenen, zum parlamentarischen Repräsentativsystem sich bekennenden Verfassungen seit der Französischen Revolution heißt, nicht Vertreter einer bestimmten Wählergruppe oder eines bestimmten Wahlbezirks sein; er muß das ganze Volk vertreten. Wie schon Blackstone in seinem berühmten Kommentar Ende des 18. Jahrhunderts die Aufgabe eines »member of parliament« umschrieben hat: »Every member, although chosen by one particular district, when elected and returned, serves for the whole realm«. Es ist diese Auffassung, die später in der politischen staatstheoretischen Literatur des 19. Jahrhunderts immer und immer wieder vorgetragen worden ist. Ihr liegt die Vorstellung von der Existenz des Volkes als einer politischen Einheit zugrunde. Nach dieser Auffassung muß der einzelne Volksvertreter die Qualitäten eines Herrn und nicht eines Dieners besitzen. Er muß der Träger eines bestimmten personalen Eigenwertes sein. Er muß eine eigene Autorität und Würde für sich in Anspruch nehmen können. Das traditionelle parlamentarische Immunitätsrecht, das nicht zufällig einen so breiten Raum in den geschriebenen Verfassungen einnimmt, erhält erst unter diesem Blickpunkt seinen eigentlichen Sinn und seine Rechtfertigung.

Von dieser grundsätzlichen Einstellung aus wird auch verständlich, warum man nicht nur zur Zeit der amerikanischen Verfassung und der Französischen Revolution nicht mit der Möglichkeit der Bildung von politischen Parteien gerechnet hatte, sondern auch warum man sich noch im 19. Jahrhundert auf dem Kontinent gegen die Anerkennung der politischen Parteien zur Wehr gesetzt hatte. Man hatte das im Instinkt richtige Grundgefühl, daß die Tolerierung der politischen Parteien und Fraktionen die Freiheit der Abgeordneten aufs schwerste gefährden und eine Legalisierung der Parteien die Fundamente des parlamentarischen Repräsentativsystems in Frage stellen würde. Und als sich im Laufe der Zeit die Unmöglichkeit herausstellte, diese offene parteienfeindliche Politik weiter zu verfolgen, hat man jedenfalls versucht, nach Möglichkeit die Entwicklung der politischen Parteien zu hemmen. Dies erklärt, warum bis in das 20. Jahrhundert hinein z. B. der Parteien weder in Verfassungen noch in Gesetzen noch in Geschäftsordnungen gedacht worden ist. Man zog vor, um die Parteien harmloser erscheinen zu lassen, sie als »Wählergruppen« oder »Wählervereinigungen« zu charakterisieren. Bei dieser Sachlage ist es auch nicht verwunderlich, daß hervorragende deutsche Staatsrechtslehrer in ihren systematischen Darstellungen entweder die politischen Parteien überhaupt nicht erwähnt haben — man denke z. B. an Paul Laband — oder daß ihnen ausdrücklich attestiert wurde — wie z. B. von Georg Jellinek —, daß in der staatlichen Ordnung der Begriff der Partei keine Rolle spiele.

Auch sonst hat im Politisch-Organisatorischen das westlich-europäische, demokratische Denken seinen Ausdruck gefunden: Man hat durch Einschaltung einer Reihe von Hemmungen nach Möglichkeit Leben, Freiheit und Eigentum des Individuums vor mißbräuchlichen

Eingriffen der staatlichen Gewalt zu sichern gesucht. Hierher gehört zunächst das Gewaltenteilungssystem, das an der maßgeblichen staatlichen Willensbildung, vor allem der Gesetzgebung und Etatgebarung eine Mehrheit repräsentativer, sich gegenseitig kontrollierender Instanzen einander gegenüber stellte, und das — besonders in der konstitutionellen Monarchie — durch das gleichfalls moderierend wirkende und die Legislative auch in sich ausbalancierende Zweikammersystem verstärkt wurde.

Dadurch, daß die durch dieses System verfassungsmäßig vorgesehene Gewichtsverteilung zwischen den verschiedenen staatlichen Gewalten nicht verschoben werden durfte, insbesondere nicht eine dieser Gewalten ein von der Verfassung nicht vorgesehenes Übergewicht erhalten durfte, wurde zugleich die staatliche Macht begrenzt und die Freiheit geschützt.

Aus dem gleichen Grunde muß in einem Verfassungs- und Rechtsstaat das Gesetz eine prinzipiell meßbare und allgemeinverbindliche Regel enthalten, von der nicht willkürlich Ausnahmen zugunsten oder zuungunsten bestimmter Personen gemacht werden dürfen. In der gleichen Richtung, nämlich der Sicherung von Leben, Freiheit und Eigentum, wirken auch die spezifisch rechtsstaatlichen Kautelen. Zu diesen gehört die Unabhängigkeit der Rechtspflege, die den Richter nur dem Gesetz unterwirft, das Prinzip der Gesetzmäßigkeit der Verwaltung, das Thoma 1910 noch als das Fundament des Vorstellungskomplexes Rechtsstaat bezeichnet hat, und das eine willkürliche Eingriffsmöglichkeit der Exekutive in die individuelle Freiheitssphäre ausschließt[3]), wie schließlich die Existenz einer unabhängigen Verwaltungsgerichtsbarkeit, durch die die gesetzesgebundene Tätigkeit der Ver-

---

3) Nach diesem Prinzip darf, wie es in einer neueren Entscheidung des Bundesverfassungsgerichts (BVerfGE 9, 147) heißt, »die Verwaltung in den Rechtskreis des Einzelnen nur eingreifen, wenn sie dazu in einem Gesetz ermächtigt wird und diese Ermächtigung nach Inhalt, Gegenstand, Zweck und Ausmaß hinreichend bestimmt und begrenzt ist, so daß die Eingriffe meßbar und in gewissem Umfange für den Staatsbürger voraussehbar und berechenbar werden«.

Der Gesetzgeber muß, wie es in einer anderen Entscheidung (BVerfGE 8, 325) heißt, »die Tätigkeit der Verwaltung inhaltlich normieren und darf sich nicht darauf beschränken, allgemein gehaltene Grundsätze aufzustellen. Eine lediglich formelle rechtsatzmäßige Bindung der Eingriffsverwaltung genügt nicht. Eine ‚vage Generalklausel', die es dem Ermessen der Exekutive überläßt, die Grenzen der Freiheit im einzelnen zu bestimmen, ist mit dem Grundsatz der Gesetzmäßigkeit der Verwaltung nicht vereinbar«.

waltungsbehörden nachträglich auf ihre Gesetz- und Rechtmäßigkeit überprüft wird. Alle diese Grundsätze setzen die Kongruenz von formellem Gesetz und materiellem Recht voraus. Im 19. Jahrhundert wurde dieses gläubige Vertrauen in den wesensmäßigen Bezug von der Form auf den Inhalt dank der Stabilität der politischen und wirtschaftlichen Verhältnisse und der Existenz des erwähnten organisatorischen Balance- und Kontrollsystems nicht erschüttert.

Die Erfahrungen der jüngsten Zeit in den totalen Staaten haben jedoch gezeigt, daß diese für selbstverständlich gehaltene Identität von Gesetz und Recht problematisch werden kann. Legalität und Legitimität sind nicht notwendigerweise miteinander identisch. Die Tatsache, daß eine Norm einen generellen Charakter hat, kann nicht länger zum Kennzeichen von Vernunft und Gerechtigkeit gemacht werden.

Um diese potentielle Spannung zwischen Legalität und Legitimität zu beheben, hat man in fortschreitendem Maße die Dritte Gewalt verselbständigt und in einzelnen Staaten zusätzlich eine Verfassungsgerichtsbarkeit eingeführt. Die Aufgabe einer solchen Verfassungsgerichtsbarkeit ist es, die an sich zwischen Recht und Politik, Normativität und Existenzialität bestehende Antinomie innerhalb der Grenzen der Justitiabilität zugunsten des Rechtes zu lösen und damit, soweit das technisch möglich ist, die Identität von Legalität und Legitimität zu gewährleisten[4]).

Diese auf den Schutz der Freiheit ausgerichtete Ordnung setzt einen Freiheitsbegriff voraus, der nicht mit dem Recht auf Ungebundenheit und verantwortungsloser individueller Willkür identifiziert werden darf. Die politische Freiheit setzt vielmehr ebenso, wie etwa die Freiheit der Wissenschaft, die religiöse Freiheit, die richterliche Freiheit, als Komplementärprodukt eine pflichtmäßige Bindung, einen Kompromiß zwischen Freiheit und Gesetz, zwischen Subjekt und Objekt voraus, mag das überindividuelle, das Gewissen verpflichtende

---

4) Zur Verfassungsgerichtsbarkeit des Bonner Grundgesetzes etwa aus der jüngsten Literatur: Friesenhahn, Zeitschrift für das schweizerische Recht N. F. Band 73 S. 129ff.; Bachof, Grundgesetz und Richtermacht, 1959, S. 15ff. Vgl. ferner Jahrbuch des öffentlichen Rechts N. F. Band 6 (1957) S. 110ff., mit weiteren Literaturnachweisen und Leibholz, Rechtsgewalt und Staatsgewalt in Deutsche Rundschau Bd. 85 (1959) S. 875ff. Grundsätzlich über den Machtzuwachs des Richtertums und die damit verbundene Machteinbuße der Legislative und Exekutive etwa Marcic, Vom Gesetzesstaat zum Richterstaat, 1957; vgl. auch G. Treves, Considerazioni sullo Stato di Diritto in Rivista Trimestrale di Diritto Pubblico, vol. IX (1959) S. 399ff.

Gesetz das der Wahrheit, das eines religiösen Dogmas, das eines stillschweigend vorausgesetzten, konkret-politischen Wertsystems sein. In diesem Sinne bestimmt auch Ruggiero das politische Freisein »in dem sein eigener Herr« sein, d. h. in dem von den anderen in dem Sinne unabhängig sein, daß »jede zwangsmäßige Abhängigkeit abgeschafft wird und an ihre Stelle jene tritt, die das Pflichtbewußtsein gegen sich selbst und gegen die anderen freiwillig verlangt«. In diesem Sinne bedeutet Freiheit »die Übertragung der Quelle von Autorität und Gesetz ins Wesen des ureignen Geistes«. Um dieser Bindung willen ist aber die Freiheit noch nicht »staatsfromm« oder »autoritäts-gläubig«. Denn die Anerkennung eines bestimmten politisch-bindenden Wertsystemes ist nur die Voraussetzung, die die Freiheit erst politisch funktionsfähig macht. Diese intensive konservative Staatsgesinnung, die das Lebenselixier der liberalen Demokratie ist, hat man nicht mit Unrecht als das kompensatorische Außerstaatliche bezeichnet, in dem die allgemeine Polarität des Sozialen zum Ausdruck gelangt.

II

Das bisher gekennzeichnete liberal-demokratische Denken ist bei Lichte besehen mehr liberal als demokratisch. Liberalismus und Demokratie sind aber nicht dasselbe, und zwar deshalb nicht, weil Liberalismus und Demokratismus letzthin an verschiedenen politischen Grundwerten orientiert sind. Dies zeigt sich schon daran, daß der Liberalismus sich im 19. Jahrhundert auch mit der Monarchie hat verbinden können. Liberalismus und Demokratismus können sich miteinander verbinden. Sie können aber auch möglicherweise in Gegensatz zueinander treten. Die Geschichte liefert viele Belege dafür, daß potentielle Gegner aus taktischen Gründen sich einem gemeinsamen Gegner gegenüber zusammenschließen. Solche Allianzen können zeitweise die bestehenden Spannungen verdecken, bis es gelungen ist, den gemeinsamen Gegner seiner Macht zu entkleiden.

Unter diesem Blickpunkt ist die Geschichte des modernen Wahlrechtes in den letzten hundert Jahren ein gutes Beispiel, weil sie nur der Ausdruck eines unterirdischen, durch den gemeinsamen Kampf gegen die Monarchie verdeckten Konfliktes zwischen Liberalismus und Demokratismus ist. Diese Spannung macht zugleich auch verständlich, warum im 19. Jahrhundert nicht nur die Konservativen, sondern gerade auch die Liberalen der weiteren Ausdehnung des Wahlrechts einen leidenschaftlichen Widerstand entgegengesetzt haben. Es ist kein Wunder, daß dieser latente Konflikt zwischen Liberalismus und Demokratismus im Laufe des letzten Jahrhunderts in allen europäischen Ländern mit dem Siege der stärkeren radikal-demokratischen Kräfte geendet hat.

Daß der Demokratismus auch einen antiliberalen Charakter annehmen kann, zeigt sich schon bei Rousseau, der die persönliche Existenz des Menschen dem Prinzip nach aufgehoben und das Individuum schlechthin zur Disposition der Gemeinschaft gestellt hat. Bereits hier ist der einzelne Mensch nicht mehr Subjekt, sondern Objekt — das letzthin gleichgeschaltete Instrument der Volonté Générale. Gewiß, die die Menschenrechte proklamierende liberale Demokratie der Französischen Revolution hat diese Form des Demokratismus nicht akzeptiert. Aber die Möglichkeit einer solchen Demokratie enthebt uns nicht der Pflicht, das demokratische Denken unabhängig von seinem liberalen Gehalt näher zu umreißen.

Jede Demokratie setzt voraus, daß das Volk souverän ist, d. h. daß alle Gewalt vom Volke ausgeht und das Volk Subjekt und Träger der verfassunggebenden Gewalt ist. Das Volk als die ausschlaggebende politische Machtquelle muß die obersten politischen Entscheidungen und maßgeblichen Gerechtigkeitsentscheidungen entweder unmittelbar selbst treffen oder durch vom Volke ordnungsmäßig legitimierte, in ihrer Kompetenz beschränkte, meist repräsentative Instanzen fällen lassen. Souverän ist das Volk, wenn es die letzte, oberste, universale Entscheidungsinstanz in einer politischen Gemeinschaft ist.

Was aber haben wir unter dem Volke zu verstehen? Lincoln hat die Demokratie als »a government of the people, for the people, by the people« bezeichnet. D.h. je mehr Menschen an der Bildung des Volkswillens teilnehmen, je größer die Beteiligung der Aktivbürger an der Formierung des »common will« ist, um so demokratischer ist das Regime. Hieraus ergibt sich, daß die Gleichheit zur eigentlichen Substanz der Demokratie gehört, weil sie es ist, durch die im Grunde genommen erst die Herrschaft des Volkes »verwirklicht« wird.

Was aber haben wir unter Gleichheit in einer Demokratie zu verstehen? Sicher ist, daß dieser Begriff nicht durch ein formales, insbesonders zahlenmäßiges Kriterium inhaltlich näher bestimmt werden kann. Gewiß, man hat dies in der Literatur auch versucht, wenn man etwa an die Versuche von Aristoteles, Bryce und Kelsen denkt. Aber alle diese Versuche haben nicht zu überzeugen vermocht. In Wirklichkeit läßt sich der Gleichheitsbegriff nicht apriorisch festlegen. Er ist vielmehr inhaltlich wandelbar und in seiner konkreten Gestalt von den zeitlich wie räumlich bedingten sozialen und politischen Verhältnissen abhängig. Erst durch diese Bezugnahme wird überhaupt der Begriff der Demokratie aus seiner Abstraktheit gelöst und zu einem konkreten historisch-gebundenen Begriff und ist es möglich, je nach dem konkret-materialen Gehalt, der sich mit der Gleichheit verbindet, verschiedene Formen und Typen der Demokratie zu unterscheiden. Maßgebend ist immer, welchen konkret-politischen Gehalt eine Gemeinschaft für eine bestimmte historische Situation mit dem Begriff der Gleichheit verbindet.

In der modernen Demokratie ist der Begriff der Gleichheit heute maßgeblich dadurch bestimmt, daß an die Stelle der differenzierenden Gleichheit des 19. Jahrhunderts ein radikaler Egalitarismus getreten ist. Im 19. Jahrhundert hatte man die Gleichheit noch mehr im Sinne jener aristotelischen Gleichheit verstanden, nach der jeder grundsätzlich nach dem ihm zukommenden Maße gemessen werden soll. Diese sogenannte proportionale Gleichheit will die Menschen grundsätzlich entsprechend ihren Anlagen, ihrem Charakter, ihrem Intellekt verschieden behandeln. Nach dieser Auffassung würde die Gleichheit gröblich verletzt werden, wenn etwa die zwischen den Menschen bestehenden Verschiedenheiten ignoriert und die Menschen absolut gleich behandelt werden würden. Es ist diese proportionale oder relative Gleichheit, die dem Liberalismus und damit auch der liberalen Demokratie den ihr eigenen zugleich aristokratischen Charakter vermittelt hat. Und es war daher von dieser grundsätzlichen Einstellung aus folgerichtig, daß man im 19. Jahrhundert — wenn auch in einer rohen und primitiven Form — in der politischen Sphäre die Menschen unterschiedlich behandelte und gewisse Schichten der Bevölkerung von den politischen Rechten ausschloß oder doch nur beschränkt an der politischen Willensbildung zuließ. Nur auf diese Weise kann z. B. auch das Pluralwahlrecht erklärt werden, durch das einzelne Gruppen der Bevölkerung, etwa weil sie einen höheren Bildungsgrad oder ein bestimmtes Alter erreicht hatten, eine zusätzliche Stimme erhielten.

All dies ist heute nicht mehr möglich. Vielmehr erscheinen die zwischen den Menschen tatsächlich bestehenden Unterschiede, die im 19. Jahrhundert für wesentlich gehalten wurden, heute letzthin als unwesentlich gegenüber den Eigenschaften, die den Menschen gemeinsam sind. Heute wird den Menschen unbeschadet ihrer sozialen

Wertverschiedenheit und der zwischen ihnen der Abstammung, der Klasse, der Bildung, des Geschlechts, der Rasse, der nationalen Zugehörigkeit nach bestehenden Unterschiede im wesentlichen ein absolut gleicher Wert beigelegt. Insoweit ist es auch richtig gewesen, das Charakteristikum des modernen demokratischen Gleichheitsbegriffes in dem Ausschluß jeglicher sozialen, insbesondere klassenmäßig bestimmten Motivation zu erblicken, die irgendwie zu einer Differenzierung der Aktivbürger führen könnte. Tatsächlich würde die maßgebliche Einschaltung von klassenmäßigen, plutokratischen, bildungsmäßigen Erwägungen bei der Formierung des Gesamtwillens den demokratischen Charakter des Regimes Demokratie heute in Frage stellen. Insoweit kann man sagen, daß nicht mehr die proportionale Gleichheit, bei der die Staatsbürger nach dem Grundsatz des *suum cuique* verschieden behandelt werden, sondern die arithmetisch mathematische Gleichheit es heute ist, die dem Begriff der modernen Demokratie ihr entscheidendes Gepräge gibt.

Dieser fortschreitende Prozeß der Formalisierung und Radikalisierung der Gleichheit ist heute noch nicht völlig abgeschlossen. Dies gilt selbst von der politischen Sphäre, wenn wir etwa an die Einführung des Frauenwahlrechts in einer immer größeren Anzahl von Staaten im Laufe der letzten Jahrzehnte oder an die kontinuierliche Egalisierung der Wahlkreise dort, wo man am Mehrheitswahlsystem festgehalten hat, oder an die fortschreitende Perfektuierung des Verhältniswahlrechtes denken, das dem einzelnen Staatsbürger die Gewißheit geben soll, nicht nur daß seine Stimme bei der Stimmabgabe absolut gleichbewertet wird, sondern daß sie bei der Verwertung der Stimmen auch den gleichen Nutzeffekt hat.

Der einmal begonnene, radikal-egalitäre Demokratisierungsprozeß wirkt auf Grund der ihm innewohnenden Dynamik weiter. Immer neue Lebensgebiete über den Bereich des Politischen hinaus werden dem Prozeß der fortschreitenden Egalisierung unterworfen. Wir brauchen in diesem Zusammenhang nur an die tiefgreifenden, fast revolutionären Veränderungen auf sozialem, wirtschaftlichem und bildungsmäßigem Gebiet zu denken, die in den meisten europäischen Staaten in den letzten Jahren und Jahrzehnten stattgefunden haben und mit Hilfe der staatlichen Intervention und einer weitgehenden Lenkung der Wirtschaft durch den Staat in einer Anzahl von Staaten bereits zu einer sozialen Homogenität geführt haben, die uns berechtigen, nicht nur von einer politisch formalen, sondern in einem nicht unerheblichen Ausmaß auch von einer Sozial- und Wirtschaftsdemokratie und nicht nur von Aktivbürgern, sondern auch von Wirtschaftsbürgern zu sprechen[5]).

Diese Entwicklung tendiert in zunehmendem Maße dahin, die großen westlichen Demokratien zu einer Einheitsgesellschaft des common man zu machen, der gegenüber die früheren Klassenunterschiede verblassen, und jene Art Gesellschaft zu schaffen, auf die man jüngst sogar den marxistischen Begriff der klassenlosen Gesellschaft zur Anwendung bringen zu können geglaubt hat[6]).

Wie dem auch sei: Die fortschreitende Aufnahme sozialer Grundrechte und sozialstaatlicher Prinzipien in die modernen Verfassungen wie z. B. die des sozialen Rechtsstaates im Bonner Grundgesetz, bedeutet, daß radikal-egalitäre Vorstellungen in zunehmendem Maße von der politischen Sphäre auf die des gesellschaftlichen Lebens übertragen werden[7]). Soziale Grundrechte sind in Wahrheit keine echten Grundrechte, sondern — weil sie auf dem Prinzip der demokratischen Gleichheit beruhen — demokratische Statusrechte. Sie sind Teilhaberrechte, die im Rahmen der jeweils näher zu bestimmenden Gerechtigkeit vom Staate nach Maßgabe der Gesetze »gewährt«, aber nicht

---

5) Die Gesetzgebung hat sich in den meisten Staaten in zunehmendem Maße in den Dienst dieser neuen Demokratie gestellt. In der Bundesrepublik braucht beispielsweise nur auf die umfassende Gesetzgebungsarbeit des jüngsten Dezenniums, etwa auf dem Gebiet des Lastenausgleichs, der Wiedergutmachung, der Flüchtlings- und Kriegsgefangenenfürsorge, der verdrängten und durch die Entnazifizierung betroffenen Beamten verwiesen zu werden. Sie hat zugleich auch die traditionelle Verwaltung in ihrer grundsätzlichen Struktur verändert und aus der Eingriffsverwaltung eine planende Leistungs- und Lenkungsverwaltung gemacht.

6) Hierzu die wertvollen Bemerkungen von S. Landshut, Die Gegenwart im Lichte der Marxistischen Lehre in Hamburger Jahrbuch für Wirtschafts- und Gesellschaftspolitik, 1956 Band 1 S. 47f.

7) In diesem Sinn das Bundesarbeitsgericht in dem Urteil vom 14. 7. 1954, Band 1, S. 56: »So tritt neben den Gleichberechtigungsgrundsatz als positive Verfassungsnorm das unabänderliche Prinzip der Sozialstaatlichkeit (Art. 20, 79 Abs. 3, 28 GG). Die Bundesrepublik ist ein sozialer Bundesstaat und Rechtsstaat. Das ist ein normatives Bekenntnis zum Sozialstaat, das bei der Auslegung des Grundgesetzes und damit auch des Gleichberechtigungsgrundsatzes in Art. 3 Abs. 2 und 3 GG . . . von entscheidender Bedeutung ist. Der Gleichberechtigungsgrundsatz und der Grundsatz der Sozialstaatlichkeit . . . stehen koordiniert nebeneinander; vielleicht hat der Sozialgedanke sogar den Vorrang«. Da das Sozialstaatsprinzip zum unabänderlichen verfassungsmäßigen Kernbestand des Grundgesetzes gehört, ist dieser Ausspruch von besonderer Bedeutung. Kritisch hierzu etwa: E. Forsthoff, Die Umbildung des Verfassungsgesetzes in Festgabe für C. Schmitt, 1959, S. 48ff. Zum Verhältnis des allgemeinen Gleichheitssatzes des Art. 3 Abs. 1 und des Sozialstaatsprinzips jetzt auch BVerfGE Band 9 S. 129ff.

»gewährleistet« werden. Es besteht daher eine Spannung zwischen den echten liberalen Grundrechten und den sogenannten sozialen Grundrechten. Diese Spannung ist notwendig und letzten Endes auch unaufhebbar. Sie findet ihren Ausdruck darin, daß die sozialen Grundrechte im Gegensatz zu den liberalen Grundrechten konkrete Pflichten erzeugen und die durch die liberalen Grundrechte gewährten Freiheiten begrenzen. Sie erklärt auch, warum die sogenannten sozialen Grundrechte im Gegensatz zu den liberalen Grundrechten dem Prinzip nach auch in einem nicht liberalen Staat verwirklicht werden können. Schließlich ergibt sich aus der Eigenart der sozialen Grundrechte, daß diese noch der jeweilig näheren, inhaltlichen Konkretisierung und Aktualisierung bedürfen. Sie enthalten, soweit sie überhaupt rechtliche Bindungen und nicht leerlaufende Deklamationen enthalten, Bindungen des Gesetzgebers und nicht des Richters. Diesen binden im allgemeinen die sozialen Grundrechte nur insoweit, als diese Rechtsgrundsätze durch eine weitere inhaltliche Präzisierung justiziabel gemacht worden sind.

Für das verfassungsmäßig gesicherte Prinzip des sozialen Rechtsstaates ergibt sich hieraus folgerichtig, daß es sich in erster Linie an den Gesetzgeber wendet, dem die Aufgabe obliegt, die widerstreitenden Interessen im Sinne des sozialen Ausgleichs nach den herrschenden Gerechtigkeitsauffassungen zu lösen. Justiziabel erscheint dieses Prinzip nur insoweit, als es vor allem den allgemeinen Gleichheitssatz inhaltlich jeweils näher konkretisiert. Darüber hinaus ist dieses Prinzip als Auslegungsregel für den Richter nur insoweit von Bedeutung, als es dem Gesetzgeber verwehrt, sich seiner Verpflichtung der Daseinsfürsorge in einer dieses Prinzip gröblich mißachtenden Form zu entledigen.

Diese fortschreitende Egalisierung hat im Bereich des Politischen und Gesellschaftlichen heute zu einer weitgehenden Demokratisierung und Entliberalisierung geführt[8]). Gewiß, auch im Bereich der spezifisch

[8]) Auch die Einführung der Drittwirkung der Grundrechte, durch die die Rechtsprechung (vgl. vor allem die Entscheidung des Bundesverfassungsgerichts in BVerfGE Band 7, S. 204ff.) bestimmte Grundrechte für den Rechtsverkehr zwischen den Rechtsgenossen verbindlich gemacht hat (vgl. zuvor schon etwa Nipperdey, Die Grundrechte, Band 2 [1954] zu Art. 1 S. 18ff.), hat zu dieser Entwicklung beigetragen, indem sie einen status socialis für den einzelnen Bürger in seinen Rechtsbeziehungen zu seinen Rechtsgenossen geschaffen hat und auf diese Weise, wie E. Forsthoff (aaO. Festgabe für C. Schmitt, S. 47) bemerkt hat, eine Reihe von Freiheitsverbürgungen in »wesentlich sozial determinierte Pflichtbindungen unter weitgehender Eliminierung ihres liberalen Gehalts« umgewandelt hat. Vgl. hierzu auch Dürig, Grundrechte und Zivilrechtsprechung, Festschrift für Nawiasky, 1956, S. 157ff., der in diesem Zusammenhang von einer »eindeutigen Tendenz zur Verstaatlichung des Privatrechts« gesprochen hat (184.)

demokratischen Sphäre ist die Freiheit insoweit unentbehrlich, als sie erforderlich ist, um die demokratische Gleichheit zu sichern. Daher ist die Forderung nach »freien Wahlen« auch eine wirklich demokratische Forderung. Andererseits ist vom liberaldemokratischen Denken aus gesehen die Gleichheit der Freiheit eingeordnet. Die Freiheit ist nur insoweit beschränkt, als eine solche Beschränkung notwendig ist, um den anderen Individuen die Freiheit zu sichern. Eine individuelle Besonderung auf der Grundlage der Freiheit setzt insoweit — aber auch nur insoweit — eine gesetzhafte Vergleichmäßigung voraus.

So wird auch erst verständlich, warum die Gleichheit im Bereiche der demokratischen Willensbildung eine so entscheidende Rolle gespielt hat und man die Demokratie als eine Reihe von Identitäten hat bezeichnen können. Tatsächlich wird der Gemeinwille in der plebiszitären Demokratie dadurch gebildet, daß im Gegensatz zur repräsentativen Demokratie der Wille der Mehrheit der Staatsbürger mit dem Gesamtwillen identifiziert wird.

Auch das Mehrheitsprinzip ist demokratisch, weil es das größtmögliche Maß von politischer Gleichheit und damit die größtmögliche Übereinstimmung der individuellen Willen mit dem Inhalt des Gesamtwillens sichert. In früheren Zeiten pflegten die Minderheiten auf ihren Widerspruch Verzicht zu leisten und hierdurch eine einmütige Beschlußfassung des als homogene Einheit sich fühlenden und abstimmenden Volkes zu ermöglichen. Heute wird dagegen in der unmittelbaren Demokratie der Wille der Mehrheit der Bevölkerung, der von dem der Minderheit unterschieden wird, zunächst mit dem der Aktivbürgerschaft und sodann der der Aktivbürgerschaft mit dem Gesamtwillen der Gemeinschaft identifiziert. Gewiß, das Mehrheitsprinzip hat auch eine liberale Komponente. Sie vermittelt den Glauben an die wahrheitsfördernde Kraft der Mehrheitsentscheidung; dieser Glaube an die Vernünftigkeit und Richtigkeit der Mehrheitsentscheidung gehört dem Denken der Aufklärung, des Liberalismus und insoweit politisch auch des repräsentativen Parlamentarismus an. Es ist kein Zufall, daß die weitgehende politische Entliberalisierung heute insoweit auch zu einer Desillusionierung dieser Komponente der Rechtfertigung des Mehrheitsprinzips geführt hat.

III

Die fortschreitende radikal-egalitäre Demokratisierung hat in den modernen Flächenstaaten zu einer großen Machtsteigerung der politischen Parteien geführt. Sie sind es, die die Millionen von politisch mündig gewordenen Aktivbürgern erst organisieren und aktionsfähig machen. Sie schließen die Wähler erst zu politisch aktionsfähigen Gruppen zusammen und erscheinen so als das Sprachrohr, dessen sich das mündig gewordene Volk bedient, um sich artikuliert äußern zu können. Man kann geradezu sagen, daß die moderne Demokratie in den meisten westlichen Staaten mehr oder weniger den Charakter einer parteienstaatlichen Demokratie angenommen hat, d. h. einer Demokratie, die auf den Parteien[9]) als den politischen Handlungseinheiten aufgebaut ist. Ohne ihre Zwischenschaltung würde das Volk heute einfach nicht in der Lage sein, einen politischen Einfluß auf das staatliche Geschehen auszuüben und so sich in der politischen Sphäre zu verwirklichen[10]).

Bei dieser parteienstaatlichen Demokratie handelt es sich in Wahrheit um eine Form der Demokratie, die in ihrer grundsätzlichen

---

9) Allgemein zur Organisation und Struktur der politischen Parteien und der verschiedenen Parteitypen vgl. die Analyse des jetzt dankenswerterweise von S. Landshut herausgegebenen Buches von M. Duverger, Die politischen Parteien, 1959.

10) Auf dem Kontinent haben einige Nachkriegsverfassungen der parteienstaatlichen Struktur der modernen Demokratie im Staats- und Verfassungsleben der Nation rechtssatzmäßig gerecht zu werden versucht. Dies gilt u. a. von dem Bonner Grundgesetz, in dem zum ersten Male in Art. 21 Abs. 1 an prominenter Stelle in der Verfassung von Bundeswegen für Bund und Länder die Parteien nicht nur als politisch-soziologische, sondern als verfassungsrechtlich notwendige Instrumente für die Willensbildung des Volkes anerkannt worden sind. Die Parteien sind, wie das Bundesverfassungsgericht zutreffend bemerkt hat, heute »zu integrierenden Bestandteilen des Verfassungsaufbaus und des verfassungsrechtlich geordneten politischen Lebens« (BVerfGE 1, S. 225, 227) geworden und »aus dem Bereich des Politisch-Soziologischen in den Rang einer verfassungsrechtlichen Institution erhoben« worden (BVerfGE Band 2 S. 73 und BVerfGE 5, S. 134). Sie erscheinen als »notwendige Bestandteile des Verfassungsaufbaues«, die durch ihre Mitwirkung bei der politischen Willensbildung des Volkes »Funktionen eines Verfassungsorganes« ausüben (BVerfGE Bd. 4 S. 30), in das Verfassungsgefüge »inkorporiert« und damit zugleich »in die Reihe der Integrationsfaktoren im Staate eingerückt« sind (BVerfGE Band 5 S. 134, 388). Über die Konsequenzen der Inkorporation der politischen Parteien als Faktoren für die politische Willensbildung für die institutionelle öffentliche Meinungsfreiheit des modernen Parteienstaates vgl. noch die wichtige Bemerkung bei Ridder zu Art. 5 in »Die Grundrechte« Band 2 (1954) S. 255ff.

Ähnlich hat man jüngst in Italien von einer »fortschreitenden Konstitutionalisierung der Parteien« gesprochen. Vgl. in diesem Zusammenhang auch Art. 4 der neuen französischen Verfassung von 1958.

Dieser Legalisierung des Parteienstaates entspricht es, wenn die Parteien heute zu einem nicht unerheblichen Ausmaß privilegiert worden sind. Dazu näher Leibholz, Strukturprobleme aaO. S. 93.

Struktur von der liberal-repräsentativen parlamentarischen Demokratie verschieden ist. Dies ist verfassungstheoretisch wie verfassungsrechtlich von der größten Bedeutung.

1. Der grundsätzliche verfassungstheoretische Unterschied zwischen dem modernen demokratischen Parteienstaat und der traditionellen, parlamentarisch-repräsentativen Demokratie geht entscheidend darauf zurück, daß der moderne Parteienstaat seinem Wesen wie seiner Form nach nichts anderes wie eine rationalisierte Erscheinungsform der plebiszitären Demokratie ist.
2. Hieraus ergibt sich, daß der Volks- oder Gemeinwille in der parteienstaatlichen Demokratie durch die Parteien gebildet wird. Nicht das politische Prinzip der Repräsentation, sondern das Prinzip, das in der plebiszitären Demokratie zur Gemeinwillensbildung führt, führt auch in der parteienstaatlichen Demokratie zur Bildung des Gesamtwillens des Volkes. Wie in der plebiszitären Demokratie der Wille der Mehrheit der Aktivbürgerschaft mit dem jeweiligen Gesamtwillen identifiziert wird, wird in einer funktionierenden parteienstaatlichen Demokratie der Wille der jeweiligen Parteienmehrheit in Regierung und Parlament mit dem Gesamtwillen identifiziert[11]).
3. Der Konsequenz der gekennzeichneten Entwicklung von der parlamentarisch-repräsentativen Demokratie zur parteienstaatlichen Massendemokratie entspricht es, daß in der letzteren das Parlament den ihm früher eigenen ursprünglichen Charakter in zunehmendem Maße verliert und mehr und mehr zu einer Stätte wird, an der sich gebundene Parteibeauftragte treffen, um anderweitig, z. B. in Ausschüssen, Fraktionen oder Parteikonferenzen, bereits getroffene Entscheidungen registrieren zu lassen. Die Fraktionen werden so mehr und mehr nicht zufällig aus einer Einrichtung des Parlamentsrechtes

---

[11]) Die verfassungstheoretische und -rechtliche Konzeption, nach der die heutige parteienstaatliche Demokratie ein Surrogat der direkten Demokratie im modernen Flächenstaat ist, die ihren Willen mit Hilfe des Identitätsprinzips ohne Beimischung repräsentativer Strukturelemente bildet, hat zur Voraussetzung, daß man unter Demokratie die »Herrschaft des Volkes über sich selbst«, nicht aber die Herrschaft »für« das Volk versteht, wie dies neuerdings etwa bei K. Hesse, Die verfassungsrechtliche Stellung der politischen Parteien in Veröffentlichungen der Vereinigung der deutschen Staatsrechtslehrer, H. 17, 1959, S. 19 ff., 117 geschieht. Das sich selbst regierende Volk übt natürlich die Herrschaft zugleich auch in seinem Interesse aus. Nicht nur aufgeklärte Monarchien, sondern sogar totalitäre Diktaturen nehmen bekanntlich für sich in Anspruch, die Herrschaft für das Volk auszuüben; unberechtigt ist dieser Anspruch grundsätzlich nur deshalb, weil die Herrschaft des Volkes sich in ihnen nicht verwirklicht.

zu einer Einrichtung des Parteienstaates, der verlangt, daß einer Fraktion nur noch Mitglieder derselben Partei angehören dürfen[12]).

Weiter verliert die Diskussion, wie dies in der Literatur häufig des Näheren beschrieben worden ist, ihren früheren schöpferischen und konstruktiven Charakter. Die Reden, die im Parlament gehalten werden, sind in zunehmendem Maße nicht mehr dazu da, andersdenkende Abgeordnete zu überzeugen, sondern wenden sich — jedenfalls in den grundsätzlichen, das politische Leben bestimmenden Fragen — direkt an die Aktivbürgerschaft, die durch die vorgetragenen Argumente beeindruckt und in ihren künftigen politischen Entschließungen beeinflußt werden soll. Radio und Fernsehen sind die technischen Mittel, mit deren Hilfe dieser Effekt noch gesteigert werden soll. Die Öffentlichkeit, die einmal den parlamentarischen Verhandlungen ihren besonderen Glanz vermittelt hat, erhält so einen zusätzlichen plebiszitären Charakter, der dem spezifischen Integrationsprozeß der parteienstaatlichen Demokratie angepaßt ist.

---

[12]) Dieser Verfassungswandel hat sich bei uns vor allem mit Hilfe der Geschäftsordnungen vollzogen, die vielfach werdendes Verfassungsrecht antizipieren und diesem zur Durchsetzung verhelfen.

Unter der Weimarer Verfassung wurden die Fraktionen erst Mitte 1922 durch die Geschäftsordnung anerkannt. Zur heutigen Rechtslage vgl. § 10 der Geschäftsordnung des Bundestags, nach dem nur — und zwar nach einem vom Bundestag am 12. 12. 1957 gefaßten Beschluß — 15 Abgeordnete, die derselben Partei angehören, eine Fraktion bilden dürfen. Abgeordnete, die eine Fraktion nicht bilden können, weil ihre Anzahl nicht Fraktionsstärke erreicht, können als Gruppe anerkannt werden. Eine solche Anerkennnng ist aber in den letzten Sitzungsperioden des Bundestags nicht ausgesprochen worden. Im übrigen ist auch hier Voraussetzung einer solchen Anerkennung, daß die Mitglieder einer solchen Gruppe der gleichen Partei angehören.

Die Fraktionen sind gegenüber den Gruppen und Parteilosen privilegiert; vgl. etwa § 97 GO (Initiativrecht), § 105 (Große Anfragen, die von 30 Abgeordneten unterzeichnet werden müssen), § 110 (kleine Anfragen). Auch die Reihenfolge, die Zusammensetzung des Vorstandes und der Ausschüsse richten sich nach der Stärke der Fraktionen; vgl. § 11, 12 GO. Demgegenüber stehen die Rechte geringeren Gewichts, die dem einzelnen Abgeordneten verblieben sind: Das Recht der Akteneinsicht (§ 21 GO), das Recht, Antrag auf Übergang zur Tagesordnung zu stellen (§ 29 GO), das Recht, gegen eine bestimmte Fragestellung Bedenken zu äußern oder die Teilung einer Frage zu verlangen (§ 52, 53), das Recht, Änderungsanträge zur zweiten Beratung zu stellen (§ 81). Als ein gewichtigeres Gegengewicht gegen die Privilegierung der Parteien kann lediglich das Fragerecht der Abgeordneten in der mündlichen Fragestunde betrachtet werden, das der einzelne Abgeordnete unabhängig von seiner Fraktion ausüben kann; dazu § 111 GO und Leibholz, Der Parteienstaat des Bonner Grundgesetzes in Recht, Staat und Gesellschaft, III, S. 115.

Bei dieser Sachlage verschiebt sich in den westlichen Parteienstaaten das politische Schwergewicht fortschreitend vom Parlament hin zu den dieses heherrschenden politischen Parteien und zur Aktivbürgerschaft [13]).

4. Es ist häufig in der Praxis wie in der Literatur beobachtet worden, daß diese Veränderung in der Stellung des Parlaments auch die Stellung des einzelnen Abgeordneten im Parlament selbst entscheidend verändert hat.

Gesehen unter dem Blickpunkt einer logisch zu Ende gedachten parteienstaatlichen Demokratie können nämlich tatsächlich die Parteien den Anspruch erheben, sich auch gegenüber ihren eigenen Mitgliedern durchzusetzen. In einer solchen Demokratie erscheint nämlich der Abgeordnete als grundsätzlich fremdem Willen unterworfen und kann er nicht mehr als Repräsentant, der in Freiheit unter Einsatz seiner Persönlichkeit seine politischen Entscheidungen fällt, angesprochen werden. In dieser Demokratie fehlt dem Abgeordneten im Grunde genommen die letzte Legitimität, eine von den Parteien und Fraktionen abweichende Linie in Fragen von politischer Wichtigkeit zu verfolgen. In ihr sind nicht die Abgeordneten, sondern die Parteien in ihren Entschließungen frei und an Aufträge und Weisungen nicht gebunden [14]).

Letzthin wird so der Abgeordnete in dem modernen Parteienstaat zu einem organisatorisch-technischen Zwischenglied, das nur insoweit unentbehrlich erscheint, als es berufen ist, in Freiheit innerhalb der Partei und Fraktion seinen Einfluß auszuüben und insoweit an der Konstituierung des Parteiwillens oder vom Ganzen aus gesehen an der Bildung des Parteienmehrheitswillens mitzuwirken.

[13]) Hand in Hand mit dieser Entwicklung wird die Macht der Exekutive stärker. Das heutige demiautoritäre Regierungssystem ist in der Bundesrepublik weder die ausschließliche Folge des konstruktiven Mißtrauensvotums (so Karl Loewenstein, Verfassungslehre 1959, S. 72ff.) noch allein der Tatsache, daß sich die CDU/CSU gern mit dem Ganzen und damit dem Staat identifiziert und entsprechende Praktiken entwickelt (dazu A. Arndt, Die Entmachtung des Bundestags in: Die neue Gesellschaft, 1959, S. 433f.), sondern vor allem das Ergebnis der im Text verdeutlichten, grundsätzlichen Entwicklung, die daher nicht zufällig auch in den angelsächsischen Staaten, vor allem in England, nachweisbar ist, in der die jeweilige »Party Government« ein ähnliches Übergewicht gegenüber dem Unterhaus hat wie in der Bundesrepublik die Regierung gegenüber dem Bundestag.

[14]) In diesem Sinne vgl. den § 2 Abs. 3 des Entwurfes zum Parteiengesetz und S. 39 der Begründung. Wie schon G. Kafka, Veröffentlichungen der Vereinigung der Deutschen Staatsrechtslehrer, Heft 17 (1959) S. 66 bemerkt: »Daß der Dissenter moralischer sei als die Mehrheit, ist eine mit dem demokratischen Legitimitätsprinzip (des modernen Parteienstaates) unvereinbare Fiktion.«

So ist es kein Zufall, daß der Abgeordnete in der parteienstaatlichen Demokratie heute einer Fülle von parteimäßigen Bindungen unterworfen ist, die entscheidend seine Rede und Abstimmung beeinflussen[15]. Hier erhalten das imperative Mandat und der Fraktionszwang, der nicht massiv ausgeübt zu werden braucht, aber doch stark genug sein muß, um die Mitglieder einer Fraktion zu veranlassen, die von der Partei oder Fraktion gefaßten Beschlüsse zu befolgen[16], verfassungssystematisch ihren Standort und ihre innere Berechtigung. Sie haben letzthin das Ziel, die notwendige Homogenität innerhalb aller Gliederungen der Partei zu sichern[17].

Dabei kommt es vom Blickpunkt des Parteienstaates auf das Motiv, das den einzelnen Abgeordneten zu seiner Gleichschaltung veranlaßt, nicht an. Es mag sein, daß der Abgeordnete durch die Partei eines besseren belehrt worden ist und daher den Beschluß der

---

[15]) Die jüngste Bundespräsidentenwahl hat die Richtigkeit des im Text Gesagten erneut eindrücklich bestätigt, was um so mehr ins Gewicht fällt, als die Bundespräsidentenwahlen geheim sind und sich jeder Abgeordnete ohne Schwierigkeiten der Parteiparole hätte entziehen können, ohne sich damit decouvrieren zu müssen.

Der Bundesversammlung gehörten am 1. Juli 1959 1038 Mitglieder an, von denen 517 der CDU/CSU, 385 der SPD, 85 der FDP, 24 der DP, 20 dem BHE und 6 der BP sich zurechneten. Im ersten Wahlgang hatten für den Kandidaten der CDU 517, für den der SPD 385, für den der FDP 104 gestimmt, während 25 Abgeordnete sich der Stimme enthielten. Im zweiten Wahlgang stimmten 526 für den Kandidaten der CDU, 386 für den der SPD, 99 für den der FDP, während sich 22 Mitglieder der Stimme enthielten. Hieraus ergibt sich, daß die Mitglieder der CDU/CSU, der SPD und der FDP geschlossen den jeweils ausgegebenen Parteiparolen folgten und nur die kleineren Parteien, die keine eigenen Kandidaten für die Bundespräsidentenwahl in Vorschlag gebracht hatten, es waren, dic — soweit sie sich nicht der Stimme enthielten — ihre Stimmen den von den andern Parteien nominierten Präsidentschaftskandidaten gaben.

[16]) Politische Parteien pflegen die Existenz eines Fraktionszwanges in der Regel mit Emphase zu bestreiten, obwohl sie geneigt sind zuzugeben, daß ein Mitglied der Fraktion in einer politischen Grundsatzfrage nicht von der Parteilinie abweichen dürfe. Was aber ist der Fraktionszwang letzthin anderes als daß in politischen Grundsatzfragen die Einheit der Partei um jeden Preis gewahrt und der Dissenter gezwungen wird, seine persönliche Auffassung gegenüber der seiner Partei zurückzustellen, wenn er nicht in einen möglicherweise schweren Konflikt mit derselben gelangen will.

[17]) Daß diese Tendenzen des modernen demokratischen Parteienstaates in den westlichen Demokratien im einzelnen variieren und auch innerhalb desselben Staates bei den verschiedenen Parteien in einem jeweils verschiedenen Ausmaß nachweisbar sind, ist bereits des näheren in meinen »Strukturproblemen« aaO. S. 98ff. dargetan; zu den Verschiedenheiten, insbesondere des britischen und amerikanischen Parteiensystems etwa noch Flechtheim, Außenpolitik (1957) S. 751ff.

Partei oder der Fraktion für als im Interesse des Ganzen liegend hält. Es mag sein, daß er sich innerlich der Partei gegenüber für so gebunden erachtet, daß er in ihrem Interesse seine eigene, an sich für besser gehaltene Meinung zu opfern sich verpflichtet fühlt [18]. Er mag möglicherweise dieses Opfer auch nur bringen, um auf diese Weise ihm sonst etwa von der Partei drohende Nachteile abzuwenden.

5. Der Konsequenz dieser Demokratie entspricht es, daß der Abgeordnete auch in zunehmendem Maße für sein etwaiges parteiwidriges Verhalten von der Partei verantwortlich gemacht wird. Die früher vielfach praktisch gewordene und auch in der Literatur häufig erörterte Frage, ob und wenn ja, inwieweit die Wähler ihre Abgeordneten wegen Nichterfüllung der von ihnen eingegangenen Verpflichtungen verantwortlich machen können, hat in der modernen parteienstaatlichen Demokratie insoweit ihre Bedeutung verloren, als an die Stelle der Wähler die Parteien getreten sind. Als Hüterin des durch die Parteien zum Ausdruck kommenden Volkswillens kann die Partei den Abgeordneten, wenn mildere Mittel, wie z. B. Warnungen, nichts gefruchtet haben [19], sogar aus ihrer Organisation ausschließen, was praktisch meistens das Ende der politischen Karriere des Abgeordneten bedeutet. Der letzten Konsequenz eines logisch zu Ende gedachten demokratischen Parteienstaates würde sogar eine Bestimmung entsprechen, nach der ein

---

[18]) Carlo Schmid, Der Abgeordnete zwischen Partei und Parlament, in: »Die neue Gesellschaft« 1959, S. 440, schildert die Lage, in der der Abgeordnete sich heute befindet, wie folgt: Wenn der Abgeordnete im Plenum des Parlaments der Parteiparole folgt, so »geschieht dies aus dem Gefühl heraus, die 80 v. H. Fraktionsmitglieder, die anderer Meinung waren als er, könnten vielleicht doch recht gehabt haben; oder es geschieht, weil der ursprüngliche Frondeur zwischen zwei Verantwortlichkeiten sich für die entscheidet, die für die Wirkungsmöglichkeiten seiner Partei die wichtigere ist: weiß er doch, daß mehr zerstört wäre als nur ein Apparat, wenn er die Partei schweren Belastungsproben aussetzte oder gar unglaubwürdig machte. Denn es geht doch bei der Abstimmung im Parlament ... auch darum, daß die Partei an der Regierung bleiben oder an die Regierung kommen kann. Dies zu fordern ist eine der Pflichten, die der Abgeordnete seinen Wählern gegenüber auch übernommen hat«.

[19]) Eine solche »konkrete Warnung« ist z. B. jüngst (8. 12. 1959) von der CDU-Bundestagsfraktion dem Abgeordneten P. Nellen erteilt worden. Diese Mißbilligung hat den Abgeordneten veranlaßt zu erklären, daß er sein Verhalten in Zukunft entsprechend der ihm erteilten Warnung einrichten werde. Offenbar geht man nicht fehl, in diesem Verhalten zumindest die Tendenz einer Entwicklung zu den »Reue- und Besserungserklärungen« zu sehen, die die Abgeordneten in totalitären Staaten abzugeben pflegen, wenn sie von der Parteilinie abgewichen sind und einen Ausschluß aus der Partei vermeiden wollen.

Ausschluß aus der Partei (ebenso wie ein Übertritt von einer Partei zu einer anderen) zum Verlust des parlamentarischen Mandates führt. Der Recall ist eine Institution, die im Gegensatz zum repräsentativ-parlamentarischen Demokratismus steht und strukturgesetzlich mit dem modernen massendemokratischen Parteienstaat aufs engste verbunden ist.

6. Bei dieser Sachlage ist es kein Wunder, daß auch die heutigen Parlamentswahlen sich in ihrem Charakter grundsätzlich zu wandeln begonnen haben. Bei Lichte besehen sind diese nämlich heute überhaupt keine echten Wahlen mehr. Sie tendieren vielmehr in zunehmendem Maße dahin, zu einem rein plebiszitären Akte zu werden, in dem die durch die Parteien zusammengefaßte Aktivbürgerschaft ihren politischen Willen zugunsten der von den Parteien benannten Mandatsbewerber und der von ihnen unterstützten Parteiprogramme kundgibt[20]) und über der Parteien Macht und Einfluß in den nächsten vier oder fünf Jahren entschieden wird. Diesem Wandel wird das Bonner Grundgesetz z. B. nicht gerecht, wenn es, wie die meisten anderen Verfassungen in althergebrachter Weise sagt, daß der Wille des Volkes in »Wahlen« und »Abstimmungen« sich äußert. Die Wahlen sind trotz der antiplebiszitären Haltung des Bonner Grundgesetzes — jedenfalls auf Bundesebene — selbst zu einer Art Abstimmung geworden[21]). Dies wird auch von Politikern und Staatsrechtslehrern in zunehmendem Maß heute anerkannt. Aus diesem Grunde besteht auch in der heutigen parteien-

---

[20]) Über den plebiszitären Charakter der Bundestagswahlen von 1953 und 1957 siehe meine Strukturprobleme S. 104. Parteien, die, wie in der Bundesrepublik z. B. die Freien Demokraten, glauben, durch die Parole »Unabhängigkeit nach beiden Seiten« (d. h. gegenüber der CDU und SPD) eine Anziehungskraft auf die Wählerschaft ausüben zu können, verkennen die spezifische Funktion, die die »Wahlen« in der modernen parteienstaatlichen Demokratie zu erfüllen haben. Versetzt eine Partei die Aktivbürgerschaft nicht in die Lage, eine plebiszitäre Entscheidung im Sinne des Textes zu treffen, läuft sie politisch »leer« und wird im Endeffekt entbehrlich. Näher über den Wandel des Charakters des Auflösungsrechts der Exekutive im Lauf des letzten Jahrhunderts Strukturprobleme S. 105ff.

[21]) So z. B. auch Werner Weber, Mittelbare und unmittelbare Demokratie in der Festschrift Hugelmann, 1959, Band 2, S. 776ff. Wenn aber die Wahlen ein plebiszitärer Vorgang sind, der „über" den Regierungschef und den Regierungskurs entscheidet (786) und der Wille der durch die Wahlen legitimierten Parteien für den Volkswillen steht (770), so kann die weitverbreitete, auch von W. Weber (S. 769ff.) vertretene Auffassung, daß das Bonner Grundgesetz eine mittelbare, antiplebiszitäre Demokratie ist, nicht aufrechterhalten werden.

staatlichen Demokratie für zusätzliche plebiszitäre Einrichtungen, wie z. B. den Volksentscheid oder das Volksbegehren, weder eine innere Notwendigkeit noch eine besondere Rechtfertigung.

7. Je konkreter und eindeutiger die plebiszitären politischen Entscheidungen der in Parteien zusammengefaßten Aktivbürgerschaft sind, um so besser wird ein demokratischer Parteienstaat funktionieren. In England haben zum Teil schon im 19. und beginnenden 20. Jahrhundert die Wahlen in diesem Sinne einen konkret-plebiszitären Charakter gehabt. Mit ihnen treffen die Wähler eine bestimmte Sachentscheidung, der gegenüber die Personenwahl in den Hintergrund tritt.

In den kontinental-westeuropäischen Demokratien, die das englische Zweiparteiensystem nicht kennen, kann naturgemäß die konkret-plebiszitäre Funktion der Wahlen nicht so deutlich in Erscheinung treten. Denn in einem Mehrparteienstaat kann man nicht in der gleichen Weise, wie in einem Zweiparteienstaat, eine »definite issue« zum Gegenstand einer »Wahl« machen, obwohl die Existenz einer Vielheit von Parteien nicht zwangsläufig plebiszitäre Fragestellungen bei den Wahlen ausschließt. Auch mehren sich in den traditionellen Mehrparteienstaaten die Tendenzen, die die Einführung einer verdeckten und manchmal sogar offenen Blockbildung begünstigen und hierdurch die Voraussetzung dafür schaffen, daß in diesen Staaten mit Hilfe von Wahlen für eine Reihe von Jahren die grundsätzliche Richtung des Regierungskurses festgelegt wird. Dort aber, wo der mehrparteienstaatliche Charakter einer Demokratie heute noch unmittelbar plebiszitäre Entscheidungen durch die Wahlen nicht gestattet, erfüllen diese, jedenfalls soweit die Aktivbürgerschaft in den Parteien organisiert ist oder jene stillschweigend diesen zugerechnet wird, Funktionen statistisch registrierender Art, die in ihrer grundsätzlichen Tendenz ebenfalls aufs engste mit der plebiszitären und nicht der repräsentativen Demokratie verbunden sind.

Sofern heute von einem konkret-plebiszitären Charakter der Wahlen im modernen Parteienstaat gesprochen werden darf, ist es nicht unberechtigt, in einer parteienstaatlichen Demokratie, die nicht durch restierliche Strukturelemente der repräsentativen Demokratie überlagert ist, Fragen von grundsätzlicher Bedeutung, die die Existenz der Nation betreffen, der Aktivbürgerschaft zur Entscheidung zu unterbreiten. In diesem Sinne besteht z.B. in England als eine

Konvention die Regel, daß ein radikaler Wechsel in der Politik ohne ein »Mandat« vom Volke grundsätzlich nicht stattfinden darf. Dieser Lehre vom generellen Mandat liegt die Vorstellung zugrunde, daß in einer parteienstaatlichen Demokratie die Parteien als Vollstrecker des Willens der Aktivbürgerschaft erscheinen und Regierung und Parlament nur insoweit politisch zu handeln berechtigt sind, als ihnen in den Wahlen ein durch das Parteiprogramm des näheren umrissener, inhaltlich konkretisierter Auftrag erteilt ist.

Von dieser grundsätzlichen Einstellung aus wird z. B. nicht selten in England das Verhalten von Regierung und Parlamentsmehrheit dann von der jeweiligen Opposition als verfassungswidrig bezeichnet, wenn wichtige politische Entscheidungen von grundsätzlicher Bedeutung getroffen werden sollen, die mit dem erteilten Mandat unvereinbar sind. Auch in Deutschland hat man z. B. bei der Diskussion über die Verfassungsmäßigkeit des Wehrbeitrages wie des Deutschlandvertrages von seiten der Opposition darauf hingewiesen, daß die Wählerschaft durch die Regierung neu hätte befragt werden müssen, weil der Deutsche Bundestag in seiner damaligen Zusammensetzung nicht mehr die Legitimation besessen habe, diese Fragen zu entscheiden. Ferner hatte im Zusammenhang mit der atomaren Aufrüstung der Bundeswehr die Opposition eine »Volksbefragung« gefordert, weil es sich hier um eine für Volk und Nation lebenswichtige, neue und bei der letzten Bundestagswahl nicht mitentschiedene Frage gehandelt hatte. Tatsächlich besteht hier im Grundgesetz eine Lücke, die dadurch gefüllt werden könnte, daß man dem Parlament das Selbstauflösungsrecht oder dem Staatsoberhaupt das verfassungsmäßige Recht einräumt, bei einer neuen Frage von grundsätzlicher politischer Wichtigkeit durch erneute Befragung des Volkes diesem die Möglichkeit zu geben, außerhalb des zeitlichen Turnus sich wiederholender »Wahlen« Regierung und Parlament ein neues Mandat zu erteilen.

8. Der veränderten Funktion, die heute grundsätzlich die Wahlen in der parteienstaatlichen Demokratie erfüllen, entspricht es, daß der einzelne Abgeordnete in zunehmendem Maße nicht mehr, wie in der parlamentarisch-repräsentativen Demokratie, auf Grund seiner Persönlichkeit und seiner besonderen Qualifikationen, sondern als Zugehöriger zu einer bestimmten politischen Partei in das Parlament gewählt wird. Die politische Persönlichkeit ist heute nicht mehr die

sich den Wählern präsentierende freie repräsentative Persönlichkeit, die im Sinne des 19. Jahrhunderts einen Teil der geistigen Aristokratie der Nation darstellte, sondern im Grunde genommen, wie schon der frühere Kultusminister Grimme einmal bemerkt hat, der »Exponent der politischen Partei«[22]).

Es ist im übrigen nicht richtig, zu sagen, daß die nicht in Parteien organisierte Aktivbürgerschaft sich im traditionell-liberalen Sinne orientieren würde, wenn etwa durch eine grundsätzliche Veränderung des Wahlsystems die Parteien nicht mehr die ausschließlichen Träger des Wahlkampfes sein würden. Bisher fehlen noch verläßliche Untersuchungen über die politische Reaktion dieses Teiles der Aktivbürgerschaft. Untersuchungen, die vor allem in England über diese Frage angestellt worden sind, legen den Schluß nahe, daß der weitaus größere Teil des »Treibholzes« gar nicht zu diesem gerechnet werden darf, weil auch die parteimäßig nicht festgelegten Aktivbürger in ihrer Mehrheit sich gegenüber den Parteien mehr oder weniger gebunden fühlen. Sie sind Anhänger der Parteien, auch wenn sie sich diesen gegenüber nicht mitgliedschaftsmäßig verpflichtet haben. Das echte »floating vote« stellt somit wahrscheinlich nur einen erheblich geringeren Prozentsatz der parteilosen Aktivbürgerschaft dar, als in der Regel angenommen wird.

Daß dieses »Treibholz« im modernen demokratischen Parteienstaat im übrigen sehr im Gegensatz zur parlamentarisch-repräsentativen Demokratie politisch negativ bewertet wird, entspricht nur dem Strukturwandel der Demokratie. Denn im Parteienstaat erscheinen die Millionen von Aktivbürgern, die ihre politische Aktivität darauf beschränken, nur alle vier oder fünf Jahre zur Wahlurne zu gehen, um ihren staatsbürgerlichen Pflichten zu genügen, als die Nutznießer, die von der Arbeit der anderen leben, die nicht selten unter Aufopferung von Zeit, Gesundheit und Geld ihr Leben der politischen Arbeit in den Parteien widmen. Bei dieser Sachlage ist es kein Wunder, daß die mit Hilfe der Partei den Staat tragenden

---

[22]) Vom Bundesgesetzgeber ist dies im übrigen in § 48 Abs. 1 Satz 2 des Bundeswahlgesetzes vom 7. Mai 1956 anerkannt, nach dem bei der Listennachfolge diejenigen Listenbewerber unberücksichtigt bleiben, die seit der Aufstellung der Landesliste aus der in Frage stehenden Partei ausgeschieden sind. Diese Bestimmung ist vom Bundesverfassungsgericht in seiner Entscheidung (BVerfGE 7 S.. 72ff). ausdrücklich für verfassungsmäßig erklärt worden. Zu den Konsequenzen dieser Entscheidung J. Rinck, Deutsche Jur. Zeitung, 1958, S. 196ff.

Gruppen heute ihre Ansprüche anmelden und ihre wohlerworbenen Rechte in der gleichen Weise geschützt wissen wollen, wie dies der Fall war, als andere Kräfte den Staat getragen hatten.

9. Wahlreformen im traditionellen Sinne, die aus dem Geiste des 19. Jahrhunderts in dem Sinne des liberal-repräsentativen Parlamentarismus geboren sind, sind hiernach nicht mehr zeitgemäß. Sie gehören im Grunde genommen ihrer ganzen Anlage gemäß einer vergangenen Epoche an. Für die eigenen Strukturgesetzen folgende parteienstaatliche Demokratie ist die Gestalt des konkreten Wahlverfahrens überhaupt nicht mehr von entscheidender Bedeutung.

IV

Hiernach kann man zusammenfassend etwa sagen, daß, was mit dem klassischen repräsentativen Parlamentarismus, zu dem sich die geschriebenen Verfassungen seit 150 Jahren bekennen, unvereinbar ist, sich harmonisch dem modernen demokratischen Parteienstaat einfügt, sozusagen zu seiner inneren Logik und zur Voraussetzung seines politischen Funktionierens gehört. Nur steht es mit dem Bekenntnis zur modernen parteienstaatlichen Demokratie im Widerspruch, wenn eine Reihe von Verfassungen, wie z.B. das Bonner Grundgesetz, sich gleichzeitig zu den traditionellen Grundlagen der liberal-repräsentativen parlamentarischen Demokratie bekennt und die Abgeordneten als Vertreter des ganzen Volkes bezeichnet, die an Aufträge und Weisungen nicht gebunden und nur ihrem Gewissen unterworfen sind (Art. 38 Abs. 1 GG).

Dieser Widerspruch ist letzten Endes nicht zu beheben. Er erklärt sich in der Bundesrepublik daraus, daß man auch bei den Beratungen im Parlamentarischen Rat sich darüber nicht klar war, daß das Bekenntnis zum modernen Parteienstaat seiner grundsätzlichen Tendenz nach das gleichzeitige Bekenntnis zu den Grundsätzen der liberalen, repräsentativ-parlamentarischen Demokratie ausschließt, weil es sich hier um zwei verschiedene Strukturtypen innerhalb der modernen Demokratie des Westens handelt, die ihren eigenen Gesetzen folgend letzthin nicht miteinander kombiniert werden können. Diese politischen Grundentscheidungen stehen — idealtypisch gesehen — nicht isoliert nebeneinander, sondern liegen auf verschiedenen Ebenen und gehen in der Bundesrepublik auf unterschiedliche Entwicklungen zurück. Dies ist vom Bundesverfassungsgericht in seinem Urteil vom 23. Oktober 1952, in dem die Sozialistische Reichspartei für verfassungswidrig erklärt worden ist, auch richtig erkannt worden, indem es auf »das in der Doppelstellung des Abgeordneten als Vertreter des Volkes und zugleich als Exponenten einer konkreten Parteiorganisation« bestehende Spannungsverhältnis in der Verfassung hingewiesen hat. Vom Blickpunkt des repräsentativen Parlamentarismus bleibt das Bekenntnis zum modernen demokratischen Parteienstaat ein konstantes Ärgernis, ebenso wie umgekehrt vom Blickpunkt des modernen demokratischen Parteienstaates das Entsprechende für das Bekenntnis zur liberal-repräsentativen Demokratie gilt. [23])

Die Unvereinbarkeit dieser verschiedenen Strukturtypen der Demokratie hatte im übrigen auch der Verfassungsgesetzgeber gefühlt. Denn schon im Parlamentarischen Rat waren Stimmen laut geworden, die aus der Einsicht in das Unmögliche, was hier versucht wurde, die Streichung des Art. 38 Abs. 1 GG verlangten. In Hessen hatte man z.B. aus diesem Grunde es unterlassen, den Satz, nach dem »die Volksvertreter an Aufträge und Weisungen nicht gebunden« sind, noch in die Landesverfassung aufzunehmen.

Es fragt sich, wie dem Dilemma, daß sich ein Verfassungsgesetzgeber in der gleichen Urkunde zu zwei verschiedenen, letzthin miteinander nicht vereinbaren Typen der Demokratie bekennt, begegnet werden kann. Denn offenbar ist, daß jemand, der berufen ist, spezifisch-politische Vorgänge an einer rechtlichen Norm zu messen, die letztere nicht einfach ignorieren kann. Er kann daher nicht das Bekenntnis zur liberal-repräsentativen Demokratie ohne weiteres seiner rechtlichen Relevanz entkleiden, wie dies der Fall sein würde, wenn das Bekenntnis zum demokratischen Mehrparteienstaat ein vollgültiges und kompromißloses wäre. Vielmehr kommt es — wie das Bundesverfassungsgericht in seiner soeben zitierten Entscheidung bemerkt hat — darauf-an, »zu ermitteln, welches Prinzip bei der Entscheidung einer konkreten verfassungsrechtlichen Frage jeweils das höhere Gewicht hat«.

Zum Beispiel ergibt sich aus den Grundsätzen des repräsentativen Parlamentarismus, daß noch heute Aufträge im Sinne des traditionell-imperativen Mandates (im Gegensatz zu dem oben erwähnten generellen Mandat) von den Parteien an die Abgeordneten nicht mit rechtlicher Verbindlichkeit erteilt werden können. Die Lehre, daß Aufträge an sich zulässig sind, aber keine rechtlichen Pflichten erzeugen, ist irre-

---

[23]) Zu der zwischen Art. 21 und 38 GG bestehenden Spannung vgl. neuestens auch noch etwa G. Peiser, Revue du Droit public etc., LXXV (1959) S. 694f.

führend, weil rechtlich nicht verbindliche Aufträge in Wahrheit überhaupt keine »Aufträge« sind. Dem Fraktionszwang, der sich aus der Logik des Parteienstaates ergibt, fehlt somit auch heute noch die verfassungsrechtliche Legitimität. Aus diesem Grunde darf z.B. das künftige Parteiengesetz keine Bestimmungen enthalten, die den Fraktionszwang sanktionieren würden. Dieses Verbot trifft auch den nach einer weitverbreiteten Auffassung[24]) sog. erlaubten Fraktionszwang, d. h. jenen Fraktionszwang, bei dem der Abgeordnete glaubt, aus Loyalität gegenüber seiner Partei im Interesse der von dieser verfolgten Ziele seine persönliche Überzeugung bei den von ihm zu treffenden politischen Entscheidungen zurückstellen zu müssen. Bei Lichte besehen kann unter dem Blickpunkt der Grundsätze des repräsentativen Parlamentarismus auch eine solche Entschließung eine verfassungsmäßige Legitimität für sich nicht beanspruchen. Ebensowenig ist es möglich, etwa den Fraktionszwang indirekt über die Parteistatuten einzuführen. Es ist wiederum Aufgabe des künftigen Parteiengesetzes, etwaigen Bestimmungen dieser Art wirksam zu begegnen. Schließlich kann auch ein Abgeordneter, der sich persönlich eine dezidierte Auffassung zu politischen Grundsatzfragen gebildet hat, sich einem etwaigen Gewissenskonflikt, wenn er den Grundsätzen des repräsentativen Parlamentarismus treu bleiben will, nicht dadurch entziehen, daß er sich der Abstimmung enthält oder der Parlamentsabstimmung fernbleibt.

Wenn Aufträge irgendwelcher Art von den Parteien den Abgeordneten nicht erteilt werden können, ist es nur folgerichtig, daß auch ein etwaiger Ausschluß eines Abgeordneten wegen Nichterfüllung eines Parteiauftrages oder wegen der Nichtbefolgung einer Parteiinstruktion nicht zum Mandatsverlust führen kann, wie dies an sich der Konsequenz des Parteienstaates entsprechen würde. Aus dem gleichen Grunde führt in der Regel der Übertritt von einer Partei zu einer anderen Partei oder Fraktion auch nicht zum Mandatsverlust, und zwar selbst dann nicht,

---

[24]) Nach dieser Auffassung hat der Art. 38 GG heute nur noch die Funktion, die Selbständigkeit der Fraktion gegenüber der Partei, nicht aber die Unabhängigkeit des Abgeordneten gegenüber der Fraktion zu sichern. Lediglich soweit die Gewissensfreiheit durch einen Fraktionszwang berührt werden sollte, soll nach dieser Auffassung dem Fraktionszwang eine Grenze gezogen sein. Statt vieler v. d. Heydte, Fraktion in: Staatslexikon der Görresges. Bd. III (1959) S. 410. Dieser Versuch, die Verfassungsnorm von der Verfassungswirklichkeit her zu interpretieren und sie mit ihr in Übereinstimmung zu bringen, verkennt den spezifischen materialen Sinngehalt des Art. 38 GG und eröffnet die Möglichkeit, diesen willkürlich nach Belieben zu verfälschen.

wenn der Abgeordnete nicht direkt, sondern auf einer Liste gewählt worden ist.

Auch sind Abmachungen rechtsgeschäftlicher Art, die der Abgeordnete von sich aus über die Ausübung seines Berufes vor oder nach der Wahl getroffen haben mag, rechtlich unverbindlich. So sind z.B. auch heute noch die von einem Abgeordneten vor der Wahl der Partei gegenüber etwa schriftlich abgegebenen Blanko-Verzichterklärungen, von denen die Fraktion nach eigenem Ermessen Gebrauch machen kann, ebenso rechtlich unwirksam wie Rücktrittsreverse, zu denen ein Abgeordneter sich verpflichtet haben mag, für den Fall, daß er den Zielsetzungen seiner Partei zuwiderhandeln sollte.

Diese Hinweise genügen, um zu zeigen, daß in einem gewissen Umfang auch heute noch im Rahmen des in seinem Geltungsumfang reduzierten und in seiner Bedeutung herabgeminderten parlamentarisch-repräsentativen Prinzips der einzelne Abgeordnete einen eigenen verfassungsrechtlich gesicherten Status hat. Dieser Status vermittelt dem Abgeordneten auch im heutigen Parteienstaat Parteifähigkeit und Aktiv-Legitimation, um in einem Verfassungsstreit diesen Status zu verteidigen, wenn er etwa durch ein anderes Bundesorgan bedroht werden sollte[25]).

Andererseits hat das Bundesverfassungsgericht entschieden, daß für den Fall, daß eine Partei für verfassungswidrig erklärt wird, der Art. 21 GG den Art. 38 GG überlagert und die Abgeordneten sich nicht auf die letztere Bestimmung berufen können, um ihre Mandate in einem solchen Fall zu behalten. Der Gesetzgeber hat dieser Entscheidung Rechnung getragen, indem er in den letzten Bundeswahlgesetzen — und die meisten Länder sind dem Bundesgesetzgeber gefolgt — an eine etwaige Verfassungswidrigkeitserklärung einer Partei durch das Bundesverfassungsgericht die Rechtsfolge des Mandatsverlustes geknüpft hat.

Zusammenfassend kann man hiermit sagen, daß das Bekenntnis zu den Grundsätzen des liberal-repräsentativen Parlamentarismus durch den Verfassungsgesetzgeber heute allein die Bedeutung haben

---

[25]) Zu diesem Status des Abgeordneten gehörig rechnet das Bundesverfassungsgericht z. B. das Recht des Abgeordneten auf Aufwandsentschädigung, sowie sein Recht, das Stimmrecht frei auszuüben und im Plenum des Bundestags von dem Rederecht selbständig Gebrauch zu machen. Dementsprechend hat das Bundesverfassungsgericht auf die Verletzung dieser Rechte gegründete Statusklagen für verfassungsrechtlich zulässig erklärt; BVerfGE Band 4 S. 148 (vgl. zuvor schon auch Band 2 S. 164) und BVerfGE Bd. 10 S. 11.

kann, gewisse äußerste Konsequenzen des Parteienstaates abzuwehren[26]). Alle Versuche, die unternommen worden sind, um mit Hilfe der Grundsätze des liberal-demokratischen, repräsentativen Parlamentarismus, die Freiheit des Abgeordneten wieder herzustellen, müssen nicht zufällig letzten Endes scheitern, weil diese Grundsätze nicht mehr die schöpferische Kraft besitzen, die dem Parteienstaat immanenten Gefahren von sich aus zu bannen. Am wenigsten ist natürlich der die politische Wirklichkeit wie zur Zeit der Weimarer Verfassung einfach ignorierende, allgemein-positivistische Hinweis, daß das Grundgesetz sich zugunsten des liberal-repräsentativen Verfassungsstaates entschieden habe[27]), geeignet, dem angestrebten Ziele zu dienen und die Unabhängigkeit der Abgeordneten im Sinne des repräsentativen Parlamentarismus wiederherzustellen. Im Grunde genommen können die notwendigen Korrekturen des heutigen Parteienstaates überhaupt nicht mehr mit Hilfe von Anleihen aus dem Denken des repräsentativen

---

[26]) Wenn man demgegenüber darauf hingewiesen hat (z. B. v. d. Heydte, Grundrechte Bd. II S. 501 f. und K. Hesse, Veröffentlichungen der Vereinigung der deutschen Staatsrechtslehrer, 1959, S. 31 ff., 51), daß die Funktion des Art. 38 I 2 GG sei, in Konsequenz des Art. 21 GG den Abgeordneten gegenüber der Partei (so v. d. Heydte) oder gegenüber Fraktion und Partei (so Hesse) abzuschirmen, um auf diese Weise die Möglichkeit einer innerparteilichen Fortentwicklung in demokratischem Sinne zu garantieren, so bestätigt im Grunde genommen diese Auffassung nur, daß jenseits der Abwehr äußerster Konsequenzen des Parteienstaates im Sinne des traditionellen repräsentativen Parlamentarismus der Art. 38 I 2 GG heute durch den Art. 21 GG überlagert wird und in seinem Inhalt als im parteienstaatlichen Sinne abgewandelt verstanden werden muß.

Notwendig ist diese Auslegung nicht — auch nicht unter dem Blickpunkt optimaler Verwirklichung des normativen Sinnes einer Verfassung, da die Strukturtypen der Demokratie ihren eigenen Gesetzen folgen und die Grenzen einer zulässigen Interpretation überschritten werden, wenn mit Hilfe angeblich »sinnhafter« Auslegung einer Norm dieser etwas auch rechtlich wesensmäßig Verschiedenes unterstellt werden soll; vgl. näher Leibholz, Strukturprobleme S. 268 ff. In Wirklichkeit ergibt sich schon aus der durch Art. 21 GG verfassungsrechtlich sanktionierten »Freiheitlichen demokratischen Grundordnung«, daß die Abgeordneten in Partei und Fraktion in Freiheit reden und ihre Entschließungen fassen können.

[27]) So z. B. die Bundesregierung bei den verschiedenen Normenkontrollverfahren bzw. Bund-Länder-Klagen wegen der Verfassungsmäßigkeit der Volksbefragungen in den einzelnen Ländern (Hamburg, Bremen, Hessen) vor dem Bundesverfassungsgericht. Der Hinweis, daß das Grundgesetz sich eindeutig für die rein repräsentative Demokratie entschieden habe, war um so erstaunlicher als die Bundesregierung selbst bei den verfassungsrechtlichen Qualifizierungen der Volksbefragungen immer wieder hervorgehoben hatte, daß ihre politischen Folgen, die ihnen innewohnende Dynamik und ihre politischen Fernwirkungen über den Bereich des Politisch-Soziologischen hinaus auch in den Kreis der Verfassungsrechtsbetrachtung einbezogen werden müßten.

Parlamentarismus vorgenommen werden. Eine Auslegung, die sich zum Ziele setzt, dem Art. 38 GG eine weiterreichende Bedeutung zu geben, und versucht, mit seiner Hilfe den Gefahren des Parteienstaates zu begegnen, übersieht, daß dieser Parteienstaat überhaupt nicht mehr mit — wenn auch noch so wohlgemeinten — Mitteln und Behelfen nach rückwärts revidiert werden kann. Von einer weiteren Perspektive aus gesehen ist eine solche Haltung nur der Ausdruck einer politisch wie verfassungsrechtlich nicht mehr zeitgemäßen Haltung.

V

Die Vorstellung von dem modernen Parteienstaat als einer Entartungsform der Demokratie beruht hiernach auf völlig irrigen Voraussetzungen. Eine solche Fehlanalyse der politischen Gesamtsituation erklärt nur, warum so häufig die Parteien — insbesondere in Deutschland — im politischen Bewußtsein der Nationen sich bisher nicht haben voll durchsetzen können[28]).

In Wirklichkeit läßt sich die weitverbreitete Gegenüberstellung von Staat und Partei und die Auffassung, daß das Volk nur die Optionsmöglichkeit zwischen verschiedenen Parteisystemen bei den Wahlen habe und dasselbe daher von der Willensbildung völlig ausgeschlossen sei, für den modernen demokratischen Parteienstaat nicht aufrechterhalten. Denn diese Gegenüberstellung übersieht, daß in der heutigen Form der Demokratie es gerade die Parteien sind, die das Volk politisch erst organisieren und aktionsfähig machen. Man hat daher nicht mit Unrecht gesagt, daß heute »die verfassungsrechtliche Stellung des Volkes auf der verfassungsrechtlichen Stellung der Parteien beruhe und nicht umgekehrt[29]), und im Hinblick auf die öffentliche Meinung«, daß »das Parteiensystem weniger eine Photographie der Meinung ist als vielmehr umgekehrt die öffentliche Meinung eine Projektion des Parteiensystems«[30]). Die Mediatisierung des Volkes durch die Parteien, wenn man sie nur richtig im Sinne der Aktivierung des Volkes versteht, gehört geradezu zum Wesen des modernen demokratischen Parteienstaates. In der modernen Form der Demokratie

---

[28]) Näher Strukturprobleme S. 120ff.

[29]) Kafka aaO. 78.

[30]) Zu diesem Ergebnis gelangt u. a. Duverger in seinem Buch über die Politischen Parteien; vgl. z. B. S. 428.

identifizieren sich die Parteien mit dem Volke, oder anders ausgedrückt, sie erheben den Anspruch, »das« Volk zu »sein«[31]).

Wenn man daher noch heute von einer Entmachtung des Volkes durch die Parteien spricht und in diesen nichts anderes sieht wie oligarchische Herrschaftsgruppen, die infolge ihrer gesellschaftlichen Verflechtung die politische Einheit von Volk und Staat und damit die »wahre Demokratie« gefährden, so ist diese politische Neoromantik deshalb heute so gefährlich, weil mit Hilfe von glanzvollen Formulierungen und nicht selten auch unter Verwendung von nicht minder gefährlichen, weil die staatliche Einheit zerstörenden, ständischen Vorstellungen ein in Wahrheit sehr komplexer Tatbestand verdunkelt wird. Gefährlich ist diese Romantik deshalb, weil sie durch ihre unklare Zielsetzung ganz heterogene Elemente zu einer Opposition zusammenzuführen vermag, nämlich Liberale, die aus den Ideen des 19. Jahrhunderts heraus die Entwicklung zum Parteienstaat redressieren wollen, Konservative, die darauf aus sind, Autorität und Formen des Obrigkeitsstaates neu zu beleben und schließlich die erklärten Feinde des liberal-demokratischen Staates, die mit Hilfe dieser Neoromantik bewußt oder unbewußt einem neuen Staat totaler Prägung den Weg bereiten helfen wollen. Diese letzteren sind um so gefährlicher, weil es gegenüber dem zur politischen Wirklichkeit gewordenen und heute legalisierten massen-demokratischen Parteienstaat kein Zurück zum repräsentativen Parlamentarismus liberaler Prägung oder zum konservativ-autoritären Obrigkeitsstaat mehr gibt, und weil die einzige Alternative gegenüber der heutigen liberal-parteienstaatlichen Form der Demokratie der diktaturförmige Einparteienstaat nationalsozialistisch-faschistischer oder kommunistischer Prägung ist.

Diese Alternative darf in ihrer Ausschließlichkeit nicht dadurch verwischt werden, daß der totale Einparteienstaat sich in seiner Ideologie an der parteienstaatlichen Demokratie des 20. Jahrhunderts und

---

31) Wenn zur Widerlegung des Gesagten häufig gern auf die Schweiz verwiesen wird, wo vom Parlament beschlossene Akte durch eine Volksabstimmung durchkreuzt werden können und tatsächlich gelegentlich durchkreuzt werden, so liegt dies — von anderen besonderen Ursachen abgesehen (z. B. dem föderalistischen Aufbau der Schweizerischen Parteien und dem Primat der kantonalen Parteiorganisationen; dazu etwa M. Vasella, Die Partei- und Fraktionsdisziplin als staatsrechtliches Problem, 1956) — an der mangelnden inneren Demokratisierung der Parteien in der Schweiz. Volksinitiative and Referendum sind entbehrlich, wenn es den Parteien gelingt, sich wirklich demokratisch aufzubauen, und sie es vermeiden, zum Selbstzweck und damit zu einem Staate im Staate zu werden: vgl. auch unten S. 246f.

nicht dem repräsentativen Parlamentarismus des 19. Jahrhunderts, der demokratisch sein kann, aber nicht sein muß, zu orientieren sucht. Entscheidend bleibt, daß in einem totalen Staat das Volk, wenn es zu plebiszitären Entscheidungen aufgerufen ist, sich nicht in Freiheit zu äußern vermag. Man kann in einem totalen Staat nicht von einer »demokratischen« Integration des einzelnen Individuums in die Partei sprechen, solange die Aufhebung der Freiheit zu einer zwangsläufigen Gleichschaltung von Partei und Aktivbürgern führt.

VI

Unsere heutige Situation wird allgemein dadurch gekennzeichnet, daß wir eine in jeder Richtung veränderte politische und rechtliche Wirklichkeit noch mit Vorstellungen, Kategorien, Begriffen zu erfassen suchen, die einer vergangenen Zeit, nämlich der der liberal-repräsentativen Demokratie, entstammen und von sich aus nicht in der Lage sind, die Begegnung mit der veränderten Wirklichkeit des politischen und rechtlichen Lebens verständlich zu machen.

Um Mißverständnissen von vornherein zu begegnen, sei noch einmal gesagt, daß nicht etwa behauptet worden ist, daß die restlichen repräsentativen Strukturelemente, die in den meisten geschriebenen Verfassungen noch nachweisbar vorhanden sind, nicht respektiert werden sollen und der moderne Parteienstaat, so wie er sich heute in der politischen Wirklichkeit und in einzelnen Staaten auch in den Verfassungen präsentiert, nicht korrekturbedürftig ist. Nur müssen, damit die notwendigen Reformen die richtigen Ansatzpunkte haben, die Probleme erst einmal richtig gesehen und die Fragen richtig gestellt werden. Und dies scheint mir nur möglich zu sein, wenn man das Phänomen des modernen demokratischen Parteienstaates als solches nicht in Frage stellt und in der Lage ist, dieses verfassungstheoretisch und verfassungssystematisch richtig einzuordnen. Man mag zu den strukturellen Veränderungen der Demokratie im letzten Jahrhundert stehen wie man will. Aber soweit die Strukturveränderungen nun einmal politische und darüber hinaus auch rechtlich relevante Verfassungswirklichkeit geworden sind, haben sie zunächst einmal von der Wissenschaft der Politik und des Rechts verstehend und deutend zur Kenntnis genommen zu werden. Dies bedeutet nicht, daß sich die wissenschaftliche Aufgabe darauf zu beschränken hätte, etwa gewisse außerhalb ihrer selbst sich vollziehende Gesetzlichkeiten registrierend zu konstatieren. Auch heute ist das Individuum in der Geschichte gewiß nicht nur das durch sie bestimmte Objekt, sondern auch zugleich das sie in Freiheit bestimmende Subjekt. Aber immer muß das Individuum, wenn es zum Handeln aufgerufen ist, als ein innerhalb und nicht außerhalb der Geschichte Stehender und Handelnder in Erscheinung treten.

Es kann nicht behauptet werden, daß die heute herrschende deutsche Staatsrechtslehre sich mit Erfolg bisher der gestellten Aufgabe unterzogen hat. Gewiß, man beabsichtigt in der Bundesrepublik, sich von den von der Staatsrechtslehre der Weimarer Verfassung vertretenen Auffassungen abzusetzen, weil man den Art. 21 GG nicht seines offenbaren Bedeutungsgehalts entkleiden kann und will. Man weiß, daß die heutige Demokratie ohne die politischen Parteien nicht leben kann und daß sie als konstituierende Elemente der modernen Demokratie zu unserem Verfassungsgefüge gehören und im Rahmen der verfassungsmäßigen Ordnung eine Reihe von wichtigen Aufgaben von öffentlichem Gewicht zu erfüllen haben, wie z.B. die Funktion, politische Führer herauszustellen, die Wahlen zu gewinnen, die Verbindung zwischen dem Volk und der politischen Führung oder der Opposition herzustellen und als Träger und Mittler eines freien Willenbildungsprozesses die auf die Gewinnung und Ausübung der politischen Macht gerichteten Meinungen, Interessen und Bestrebungen zu sammeln, zu bewältigen und in der staatlichen Sphäre wirksam geltend zu machen[32]).

Was aber die Parteien im Verhältnis zwischen Individuum, Volk und Staat nach dieser Auffassung soziologisch, politisch und rechtlich im einzelnen eigentlich sind, bleibt unklar. Die Umschreibung, daß die politischen Parteien notwendige Zwischenglieder zwischen dem einzelnen und Volk und Staat sind, vermag nicht ihren wirklichen Standort zu erklären.

Auf der einen Seite wird mit großem Nachdruck wie in der Weimarer Verfassung der freie gesellschaftliche Grundcharakter der Parteien hervorgehoben, der deutlich machen soll, daß diese aus der Dynamik heraus lebenden Organisationen nicht in der staatlichen Sphäre verhaftet sind. Da nach dem traditionellen klassischen Gesellschafts-

---

[32]) Näher z. B. Hesse aaO. S. 20ff., 49f.; vgl. auch den Bericht der vom Bundesminister des Innern eingesetzten Parteienrechtskommission über die rechtliche Ordnung des Parteiwesens (1957) S. 65ff., 111ff. und § 2 des Gesetzentwurfs über die politischen Parteien von 1959, in dem die hauptsächlich den Parteien obliegenden Aufgaben im Sinne des Textes des näheren umschrieben werden.

begriff bei uns die Gesellschaft als in einem Spannungsverhältnis zum Staate stehend gedacht wird, der durch die Gesellschaft zugunsten der in ihr wirkenden, pluralistischen Kräfte und Interessen mehr oder weniger weitgehend seines spezifisch politischen Charakters entkleidet wird, scheint es nur konsequent, daß nach dieser Auffassung die Parteien nur die Aufgabe haben, im freien gesellschaftlichen Bereich den politischen Willen »vorzuformen«[33].

In einem mystischen Dunkel verbleibt jedoch, wie von dieser grundsätzlichen Einstellung aus es möglich sein soll, daß auf der anderen Seite als Folge der verfassungsmäßigen Anerkennung der Parteien durch das Grundgesetz diese »in ihrer Mitwirkung bei der politischen Willensbildung eine zentrale verfassungsrechtliche (Sperrdruck vom Verfasser) Funktion sollen ausüben« können und wie die Parteien, wie es etwa in dem Bericht der Parteienkommission geschieht, als »Einrichtung des Verfassungslebens« oder als »Teilnehmer am Verfassungsleben«[34] oder als »integrierende Bestandteile des Verfassungsaufbaus und des verfassungsrechtlich geordneten politischen Lebens«[35] bezeichnet werden können. Es ist dieses Dunkel, das offenbar einen aufmerksamen französischen Beobachter der deutschen Verhältnisse zu der Bemerkung veranlaßt hat, daß in der Bundesrepublik »la position des partis extrèmement originale« ist[35a].

Das Widersprüchliche der heute herrschenden Auffassung wird noch durch den zusätzlichen Hinweis verstärkt, nach der die freien gesellschaftlichen, außerhalb des Staates stehenden Parteiorganisationen durch ihr faktisches Wirken tiefgehende verfassungsrechtliche Wandlungen im staatlichen Raum herbeigeführt haben sollen. Die Tatsache, daß im modernen Parteienstaat, wie etwa in der Bundesrepublik, die Willensbildung innerhalb des Staates sich mit Hilfe der Parteien vollzieht (weil nun einmal die Parteien es sind, die im Parlament die Gesetze beschließen, den Etat bewilligen, die Regierungsbildung beherrschen, die Regierungsführung kontrollieren, den Bundespräsidenten wählen, das Zusammenspiel zwischen Bund und Ländern maßgeblich beein-

---

33) Vgl. etwa Scheuner in Öff. Verwaltung 1958 S. 643; von einer weitgehenden Vorklärung im parlamentarischen Raum ist auch im Bericht des Innenministeriums S. 70 die Rede.

34) Vgl. etwa Bericht S. 71, 111, 155. Auch in der Begründung zum Entwurf des Parteiengesetzes S. 37 werden die Parteien ausdrücklich »als Teilhaber am Verfassungsleben« bezeichnet.

35) Vgl. Begründung zum Entwurf des Parteiengesetzes S. 27 in Anlehnung an die Rechtsprechung des Bundesverfassungsgerichtes.

35a) G. Peiser aaO. 644, 652, 663.

flussen) wird heute von denen, für die die Parteien freie gesellschaftliche Organisationen sind, ebensowenig geleugnet wie die Tatsache, daß diese Verfassungswirklichkeit das traditionelle Parlamentsrecht wie darüber hinaus das Verfassungsrecht als Ganzes tiefgehenden rechtlichen Wandlungen unterworfen hat.

In das staatliche Verfassungsgefüge inkorporierte Organisationen wie die Parteien können aber nicht zugleich als außerhalb der organisierten Staatlichkeit stehend gedacht werden, ohne daß zugleich das traditionelle Verhältnis von Staat und Gesellschaft einer grundsätzlichen Revision unterworfen wird. Eine Partei kann nicht eine in das staatliche Verfassungsgefüge inkorporierte, öffentliche Einrichtung sein, wenn ihr gesellschaftlicher Charakter geradezu dazu zwingt, sie nicht als einen Bestandteil der Staatsorganisation in Erscheinung treten zu lassen.

Macht man mit der heute herrschenden Lehre Ernst, so muß das Verhältnis von Staat und Gesellschaft in einem grundsätzlich neuen Lichte, nämlich nicht mehr wie bisher in einem gegensätzlichen Spannungsverhältnis, sondern in einem partiellen Identitätsverhältnis, d.h. in einem Verhältnis gesehen werden, bei dem letzthin die im freien gesellschaftlichen Raum wirkenden Parteien nicht nur die Gesellschaft, sondern zugleich den Staat konstituieren. Für die Demokratie wäre damit letzthin der bisher für das Verhältnis von Staat und Gesellschaft so charakteristische Gegensatz zwischen Staat und Gesellschaft im Bereich des Politischen im Prinzip aufgehoben.

Warum bei dieser Sachlage von Verfassungs wegen, wenn der Status der Freiheit und Gleichheit der Parteien respektiert wird, eine staatlich institutionelle Verfestigung der Parteien, insbesondere die Einfügung derselben in die organisierte Staatlichkeit, verboten sein soll[36]), bleibt völlig uneinsichtig. Die politischen Parteien als die Selbstorganisation der Aktivbürgerschaft im politischen Raum können in Wirklichkeit staatlich institutionalisiert, d. h. in den staatlichen Raum so eingebaut werden, daß ihr Wollen und Handeln in den hoch-

---

[36]) So z. B. Hesse aaO. S. 34; nach ihm sind freie Willensbildung des Volkes mit Hilfe der Parteien und Einfügung derselben in die organisierte Staatlichkeit miteinander unvereinbar; ebenso offenbar die Begründung zum Parteiengesetz S. 28. In Wirklichkeit werden die politischen Parteien, solange sie sich im Rahmen der staatlichen Begrenzungen und Kontrollen noch in Freiheit nach innen und außen bewegen können, und solange der Grundsatz der Gleichheit der politischen Chancen der Parteien beachtet wird, durch ihre etwaige verfassungsrechtliche Institutionalisierung in ihrem Wesen nicht berührt.

politischen Fragen zugleich staatliches Wollen und Handeln darstellt[37]. Sie würden sich durch eine solche verfassungsrechtliche Inkorporation grundsätzlich nicht von den Aktivbürgern unterscheiden, die als Träger der Gesellschaftsordnung von Verfassungs wegen in einer Demokratie zugleich auch staatsorganschaftliche Funktionen ausüben, wenn und soweit sie durch die Verfassung zu »Wahlen und Abstimmungen« aufgerufen sind. Es ist daher völlig korrekt, daß das Bundesverfassungsgericht die politischen Parteien einmal — wenn auch vorläufig nur in einem begrenzten Ausmaß — als Verfassungsorgane bezeichnet hat, die legitimiert sind, eine Verfassungsorganklage vor dem Bundesverfassungsgericht zu erheben. Verfassungsorgane sollten aber mit bestimmt festzulegenden Rechten und Pflichten in das Verfassungsgefüge selbst eingebaut werden[38].

VII

Wer heute den strukturmäßigen Notwendigkeiten der parteienstaatlichen Demokratie gerecht werden will, muß nach dem Gesagten versuchen, alles zu tun, um diesen Parteienstaat funktionsfähig zu machen; d. h. seine Aufgabe ist, dafür zu sorgen, daß die Parteien als die unentbehrlichen Instrumente der neuen Demokratie nicht zugleich ihre potentiellen Zerstörer werden. Um dieses Ziel zu erreichen und um die Parteien nicht als zentralistisch und autoritär geleitete diktatoriale Organisationen in Erscheinung treten zu lassen, müssen vor allem die Aktivbürger selbst aktiviert werden — aber nicht mit den traditionellen Mitteln des parlamentarisch-repräsentativen Liberalismus und

---

37) Nach Hesse S. 35 soll der wesentliche Sinn der verfassungsrechtlichen Inkorporation der Parteien darin bestehen, daß das »Prinzip des irrationalen Spielraums« dem Bereich des »rationalen Gefüges« der institutionalisierten Herrschaftsgewalt zugeordnet wird. In Wirklichkeit ist der Sinn der durch Art. 21 GG verfassungsrechtlich legalisierten Inkorporation ein weitergehender schon deshalb, weil der Staat heute nicht mehr über eine dem Volk und den Parteien gegenüber unabhängige Substanz verfügt und der Bereich der institutionalisierten staatlichen Herrschaftsgewalt in der Demokratie von den politischen Parteien gar nicht mehr losgelöst gedacht werden kann. Man kann von Verfassungs wegen in einem positivistischen Fiktionalismus die Verfassungswirklichkeit ignorieren; hält man aber die Inkorporation der Parteien für ein verfassungsrechtliches Gebot, so bietet sich in der Institutionalisierung der Parteien im Rahmen der freiheitlich demokratischen Ordnung immerhin eine Möglichkeit an, von der von Verfassungs wegen legitimerweise Gebrauch gemacht werden kann.

38) So richtig H. Peters, Art. Demokratie in Staatslexikon der Görres-Gesellschaft, Sechste Auflage Sp. 582, obwohl er selbst diese Konsequenz noch nicht gezogen wissen möchte.

einer im liberalen Sinne gehaltenen Wahlreform, obwohl nichts dagegen einzuwenden ist, daß eine solche im Rahmen des Parteienstaates das personalistische Element stärkt, sondern mit Hilfe einer Demokratisierung der Parteien selbst, die diese in das Staatswesen in einer demokratischen Weise einordnet. Nur mit Hilfe der demokratischen Kräfte, die der Parteienstaat aus sich heraus erzeugt, können die erforderlichen Korrekturen an demselben herbeigeführt werden. Es muß also der Versuch unternommen werden, den Parteienstaat von innen her aufzulockern und die sich immer wieder zwangsläufig innerhalb des bürokratischen Parteiapparates bildenden, insbesondere von Robert Michels geschilderten, oligarchisch-autoritären Herrschaftstendenzen zu beseitigen[39]. Nur auf diese Weise kann verhindert werden, daß die Parteien in der modernen Demokratie zum Selbstzweck und damit zu Fremdkörpern mit eigenen selbständigen Zielen und Interessen innerhalb des Volksganzen und so zu einem Staat im Staate werden.

Eine solche Demokratisierung erfordert vor allem, daß sich die Willensbildung innerhalb der Parteien von »unten nach oben« vollzieht, d. h. die jeweiligen Parteioberen mit Hilfe des Mehrheitsprinzips in ihrer Autorität von unten her legitimiert werden. Aufgabe ist es also, dafür zu sorgen, daß den einzelnen Parteimitgliedern eine angemessene Mitwirkung an der Willensbildung der Partei eröffnet wird, und alles zu tun, um zu vermeiden, daß der Parteiapparat und die Parteibürokratie ihren Willen in den oberen Parteigremien anonym und ohne politische Verantwortung bildet und ihn mit Hilfe der modernen Organisationstechnik dem Willen der Parteibürger entgegensetzt und ihn dem letzteren und schließlich dem ganzen Volke auferlegt[40]. Das bedeutet nicht, daß die in den Parteien organisierten Aktivbürger etwa alle maßgeblichen Beschlüsse in der Partei selbst zu fassen haben. Das würde nicht nur technisch unmöglich sein. Es würde auch einem wohlverstandenen Begriff der Demokratie widersprechen. Denn Demokratie und Führung in dem Sinne, daß die Autorität auf dem Willen der durch innere Disziplin zusammengehaltenen Gefolgschaft beruhen muß, schließen sich

---

39) Zu diesen Tendenzen auch Duverger, Die politischen Parteien aaO., der neuerdings eindrücklich den wesentlich autokratischen und oligarchischen inneren Aufbau der politischen Parteien geschildert hat, der bei der Parteiführung in der Kooptation und Ernennung von oben her seinen besonderen Niederschlag findet.

40) Vgl. jetzt hierzu den Gesetzentwurf zum Parteiengesetz § 4ff., 10ff. und Begründung zu 41, 57, in der die »Mitglieder- oder Vertreterversammlung als das eigentlich demokratische Repräsentationsorgan der Parteien« bezeichnet wird.

auch in der modernen parteienstaatlichen Demokratie nicht aus, sondern bedingen sich gegenseitig. Die englischen Verhältnisse nicht nur bei der konservativen Partei, sondern auch der Arbeiterpartei, bei denen jeweils die allgemeine politische Führung mit der Führung der Partei gekoppelt ist, bezeugen dies mit großer Eindringlichkeit. Auch eine parteienstaatliche Demokratie steht unter dem ehernen Gesetz, daß sie von einer politischen Elite geführt werden muß, sofern nur diese aus dem Volk selbst hervorgeht und durch dieses legitimiert wird.

Eine solche Demokratisierung der Partei verlangt aber nicht nur einen demokratischen Aufbau der Parteiorganisationen, sondern darüber hinaus auch, daß die Rechtsstellung der Partei selbst demokratisch geordnet wird. Hierzu gehört vor allem, daß die Parteibürger im einzelnen durch die Parteien rechtlich gleich behandelt werden, daß sie das gleiche und vor allem geheime Wahl- und Stimmrecht haben und daß sie von dem Recht der Meinungsfreiheit in den Versammlungen, besonders auch auf den Parteitagen, ungehemmt Gebrauch machen können.

Die Demokratisierung der Parteien verlangt ferner die Demokratisierung der Aufstellung der Kandidaten zu den Parlamenten. Denn nur auf diese Weise ist es möglich, die Geheimpolitik der Parteibürokratie und der oberen Parteihierarchie zu brechen. Die »primary elections« in den Vereinigten Staaten, auf die man in diesem Zusammenhang des öfteren hingewiesen hat, dienen bekanntlich diesem Zwecke, ohne ihn in der Praxis voll zu erreichen, da die Macht der Parteibürokratie durch diese primary elections nicht entscheidend hat gebrochen werden können[41]).

Ebenso fordert die Demokratisierung der Parteien, daß dieselben gegen undemokratische Einflüsse geschützt werden. Auch liegt es in der Konsequenz der Demokratisierung des Parteienstaates, daß in zunehmendem Maße öffentliche Mittel den Parteien für ihre Zwecke zur Verfügung gestellt werden.

Von einer in dieser Richtung sich bewegenden Demokratisierung hängt die Zukunft des modernen demokratischen Parteienstaates und damit überhaupt das Schicksal der Demokratie ab.

---

[41]) Auch in England sind die eingeschriebenen Parteimitglieder gegenüber den Parteihierarchien bei der Nominierung der Kandidaten nicht machtlos. Ein Vorgang zu Anfang des Jahres 1958 in dem englischen Wahlkreis Bournemouth-East, in dem sich die Mehrheit der eingeschriebenen Mitglieder der konservativen Partei bei einer schriftlichen Befragung gegen die künftige Wiederaufstellung des bisherigen Abgeordneten Nicolson (der nachdrücklichst die Suezpolitik Edens bekämpft hatte) ausgesprochen hatte, bezeugt dies mit großer Eindringlichkeit.

Verfassungsrecht und Verfassungswirklichkeit

I

Unter dem Verfassungsrecht versteht man gemeinhin die Gesamtheit der Normen, die im Texte einer Verfassung wie in einfachen Gesetzen enthalten sind, die sich materialiter auf die Verfassung beziehen. Weiter werden zum Verfassungsrecht auch noch die richterlichen Entscheidungen gerechnet, die die verfassungsrechtlichen Normen jeweils inhaltlich des näheren bestimmen und ihnen Leben und Wirksamkeit vermitteln.

Der positive Verfassungsjurist beschränkt sich im allgemeinen auf die Aufgabe, das vorhandene Normenmaterial seinem immanenten Wertgehalt nach zu analysieren und dieses mit Hilfe der üblichen Interpretationsmethoden inhaltlich zu konkretisieren. Darüber hinaus pflegt er noch die Verfassungsnormen unter bestimmten Gesichtspunkten systematisch zu ordnen, sie näher zu gliedern und die zentralen verfassungsrechtlichen Begriffe herauszuarbeiten und in ihrem Wesen näher zu umschreiben.

Charakteristisch für ihn ist, daß er die politische Wirklichkeit, in der sich das geschriebene Verfassungsrecht manifestiert, soweit diese Wirklichkeit nicht selbst wieder in den Verfassungsnormen ihren Niederschlag findet, ignoriert. Ihn interessieren nicht außerjuristische Wertungen etwa wirtschaftlicher, sozialer, weltanschaulicher Art. Sie haben für ihn weder rechtserzeugende noch rechtsverändernde Kraft. Sie lenken nur vom wahren Geist der Verfassung ab und führen nach der zugrunde liegenden Konzeption zu »unrichtigen Entscheidungen«. Sache der Soziologie, der Politischen Wissenschaft, der Gesellschaftslehre soll es sein, sich mit dieser Wirklichkeit näher auseinanderzusetzen.

---

[1]) Vortrag, gehalten am 22. Januar 1965 in Heidelberg aus Anlaß des 40jährigen Bestehens des Max-Planck-Instituts für ausländisches öffentliches Recht und Völkerrecht. Vgl. auch Mitteilungen der Max-Planck-Gesellschaft, 1965. H. 1/2 p. 35—59.

Kein Wunder, daß der positive Verfassungsjurist sich daher gegenüber der Verfassungswirklichkeit, soweit diese sich von der politischen Wertwelt der geschriebenen Verfassungsnormen unterscheidet, in einer schwierigen Lage befindet, da er mit Hilfe des geschriebenen Normenmaterials die Verfassungswirklichkeit nicht einzufangen und rechtlich zu bewerten vermag. Dabei hat doch im Laufe der letzten Jahrzehnte die Wirklichkeit in steigendem Maße allmählich nicht nur der Wirtschafts- und Sozialwissenschaft, sondern auch der Jurisprudenz und darüber hinaus auch anderen geisteswissenschaftlichen Disziplinen ihren Willen auferlegt. Man denke nur etwa an die Entwicklung des Zivilrechts, des Arbeitsrechts und des Sozialrechts in den letzten Jahrzehnten. Die Rechtstatsachenforschung hat alle juristischen Disziplinen in ihren Bann gezogen.

Hiernach können Verfassungsrecht und Verfassungswirklichkeit in ein Spannungsverhältnis zueinander treten.

Ein solches wird z. B. evident, wenn eine in ihrem Wortlaut eindeutige Verfassungsbestimmung mit der politischen Wirklichkeit kollidiert. Nach Art. 3 der Weimarer Verfassung sollten z. B. die Reichsfarben schwarz-rot-gold sein; in der Verfassungswirklichkeit hatte sich aber diese Verfassungsbestimmung weitgehend nicht durchzusetzen vermocht.

Die politische Wirklichkeit kann aber auch den Interpreten, den Richter oder Gelehrten, zwingen, verfassungsrechtliche Bestimmungen und Begriffe anders auszulegen wie in der Vergangenheit. Jahrzehntelang war es z. B. in den Vereinigten Staaten mit der Klausel von der »Equal Protection of the Law« für vereinbar gehalten worden, daß die Neger — »equal but separate« — von den Weißen behandelt wurden. In der berühmten, einstimmig ergangenen Entscheidung des Obersten Gerichtshofes in Washington vom Jahre 1954 wurde aber diese jahrzehntelang für verfassungsmäßig gehaltene Praxis für verfassungswidrig und gerade mit dieser »Equal Protection of the Law«-Klausel für unvereinbar erklärt. Jetzt hieß es geradezu umgekehrt: »Getrennte Erziehungsweisen sind 'inherently' ungleich«. Die grundsätzlich veränderte politisch-soziale Wirklichkeit hatte den 'Supreme Court' gezwungen, eine Verfassungsbestimmung grundsätzlich anders wie in früheren Jahrzehnten auszulegen und damit dem Wandel der sozialen Wirklichkeit im Verfassungsrecht Rechnung zu tragen.

Diese Wirklichkeit kann somit einen Wandel des immanenten Wertgehalts einer Verfassung und damit einen Bedeutungswandel verfassungsrechtlicher Begriffe und Bestimmungen herbeiführen. Eine solche Einwirkung der politisch sozialen Wirklichkeit auf das Normensystem der Verfassung ist um so leichter möglich, als der Verfassungsgesetzgeber gezwungen ist, in größerem Ausmaß allgemein gefaßte, dehnbare Begriffe zu verwenden, die infolge ihrer hochgradigen Abstraktheit oft inhaltsarm sind oder doch zu sein scheinen. Man denke z. B. an die vom Grundgesetz verwendeten Begriffe wie »freiheitlich demokratische Grundordnung«, »Bundestreue« oder der »soziale Rechtsstaat«. Diese Begriffe müssen, um überhaupt inhaltlich näher bestimmt werden zu können, wie das Bundesverfassungsgericht und der italienische Verfassungsgerichtshof immer wieder betont haben, zunächst in einen größeren Sinnzusammenhang, d. h. einen Zusammenhang mit den übrigen Bestimmungen der Verfassung gestellt werden, mit denen sie eine innere Einheit bilden.

Wie nachhaltig der Einfluß der politisch sozialen Wirklichkeit auf den materialen Wertgehalt eines verfassungsrechtlichen Normensystems sein kann, zeigt sich darin, daß gleichlautende Bestimmungen in der einen Verfassung möglicherweise so und in einer anderen anders ausgelegt werden können. Grundrechte werden z. B. heute nach dem Bonner Grundgesetz anders ausgelegt wie in früheren Verfassungssystemen, etwa der früheren Preußischen Verfassung von 1850, obwohl sich der Wortlaut der Verfassungsbestimmungen nicht notwendigerweise geändert zu haben braucht. Der Bedeutungswandel, den etwa der Gleichheitssatz dadurch erfahren hat, daß der Sinnzusammenhang, in den heute dieser Satz zu stellen ist, im Gefolge der veränderten politisch sozialen Wirklichkeit ein grundsätzlich anderer geworden ist, ist ein eindrückliches Beispiel für die Bedeutungssteigerung, die die Grundrechte allgemein nach dem Bonner Grundgesetz erfahren haben.

Diese Einbeziehung der politischen Wirklichkeit in den materialen Wertgehalt der Verfassung findet ihre Grenze dort, wo diese politische Wirklichkeit dahin tendiert, den materialen Sinngehalt der Verfassung, der ein normativer bleibt, zu verändern. Versuche, diese Grenzen zu überspringen, sind immer wieder gemacht worden. So z. B. hatte der Faschismus nach der Machtergreifung von 1922 über eine Reihe von Jahren hinaus versucht, die seit der Einigung Italiens auf das gesamte Land ausgedehnte Albertinische Verfassung von 1848, die mehr ein allgemeines verfassungsrechtliches Rahmengesetz war, des ihr zugrunde liegenden, material-liberalen Wertgehaltes zu entkleiden und durch das sog. faschistische Ordnungsdenken zu ersetzen. Oder man denke an den

Versuch des Nationalsozialismus, die von der Weimarer Verfassung verwandten Begriffe — wie z. B. den Begriff des Rechtsstaates — zu verfälschen, indem man den Weimarer Staat für einen formalen Gesetzesstaat erklärte, der durch den »wahren nationalsozialistischen Rechtsstaat« ersetzt werden sollte.

Beschränkt man sich auf die zentrale verfassungsrechtliche Problematik, die entsteht, wenn allgemeine Bestimmungen, Begriffe und Grundsätze einer Verfassung allmählich mit der politischen Wirklichkeit in Konflikt geraten, ohne daß diese an ein Wertsystem anknüpft, das von dem der normativen Verfassungsordnung grundsätzlich verschieden ist, so mag es erlaubt sein, die angedeutete Problematik anhand eines Fragenkomplexes zu verdeutlichen, der zugleich dem Bonner Grundgesetz sein Gepräge gibt.

II

Das Bonner Grundgesetz hat, anknüpfend an die Tradition der französischen Revolution und des 19. Jahrhunderts, in seinem Artikel 38 die Stellung der parlamentarischen Abgeordneten in der klassisch traditionellen Weise umschrieben: es hat die Abgeordneten als »Vertreter des ganzen Volkes« bezeichnet, die »an Aufträge und Weisungen nicht gebunden und nur ihrem Gewissen unterworfen sind«.

Die Idee, die dieser Auffassung von der Stellung des Abgeordneten zugrunde liegt, ist, daß der einzelne Volksvertreter als Repräsentant des Volksganzen Träger eines bestimmten personalen Eigenwertes ist, der eine eigene Autorität und Würde besitzt. Aus diesem Grunde haben alle repräsentativ parlamentarischen Verfassungen auch die Entschließungsfreiheit der Abgeordneten als zum Wesen des parlamentarischen Repräsentativsystems gehörig betrachtet. Dem traditionellen Satz, daß die Abgeordneten an Aufträge und Weisungen nicht gebunden sind, liegt die zutreffende Vorstellung zugrunde, daß ein der selbständigen Entscheidungsgewalt beraubter, von dem Willen eines anderen abhängiger Abgeordneter irgendwie eine capitis diminutio erleidet, die ihn letzthin zum Sendboten degradiert und seiner eigenen Werthaftigkeit und damit seines repräsentativen Charakters entkleidet.

Gewiß hatte es sich Ende des 18. und zu Beginn des 19. Jahrhunderts um die Frage gehandelt, ob die einzelnen Wähler den zu wählenden Abgeordneten verbindlich Aufträge erteilen könnten, und welche Rechtsfolgen eintreten würden, wenn der Abgeordnete diesen Aufträgen nicht nachzukommen und seine Versprechungen einzuhalten bereit ist.

Sachlich ist aber das Problem das gleiche, wenn, wie dies heute der Fall ist, an die Stelle der Wähler politische Parteien oder Verbände treten, die die Freiheit des einzelnen Abgeordneten beschränken, wenn nicht gar aufheben.

Es war daher im 19. Jahrhundert nur folgerichtig, wenn man sich zu jener Zeit gegen die Versuche wandte, die Abgeordneten in irgendeiner Form von den Parteien abhängig zu machen. Dieser Ablehnung lag das im Instinkt richtige Gefühl zugrunde, daß die Tolerierung der politischen Parteien zu einer Erschütterung der Grundlagen des klassischen parlamentarischen Repräsentativsystems führen müsse. Nachdem die Versuche des 19. Jahrhunderts, die Parteien zu verbieten, gescheitert waren, versuchte man den parteimäßigen Zusammenschluß der Abgeordneten zu erschweren. Man hatte z. B. im Parlament die Abgeordneten nicht nach ihrer Parteizugehörigkeit, sondern nach ihrem Alter oder Anfangsbuchstaben die Sitze einnehmen lassen. Noch im Bismarckschen Reich und auch unter der Weimarer Verfassung befand man sich gegenüber den Parteien in großer Verlegenheit, da man mit ihnen juristisch nichts Rechtes anzufangen vermochte und man der bestehenden Schwierigkeiten nur dadurch Herr werden zu können glaubte, daß man sie den politischen Vereinen gleichstellte.

Kein Wunder, daß bei dieser Sachlage auch die deutsche Staatsrechtslehre des 19. und beginnenden 20. Jahrhunderts dieser Verlegenheit nicht Herr werden konnte. Es ist häufig bemerkt worden, daß z. B. in dem repräsentativen fünfbändigen Werk über das Deutsche Staatsrecht des Kaiserreiches von Paul Laband die Parteien nicht mit einem Worte erwähnt worden sind. Auch bei Georg Jellinek findet sich in der »Allgemeinen Staatslehre« nur die Wendung, daß in der staatlichen Ordnung die Partei keine Rolle spiele. Auch Heinrich Triepel hat in seiner berühmten Berliner Rektoratsrede in der zweiten Hälfte der Zwanzigerjahre die Parteien noch als »extrakonstitutionelle Erscheinungen, also Erscheinungen, die außerhalb der Verfassung stehen, und ihre Beschlüsse als, vom Standpunkt des Rechtes aus gesehen, unverbindliche, unmaßgebliche Äußerungen eines dem Staatsorganismus fremden sozialen Körpers« bezeichnet. Auch heute wird diese Auffassung gelegentlich noch vertreten. Sie ist es, die der These zugrunde liegt, daß unsere Demokratie als eine parlamentarisch repräsentative Demokratie zu charakterisieren ist. Auch die Bundesregierung hat sich in einem bekannten Verfassungsstreit 1958 diese Auffassung zu eigen gemacht.

Von dieser grundsätzlichen Einstellung aus wird zugleich auch die Bedeutung verständlich, die man ursprünglich der Diskussion im parlamentarischen Repräsentativsystem beigemessen hat. Wenn sich das politische Wirken der Abgeordneten im Plenum in Freiheit zu vollziehen hat, so können die dort vorgetragenen Argumente und Gegenargumente ein bestimmtes sachliches Gewicht für sich in Anspruch nehmen. Ihr Ziel ist jeweils, das »dissenting Member of Parliament« von der Unrichtigkeit seiner Auffassung zu überzeugen. Machen von der Vernunft begabte Persönlichkeiten von ihrer Freiheit einen sachgerechten, d. h. vernünftigen Gebrauch, so kann eine solche Diskussion einen schöpferischen oder konstruktiven Charakter beanspruchen. Das Licht der Öffentlichkeit brauchen solche Diskussionen nicht zu scheuen. Im Gegenteil, mit ihrer Hilfe soll sozusagen das Volk an den politischen Deliberationen seiner Repräsentanten teilnehmen können. Mit ihrer Hilfe hofft man zugleich einen pädagogischen Effekt zu erzielen und die Bildung der öffentlichen Meinung zu beeinflussen.

Es ist bemerkenswert, daß diese Funktionen von parlamentarischen Versammlungen, die keine Gesetzgebungs- und Regierungsfunktionen im technischen Sinne erfüllen, heute auf übernationaler Ebene noch erfüllt werden können. So z. B. übt die Beratende Versammlung des Europarates auf Grund der von ihr entweder einstimmig oder mit großer Mehrheit gefaßten Empfehlungen einen erheblichen Einfluß auf die Bildung der öffentlichen Meinung aus. In Fragen der europäischen Politik spielt sie in den Augen der Öffentlichkeit eine gewichtigere Rolle als das an sich machtmäßig der Beratenden Versammlung überlegene Ministerkommittee.

Vermittels der Öffentlichkeit der Diskussion soll dem Volk die Gewißheit vermittelt werden, daß die im Licht einer »höheren Vernunft« gefaßten Beschlüsse für das Volksganze von besonderer Qualität sind. Diskussion und Öffentlichkeit sind so nicht zufällig als die geistesgeschichtlichen Grundlagen des repräsentativen Parlamentarismus bezeichnet worden.

III

Ein auch nur oberflächlicher Blick in die politische Wirklichkeit zeigt, daß das soeben gezeigte Bild zu einem unwirklichen Klischee geworden ist. Ohne Übertreibung kann man sagen, daß, wenn man die politische Wirklichkeit heute des näheren analysieren will, sie mit der Verfassungsnorm der Art. 38 GG schlechthin nicht vereinbar ist. Heute beherrschen die Parteien die Wahlen. Mit Hilfe der Fraktionen haben sie in Bund und Ländern den Gesetzgebungsapparat in Händen. Sie sind es, ohne die ein Staatsvertrag nicht abgeschlossen, der Haushalt nicht festgestellt werden kann. Sie sind es, die zur Kontrolle der Exekutive berufen und ebenso wie bei der Regierungsbildung (vgl. die jüngsten Koalitionsvereinbarungen) bei der Bundespräsidentenwahl eine maßgebliche Rolle spielen. Die prozentuale Stärke der Fraktionen entscheidet über die Zahl der Vertreter, die der Bundestag in die übernationalen parlamentarischen Versammlungen entsendet[1]). Auch im Bereich der kommunalen Selbstverwaltung und im gesellschaftlichen Leben wird der Einfluß der Parteien immer größer, wenn man etwa daran denkt, wie staatliche und kommunale Parlamente aufgerufen werden, Vertreter in Gremien zu entsenden, die im öffentlichen Leben eine große Rolle spielen.

Es wäre verlockend, im einzelnen den Gründen nachzuspüren, die zu dieser Entwicklung geführt haben, und zu zeigen, warum allen Widerständen des 19. und des beginnenden 20. Jahrhunderts zum Trotz es dahin gekommen ist, daß die politischen Parteien heute zu den Herren unserer Demokratie geworden sind und dieser eine Prägung gegeben haben, die es legitim erscheinen läßt, von einer parteienstaatlichen Demokratie zu sprechen.

Diese Entwicklung ist letzthin die Folge der fortschreitend radikal egalitären Demokratisierung unseres gesamten politischen und gesellschaftlichen Lebens im Laufe des letzten Jahrhunderts. Diese Entwicklung hat die alte parlamentarisch repräsentative Honorationen-Demokratie unterminiert. Im Jahre 1831 vor der Wahlreform in England hatten z. B. nur ungefähr 300000 Bürger das Wahlrecht; ein Jahrhundert später konnten mehr als das Hundertfache das gleiche Recht für sich in Anspruch nehmen. Entsprechend vollzog sich die Entwicklung in den anderen Ländern. Sie hat im Laufe eines Jahrhunderts im politischen Raum zu dem uns heute geläufigen allgemeinen und gleichen Wahlrecht geführt, das unter der Gleichheit nur noch die quantitativ mathematische Gleichheit versteht, nach der jeder Bürger in der politischen Sphäre — unbeschadet der zwischen den Aktivbürgern bestehenden Verschiedenheiten — absolut gleich ist. Die

[1]) In einer Reihe von Staaten, wie z. B. Österreich, den Benelux und den skandinavischen Staaten, Griechenland, Island, Irland werden die Vertreter der Mitgliedstaaten sogar direkt von den politischen Parteien im Verhältnis von deren Stärke ernannt.

früher üblichen, in Preußen noch bis 1918 in Geltung gewesenen, plutokratisch-bildungsmäßigen Differenzierungen des Wahlrechts sind im Gefolge der fortschreitenden, politischen Emanzipation der früheren Unterschichten zerbrochen worden. An die Stelle der proportionalen Gleichheit, die im Wahlrecht des 19. Jahrhunderts noch in einer, wenn auch rohen Differenzierung des Wahlrechts ihren Ausdruck gefunden hatte, ist die atomisierende radikal absolute Gleichheit getreten.

Diese Demokratisierung im politischen Raum erklärt, wie es zur Entstehung der politischen Partien gekommen ist. Diese sind nämlich die Organisationen, die heute Hunderte von Millionen freigesetzter Aktivbürger politisch aktionsfähig machen und zu politischen Handlungseinheiten zusammenschließen. Durch diesen Demokratisierungsprozeß sind die Parteien zum Sprachrohr geworden, dessen sich das mündig gewordene Volk bedient, um sich in der politischen Sphäre artikuliert äußern zu können. Ohne sie würden die heute emanzipierten Aktivbürger ziel- und richtungslos im politischen Raum hin- und hervegetieren. Die Parteien sind es, die so das Volk in der politischen Sphäre als real handelnde Einheit in Erscheinung treten lassen, es sozusagen erst politisch konstituieren.

Diese Mediatisierung des Volkes durch die Parteien gehört sozusagen zum Wesen der modernen parteienstaatlichen Demokratie. Diese Entwicklung wird heute vielfach beklagt. Man spricht gern von einer Entmachtung des Volkes durch die zugleich gesellschaftlich durchsetzten Parteien, die die Möglichkeit einer wirklich »guten« und »wahren« Demokratie in Frage stellen.

Doch dem ist nicht so. Wenn man nach den tieferen Gründen fragt, warum man noch immer nicht den politischen Parteien und dem auf ihnen beruhenden demokratischen Parteienstaat verfassungstheoretisch und verfassungsrechtlich das richtige Verständnis entgegenbringt, so liegt dies daran, daß man sich primär darum bemüht, die Parteien zum Staat in Beziehung zu setzen, um dann das wechselseitige Verhältnis von Partei und Staat zueinander zu klären. In Wirklichkeit ist es aber heute nicht mehr möglich, den Staat im hegelianischen Sinne zu verabsolutieren und in ihm eine von Volk und Nation verschiedene, ethische Einrichtung zu sehen, die mit Hilfe der Vernunft und des durch sie geprägten Geschichtsprozesses ein System des sittlichen Lebens garantiert, in dem das sog. Allgemeininteresse aufgehoben ist. In einer Demokratie wie der unsrigen ist der Staat letzthin nichts anderes wie die politische Organisationsform eines zur Nation erweiterten Volkes.

Wie schon Anschütz in den Zwanzigerjahren in Heidelberg gelehrt hat und wie der Bundespräsident neuerdings in seiner Neujahrsbotschaft betont hat: »Der Staat sind wir.«

Daher ist es geboten, vom Logischen her die Konsequenzen aus dieser Einsicht zu ziehen und die Parteien zum Volk selbst ernsthaft und nicht nur mehr rhetorisch in Bezug zu setzen. Ist es, wie bemerkt, die Aufgabe der Parteien, als Sprachrohr des mündig gewordenen Volkes zu fungieren, so kann die Aufgabe einer politischen Partei nur darin bestehen, das Gesamtinteresse, d. h. die politischen und gesellschaftlichen Interessen der in ihr organisierten Parteibürger und derjenigen wahrzunehmen, die ihr Vertrauen zu dieser Partei dadurch bekundet haben, daß sie bei den Wahlen für sie, deren Bewerber und deren Programm votiert haben. So vertritt z. B. die heutige Arbeiterregierung in England das »Gesamtinteresse«, wie es von denjenigen verstanden wird, die der Arbeiterpartei unmittelbar oder mittelbar (über die Gewerkschaften) angehören oder ihr bei den letzten Wahlen ihre Stimme gegeben haben. Provozierend kann man dies auch so ausdrücken, daß man sagt, daß die Parteien, indem sie das Volk organisieren, dahin tendieren, sich mit diesem selbst zu identifizieren.

Man kann also nicht aus der Tatsache, daß die Parteien das Gesamtinteresse wahrnehmen, wie es von ihnen subjektiv verstanden wird, schließen, daß auf diese Weise die Parteien zu Repräsentanten des Volksganzen im Sinne des Artikels 38GG werden (Scheuner). In Wirklichkeit kommt nämlich einer Partei ebenso wenig ein gesamtrepräsentativer Charakter zu wie dem einzelnen Aktivbürger, der bei der Ausübung seines Wahl- und Stimmrechts sich am politischen Gemeinwohl des Ganzen ausrichtet. Ein solcher Aktivbürger repräsentiert in Wahrheit weder das Volk noch die Nation noch den Staat noch die Gemeinde oder Familie. Er handelt einfach als ein citoyen, der seine staatsbürgerlich politischen Pflichten ausübt. Er handelt so, wie Rousseau es gefordert hat, nämlich, daß er aus seinem partikularen Bewußtsein heraustritt und in den Zustand des Bürgers und damit in die Gemeinschaft hineinwächst. Die Parteien als der verlängerte Arm der durch sie zusammengefaßten Aktivbürger sind aber nichts anderes wie diese Aktivbürger selbst, mit denen sie sich eins wissen. Gewiß, für Rousseau, den sog. Vater der plebiszitären Demokratie, sind Parteiungen ein Übel. Nur darf man nicht übersehen, daß für Rousseau die Parteiungen die „Factions" sind, d. h. die Gruppen der gesellschaftlichen Zersetzung.

Hieraus ergibt sich, daß der politische Wert oder Unwert der politischen Parteien von dem der Aktivbürger abhängt, aus denen sich die Parteien im einzelnen rekrutieren. Je gesünder der politische Lebenswille und Instinkt eines Volkes ist, um so besser sind die Parteien, zu denen sich die Aktivbürgerschaft zusammenschließt. Daher hat im Grunde genommen in der parteienstaatlichen Demokratie jedes Volk die Parteien, die es verdient.

IV

Wenn dies richtig ist, so trägt der moderne Parteienstaat, wie er zur politischen Wirklichkeit in den modernen Parteienstaaten geworden ist, mehr plebiszitäre Züge als gemeinhin angenommen wird. Die heute so vielfach erhobenen Klagen über die angeblich plebiszitäre Entartung unserer Demokratie können hiernach negativ nur dann bewertet werden, wenn man diese an den politischen Wertmaßstäben des repräsentativen Parlamentarismus mißt. Ist aber der heutige Parteienstaat in Wirklichkeit — idealtypisch gesehen — nur eine Erscheinungsform der plebiszitären Demokratie, so ist z.B. der direkte Dialog zwischen Regierung und Volk nicht so negativ zu bewerten, wie dies häufig geschieht. Im übrigen bedienen sich nicht nur die Regierung, der Regierungschef und die Minister, sondern in zunehmendem Maße auch prominente Abgeordnete des Parlamentes selbst der modernen Kommunikationsmittel, um mit ihrer Hilfe den direkten Zugang zum Volke zu finden.

Nur von dieser Sicht aus versteht man auch, warum die Diskussion im Parlament ihren Charakter so grundsätzlich verändert hat. Wenn die Abgeordneten heute mit ihren Argumenten im allgemeinen nicht mehr den »dissenter« zu überzeugen vermögen, so haben doch damit diese Reden nicht ihren Sinn verloren. In Wirklichkeit redet man nämlich heute im Plenum des Parlamentes, wie man mit Recht bemerkt hat, weitgehend »zum Fenster hinaus«. Nicht mehr der Abgeordnete, sondern der Aktivbürger wird unmittelbar angesprochen. Er soll in seinen künftigen politischen Entschließungen beeinflußt werden. In diesem Wandel der Öffentlichkeitsfunktion zum Plebiszitären hin findet der Strukturwandel der Demokratie nur seinen sinnfälligen Ausdruck.

Unter diesem Blickpunkt sollte auch die in vielen Parlamenten diskutierte Frage, ob Radio und Fernsehen als geeignete Kommunikationsmittel erscheinen, die man im Parlament zulassen soll, geprüft werden. Vom Blickpunkt des repräsentativen Parlamentarismus aus gesehen ist es durchaus legitim, der Benutzung dieser Kommunikationsmittel im Parlament Hindernisse in den Weg zu legen. Unter dem Blickpunkt einer mehr plebiszitär ausgerichteten, parteienstaatlichen Demokratie, in der die Aktivbürger selbst durch die Abgeordneten angesprochen werden, ist jedoch nicht einzusehen, warum der plebiszitäre Effekt durch ein Verbot der Verwendung von Radio und Fernsehen gemindert werden sollte. Der Bundestag war vielleicht bei uns der Öffentlichkeit niemals so nahe wie in den großen Debatten der Fünfzigerjahre, die vom Fernsehen und vom Rundfunk direkt übertragen wurden.

Daß diese grundsätzliche Analyse richtig ist, wird im übrigen auch dadurch bestätigt, daß die Wahlen in den funktionierenden parteienstaatlichen Demokratien in zunehmendem Maße dahin tendieren, echte plebiszitäre Entscheidungen zu werden, d. h. Entscheidungen, in denen die Aktivbürgerschaft ihren Willen zugunsten der von den Parteien benannten Wahlbewerber und der von den Wahlkandidaten unterstützten Parteiprogramme kundgibt. Auch dieser Wandel der Wahlen hat sich sozusagen in der politischen Wirklichkeit stillschweigend vollzogen, ohne daß das geschriebene Verfassungsrecht von demselben Kenntnis genommen hat. Wenn heute die Aktivbürgerschaft in einer sog. Wahl sich äußert, so entscheidet sie im Grunde genommen plebiszitär über den Regierungskurs der nächsten vier oder fünf Jahre.

In Wirklichkeit ist die Frage heute eigentlich nur die, ob dieses Plebiszit der Aktivbürgerschaft einen mehr sach- oder personalplebiszitären Charakter trägt. Je mehr sich die politischen Parteien entideologisieren, um so mehr rückt das personale Element in den Vordergrund. Dies ist auch der Grund dafür, warum heute die Frage nach der Mannschaft, dem Team, dem Schattenkabinett in den parteistaatlichen Demokratien immer mehr in den Vordergrund rückt. Man will nach Möglichkeit der Aktivbürgerschaft die Männer persönlich vorstellen, die in Zukunft nach dem erhofften Wahlsieg die Regierungsgeschäfte übernehmen sollen. Aber auch hier sollte diese Entwicklung in ihrer Bedeutung nicht überschätzt werden. Auch die Mannschaft, das Team, steht immer zugleich auch noch für ein Programm. Selbst wenn die Programme sich inhaltlich immer mehr angleichen, so entscheidet sich doch der Wähler zugunsten dieser oder jener Partei, weil er meint, daß die von ihm bevorzugte Partei doch das wenn auch gleiche Programm grundsätzlich anders und neu anpacken wird. Eine methodische Verschiedenheit von inhaltlicher Bedeutsamkeit in der Exekution äußerlich ähnlicher oder gar gleicher Programme bleibt somit bestehen.

Selbst in den Vereinigten Staaten, von denen man seit jeher gewohnt ist, die ideologischen Gemeinsamkeiten der Parteien in den Vordergrund zu stellen, hat sich bei der letzten Präsidentenwahl gezeigt, daß auch hier die Sachgegensätze stärker werden können, als man vermeint hat. So hat im November letzten Jahres das amerikanische Volk zum erstenmal wieder nicht nur über eine Person, sondern zugleich auch über von der Sache her bestimmte, politische Fragen von grundsätzlicher Bedeutung, eine Entscheidung getroffen. Kurzum, das personale Element kann in den Vereinigten Staaten auch heute nicht immer von dem inneren Bezug zur Sache gelöst werden, über die die Aktivbürgerschaft eine Entscheidung zu treffen hat.

In England, in dem die parteienstaatliche Demokratie sich organischer entwickelt hat als in anderen Staaten, haben die Wahlen schon seit Jahrzehnten diesen konkret sachplebiszitären Charakter angenommen: Es sei etwa an die Wahlen des Jahres 1911 erinnert, die das Schicksal des Oberhauses besiegelten, an die Wahlen von 1923, mit deren Hilfe Baldwin seine Schutzpolitik durchführte, und schließlich an die Wahlen von 1945, die Winston Churchill verlor, einfach und nur deshalb, weil die Aktivbürgerschaft in ihrer Mehrheit nach dem Kriege entschlossen war, das bestehende gesellschaftliche System grundsätzlich zu ändern und sozialer zu gestalten.

Auch die Landtags- und Kommunalwahlen tendieren in der Bundesrepublik in zunehmendem Maße heute dahin, zu plebiszitären Sachentscheidungen auf Bundesebene zu werden. Kein Zufall daher, daß man diese Wahlen als Barometer betrachtet, an denen man den Stand der öffentlichen Meinung mißt, und daß man aus ihren Ergebnissen Rückschlüsse für die nächsten Bundestagswahlen ziehen zu können glaubt. Anders ausgedrückt, diese Wahlen tendieren bei uns dahin, den Charakter von Nachwahlen anzunehmen, die es bei unserem Wahlsystem, im Gegensatz etwa zum englischen, nicht gibt.

Auch die moderne Demoskopie, über deren Sinn und Bedeutung für die demokratische Willensbildung man denken mag wie man will, ist in diesem Zusammenhang zu erwähnen, weil sie in ihren Konsequenzen die plebiszitären Tendenzen fördert und geeignet ist, die repräsentativen Strukturelemente der parlamentarischen Demokratie von Grund auf in Frage zu stellen.

V

Wenn die Aktivbürgerschaft die letzte Instanz ist, die bei den sog. Wahlen in Fragen von grundsätzlicher politischer Bedeutung das letzte Wort zu sprechen hat, und die Parteien die organisierte Aktivbürgerschaft darstellen, so haben jene in einem funktionierenden Parteienstaat bestimmte Pflichten. Sie haben vor allem die Aktivbürgerschaft in die Lage zu versetzen, eine Frage so oder so zu entscheiden. Hat aber die Aktivbürgerschaft ein Recht zu wissen, worum es bei den Wahlen in concreto geht, so haben die Parteien auch die Pflicht, die einschlägigen Fragen in größtmöglicher Klarheit und Präzision derselben zur Kenntnis zu bringen. Es genügt daher nicht, wenn etwa die Parteien die Aktivbürgerschaft nur vage über ihr Programm informieren oder sich nicht deutlich genug über ihre künftigen Regierungspläne äußern. Die jüngsten Erklärungen unserer politischen Parteien zur kommenden Bundestagswahl sind in dieser Richtung etwas klärender gewesen, als dies bei früheren Wahlen der Fall war.

Eine Partei, die diese Pflichten unzulänglich erfüllt, übersieht daß sie letzten Endes nicht der Herr der Aktivbürgerschaft ist. Gewiß, auch die Parteien als politische Machtträger entwickeln sich leicht zu oligarchischen Herrschaftsorganisationen; sie laufen Gefahr, den Kontakt mit den Aktiv- und Parteibürgern zu verlieren und so zu einem Staat im Staate zu werden. Die jüngsten Ereignisse in Österreich — ich denke etwa an das auf die Entpolitisierung von Rundfunk und Fernsehen gerichtete Plebiszit und die Entfernung des Innenministers Olah aus der Regierung — sind ein Fanal, das zeigt, wie weit die Dinge in Österreich bereits in dieser Richtung wieder gediehen sind. Aber auch bei uns hat der Wähler, wie Lohmar jüngst bemerkt hat, »so gut wie keinen Einfluß auf die Partei und vollzieht sich die Willensbildung weitgehend von oben nach unten«. Auch die Parteitage verlieren offenbar ihren ursprünglichen Sinn bei uns mehr und mehr, da dort weder, wie es sein sollte, politische Fragen ernsthaft diskutiert, noch Entscheidungen getroffen oder auch nur vorbereitet werden.

Gewiß, auch die parteienstaatliche Demokratie steht unter dem ehernen Gesetz, von einer politischen Elite geführt werden zu müssen — nur daß diese eben nicht von oben nach unten, sondern von unten nach oben, d. h. von den Wählern und Parteibürgern vertrauensmäßig getragen sein muß, und daß die Führungsgremien nicht legitimiert sind, mit Hilfe des Parteiapparates und der Parteibürokratie unter Verwendung der modernen Organisationstechnik ihren Willen dem der Parteibürger und schließlich dem ganzen Volk aufzuerlegen. Sinn und Zweck des leider noch immer nicht verabschiedeten Parteiengesetzes ist u. a. auch der, für die Demokratisierung der Parteien, d. h. dafür Sorge zu tragen, daß Demokratie und Führung wieder stärker miteinander verbunden werden und die Autorität der Führungsgruppe sich auf den freien Willen der Geführten zurückführen läßt.

VI

Der veränderten Sach- und Rechtslage entspricht es, daß die Stellung des einzelnen Abgeordneten in der parteienstaatlichen Demokratie eine grundsätzlich andere ist wie in der liberal-repräsentativen, parlamentarischen Demokratie. Im allgemeinen besitzen heute die Abgeordneten im Plenum in zunehmendem Maße nicht mehr die Freiheit, die ihnen Artikel 38 des Grundgesetzes attestiert. Vielmehr tendieren unsere Abgeordneten mehr und mehr dahin, zu Beauftragten zu werden, die die Beschlüsse exekutieren, die zuvor von den zuständigen Parteigremien, insbesondere den Fraktionen, gefaßt worden sind. Gewiß bewegen sich auch heute noch die Abgeordneten hier und dort im Rahmen ihres verfassungsmäßigen Auftrages. Bei der Frage z. B., ob die Todesstrafe eingeführt oder abgeschafft werden roll, hat man in den Parlamenten vielfach die Abstimmung freigegeben. Bei uns ist die Frage, ob die Verjährungsfrist bei Kriegsverbrechen aus der nationalsozialistischen Zeit verlängert werden sollte, eine solche gewesen die von den Abgeordneten überwiegend nach ihrem Gewissen entschieden worden ist. In Fragen von politisch grundsätzlicher Bedeutung hingegen sucht man mit Hilfe der Fraktionsdisziplin oder, wenn man es provozierender formulieren will, mit Hilfe dessen, was man gemeinhin unter dem Fraktionszwang versteht, die Homogenität der Partei nach Möglichkeit zu sichern.

Dabei soll die Frage hier unerörtert bleiben, inwieweit die Parteien und Fraktionen selber heute noch ihre eigene Freiheit haben bewahren können oder dem Einfluß der Verbände erlegen sind oder auch nur von der ihnen in der Technik der Gesetzgebung überlegenen Ministerialbürokratie abhängig geworden sind. Im vorliegenden Zusammenhang genügt die Feststellung, daß in einem Parteienstaat die Parteien ein vitales und legitimes Interesse daran haben, in Fragen von politischem Gewicht den einzelnen Abgeordneten dem Willen der Partei ein- und im Konfliktsfall unterzuordnen. Gelingt dies nicht, so funktioniert der Parteienstaat nicht ordnungsgemäß, wie dies vor kurzem in Italien offenbar wurde, als bei der Wahl des Staatspräsidenten es nicht gelang, die verschiedenen Richtungen innerhalb der Christlich-Demokratischen Union mit Hilfe der Fraktionsdisziplin zusammenzuhalten.

Auf die Einhaltung einer solchen Fraktionsdisziplin kann keine politische Partei grundsätzlich verzichten. Gewiß, je liberaler eine Partei ist, um so stärker werden die Widerstände sein, die sich gegen eine solche Bindung richten werden. Wie stark die Bindung aber auch bei uns in der CDU ist, ergibt sich aus einem jüngeren Parteibeschluß, in dem gegen die Äußerung prominenter CDU-Politiker, die in einigen Zeitungen eine gegenüber der Regierungspolitik abweichende Linie befürwortet hatten, Stellung genommen wurde und diese Abgeordneten mit Einschluß derer, die »ein hohes Amt in Partei und Fraktion innehaben«, verwarnt wurden, öffentlich Kritik an der gemeinsam zu verantwortenden politischen Linie der Regierung zu üben; eine »Degradierung zum gewöhnlichen Unionsmitglied« wurde angekündigt für den Fall, daß diese Abgeordneten sich in Zukunft der bisher geübten Kritik nicht enthalten sollten.

Fraktionsdisziplin wird insbesondere von den extremen politischen Parteien mit totalitären Zielsetzungen geübt, und die sozialistischen Parteien üben sie mehr als die bürgerlichen. Schon während des ersten Weltkrieges, in dem die Kriegskredite einstimmig vom Reichstag bewilligt wurden, hatte in den Fraktionsberatungen der SPD früh eine von dem Abgeordneten Dittmann geführte 20 Mann starke Gruppe die Bewilligung der Kriegskredite verweigert.

In England liegen die Dinge ähnlich. Während es in der Mitte des 19. Jahrhunderts noch durchaus an der Tagesordnung war, daß Gesetze von konservativen Regierungen mit Hilfe der Liberalen beschlossen wurden — man denke etwa an die Aufhebung der Getreidezölle durch Peel —, sind in dem Parlament in England heute solche Vorgänge nicht mehr möglich. Ebenso sind auch dort mit der Zeit die Unabhängigen aus dem Parlament verschwunden und die Liberalen zu einer politisch bedeutungslosen Gruppe herabgesunken. In den Zwanzigerjahren war es noch möglich, daß ein Mann wie Sir Staffort Cripps aus der Arbeiterpartei wegen parteiwidrigen Verhaltens ausgeschlossen, aber in seinem Wahlkreis als Unabhängiger wiedergewählt werden konnte. Heute würde ein aus den großen Parteien ausgeschlossener

Abgeordneter auch in England nicht mehr eine Chance haben, in seinem Wahlkreis als Unabhängiger in das Parlament gewählt zu werden. Oder man denke an Sir William Beveridge, den weithin bekannten Verfasser des später von der Arbeiterpartei übernommenen »Social Security Plan«, der als Führer der Liberalen Partei 1945 in seinem Wahlkreis einem weiten Kreisen unbekannten Abgeordneten der Arbeiterpartei unterlag.

Diesem Gesamtbild entspricht es, daß heute von den Aktivbürgern, und zwar auch denen, die parteimäßig nicht organisiert sind, im allgemeinen nicht mehr die frei dezidierende Persönlichkeit, sondern die Partei gewählt wird. Anders ausgedrückt: Die politische Persönlichkeit des 20. Jahrhunderts ist im heutigen demokratischen Parteienstaat nicht mehr die Persönlichkeit, die nur ihrem Gewissen unterworfen in Freiheit ihre Entschließungen fällt, sondern der zur Führung berufene Exponent der politischen Partei. Kein Zufall, daß bei den letzten Bundestagswahlen 94% der Wähler ihre Erst- und Zweitstimmen der gleichen Partei gaben und die politische Prominenz im allgemeinen nicht mehr als 5% mehr der ersten Stimmen auf sich vereinigen konnte als Zweitstimmen.

Dem Strukturwandel der Demokratie von der parlamentarisch repräsentativen zur parteienstaatlichen Demokratie entspricht es schließlich, daß auch der Stil des parlamentarischen Betriebes sich grundsätzlich gewandelt hat. Heute gehören Regierung und Parlament zusammen. Man spricht geradezu von einem Sitzungszimmerparlamentarismus. Das heißt, wenn die Regierung über eine stabile Mehrheit verfügt, hat sie im Grunde genommen während der Legislaturperiode die Opposition nicht mehr zu fürchten, und zwar selbst dann nicht, wenn es ein konstruktives Mißtrauensvotum im Sinne des Art. 67 Grundgesetz nicht geben würde. Denn in einer parteienstaatlichen Demokratie gehört die Mehrheit sozusagen zur Regierung. Sie nimmt einen sog. gouvernementalen Charakter an. Daher hat die Regierung in der parteienstaatlichen Demokratie, anders wie in der repräsentativ parlamentarischen Demokratie, in Wirklichkeit — wenn man von den Wahlen absieht — nur die Revolution innerhalb der eigenen Partei zu fürchten. Heute entscheidet im Grunde genommen die Regierungspartei selbst über einen ihr etwa erforderlich erscheinenden Führungswechsel. In England ist ein solcher in den letzten Jahrzehnten häufiger praktiziert worden: ich erinnere z. B. daran, daß 1940 Chamberlain durch Winston Churchill und in den Fünfzigerjahren Eden durch

MacMillan ersetzt wurden. Auch bei uns ist vor kurzem ebenso praktiziert worden, als Adenauer durch Erhard replaciert wurde.

Angemerkt sei hier, daß in einem funktionierenden Parteienstaat vorausgesetzt wird, daß der Regierungschef zugleich Führer der Regierungspartei ist, und zwar einfach deshalb, weil, wie die Verhältnisse in England besonders eindrücklich zeigen, oft der Parteivorsitzende mächtiger ist als der Premierminister. Unter diesem Gesichtspunkt war es nicht nur ein Schönheitsfehler, sondern eine Schwäche der ersten Regierung Erhard, daß die beiden Ämter, die des Regierungschefs und des Parteiführers, nicht in einer Hand zusammengefaßt waren.

VII

Wir haben zu der Frage zurückzukommen, wie das positive Verfassungsrecht sich zu der Verfassungswirklichkeit verhält. Allgemein zeigt sich die in verschiedenen Formen sich manifestierende Tendenz, der politischen Wirklichkeit Eingang in das geschriebene Recht zu verschaffen. In England ist z. B. die rechtssatzmäßige Anerkennung des Parteienstaates durch die »Ministers of the Crown Act« von 1937 erfolgt, in der u. a. bestimmt wurde, daß der Führer »of H. M's Opposition« durch den Staat besoldet wird. Tatsächlich würde es der Struktur eines demokratischen Parteienstaates mehr entsprechen, wenn dieses Amt rechtssatzmäßig unterbaut und entsprechend finanziell dotiert sein würde, wie dies etwa bei uns in Schleswig-Holstein der Fall ist.

Weiter haben — wenn auch in verschiedenen Formen — auf dem europäischen Kontinent einzelne Nachkriegsverfassungen die parteienstaatliche Struktur der modernen Demokratie anerkannt. In zunehmendem Maße werden heute die politischen Parteien im Texte der Verfassungen erwähnt. Hierher gehören z. B. die italienische Verfassung von 1947 und die französische Verfassung der V. Republik. Auch einzelne deutsche Länderverfassungen haben von den Parteien Kenntnis genommen und ihre staatsrechtlichen Aufgaben näher umschrieben. Vor allem aber ist es der Art. 21 Abs. 1 des Bonner GG, in dem zum erstenmal an prominenter Stelle der Verfassung allgemein über den Bereich eines Landes hinaus von Bundes wegen für Bund und Länder die Parteien nicht nur als politisch soziologische, sondern auch verfassungsrechtlich notwendige Instrumente für die Willensbildung des Volkes anerkannt worden sind. Die Rechtsprechung des Bundesverfassungsgerichts ist der Bedeutung dieser grundsätzlichen Bestimmung bisher gerecht geworden. Es hat die Parteien zu integrierenden Bestandteilen unseres Verfassungsaufbaus und unseres verfassungs-*rechtlich* geordneten politischen Lebens erklärt. Es hat mehrfach betont, daß heute die Parteien aus dem Bereich des Politisch-Soziologischen in den Rang einer verfassungs-*rechtlichen* Institution erhoben worden sind. So erscheinen heute die Parteien als notwendige Bestandteile des Verfassungsaufbaus, die durch ihre Mitwirkung bei der politischen Willensbildung des Volkes sogar partiell Funktionen eines Verfassungsorgans ausüben und damit zugleich in die Reihe der staatlichen Integrationsfaktoren eingerückt sind. Ganz ähnlich hat man in Italien die fortschreitende Konstitutionalisierung der Parteien näher umschrieben. Gemessen an der früheren Behandlung der politischen Parteien durch das geschriebene Verfassungsrecht und die seinerzeit herrschende Staatsrechtslehre hat diese Neuerung einen geradezu revolutionären Charakter. Die politische Wirklichkeit hat auf Grund der ihr immanenten Gesetzlichkeit den Verfassungsgesetzgeber zur verfassungsrechtlichen Institutionalisierung der Parteien gezwungen.

Hiernach ist es nicht illegitim, wie gegenüber denen betont werden muß, die das bürgerliche Honoratiorenzeitalter des 19. Jahrhunderts perpetuieren wollen, daß grundsätzlich Einwendungen gegen die heute so vielfach diskutierte staatliche Parteifinanzierung nicht zu erheben sind, vorausgesetzt, daß durch sie die Chancengleichheit der Parteien nicht verletzt und sie selber nicht mißbräuchlich gehandhabt wird. Schon vor sieben Jahren hat das Bundesverfassungsgericht in diesem Sinne es für zulässig erklärt, daß nicht nur für die Wahlen selbst, sondern auch für die die Wahlen tragenden, politischen Parteien finanziell Mittel vom Staate zur Verfügung gestellt werden dürfen. Das Bundesverfassungsgericht hat bisher — und wie mir scheint, mit Recht — an dieser Rechtsprechung festgehalten, um das Absinken des heutigen Parteienstaates in einen pluralistischen Verbändestaat nach Möglichkeit hintanzuhalten.

Allerdings wird gelegentlich die Auffassung vertreten, daß unser Parteienparlament von der pluralistischen Gesellschaftsordnung mehr als bisher Kenntnis nehmen sollte, da »der Gegensatz zwischen dem hoch spezialisierten Sachverstand und dem Prinzip demokratischer Mitbestimmung zum zentralen Strukturproblem der westlichen Parlamentsdemokratien geworden ist« (Bracher). Mag dem so sein: nur hüte man sich davor, die strukturelle Unterlegenheit der Parteien gegenüber den Verbänden zu sanktionieren und die Verbände, deren Aufgabe es immer ist, bestimmte partikulare Interessen wahrzunehmen, in den politischen Raum mehr als dies bereits heute der Fall ist institutionell (z. B. durch einen sog. Bundeswirtschaftsrat) hineinzuprojizieren. Sonst läuft man Gefahr, den Parteien die Fähigkeit zu nehmen, sich im politischen Raum gegen die Verbände oder — wenn es geboten sein sollte — gegen die »richtigen« Entscheidungen der Sachverständigen durchzusetzen.

Aus der tiefgreifenden Veränderung der Verfassungswirklichkeit erklärt sich im übrigen auch, warum im Parlamentarischen Rat Stimmen laut geworden waren, die den heutigen Artikel 38 Abs. 1 GG streichen wollten. Tatsächlich hat man z. B. in Hessen den Satz, nach dem »die Volksvertreter an Aufträge und Weisungen nicht gebunden« sind, nicht in die Landesverfassung aufgenommen. Auch in anderen parteienstaatlichen Demokratien zeigt sich eine ähnliche Entwicklung.

Das interessante israelische Koalitionsdisziplingesetz von 1962 geht sogar so weit, daß es die Bindung des Abgeordneten im parteienstaatlichen Sinne institutionalisiert hat. Ein Regierungsmitglied, das im Plenum des Parlaments (Knesset) gegen einen Regierungsantrag stimmt oder sich auch nur der Stimme enthält, kann von der Regierung entlassen werden. Das gleiche — wenn auch in etwas abgewandelter Form — gilt grundsätzlich dann, wenn die Fraktion, der der Minister angehört, eine Regierungsvorlage ablehnt, die den Haushalt oder andere wichtige politische Materien zum Gegenstande hat. Die Koalitionspartner sollen bei der Abstimmung im Plenum Disziplin üben, wenn nicht die Regierung ausnahmsweise ausdrücklich auf die Einhaltung der Disziplin verzichtet hat. Auch bei uns (in Niedersachsen) ist jüngst eine Koalition zerbrochen, weil ein Minister der Parteiraison folgend im Parlament nicht mehr glaubte, die Vorlage der Regierung überzeugend vertreten zu können und die Fraktion die ursprünglich von ihren Ministern gebilligte Vorlage (Konkordat mit der katholischen Kirche) abzulehnen beschloß.

VIII

Die bei uns noch herrschende Staatsrechtslehre hat allerdings einen anderen Weg zu beschreiten versucht. Sie sucht sozusagen die politische Wirklichkeit in das Bekenntnis des Grundgesetzes zum parlamentarischen Repräsentativsystem selbst hineinzuinterpretieren.

So wird z. B. die bereits zurückgewiesene These vertreten, daß die einzelnen Parteien und nicht mehr der einzelne Abgeordnete das Volk als Ganzes repräsentieren. Oder man behauptet, daß die Parteien insgesamt — da jede Partei verschiedene politische und gesellschaftliche Interessen vertritt — das Volk als Ganzes repräsentieren und der einzelne Abgeordnete, insofern als er sich einer Partei zurechnet, legitimerweise von sich aus den Anspruch erheben kann, jedenfalls mittelbar das ganze Volk zu vertreten.

Oder man unterscheidet zwischen der erlaubten und unerlaubten Bindung an die Fraktion und erklärt die erstere mit dem Artikel 38 GG für vereinbar, obwohl dieser schlechthin die Abgeordneten an Aufträge und Weisungen nicht gebunden wissen will. Oder man meint, daß Abgeordnete auch dann ihrem Gewissen folgen, wenn sie im Plenum aus Loyalität gegenüber ihrer Partei nicht so stimmen, wie es ihrer inneren Überzeugung entspricht. Eine solche »Gewissensentscheidung« ist aber nicht die Gewissensentscheidung des Art. 38 GG, nach der der Abgeordnete in Freiheit und nur seinem Gewissen unterworfen im Plenum seine Entscheidungen fällen soll.

Alle diese Versuche, die sich aus der politischen Wirklichkeit heraus ergebenden Probleme mit Hilfe von rechtstechnischen Mitteln zu lösen, müssen fehlgehen, da eine politische Institution wie die des parlamentarischen Repräsentativsystems einen geistesgeschichtlich eindeutigen Sinngehalt hat, der nicht beliebig inhaltlich abwandelbar ist.

Im übrigen würde eine solche Interpretation der Sache, der man zu dienen glaubt, nämlich die Wirklichkeit mit dem geschriebenen Verfassungsrecht zu versöhnen, letzthin einen Bärendienst erweisen. Alle Versuche, mit Hilfe der Rechtstechnik den Artikel 38 umzudeuten, würden diesem nämlich die Funktionen nehmen, die er heute noch in einem gewissen Ausmaß erfüllt. Es sollte z. B. nicht vergessen werden, daß auf Grund des Art. 38 GG der Fraktionsbindung, die sich aus der Logik des Parteienstaates ergibt, heute noch die verfassungsrechtliche Legitimität fehlt. Ein Abgeordneter, der sich gegenüber seiner Partei illoyal verhält, hat verfassungsrechtlich für seine Person Konsequenzen nicht zu fürchten. Der Ausschluß eines Abgeordneten aus der Partei führt nicht zum Mandatsverlust, ebensowenig wie der Übertritt von einer Partei zu einer anderen, und zwar selbst dann nicht, wenn der Abgeordnete auf einer Liste gewählt ist. Auch heute noch entbehren Blankoverzichtserklärungen der Rechtswirksamkeit und sind die Abgeordneten in der Lage, um ihres Status willen einen echten Verfassungsorganstreit anhängig zu machen.

Ebenso setzen die heutigen Bestrebungen, eine Parlamentsreform durchzuführen, voraus, daß sich an der traditionellen Auslegung des Art. 38 GG im Sinne des parlamentarisch repräsentativen Systems nichts Grundsätzliches geändert hat. Allen Reformbestrebungen ist nämlich gemein, daß sie irgendwie den parlamentarischen Betrieb personalisieren wollen und versuchen, die Persönlichkeit der einzelnen Abgeordneten mehr zur Entfaltung zu bringen.

In diesem Zusammenhang seien z. B. die Vorschläge erwähnt, die darauf abzielen, Abstimmungen im Plenum geheim durchzuführen oder eine Art von Inkompatibilität von Parteiamt und Fraktionszugehörigkeit einzuführen oder die Diäten weiter aufzubessern, um die Unabhängigkeit des Abgeordneten abzusichern. Oder man denke an die Bestrebungen, die Fragestunde weiter zu entwickeln und das Fragerecht des einzelnen Abgeordneten von den Bindungen der Geschäftsordnung zu lösen, oder an die Vorschläge, eine aktuelle politische Debatte im Plenum einzuführen oder Kommissionssitzungen öffentlich abzuhalten. Schließlich gehören hierher auch die Bestrebungen, die sog. »hearings« nach amerikanischem Muster zu übernehmen und den Gesetzgebungshilfsdienst weiter auszubauen, um den Abgeordneten soweit wie möglich in die Lage zu versetzen, sich mit Hilfe Seines parlamentseigenen Beratungs- und Dokumentationsdienstes einen größeren Einfluß auf die Gesetzgebung zu verschaffen und eine größere Unabhängigkeit gegenüber den von der Regierung eingebrachten Gesetzesvorlagen zu erreichen, die heute zu vier Fünfteln von der Ministerialbürokratie entworfen werden.

Alle diese Reformprojekte können nicht ernsthaft diskutiert werden, wenn man dem Art. 38 GG seinen traditionellen Sinn zu nehmen sucht und ihn nicht gegen die Versuche abschirmt, die darauf hinzielen, ihn unter Hinweis auf die veränderte politische Wirklichkeit neu zu deuten.

IX

Zusammenfassend kann man sagen, daß, obwohl der Verfassungsgesetzgeber sich im Art. 38 GG noch zum klassisch repräsentativen System bekannt hat, heute gleichzeitig über den Art. 21 GG die zur politischen Wirklichkeit gewordene, parteienstaatliche Demokratie von Verfassungs wegen anerkannt worden ist. Damit hat sich das Grundgesetz letzthin zu zwei verschiedenen Strukturtypen der Demokratie bekannt, die sich in ihrer letzten logischen Konsequenz wechselseitig ausschließen. Aufgabe des Verfassungsinterpreten ist es, angesichts dieser Situation jeweils in concreto zu untersuchen, wie diese zwei heterogenen Strukturprinzipien miteinander versöhnt werden können. So gesehen hat der Erste Senat des Bundesverfassungsgerichts in seinen Entscheidungen, in denen verschiedene politische Parteien mit totalitären Zielsetzungen für verfassungswidrig erklärt worden sind, mit Recht auf die Doppelstellung des einzelnen Abgeordneten hingewiesen, die dieser heute im Hinblick auf die gekennzeichnete verfassungsrechtliche Situation einnimmt, indem er einmal Repräsentant des ganzen Volkes und zugleich Exponent einer politischen Partei ist.

X

Aus dieser Analyse lassen sich folgende allgemeine Schlüsse ziehen:

Die zwischen Verfassungsrecht im normativen Sinne und Verfassungswirklichkeit bestehende Spannung läßt sich nicht im Sinne eines reinen Normativismus lösen. Ein solcher würde das Recht lebens- und wirklichkeitsfremd machen und den schöpferischen Aufgaben der zur Auslegung einer Verfassung Berufenen nicht gerecht werden. Anders gewendet: Die lebenserfüllte politische Wirklichkeit hat der Richter in die Rechtsprechung einzubeziehen, wenn auch nur insoweit, als es der immanente Wertgehalt der Verfassung zuläßt. Die Rechtsprechung des Bundesverfassungsgerichts bewegt sich in diesen Bahnen. Es sei etwa an das Urteil des Gerichts betr. die Verfassungsmäßigkeit der Volksbefragung aus Anlaß der Atombewaffnung erinnert, in dem dargelegt ist, daß die Volksbefragung den politischen Zweck verfolgte, eine Änderung bestimmter Entscheidungen der Bundesregierung zu erzwingen und damit in die verfassungsmäßig festgelegte, ausschließliche Zuständigkeit derselben einzugreifen (BVerfGE 8, 104 ⟨LS. 7, S. 116f⟩). Oder man denke an die Entscheidungen des Gerichts, in denen dargelegt ist, daß der Neutralität des Richters, seinem Unbeteiligtsein, noch nicht damit Genüge getan ist, daß seine sachliche und persönliche Unabhängigkeit normativ gesichert ist, wenn die Wirklichkeit, in die der Richter hineingestellt ist, diese Unabhängigkeit gefährdet oder gar ausschließt. (BVerfGE 18, 241 ⟨256⟩)

Die Norm läßt sich aber auch nicht im Sinne eines ausschließlich an der Verfassungswirklichkeit orientierten Soziologismus auflösen. So sehr der Verfassungsinterpret auch die politischen Folgen seiner

Entscheidungen in den Bereich seiner Erwägungen einzubeziehen hat, wenn er eine Verfassungsbestimmung auszulegen hat, so darf diese Erwägung doch nicht um des Ergebnisses willen die Verfassungsnorm zur ausschließlichen Disposition der hinter der Wirklichkeit stehenden politischen und sozialen Kräfte stellen. Nicht mit Unrecht findet nach der konsequent festgehaltenen Rechtsprechung des Bundesverfassungsgerichts eine verfassungskonforme Auslegung ihre Grenze dort, wo sie mit dem Wortlaut und dem klar erkennbaren Willen des Gesetzgebers in Widerspruch treten würde (BVerfGE 18, 111 unter Hinweis auf BVerfGE 8, 34, 41). Man kann nicht, um Art. 38 Abs. 1 Satz 2 GG verfassungskonform auszulegen, etwa an die Stelle des Abgeordneten die Parteien oder an die Stelle des »freien Mandats« die Fraktionsdisziplin oder einen unter gewissen Voraussetzungen für zulässig erklärten Fraktionszwang setzen oder an die Stelle der Unterwerfung unter das Gewissen des Abgeordneten dessen Bindung an die Beschlüsse der Fraktionsmehrheit unter gewissen Voraussetzungen für verfassungsmäßig legitim erachten. Diese Versuche führen, wie das Bundesverfassungsgericht sich ausdrücken würde, dazu, daß unzulässigerweise dem klaren Wortlaut einer Verfassungsbestimmung ein geradezu entgegengesetzter Sinn gegeben werden würde (BVerfGE 8, 34; 9, 200). Ein solcher soziologischer Positivismus würde nicht minder relativistisch, anarchisch und letzthin destruktiv sein wie der von ihm so nachdrücklich bekämpfte Rechts- und Begriffspositivismus. Er würde letzthin das Verfassungsrecht zu einem konkreten Situationsrecht degradieren.

Die zwischen Verfassungsrecht und Verfassungswirklichkeit bestehende Spannung ist letzthin eine vom Leben aufgegebene, die die Spannung zwischen Normativität und Existenzialität, zwischen Sollen und Sein, zwischen sittlicher Vernunft und Natur widerspiegelt. Die Aufgabe ist es daher, diese zwischen Norm und Wirklichkeit bestehende dialektische Spannung in concreto durch eine schöpferische Auslegung der Verfassung zu beheben, ohne daß durch eine solche die geistesgeschichtlich in ihrem Gehalt eindeutig festgelegten Normen, wie z. B. Art. 38 GG, zugunsten der politischen Wirklichkeit vergewaltigt werden dürfen. Darum sollte der Verfassungsjurist auch etwas vom Wesen des Politischen und den Kräften verstehen, die das politische Leben gestalten, und doch mehr als ein Politiker sein, wenn er zugleich der Würde und dem Eigenwert der Rechtsnorm gerecht werden will.

Sachverzeichnis

R

Kolibri 360 GmbH
Ferdinand-Jühlke-Straße 7
99095 Erfurt, Deutschland
produktsicherheit@kolibri360.de